BIS DAS HERZ BRENNT

Die inoffizielle RAMMSTEIN-Biografie
in aktualisierter Neuauflage

Impressum

Heel Verlag GmbH
Gut Pottscheidt
53639 Königswinter
Tel.: 02223 9230-0
Fax: 02223 9230-13
E-Mail: info@heel-verlag.de
www.heel-verlag.de

Folgt gerne auch dem
Heel Verlag unter

www.instagram.com/heelverlag

www.facebook.com/heelverlag

www.youtube.com/heelverlag

@heelverlag

Autor: Michael Fuchs-Gamböck
Lektorat: Petra Hundacker und Rotkel Textwerkstatt e. K.
Satz: Stefan Witterhold

Foto: © stock.adobe.com: Dennis Hoppe (U1)

Printed in Czech Republic
ISBN 978-3-96664-765-6

Dieses Buch ist ohne Mitwirkung der Band Rammstein entstanden.

Michael Fuchs-Gamböck

BIS DAS HERZ BRENNT

Die inoffizielle RAMMSTEIN-Biografie in aktualisierter Neuauflage

HEEL

Inhaltsverzeichnis

WARUM DIESES BUCH ÜBER RAMMSTEIN?

Ich weiß noch, dass es ein herrlicher Nachmittag im Sommer der Jahres 1995 war, als ich die sechs Herren von Rammstein das erste Mal zum Gespräch traf. Die Betreuerin ihrer Plattenfirma MOTOR MUSIC, die ich seit etlichen Jahren kannte, hatte mir Musikjournalisten ins Telefon gesäuselt, man hätte da eine neue Band unter Vertrag, die auch wirklich neuartige Musik macht. Ja, mehr noch: Rammstein wären eine Art Gesamtkunstwerk.

Ich bekam fünf Titel von dem einige Wochen später veröffentlichten Debütalbum „Herzeleid“ zugesandt, hörte sie mir einige Male an und war zunächst nicht außerordentlich beeindruckt. Trotzdem sagte ich das Interview mit der Band in meiner damaligen Heimatstadt München zu. So kam es zu jenem ersten Treffen an diesem herrlichen Sommernachmittag in einem klassischen bayerischen Biergarten.

Die sechs Rammsteiner waren mir vom ersten Moment an sympathisch. Beim Interview wirkten sie zwar ein wenig linkisch, gleichzeitig durchaus selbstbewusst, äußerst witzig und geistreich und sie wussten definitiv, wohin ihre Reise (Reise ...) ab sofort gehen würde – ganz nach oben. Ich war beeindruckt von diesem geballten Selbstbewusstsein, denn zumindest aus den fünf Titeln, die ich bis dahin von der Band kannte, war für mich das Hitpotenzial nicht zwangsweise sofort herauszuhören.

Am selben Abend spielten Rammstein in einem kleinen Club einen knapp 30-minütigen Set mit – nun ja – recht überschaubarem Publikum. Anschließend agierten sie im selben Club als Models für die neueste Kollektion einer jungen, avantgardistischen Münchner Hutmacherin und stolzierten gekonnt mit reichlich merkwürdiger Kopfbedeckung stolz erhobenen Hauptes über einen winzigen Laufsteg.

Nach diesem bizarren Auftritt war mir zwar weiterhin nicht bewusst, dass aus Rammstein schon bald Superstars werden würden. Aber mir wurde immerhin klar, dass dieses ostdeutsche Sextett eines der wenigen Musik-Kollektive der Nachkriegszeit war, das über eine ureigene künstlerische Vision verfügte, die sich an nichts und niemandem als an sich selbst orientierte.
Was der Neugierige zu hören und zu sehen bekam, war kompromisslos, provokativ, eindeutig zweideutig und höchst originell. Und nachdem ich Rammstein 1997 schließlich das erste Mal live bewundern durfte, war ich absolut überzeugt von diesem originären Phänomen. Schon damals reifte der Gedanke heran: „Die interessieren dich, über die willst du bald mal ein Buch schreiben – die werden es sich schon bald verdient haben, dass jemand das tut.“
Und mal ehrlich: Warum nicht ich?

DER AUTOR, Herbst 2023

1. Rammstein: Hassen oder lieben

Rammstein hat eine merkwürdige Karriere hinter sich, vielleicht sogar die merkwürdigste in der nationalen Pop-Szenerie, die es jemals gab. Denn nach einigen Anlaufschwierigkeiten entwickelte sich die Platte mit dem altertümlich anmutenden Titel „Herzeleid" – das Debütalbum des Ostberliner/Schweriner Sextetts Rammstein – im Verlauf des Jahres 1996 zu einem wahren Megaseller. „Herzeleid" hielt sich nicht nur für etliche Wochen in den Top 50 der nationalen Charts und stieg innerhalb der zwei Jahre nach Veröffentlichung fünf Mal in die Hitparaden ein, sondern verkaufte sich insgesamt mehr als eine halbe Million mal. Selbst im Herbst 1997 war die Scheibe noch in den Top Ten der deutschen Album-Hitparade zu finden – zu einem Zeitpunkt, als die Nachfolgeplatte des Sechsers, „Sehnsucht" betitelt, in die Läden kam – und sofort von null auf eins in die Charts einstieg.

Rammstein hatten seit ihrem großen Durchbruch in Deutschland 1997 hierzulande für viele Kontroversen im Blätterwald gesorgt, denn ihr kommerzieller Erfolg war dermaßen auffällig, dass kein Medium mehr an ihnen vorbeikam. In dieser Zeit war im Zusammenhang mit dem Sextett häufig von „Neo-Nazi-Rock" die Rede, von „gnadenloser Ästhetisierung des Faschismus", von „absolut sinn- und inhaltloser Kraftmeierei" – soweit *Stern* und *Spiegel* über eine Formation, welche die Gemüter bis aufs Äußerste erhitzte.

Die Gruppe selbst hat sich stets als „moderne Entertainer" bezeichnet – wobei es bei dieser dermaßen kontrovers und enorm emotional diskutierten Gruppe nicht immer leicht fiel, „Entertainment" zu assoziieren. Zu viel Gewalt war da in den Texten, zu der nicht eindeutig Stellung bezogen wurde, zu viel Liebäugelei gab es da mit wüsten Sexualpraktiken wie Pädophilie, Inzucht oder Nekrophilie, zu viel Blut wurde da vergossen. Sprich: Zu gern spielte diese Band mit dem Feuer (im metaphorischen Sinne wie – ganz real – auf der Bühne), das von der Apokalypse gewärmt zu sein schien.

Dann gab's noch den Bandnamen, der an den unglückseligen pfälzischem Ort Ramstein erinnert, in dem während einer missglückten Flugübung im Jahre 1988 70 Menschen ums Leben kamen. Und zu guter Letzt war da noch jene Bühnenpräsentation, während der sechs halb nackte Männer mit ihren durchtrainierten Muskeln protzten, Feuerwerkskörper explodieren ließen und zu Beginn gar einen brennenden Menschen ans Mikro stellten, der Kryptisches von sich gab. War das Entertainment? Pure Show? Eine Koketterie mit dem „Bösen", was immer das sein mag? Wie gesagt, Rammstein hatten sich von Beginn ihrer Gründung 1994 an nicht erklärt.

Und so boten und bieten sie Angriffsflächen für Kritik, präsentieren sich als Projektionsobjekte für die Fan-Verehrung und bleiben sich in ihrem Spiel mit der Provokation treu. Das verschaffte Rammstein nach mittlerweile fünf Studioalben, ausgedehnten Tourneen rund um den Globus und Verkaufszahlen, die sie in den USA zur erfolgreichsten deutschsprachigen Band überhaupt machten, einen sicheren Platz im Rock-Olymp – wobei man bei einer Band wie Rammstein von Etablierung, was ja auch immer Besänftigung heißt, nicht unbedingt sprechen mag und kann.

Rammstein ist ein einzigartiges Phänomen in der Musiklandschaft, das es verdient, näher betrachtet zu werden.

Das Sextett zeigt sich bislang, zumindest nach außen hin, von allen Anfeindungen weitgehend ungerührt. Stattdessen machen immer wieder Auflösungsgerüchte die Runde, obwohl die Gruppe seit ihrem Beginn in unveränderter Besetzung an die Öffentlichkeit tritt; vielmehr haben sie sich immer wieder in Arbeit gestürzt, sogar nach mehrjährigen Pausen, um den jeweils nächsten Teil ihrer so kontrovers diskutierten Erfolgshistorie akribisch vorzubereiten.

Es scheint, als ob es Rammstein stets um die Kunst der Provokation und die Provokation in der Kunst geht. Vieles dreht sich bei dem Sextett um Schizophrenie, Bedrohung, Obsession, kurz: die ganz persönliche Apokalypse. Mit diesen Themen setzten und setzen sich die ostdeutschen Extremrocker seit jeher auseinander. Provokation bereitet ihnen offensichtlich eine Menge Spaß.

Dabei fiel speziell bei den Texten ab dem zweiten Album „Sehnsucht" trotz aller Provokation, Aggression und Tabulosigkeit auf, dass in ihnen häufig ein schwerer Hang zur Romantik steckt. Daran hat sich bis heute nichts geändert. Sind die „Rammsteiner" also tief im Inneren Romantiker? „Wir freuen uns natürlich", sinnierte Flake bereits in einem Interview mit *Zillo*, Ausgabe 9/1997, „wenn Menschen in unseren Liedern einen Sinn für Romantik entdecken. Aber wir wollen niemandem vorgeben, wie er unsere Songs zu verstehen hat. Kunst ist nur dann frei, wenn sie nicht interpretiert wird und damit für jegliche Interpretation offensteht." Beispiel Albumtitel „Sehnsucht", der nach erstem Hören romantisch klingt … „Muss nicht sein", widersprach Flake ebenfalls in der Septemberausgabe der Zeitschrift Zillo aus dem Jahr 1997: „Wir haben den Titel vor allem deshalb gewählt, weil sich das Thema ‚Sucht' – das im Wort ‚Sehnsucht' drinsteckt – in den verschiedensten Formen wie ein inhaltlicher roter Faden durch unsere Lieder zieht. Also, da geht's um Eifer-Sucht, Sex-Sucht, Kokain-Sucht, Todes-Sucht und so weiter. Nicht eindeutig romantisch, wie man sieht, oder täusche ich mich?"

Vielleicht ist exakt durch solche Statements bereits einiges gesagt über den Anspruch dieser Band und die mit ihr in der Öffentlichkeit seit 1995 verbundenen Missverständnisse. Denn Rammstein haben stets behauptet – und behaupten das bis heute –, dass sie sich nicht erklären wollen, so die Band in dem Magazin *Musikexpress/Sounds*, Ausgabe 05/1997: „Wenn sich Leute durch unsere Arbeit provoziert fühlen, bitteschön, sollen sie eben. Wenn sie uns als Romantiker betrachten, ist uns das natürlich auch recht. Und wenn sie uns einfach nur als Komödianten belächeln, geht das gleichfalls völlig in Ordnung. Wir würden uns wohl am ehesten als ‚moderne Entertainer' bezeichnen."

Rammstein also, die Entertainer von heute und vielleicht auch von morgen: Sie sind skandalös, radikal, schockierend und manches Mal nichts weiter als bösartig. Aber, wenn man das so sehen will, steht ihre Arbeit in der Tradition der Schauergeschichte, der Nachtmahr, der klassischen schwarzen Romantik. Obsession, Gewalt, Leidenschaft, Paranoia, Perversion: All das wird in Rammsteins Liedern geboten – und doch schreit diese Musik geradezu nach der ewigen Sucht auf Erlösung.

Wenn man Rammstein-Stücke unter diesem Aspekt sieht, anstatt sie vorschnell als dümmliches Fascho-Gesinge abzutun, bekommen sie mit einem Mal eine geradezu apokalyptische Dimension, fernab von jeglicher schnöder politischer Ausrichtung. „Politik", hat die Band im Interview mit dem Magazin *Soundcheck*, Ausgabe 6/2001 festgestellt, „interessiert uns einen Dreck. Doch wenn man uns schon politisch einordnen will, dann um Himmels Willen nicht rechts. Natürlich wollen wir mit unserer Arbeit provozieren. Doch ich denke, aufgrund der verqueren Umstände in unserer Zeit ist das nichts weniger als okay. Diese Ära ist so undurchschaubar, dass man nur mit Provokation darauf reagieren kann."

2. Im Untergrund: Die Vorgeschichte in der DDR

Der Punk in der Deutschen Demokratischen Republik war noch weitaus mehr als im Westen eine zornige, rebellische Antwort auf den Staat. Richteten sich die West-Punks vor allem gegen die überkommene Hippie-Mentalität und gegen das gemütliche wie bewusstlose bundesdeutsche Spießertum, ging es den Ost-Punks in erster Linie um den lauten Widerspruch gegen Enge und Repression im sozialistischen Zwangssystem, kurz gesagt: um den Ruf nach Freiheit. Und den schrieen sie unverdrossen seit 1979 zehn Jahre lang bis zum Mauerfall 1989 hinaus.

Das DDR-Regime reagierte prompt und eisern, und es hagelte Auftrittsverbote für Punkbands. Dazu kam die Unterwanderung der Szene durch die Staatssicherheit, kurz Stasi genannt. Ihr gelang es, einige Spitzel aus den Reihen der Punk- und Rockbands zu rekrutieren und eigene Schnüffler in die Szene zu schleusen. Aber der Staat griff ebenfalls offiziell ein – mit brutalen Methoden: Punks wurden aus fadenscheinigen Gründen ins Gefängnis gesperrt. Bei Konzerten errichteten Polizisten Straßensperren und rückten mit gezückten Schlagstöcken an, um das Publikum daran zu hindern, zur Bühne zu gelangen. Sie hielten die Punks fest, kontrollierten willkürlich ihre Ausweise und waren schnell dabei, sie nicht nur zu verhaften, sondern auch zuzuschlagen. Doch die Punks wehrten sich. Sie rissen sich los und liefen weg oder überrannten einfach die Barrieren. Das allerdings sah die Polizei als willkommenen Anlass, noch mehr drauflos zu prügeln.

Dennoch ging die Punkszene nicht unter. Im Gegenteil: Sie hatte im DDR-System Bestand und blühte trotz und wegen der Unterdrückung durch die Staatsmacht. Sie diente durch ihre Entwicklungsfähigkeit und Widerstandskraft vor allem Musikern, die ein besonderes künstlerisches Potenzial besaßen sowie die Energie und den kraftvollen Drang, die eigenen Ideen in Liedform nach außen zu tragen, als Plattform und künstlerischer Ausgangspunkt. Deshalb ist es kein Wunder, dass in dieser Underground-Kultur sechs Musiker ihre Karriere starteten und ihre ersten Banderfahrungen sammelten, die ihre musikalischen Vorstellungen verwirklichen wollten und später als Rammstein international populär wurden.

Dazu gehört Christian Lorenz – Spitzname: Flake –, für den als 16-jähriger Werkzeugmacherlehrling in Ostberlin 1983 der Einstieg in den Rockzirkus begann. Auf einem Schulkonzert hatte er Alexander Kriening kennengelernt, der Schlagzeug in einer Band namens Feeling Berlin spielte und der ihn dem charismatischen 35-jährigen Sänger und Lebenskünstler Alexander „Aljoscha" Rompe vorstellte, dem Kopf der Gruppe. Flake, der schon Erfahrungen in Rhythm & Blues-Kombos gesammelt hatte, wollte endlich mal musikalisch etwas anderes probieren und stieg als Keyboarder ein. Er lernte bei einer Probe den 18-jährigen Paul Hirsche kennen, der sich später Paul Landers nannte und damals eine Lehre als Fernmeldemechaniker absolvierte. Paul spielte bereits als Gitarrist in der Punk-Kombo Die Firma, ließ sich aber ebenfalls von Alexander Kriening zum Einstieg bei Feeling Berlin überreden und bediente beide Formationen parallel.

Beim ersten Zusammentreffen war Flake von Paul, der einen imposanten Schnurrbart im Gesicht trug, ziemlich beeindruckt. Paul wiederum fand Flake merkwürdig. Er sah für ihn mit seiner Brille und seinem Halstuch sehr intellektuell und studentisch aus. Dennoch freundeten sie sich nach den ersten gemeinsamen Proben an und stiegen beide in die Band ein. Beim Namen Feeling Berlin wollten sie allerdings nicht bleiben, denn eine uralte verstaubte Tanzkapelle nannte sich ebenfalls so. Also wurde der Gruppenname zu Feeling B verkürzt.

Die musikalische Richtung war ihnen völlig unklar, sie wussten nur, dass es schnell, intensiv und rockig klingen sollte. Sie spielten einfach drauflos und wollten sehen, was daraus wurde. Flake ersetzte mit einer elektronischen Orgel der Marke „Weltmeister" den fehlenden Bassisten und spielte selbst erfundene Melodien zu den Songs, die durch den steinzeitlichen Heim-Keyboard-Sound immer ein wenig wie Kinderlieder klangen. Aljoscha schrie dazu ins Mikrofon, Paul bearbeitete seine Gitarre, so laut es ging, und Alexander drosch auf das Drum-Set ein.

Die Musik der Gruppe war zunächst wie bei vielen Punkbands dilettantisch, schräg, aber immer lustig und vor allem laut. Dabei kristallisierte sich allmählich eine Art Fun-Punk heraus, der Feeling B schnell in die einschlägigen Punk-Kneipen und -Clubs trug. Die Band organisierte ihre Gigs in Eigenregie und erspielte sich an den Wochenenden manchmal 200 Mark, ihr Geld für den Alltag. Regelmäßig versetzten sie auf ihren Konzerten den Saal in hektische gute Laune, bis die Auftritte im Chaos versanken. Daran war auch der Alkohol nicht unschuldig, den das Publikum wie die Bandmitglieder selbst trinkfreudig und manchmal exzessiv konsumierten. „Mix mir einen Drink" und „Wir wollen immer artig sein", frühe Mitgröl-Songs der Band, wurden mit steigender Popularität zu Szene-Klassikern.

Die Stücke fielen langsam strukturierter aus, und die Band erspielte sich immer größere Bekanntheitsgrade, auch über den Untergrund hinaus. So waren sie dabei, als sich die Kulturoberen dem Treiben der Punkbands nicht mehr verschlossen, es aber kontrollieren wollten und deshalb einen Dokumentarfilm mit dem Titel „flüstern & SCHREIEN" über Rockbands drehen ließen, der unter anderem Punk vorstellen sollte, allerdings als zwar wilde, aber harmlose Musikkultur. In dieser Dokumentation, die 1988 in den DDR-Kinos lief, tauchten neben Feeling B die Bands Silly, Chicoree, Sandow und kurz This Pop Generation und Die Firma auf. Gezeigt wurden natürlich nicht die unangepassten und unschönen Seiten des Punk-Rock, die zornigen Texte, die betrunkenen Musiker, das entfesselte Publikum. Solche Szenen wurden im Schneideraum sorgfältig entfernt, und über die Leinwand flimmerten dann nur noch brave Interviews und Konzertausschnitte. Damit zeigt der Film eine hochoffizielle verkürzte und verfälschte Ansicht des DDR-Rock in dieser Zeit.

In der Realität allerdings existierte gerade in der zweiten Hälfte der 1980er Jahre eine viel weitläufigere und sehr lebendige DDR-Musiklandschaft, in welcher der Underground mit seinen ungezählten Bands enorm verästelt und verzweigt war. Die Musiker spielten oft in mehreren Formationen gleichzeitig, halfen aus, wo immer gerade jemand ausgefallen war, und besuchten gegenseitig die Konzerte anderer Gruppen oder trafen sich auf Partys.

Auf diese Weise gelangte auch Till Lindemann Mitte der 1980er Jahre in die Punkszene. Ende 1985 bekam der spätere Rammstein-Frontmann ein Schlagzeug geschenkt, auf dem er allein und nur für sich ohne musikalische Kenntnisse trommelte. Ab und zu sang er auch bei seiner Arbeit als Korbflechter vor sich hin. Till kannte viele Jugendliche, die in Gruppen spielten, und er wollte selbst unbedingt Musik machen.

Am 04. 01. 1986 feierte er seinen 22. Geburtstag, lud sich ein paar Freunde und einige Amateurrock-Bands ein. Sie kamen vor allem aus Schwerin, wo Till einige Kontakte geknüpft hatte. Zu seinen Gästen gehörte Jörg E. Mielke, genannt Steve, der den Gruppen die Musikanlage besorgte. Till, der Steve erst nur flüchtig kannte, kam mit ihm ins Gespräch und erzählte ihm von seinen Drum-Versuchen. Steve schlug vor, dass sie einfach mal zusammen losjammen sollten, er an der Bassgitarre, Till am Schlagzeug und beide singend. Nach den ersten Treffen funktionierte das ganz gut, aber es fehlte zum Garagenbandglück noch ein Gitarrist. Doch der, für den sich die beiden entschieden, war ständig krank und zog dann auch noch in eine andere Stadt. Till und Steve verzichteten erst einmal auf einen festen Gitarristen und heuerten für die Proben und die ersten selbst organisierten Auftritte immer neue Kandidaten an. Allerdings holten sie sich Stefan Schröder als Sänger und beständiges Mitglied in die Band. Immer wieder schlossen sich andere Gastmusiker an, von denen auch mal einer Trompete blies. Das war für eine Punkband zwar nicht gerade üblich, aber die Truppe war für alle verrückten Einfälle und Späße offen, was ihnen den Status eines gefragten Geheimtipps verschaffte. Die Gruppe probte bei Steve oder Till zu Hause.

Der spätere Rammstein-Sänger lebte damals in einer Schilfkate in einem idyllischen Vogelschutzgebiet am Nordufer des Schweriner Sees, in der Nähe des Örtchens Hohen Viecheln. Das liegt rund 15 Kilometer südlich von Wismar entfernt und hat etwa 700 Einwohner. Dort, im Norden Mecklenburg-Vorpommerns, verknüpften sich die Wege der zukünftigen Rammstein-Mitglieder, als Paul und Flake mit Feeling B in Hohen Viecheln ein kleines ländliches Open-Air-Festival initiierten und als Hauptband Auftritte absolvierten, die für die Filmdokumentation „flüstern & SCHREIEN“ verwendet werden sollten.

Eine Woche hielt sich Feeling B bereits in Hohen Viecheln auf, als sie nach einer Kneipentour von einem Fotografen, der sich Poppke nannte und ihnen dort die Möglichkeit zum Spielen verschafft hatte, über einen unwegsamen Feldweg zu einem Haus gefahren wurden. Poppke wollte Feeling B einem Freund vorstellen. Die völlig alkoholisierten Musiker ließen laut und schrill eine Party steigen und kümmerten sich in ihrer Feierlaune gar nicht darum, dass weitere Menschen dort bei Kerzenlicht und Rotwein saßen. Der Hausherr war Till Lindemann, der auch anwesend war und die Jungs gewähren ließ.

Nach der feuchtfröhlichen Nacht besuchten sie das Häuschen, das Till sich zur Hälfte mit einer alten Dame teilte, immer wieder und freundeten sich mit dem zukünftigen Rammstein-Frontmann an.

Über Till lernten Paul und Flake noch ein weiteres späteres Rammstein-Mitglied kennen: Richard Kruspe, der von Till öfter mal als Gitarrist für First Arsch eingespannt wurde. Für Richard, der sich damals mit Gelegenheitsjobs über Wasser hielt, war das nicht der einzige Einsatz als Gitarrist. Er spielte hauptsächlich in der Punkband Das elegante Chaos.

Der Kontakt zwischen den nun schon vier späteren Rammstein-Musikern – Till, Paul, Flake und Richard – intensivierte sich. Sie standen ständig in Kontakt, und Paul und Flake, die mittlerweile zusammen in einer Wohngemeinschaft in Ostberlin lebten, fuhren regelmäßig zu Till, um bei ihm zu Hause Urlaub zu machen. Und sie spielten dort bereits zusammen Musik, denn auch Paul stieg zeitweise bei First Arsch ein.

Bei den ersten provokativen Auftritten auf der ersten kleinen First-Arsch-Tournee durch ein Dutzend DDR-Städte waren Richard und Paul als Aushilfe dabei. Beim Konzert wurden alte Autos verbrannt und die Bühne verwüstet. In der großen Trommel des Schlagzeugs befanden sich ein paar lebendige Hühner. Till sang immer die Zugaben und spielte dabei sogar Bass.

Richard stieg zusätzlich bei Die Firma ein, der Band, in der Paul neben Feeling B spielte und die zum Anknüpfungspunkt für ein weiteres späteres Rammstein-Mitglied werden sollte: Christoph Schneider. Der zukünftige Rammstein-Drummer gehörte von Anfang an seit 1983 zum treuen Publikum von Feeling B, das die Band über die Jahre hinweg begleitete. Christoph, damals ein junger Lehrling für Nachrichtentechnik, gründete 1984 mit 16 Jahren selbst eine Band mit Namen Sam's Dice Group, benannt nach einem alten Jimi-Hendrix-Titel. Als ein Gruppenmitglied die DDR verließ und in den Westen abwanderte, fiel die Formation auseinander. Christoph ging danach drei Jahre als einziger der späteren Rammstein-Musiker zur Nationalen Volksarmee. In dieser Zeit wurde bei Christoph die Wut auf das DDR-System immer stärker genährt und es entstand sein Wunsch, dieses Gefühl nach außen zu tragen. Also rief er nach der Militärzeit 1988 die Punkband Keine Ahnung ins Leben und trommelte daneben für die Formation Frechheit. In dieser Phase ging Schneider, wie er oft kurz genannt wird, weiterhin zu den Konzerten von Feeling B und lernte schließlich die Musiker und ihr Umfeld kennen. Das bestand u. a. aus der befreundeten Punkband Die Firma, über die er Paul Landers kennenlernte. Die Formation war Ende der 1980er Jahre auf der Suche nach einem neuen Drummer, und Christoph stieg in die Band ein. Er kannte Paul bereits flüchtig und lernte ihn durch das Spielen in der Gruppe richtig kennen.

Und damit standen fünf der späteren Rammstein-Musiker bereits seit 1987 in Kontakt und spielten zusammen in Bands. Nur der Sechste im Bunde, Oliver Riedel, der ebenfalls aus Schwerin stammt und der Jüngste bei Rammstein ist, hatte damals – noch – keinen Zugang zur Musikszene und auch keine Verbindung zu seinen späteren Bandkollegen. Er lernte in der zweiten Hälfte der 1980er als Teenager den Beruf des Stukkateurs, den er nach seiner Ausbildung kurz ausübte, dies aber nur mit Widerwillen, denn die Musik fand er spannender. In den Jahren vor dem Fall der Mauer war Oliver aber noch vollauf mit Fassaden, Wänden und Gips beschäftigt. Zu seinem späteren Instrument, dem E-Bass, griff er erst kurz nach dem Ende der DDR.

Die anderen fünf hatten sich jedoch in ihren Bands eingerichtet und etablierten sich als Musiker. Besonders erfolgreich gelang das Flake und Paul, denn Feeling B war am Ende des Jahrzehnts eine in der ganzen DDR bekannte Band – die sich mit der Anerkennung durch die staatlichen Kulturinstanzen durch das sogenannte „Einstufen" von ihren subkulturellen Wurzeln immer mehr entfernte. Um überhaupt öffentlich und offiziell Konzerte spielen und Schallplatten veröffentlichen zu können, was den meisten DDR-Untergrundbands nicht vergönnt war, musste sich Feeling B der Prozedur des Einstufens unterwerfen. Dazu stellten die Interpreten oder Bands vor der staatlichen Kulturbehörde ihre Songs vor. Eine Kommission beurteilte die Lieder nach ästhetischen und inhaltlichen Kriterien und entschied über eine Einstufung etwa als „Amateurtanzmusiker", „Berufsmusiker" oder „Kapellensänger". Wurden Gruppen als „Musiktanzkapelle" deklariert, war sie als Band offiziell anerkannt und genoss neben dem Recht zur öffentlichen Verbreitung der Musik Vergünstigungen, die anderen Musikgruppen verwehrt blieben. Zum Beispiel bekamen eingestufte Formationen problemlos Instrumente.

Genauso erging es Feeling B, die von der Kommission schon 1983 einen Ausweis als „Band der Sonderstufe" bekamen, beim zweiten Vorspielen in die „Oberstufe" aufstiegen und 1988 die „Sonderstufe mit Konzertberechtigung" erreichten. Die Band nutzte ihre Möglichkeiten, tourte durch die sozialistische Republik und nahm 1989 mit „Hea Hoa Hoa Hoa Hea Hoa Hea" auf dem alles beherrschenden Staats-Plattenlabel Amiga das erste offizielle Punkalbum der DDR auf.

Damit sammelten Flake und Paul mit Feeling B genauso wie Till, Richard und Christoph mit First Arsch, Das Elegante Chaos und Die Firma nicht nur wertvolle Erfahrungen als Musiker, sondern hatten gleichzeitig die Möglichkeit, die alltäglich erlittenen Frustrationen der DDR-Enge auszugleichen. Allerdings wurden diese Band-Kontexte, so gut sich die fünf auch immer darin eingelebt haben mochten, bald zu eng. Sie stießen an ihre künstlerischen Grenzen, und es brodelte in ihnen, sich weiterzuentwickeln. Am stärksten spürte Richard Kruspe dieses Gefühl, nicht weiterzukommen und seine musikalischen Ideen entwickeln zu können. Deshalb zog er 1988 mit 21 Jahren von Schwerin nach Ostberlin in den Bezirk Prenzlauer Berg. Richard fand dort keinen Anschluss. Er wohnte in einem kleinen Hinterhof in der Lychener Straße und übte nur einsam in seiner Wohnung auf seiner Gitarre vor sich hin.

Nach kurzer Zeit bekam Richard am 10. 10. 1989 heftig die Zeit der Wende zu spüren, die sein Leben und das der anderen zukünftigen Rammstein-Musiker in ungeahnte Bahnen lenken sollte. Richard geriet an diesem Tag durch Zufall in Ostberlin in eine der vielen damaligen Demonstrationen gegen das DDR-Regime. Polizisten kreisten ihn ein und brachten ihn auf einem LKW zu einer Polizeistation in Berlin-Weißensee, wo er grundlos drei Tage festgehalten wurde. Als Richard schließlich entlassen wurde, flüchtete er kurz vor dem Fall der Mauer am 09. 11. 1989 über die damalige Tschechoslowakei und Ungarn nach Österreich.

Zwei Tage vor Richards Verhaftung wäre auch Flake in Ostberlin fast Opfer der Polizei geworden. Er nahm mit Freunden Anfang Oktober 1989 an einer Demonstration an der Gethsemane-Kirche teil. Die Polizei kesselte seine Kumpel unter der U-Bahn in der Schönhäuser Allee ein. Alle wurden verhaftet, nur Flake nicht, der flüchten konnte, bevor es zur Eskalation kam. Als er zwei Tage danach mit seiner Band proben wollte, waren seine Freunde inhaftiert, und er stand allein im Proberaum.

Flake und Richard hatten hautnah erlebt, wie in diesen Wochen des Jahres 1989 die DDR-Regierung verzweifelt und brutal versuchte, ihre Staatsmacht aufrechtzuerhalten. Aber das System war ausgehöhlt und am Ende. Die Verschlechterung der wirtschaftlichen Lage und die Unfähigkeit der Regierung unter Erich Honecker, der Erneuerungspolitik des Ostblocks, die Sowjet-Chef Michail Gorbatschow federführend realisierte, zu folgen und den Bürgern mehr Freiheiten zu gewähren, hatten den Ärger der Menschen des Arbeiter- und Bauernstaates in gefährliche Höhen katapultiert. Der Unmut entlud sich allerdings nicht in Gewalttaten, sondern in unzähligen friedlichen Protestdemonstrationen gegen den DDR-Staat und für Meinungs-, Reise- und Pressefreiheit. Wie Richard Kruspe nutzten die Bürger zu Zehntausenden massenhaft das Schlupfloch Ungarn, das ab dem Sommer 1989 seine Grenze zu Österreich geöffnet hatte, um aus dem Land zu flüchten. Oder sie gelangten über deutsche osteuropäische Botschaften wie z. B. in Prag in die Freiheit des Westens.

Die DDR-Regierung reagierte hilflos und unschlüssig. Auf der einen Seite ließ sie Demonstranten niederknüppeln. Andererseits lockerte das sozialistische Regime die Zügel. Durften bereits Jahre zuvor gestandene Rockbands zu Konzerten in den Westen reisen, war das im Frühjahr 1989 auch unbekannteren Bands erlaubt. Vermutlich wollte die DDR-Führung unbequeme Musiker an den Westen loswerden, um die brodelnde Unzufriedenheit im Staate wenigstens ein wenig einzudämmen.

Jedenfalls wechselte Feeling B am 26. 05. 1989 zu einem Gig in Westberlin die Stadtseite und seitdem immer öfter, denn die Band hatte ein Visum bekommen, das ihr ermöglichte, für Konzerte in die Bundesrepublik zu reisen. Während die DDR langsam zusammenbrach, schmeckten Flake, Paul und die anderen Feeling-B-Mitglieder auf einer kleinen Tournee durch Westdeutschland schon die Freiheit.

Sie spielten ab und zu in Westberlin, wie auch am 09. 11. 1989 im Stadtteil Kreuzberg in einem Musikschuppen namens „Pike". Von der Öffnung der Berliner Mauer wussten sie noch nichts, bis ein paar Ostberliner Musikerkollegen von der Band Die Skeptiker auf einmal in der „Pike" standen. Die Band war wie vor den Kopf gestoßen, so unfassbar war diese Nachricht. Sie konnten sich noch gar nicht bewusst machen, dass die Mauer tatsächlich geöffnet worden war. Nach dem Konzert hatten sie das Bedürfnis, schnell wieder in den östlichen Teil Berlins zu gelangen. Aber die Grenzübergänge waren dermaßen mit Menschen überfüllt, dass ihnen nichts anderes übrig blieb, als in Westberlin mit reichlich Alkohol die neue Freiheit zu feiern.

Der dramatische Zusammenbruch der Deutschen Demokratischen Republik und ihr Beitritt zur Bundesrepublik Deutschland am 03. 10. 1990 waren Ereignisse von weltpolitischer Dimension, die das Leben der ehemaligen DDR-Bürger grundlegend veränderten. Die Freude über die Vereinigung zu einem deutschen Staat war natürlich im ersten Augenblick im wahrsten Sinne des Wortes grenzenlos. Doch bald stellten sich Fragen ein, weil nun Unsicherheiten mit den noch unbekannten neuen Einflüssen der westlichen Welt auftauchten. Wie würde es weitergehen? Welche Veränderungen setzten jetzt ein? Wie alle Menschen der ehemaligen DDR bewegten diese Fragen und Ängste auch Till, Flake, Richard, Oliver, Christoph und Paul.

Für sie bedeuteten die ersten Jahre nach der Wende vor allem, dass sie sich zu der Band verbündeten, in der sie bis heute zusammenspielen: Rammstein.

3. Nach dem Mauerfall: Die Gründungsphase

Der Untergang der DDR und damit die Öffnung nach Westen war für die Bürger des ehemaligen Arbeiter- und Bauernstaates eine schwer fassbare Situation. Nach 40 Jahren hatte sich die Gewissheit zementiert, dass sie wohl ewig im sozialistischen System ihr Leben fristen müssten. Dennoch hatten sie sich darauf verlassen können, und diese Sicherheit war jetzt verschwunden. Deshalb reagierten viele Ex-DDR-Bürger nach der ersten Euphorie zurückhaltend und verunsichert – wie auch Flake, Paul und Till, die ihre neuen Möglichkeiten noch gar nicht richtig einschätzen konnten. Viele DDR-Bürger merkten, dass mit dem Fall der Mauer eine Zäsur geschah, deren Tragweite sie in den ersten Wochen noch gar nicht richtig begreifen konnten. Schließlich veränderte sich ihr ganzes Leben. Auch für Till Lindemann waren die neuen Lebensumstände mit mulmigen Gefühlen verbunden, wie das *Wom*-Magazin in der Ausgabe 9/2004 meldete: „Ich hatte Angst und dachte, jetzt geht alles den Bach runter. Dadurch, dass man so eingesperrt war, fühlte man sich ja auch sicher." Er kaufte sich für sein Begrüßungsgeld im Westen, das jeder DDR-Bürger bekam, der zum ersten Mal nach der Grenzöffnung bundesrepublikanischen Boden betrat, sehr zurückhaltend und bescheiden lediglich Joghurt und Gummibärchen und fuhr dann lieber schnell wieder in seine Schweriner Heimat zurück.

Am schnellsten hatte Richard Kruspe die neue Situation verdaut. Er nutzte die gewonnene Freiheit sofort und war ruhelos aktiv. Nachdem er aus der DDR über Ungarn nach Österreich geflohen war, ging er kurz nach der Maueröffnung nach Westberlin. Aber er entdeckte dort keine künstlerischen Anknüpfungspunkte. Er fand keine Musiker, mit denen sich seine Ideen realisieren ließen. Schließlich zog er nach einem Jahr des Haderns und Zweifelns wieder nach Schwerin und kam bei Till Lindemann unter. Der spätere Rammstein-Gitarrist schloss sich als Bass-Mann kurzzeitig der Rockband Das Auge Gottes an, die von 1989 bis 1998 bestand. Aber das war für Richard nur eine Übergangslösung. 1991 schließlich gründete er die Formation Orgasm Death Gimmick und spielte dort Gitarre. Im Jugendmagazin *NM!Messitsch* berichtete Richard, der sich damals nur Sven Kruspe nannte, 1992 über die Gründung der Band: „Ich habe irgendwann auf der Suche nach Leuten für eine eigene Band Sascha, der jetzt bei uns Schlagzeug spielt, und Franziska von den Inchtabokatables getroffen. Wir haben so ein bissel rumgespielt, und Franzi fand das nicht so doll. Genau an dem Tag, als sie keine Lust mehr hatte, kam Martin (jetzt Bassist). Wir probierten und es funktionierte. Dietmar (Trompeter und Sänger der Band) hat ein gutes Jahr rumgehangen und Bücher gelesen … einfach übers Leben nachgedacht. Dann fing er aber an zu singen, und als Martin ihn fragte, ob er nicht einen guten Sänger kennen würde, sagte er, dass es eigentlich keinen guten Sänger gibt – bis auf einen natürlich. Und damit war die Band komplett."

Orgasm Death Gimmick wurde Richards zentrale Band, doch er hatte weiterhin auch noch Kontakt zu Paul und Flake, die in Ostberlin auf dem Prenzlauer Berg in der Fehrbelliner Straße seit Mitte der 1980er Jahre zusammen in einer WG wohnten.

Dort lebten sie in der Nachwendezeit mitten in der alternativen Szene, unter Künstlern, Hausbesetzern – und mussten oft fürchten, von neonazistischen Skinheads überfallen zu werden. Ihre Band Feeling B hatte ebenfalls in diesem Bezirk im „Wydoks"-Studio in der Schönhäuser Allee 5 seit Anfang 1990 ihre musikalische Zentrale. Zusammen mit Paul baute Richard dort ein 16-Spur-Studio auf, in dem Orgasm Death Gimmick im Winter 1991 ihre ersten Tapes aufnahmen, allerdings ohne Paul, der keine Zeit hatte.

Aus den Songs dieser Sessions entstand zwar keine CD, aber einige Textteile sind später bei Rammstein-Liedern eingeflossen, wie zum Beispiel „Sex is a battle, love is a war". Das wurde auf dem ersten Album „Herzeleid" in dem Lied „Wollt ihr das Bett in Flammen sehen" wörtlich übersetzt zu: „Sex ist eine Schlacht, Liebe ist Krieg." In dieser Phase schrieb Richard auch Musikpassagen, die später in das Stück „Sehnsucht", den Titelsong des zweiten Albums, integriert wurden.

Das Tape von Orgasm Death Gimmick verschickte Richard an einige Plattenfirmen, welche die Musik aber ablehnten. Ein zweites Band folgte später im Jahr 1993, wieder erfolglos. Vielleicht war den Labels die Mixtur aus Metal, Jazz, Grunge, Funk, Reggae, die Orgasm Death Gimmick angerührt hatten, zu ungewöhnlich. Für Richard war die Band durch diese vielen Quellen, aus denen sich die Songs speisten, ein Feld, auf dem er mit Sounds experimentieren konnte.

Damit er diese musikalischen Erfahrungen besser ausweiten konnte, probierte es Richard nach einem Jahr in Schwerin 1992 noch einmal mit Berlin und zog zu Christoph Schneider – der damals einen weiteren Mitbewohner hatte: Oliver Riedel.

Olli hatte mittlerweile seine Arbeit als Stukkateur aufgegeben und endlich, mit 20 Jahren, sein Interesse an der Musik verfolgt und zum elektronischen Bass gegriffen, auf den er sich spezialisierte. Als sich Oliver genügend Erfahrung zusammengespielt hatte, bekam er die Chance bei den Inchtabokotables einzusteigen, einer Ostberliner Band, die 1992 gerade ihr erstes Album „Inchtomanie" auf den Markt gebracht hatte. Sie sorgt mit ihrer Stilmischung aus Folk, Punk, Hardrock, Industrial und Mittelalter-Rock für einige Furore in der deutschen Rocklandschaft. Die Inchtabokatables – der Name ist ein australischer Slangausdruck für „Zechpreller" – gründeten sich 1991 und hatten eine für eine Rockgruppe merkwürdige Besetzung. Die Bandmitglieder spielten zwei Geigen, ein Cello, einen Bass und das Schlagzeug. E- und Konzertgitarren fehlten völlig. Die Inchies oder Inchties, wie sie von ihren Fans wegen des Zungenbrechernamens oft nur kurz genannt wurden, entlockten ihren Instrumenten virtuos eine wilde Musikmischung, sodass sie schnell von den Medien Etikette wie „Die geigenden Derwische", „Fetziger Keltenpogo" oder „Diabolisches Virtuosentum" aufgedrückt bekamen.

Nach „Inchtomanie" stieg die Bassistin Franzi Underdrive, mit bürgerlichem Namen Franziska Schuber, aus, weil sie schwanger war. Für die Zeit ihrer Babypause suchten die Inchtabokatables einen Ersatz und fragten Oliver Riedel, der zögerlich in die Band einstieg. Er machte von Anfang an klar, dass er nur ein Jahr dabei sein wollte – was auch so geschah. Oliver spielte zusammen mit den Inchies 1993 das Album „White Sheep" und ein Jahr später „Ultra" ein und sammelte dazu auf vielen Konzerten Live-Erfahrungen mit der Band, die auf der Popularitätsleiter immer weiter nach oben kletterte. So hätte es weitergehen können.

Aber es sollte anders kommen, denn Oliver bemerkte nach einiger Zeit, dass er lieber andere Musik machen wollte, als die Inchies ihm hatten bieten können. Er merkte, dass er künstlerisch in einer Sackgasse angekommen war – und er war damit nicht allein, denn fast jeden der späteren Rammstein-Musiker befiel in dieser Zeit dieses Gefühl der Stagnation.

Auch Paul und Flake spürten, dass es mit Feeling B nicht weiterging. Schon seit dem Ende der 1980er Jahre hatten die beiden musikalische Ideen und eine Experimentierlust, die sie mit der Band nicht ausleben konnten. Sie gründeten in dieser Zeit der Vor-Wende als Zweiergespann die Magdalene Keibel Kombo, in der sie zusammen mit einem immer wieder wechselnden Gast-Drummer Texte improvisierten und Lieder spielten wie „Graf Zahl", bei dem sie einfach zählten, bis es dem Publikum zu viel wurde. Mit solchen kreativen Nebenprojekten ging es munter bis 1993 weiter. Paul und Flake spielten im Verbund überall mit, wo sie sich kreativ austoben konnten. Sie waren zum Beispiel bei Doom Desaster, bei Tacheles, Kashmir, New Affaire, Stoffwechsel, Frigitte Hodenhorst Mundschenk, B. R. O. N. X., den anderen, den Happy Straps, Freygang und bei Die drei von der Tankstelle dabei. Paul produzierte viele dieser Bands, und er und Flake spielten neben Keyboard und Gitarre auch mal das Schlagzeug.

Beide interessierten sich seit Ende der 1980er und Anfang der 1990er Jahre mehr und mehr für elektronische Klänge wie Dub-Musik oder Techno und brachten, wenn sie zu Till Lindemann an den Schweriner See fuhren, die ersten Acid-House-Klänge aus Berlin in die ländliche Idylle mit, die sie von einem Freund in London geliefert bekamen. Diese Sounds waren damals brandneu und setzten bereits einen kleinen Anker im musikalischen Gedächtnis der Musiker. Bei Feeling B führten sie aufgrund dieses Einflusses Anfang der 1990er Jahre einen Drum-Computer ein.

Hinzu kam, dass Paul und Flake dank einer Tour durch die USA im Februar und März 1993 mit der damals aktuellen US-Musik in Berührung gekommen waren – aber nicht nur sie, denn es war ein neuer Drummer dabei, der den alten Schlagzeuger Winfried Knoll ersetzte: Christoph Schneider.

Knoll selbst hatte Christoph seit 1990 als seinen Nachfolger vorgeschlagen und war immer wieder von ihm vertreten worden. Schließlich wechselte Christoph von den Bands Die Firma, Keine Ahnung und der italienischen Formation Quatered Shadows als Drummer hinüber zu Feeling B.

Und so war er dabei, als die Band 1993 in den USA bei ländlichen Festivals und Club-Auftritten auf wenig Interesse und eine große Portion Unverständnis stieß und eine für alle Beteiligten schreckliche Reise erlebte. Positiv an dem Trip war allerdings, dass sie mit einer Menge neuer Musik in Berührung kamen wie Grunge und vor allem elektronischer Musik. Paul, Flake und Schneider öffneten die Ohren weit und sogen die neuen Einflüsse begierig auf. Mehr und mehr wollten sie ihre musikalischen

Möglichkeiten ausloten und waren endgültig dabei, den charmanten Punk-Dilettantismus der frühen Tage weit hinter sich zu lassen.

Genau das passte dem Bandchef Aljoscha Rompe nicht. Er wollte weitermachen wie bisher und mit Mitte 40 allmählich ein bürgerlicheres Leben führen. Deshalb lehnte er großartige Veränderungen ab. Also nahmen Flake und Paul immer mehr das künstlerische Ruder von Feeling B in die Hand und arbeiteten Ende 1993 eine Vorproduktion des mittlerweile vierten Albums von Feeling B aus. Sie präsentierten die neuartig klingenden Songs mit Aljoscha, der von einer Ägyptenreise zurückgekommen war, im November dieses Jahres. Für die neuen Sounds hatten sie sich einen Sampler mit einem internen Sequenzer zugelegt. Sie konnten damit Tonfolgen oder Breakbeats ablaufen lassen und dazu spielen. Die neuen Ideen waren richtungsweisend für die Zukunft. Feeling B arbeiteten zum ersten Mal mit Computern. Paul zupfte die Gitarre, Schneider mischte Loop-Sequenzen und Drums dazu. In dieser Zeit entstanden einige Stücke, die teilweise später bei Rammstein verwendet wurden.

Feeling B wollten den musikalischen Kurs der Band ändern, aber das wollte ihr Sänger Aljoscha nicht. Er konnte mit den maschinellen und eingängigeren Klängen nichts anfangen und weigerte sich, Texte für die Stücke zu schreiben und zu der Musik zu singen. Paul Landers versuchte, ihn umzustimmen, doch das gelang nicht.

Hinzu kam, dass Flake und Paul sahen, dass sie mit Feeling B nach der Vereinigung beider deutscher Staaten nicht mehr denselben Erfolg haben konnten wie noch zu DDR-Zeiten. Weder in Westdeutschland und schon gar nicht auf internationalen Bühnen war die ehemalige DDR-Formation gefragt.

Weihnachten 1993 gaben Feeling B ein Konzert, bei dem Paul, Flake und Christoph das Gefühl hatten, dass sie eigentlich aufhören müssten. Sie brachen den Gig ab. Als Erster sagte Schneider, dass er keine Lust mehr habe. Für Flake und Paul war es schon schwieriger, aus der Band zu gehen, immerhin hatten sie ein Jahrzehnt Feeling B hinter sich.

Allerdings half ihnen bei der Entscheidungsfindung eine gute Ausweichmöglichkeit, die ihnen Richard Kruspe bot. Er hatte ebenfalls langsam genug von seiner Band Orgasm Death Gimmick. Er war unzufrieden, denn Richard stocherte bei der Suche nach einem passenden Sound immer noch im Nebel. Neue Impulse erhoffte er sich durch die Beschäftigung mit US-amerikanischer Musik.

Schließlich reiste er zusammen mit Till Lindemann und Oliver Riedel nach Nordamerika. Die drei kamen zum ersten Mal in ein Land, das für Richard nach den Erfahrungen mit dem einengenden totalitären DDR-System ein Symbol für Freiheit in jeglicher Hinsicht bedeutete. Im Bildband „Rammstein“ berichtet er, dass der USA-Besuch ihm deutlich vor Augen führte, welche Musik er machen wollte: „Dort habe ich aber eigentlich erst begriffen, wie wichtig es ist, dass man seine eigene Identität sucht, findet, entdeckt und sie festhält für sich … Mir wurde klar, dass die Musik, die ich bis dahin gemacht habe, nichts mit mir zu tun hat. So bin ich nach Deutschland zurückgekehrt, und mir kam die Idee, ein Projekt zu schaffen, das mit deutscher Musik zu tun hat. Ich wollte versuchen, Maschinen und Gitarren zusammenzubringen, harte Gitarren. Das war die Grundidee."[1]

Allein wollte und konnte Richard seine Vorstellung einer neuen Musik nicht realisieren und fragte deshalb erst Oliver Riedel, ob er dabei sein wollte, dann Christoph Schneider. Der zurückhaltende Olli überlegte, denn bis dato war er ja bei den Inchtabokatables und verdiente gutes und regelmäßiges Geld. Was würde ihn bei dem Projekt erwarten, das im Gegensatz zu seiner aktuellen Hauptband noch auf sehr wackeligen Füßen stand und leicht kippen konnte? Aber Oliver ging das Risiko ein und entschied sich für den Einstieg in die neue Gruppe und den Ausstieg bei den Inchtabokotables. Christoph Schneider musste nicht lange überredet werden, er war sofort mit Feuereifer dabei, und das Dreiergespann fing Ende 1993 an, erst mal draufloszurocken und dann allmählich die ersten Songs einzuspielen.

Sie sahen das Unterfangen zunächst als einen vorsichtigen Versuch an, der aber sehr gut funktionierte – bis auf die Schwierigkeit, Worte und Töne zur selben Zeit für ein Lied zu finden. Richard beschloss deshalb, sich nur auf das Komponieren und Spielen zu konzentrieren. Ein anderer sollte die Texte schreiben und sie auch singen.

In Frage kam dafür Till Lindemann, der seit etwa 1990 begonnen hatte, Gedichte zu schreiben – und vielleicht auch singen konnte. Richard erinnerte sich daran, dass er eines Tages am Schweriner See Till Lindemanns Stimme lauschte. Er kam auf die Idee, dass er als Sänger zu ihm und Schneider dazustoßen könnte. Till besaß zu jener Zeit eine kleine Werkstatt, in der er Körbe anfertigte. Er sang dann und wann bei der Arbeit. Richard hörte das und war von der Stimme des späteren Rammstein-Frontmanns fasziniert. Er nahm den Gesang auf, einige Wochen später rief er Till an und fragte ihn begeistert, ob er nicht Lust hätte zu singen. Till zögerte lange, aber schließlich gelang es Richard, ihn zu überreden, nach Berlin zu kommen und gemeinsam zu proben.

Christoph Schneider empfand diese ersten Gesangsversuche als katastrophal. Aber Till gab nicht auf, wie Schneider in der Bandbiografie „Feeling B – Mix mir einen Drink" erzählt: „Danach ließ er sich ein Tape mitgeben und hat zu Hause englisch draufgesungen. Man konnte damals eigentlich nicht dran glauben, dass er mal ein guter Sänger wird."[2]

Für das neue Projekt hörte Till bei First Arsch auf, denn auch er kam mit der Band nicht weiter. Sie hatte 1992 das englischsprachige Album „Saddle up" aufgenommen, bei dem Tatjana Besson von Die Firma Flöte mitspielte, die in jenem Jahr als Ex-Stasi-Informantin enttarnt wurde, wodurch sich die alte Besetzung ihrer

---

[1] Hof, Gert: Rammstein. Die Gestalten Verlag (2001) (in den Fußnoten als Rammstein benannt), S. 19

[2] Galenza, Ronald/Havemeister, Heinz: Feeling B – Mix mir einen Drink. Schwarzkopf & Schwarzkopf (2002) (in den Fußnoten als Feeling B benannt) , S. 259.

Band auflöste. Auch Paul Landers war mit der Gitarre an dem Album beteiligt. Till übernahm einige Gesangsparts und spielte ansonsten seine Drums. Er fing in dieser Zeit sogar an, Schlagzeugunterricht zu nehmen, weil er sich musikalisch entwickeln und Erfolg haben wollte, denn „Saddle up" verkaufte sich nicht gut. Also ließ er sich doch auf das neue Projekt zusammen mit Richard, Oliver und Schneider ein und zog sogar nach Berlin, damit sie dort besser zusammenarbeiten konnten.

Die Vier spielten trotz Tills erster schrecklicher Gesangsleistungen weiter zusammen, und es entstanden erste Aufnahmen. Damals wurde in Berlin ein Contest für Newcomer-Bands namens Metrobeat-Festival initiiert. Der Preis für den Sieger war eine Woche Aufnahmezeit in einem professionellen Studio. Die Voraussetzung der Teilnahme war die Einsendung eines Demo-Tapes.

Das damals noch namenlose Quartett nahm in Richards Wohnung lediglich mithilfe eines Vier-Spur-Aufnahmegeräts und einem Drum-Computer vier englischsprachige Lieder auf, die noch sehr nach zeitgemäßem US-Metal klangen. Zu jener Zeit musste Till tagsüber arbeiten, sodass er nur nachts seine Texte intonieren konnte. Die Aufnahmen kamen sofort sehr gut an: Richard, Till, Schneider und Olli gewannen auf Anhieb den Metrobeat-Wettbewerb. Also bekam die Formation vom Berliner Senat als Preis die Möglichkeit, die vier eigenen Songs eine Woche in einem gut ausgestatteten Studio aufzunehmen.

Zu diesem Zeitpunkt schloss sich ihnen Paul Landers an. Von Anfang an hatte ihn das Projekt interessiert, nicht zuletzt auch wegen des Gefühls, dass er sich mit Feeling B nicht mehr fortentwickelte. Dazu kam, dass Paul, Schneider und Flake zur gleichen Zeit in den USA gewesen waren wie Richard, Till und Oliver und neue musikalische Impulse mitbekommen hatten. In Richards Projekt sah Paul eine Möglichkeit, die neu erlebten Klänge auszuprobieren. Er wollte einsteigen, weil er neugierig war, was die Band mit sich bringen würde und Rammstein als Projekt neben Feeling B erst mal laufen lassen.

Schneider war allerdings davon gar nicht so begeistert, wie er in dem Buch „Feeling B – Mix mir einen Drink" gesteht: „Denn ich hatte schon die letzten fünf, sechs Jahre mit Paul gespielt, und Paul ist ein anstrengender Typ. Ich erklärte: Ich mach unter der Bedingung mit, dass Paul nicht mitmacht. Ich war bei denen ja ausgestiegen."[3] Schneider wollte sowohl mit Paul als auch mit Feeling B einfach nichts mehr zu tun haben.

Till war von Pauls Interesse dagegen angetan. Er wollte ihn in der Band haben, denn er hoffte, dass dessen Popularität, die er mit Feeling B erreicht hatte, der neuen Band ebenfalls den Erfolg bringen könnte. Er schlug also vor, dass Paul einsteigen sollte. Richard war auch von Anfang an dafür. Letztendlich stieg Paul ein und war bei den Studioaufnahmen der Demos gleich dabei.

[3] Feeling B, S. 260.

Den fünf Musikern war bewusst, dass ihre neue Formation nicht mehr nur als Seitenprojekt laufen konnte – dafür bot die Band einfach zu aufregende, noch nicht da gewesene Perspektiven. Dafür waren sie bereit, ihre bisherigen Gruppen zu verlassen, obwohl sie mit ihnen gut eingespielt waren. Also streifte bald jeder endgültig alle Verpflichtungen gegenüber den alten Bands ab. Oliver schloss noch 1994 die letzte Plattenproduktion „Ultra" mit den Inchtabokotables ab und war danach endgültig nicht mehr dabei. Für ihn griff bei den Inchies, die bis 2002 weiterexistierten, Moeh von T. A. S. S. in die Basssaiten.

Genauso war Paul bei Feeling B ausgestiegen, Till hatte First Arsch aufgegeben und Richard Orgasm Death Gimmick.

Richard, der die Grundidee für die neue Band hatte, war zu diesem Zeitpunkt schon recht zufrieden, denn die Gitarrensounds waren gut bedient. Dafür sorgten Richard selbst und Paul Landers. Jetzt fehlte nur noch ein Tastenmann für die synthetischen Klänge. Natürlich fiel die Wahl sofort auf Flake – der sich allerdings sehr zierte. Das Ende von Feeling B bedrückte ihn. Richtig loslassen konnte er nicht, und er wollte die Band lieber reanimieren.

Flake gefiel die Musik zuerst nicht, weil sie ihm zu hart war. Erst allmählich änderte er seine Meinung und stimmte schließlich zu, bei den Proben im Keller des Hauses der Fehrbelliner Straße 5, in dem auch Aljoscha Rompe wohnte, dabei zu sein. Er spielte allerdings nur zögerlich und sporadisch mit und stellte als Bedingung, dass nicht Englisch gesungen wird.

Von Flakes Unentschlossenheit hatten Till, Olli, Schneider, Paul und Richard schließlich genug. Die anderen fünf Musiker stellten ihn Anfang 1994 vor die Wahl. Sie wollten, dass er sich hundertprozentig entscheidet: Entweder stieg er ganz und gar in die neue Band ein, oder er ließ es bleiben. Flake überlegte und stimmte – obwohl er noch Bedenken hatte – zu, einen Neuanfang zu wagen.

Das war endgültig das Aus für Feeling B – zumindest, was die Beteiligung von Flake und Paul anging. Aljoscha Rompe versuchte seit dem Ende der Band im Winter 1993 nach einer kurzen Pause noch einmal eine Neuauflage, die aber keinen Erfolg hatte. Die Geschichte von Feeling B fand ein tragisches Ende, als ein Bauarbeiter Aljoscha Rompe am 23. 11. 2000 in seinem Wohnmobil am Prenzlauer Berg fand. Er war an einem Asthmaanfall erstickt.

Für Richard, Paul, Christoph, Till, Oliver und nun auch Flake aber sollte es ab 1994 erst noch richtig losgehen. Sie hatten sich entschieden und konzentrierten sich nur noch auf ihre neue gemeinsame Band. In dieser Formation trafen sechs Männer aufeinander, deren Biografien nicht nur die gemeinsame DDR-Vergangenheit vereinten, sondern auch ihr Talent für die Musik, die sie gemeinsam als Gruppe in Zukunft unter dem Namen Rammstein spielen sollten.

4. Sechs Freunde sollt ihr sein: Die Bandmitglieder

RICHARD Z. KRUSPE

Funktion bei Rammstein: Gitarrist
Name: Richard Z. Kruspe (vorher Sven Kruspe, Richard Kruspe, Richard Z. Kruspe-Bernstein)
Spitzname: Scholle
Geburtstag: 24. 06. 1967
Geburtsort: Wittenberge
Sternzeichen: Krebs
Größe: 1,88 Meter
Aussehen: blau-grüne Augen, braune Haare
Lieblingsmusik: Kiss, Black Sabbath, AC/DC, Big Black, Red Hot Chili Peppers, Suicidal Tendencies, Pantera, Martin Gore (Depeche Mode), Ennio Morricone (Filmkomponist)
Religion: keine feste Glaubensrichtung
Zitat von Richard Z. Kruspe: „Rammstein ist einfach eigen. Es gibt keine Band, die so klingt wie Rammstein." (aus *Musik Express/Sounds*, 9/97)

Richard Z. Kruspe ist der Initiator des Projektes Rammstein. Ohne ihn hätte es die Band nicht gegeben, weil er es war, der 1993 die Vision einer Gruppe hatte, die einen ganz eigenständigen Metal-Sound erschaffen sollte, möglichst weit abseits von US-amerikanischen Heavy-Klängen. Ihm ist es gelungen, für diese Idee nacheinander Oliver Riedel, Christoph Schneider, Till Lindemann, Paul Landers und Christian „Flake" Lorenz zu gewinnen.

Als Ideengeber der Gruppe übernimmt es Richard oft, in der Öffentlichkeit als kommunikativer Vertreter von Rammstein Rede und Antwort zu stehen. Vor den Kameras und Mikrofonen, aber genauso auf der Bühne ist er sehr offen und nach außen gerichtet. Dementsprechend experimentiert er gern mit seinem Äußeren, indem er sich die Fingernägel lackiert und in der Vergangenheit oft die Haare färbte. Von Schwarz über Rot bis hin zu Blau-Weiß, auf den Tourneen war alles dabei – bis ihm die Haare deswegen langsam ausfielen und er die Farbspiele stoppen musste. Privat gibt er sich wie alle Rammstein-Mitglieder dagegen zurückhaltend und ruhig.

Richard ist trotz dieser Präsenz aber nicht so etwas wie der Band-Leader, sondern fügt sich in den Kontext der Gruppe ein, in der jeder Musiker gleichberechtigt an allen Entscheidungen mitwirkt. Zusammen mit den anderen komponiert Richard die Rammstein-Titel, aber er lieferte auch – neben Till – schon im Alleingang einige Texte wie z. B. für den ersten großen Single-Hit „Engel". Seine Hauptfunktion in der Band ist jedoch, als Gitarrist für einen rhythmischen und satten Rocksound zu sorgen.

Das gelingt ihm zusammen mit dem zweiten Saiten-Meister der Band, Paul Landers. Mit ihm verbindet Richard neben der gemeinsamen Bandarbeit und der Vorliebe für die auffällige Gestaltung des Äußeren durch gefärbte Haare und die lackierten Fingernägel vor allem eines: das häufige Wechseln des Namens.

Genauso wie Heiko Paul Hiersche später zu Paul Landers wurde, durchlief der Name Richard Z. Kruspe mehrere Metamorphosen. Anfang der 1990er Jahre nannte sich Richard bei der Band Orgasm Death Gimmick noch Sven Kruspe, und auch auf dem Cover von „Saddle up", dem Debüt von First Arsch, bei dem er aushalf, wird er so aufgelistet.

Bei Rammstein verschwand sein Name wie bei allen Mitgliedern der Band in den Booklets von „Herzeleid" und „Sehnsucht" vollständig. Die sechs Musiker verzichteten bewusst auf Namensnennungen, um die Geschlossenheit der Band deutlich zu machen. Erst auf „Live aus Berlin" sind alle Musiker verzeichnet, der Rammstein-Gitarrist taucht dort als Richard Kruspe auf. Das „Sven" ließ er zunächst verschwinden. Im Booklet von „Mutter" erscheint es wieder, allerdings zu „Zven" umgeschrieben und zur Abkürzung „Z" zusammengeschrumpft.

Aber damit nicht genug mit der neuen Namensvariante: Der Gitarrist wird dort als Richard Z. Kruspe-Bernstein aufgeführt. Dahinter steckt der Hintergrund, dass Richard als Liebesbeweis den Namen seiner damaligen Ehefrau Caron Bernstein angenommen hatte. Die am 16. August 1970 in Johannesburg in Südafrika geborene Amerikanerin arbeitete in den USA als erfolgreiches Model. Auch als Sängerin ist sie in Bands wie Kill 5 und C aktiv, und sie nahm bereits ein eigenes Album mit Punkrock-Titeln auf, was allerdings nie veröffentlicht wurde. Als Schauspielerin wirkte sie in TV-Filmen und -Serien mit meist erotischem Inhalt mit, wie bei der *International Movie Data-base (imdb.com)* im Internet zu erfahren ist.

Das erste Mal begegneten sich Caron und Richard in New York, als Rammstein-Manager Emanuel Fialik die beiden im Juni 1999 einander vorstellte. Richard machte Caron nur eine Woche später einen Heiratsantrag – mit Erfolg. Die Hochzeitsfeier fand am 29. 10. 1999 auf der der Stadt New York vorgelagerten Insel Long Island ganz romantisch am Strand von Montauk statt. Carons Glauben entsprechend wurde die Feier nach jüdischen Riten ausgerichtet. Die Musik, die zu den Feierlichkeiten gespielt wurde, hatte Richard selbst komponiert. Als er bei der Zeremonie Caron einen Ring mit der eingravierten Aufschrift „2000 Jahre und für alle Ewigkeit" an den Finger steckte, jubelten die 100 Gäste. Zu ihnen zählten bis auf Flake auch alle Rammstein-Bandkollegen. Till Lindemann war sogar der Trauzeuge.

Drei Tage nach der Hochzeit flog Richard zurück nach Berlin, um mit Rammstein am neuen Album „Mutter" zu arbeiten.

Ansonsten war er nach der Trauung natürlich oft in den USA bei Caron. Richard kaufte sich dort eine Ranch, was sicherlich damit zusammenhängt, dass er ein Fan von Westernfilmen sowie Soundtrack-Meistern wie Ennio Morricone ist. Das schlägt sich manchmal in den Songs von Rammstein nieder, wenn z. B. in „Engel" eine Italo-

Western-Melodie à la „Spiel mir das Lied vom Tod" ertönt, einem Streifen, den Morricone mit einer genialen Filmmusik ausstattete.

Aber auch darüber hinaus hat Richard am Kino regelrecht einen Narren gefressen, und 2006 schien es so, als könnte er seine Leidenschaft als Filmkomponist und Schauspieler ausleben. Laut der *International Movie Data Base (imdb.de)* gab es in jenem Jahr Gespräche darüber, dass der Musiker in dem Streifen „Madness is catching" des New Yorker Regisseurs Csaba Lucas eine Rolle übernehmen sollte. Erzählt wird darin ein Lebensabschnitt des Prinzen Siddhartha, dem späteren Buddha. Aber Richard war für die Figur „The Nail" vorgesehen. Und: Er sollte am Soundtrack mitwerkeln. Ende des Jahres 2008 ist jedoch *imdb.de* zu entnehmen, dass Richard nicht mehr auf der Besetzungsliste steht, und für die Musik zeichnet inzwischen der ungarische Komponist Adam Balazs verantwortlich.

Doch selbst, wenn er bei diesem Projekt nicht dabei sein sollte, führte es ihn schon in die Richtung eines seiner größten Wünsche: einen Science-Fiction-Film zu drehen, in dem Rammstein als Band die Hauptrolle übernehmen. Das könnte zu realisieren sein, denn nach Internet-Gerüchten gibt es sogar schon einen Regisseur, der nur noch darauf wartet, dass er Gelder für die Produktion erhält. Genaueres war bei Redaktionsschluss dieses Buches Ende 2008 nicht bekannt.

Bei all diesen Projekten pendelt Richard zwischen den USA und dem Prenzlauer Berg in Berlin, wo er in demselben Haus wie Rammstein-Manager Emanuel Fialik wohnt – allerdings mittlerweile ohne Caron Bernstein. Er trennte sich 2004 von ihr, obwohl die beiden Gerüchten zufolge eine gemeinsame Tochter haben.

Richard ließ den Nachnamen seiner Exfrau Caron nach der Scheidung wieder verschwinden. Im Booklet von „Rosenrot" ist er nur noch als Richard Z. Kruspe verzeichnet.

Zu Richards offiziellem Namen gesellt sich darüber hinaus der Spitzname Scholle, den er von seinen Freunden bekam. Der Gitarrist hatte diesen Beinamen schon als Jugendlicher, also noch in der Deutschen Demokratischen Republik, in die Richard am 24. 06. 1967 hineingeboren wurde.

Er kam in Wittenberge zur Welt, einer Stadt im nordwestlichen Brandenburg in der Landschaft Prignitz. Dort lebte er als jüngstes von vier Kindern mit zwei Schwestern und einem Bruder plus seinen Eltern, die sich aber früh scheiden ließen. Richard blieb bei der Mutter, die einen Mann heiratete, mit dem er sich gar nicht verstand. Er wuchs damals in Schwerin auf, war als Kind sehr schüchtern und wurde deswegen von den Gleichaltrigen gehänselt. Richard fing mit dem Ringen an und wurde später im Verein „BSG Lok Wittenberge (Betriebssportgemeinschaft Lokomotive Wittenberge)" in dieser Disziplin sogar DDR-Jugendmeister.

Gleichzeitig entdeckte er als Kind bereits die Faszination der Musik und trommelte als kleiner Junge ständig Rhythmen auf den Tisch. Richards Musiklehrerin meinte, dass der spätere Gitarrist Talent hätte, und schlug vor, ihn in einer Musikschule anzumelden. Seine Eltern wollten ihn aber lieber mehr mit Sport beschäftigen – vielleicht auch, weil dies in der Jugendorganisation der DDR, der FDJ („Freie Deutsche Jugend"), hoch angesehen war.

Dennoch verfolgte Richard sein Interesse an der Musik, wie ein Zitat des Gitarristen aus dem Buch „Ursprung Punkszene – Rammstein hätte es im Westen nie gegeben" zeigt: „Ich war zwölf und habe weiter viel Musik gehört. Links hatte ich den Plattenspieler, rechts den Rekorder, und in der Mitte habe ich dazu gesungen. Irgendwann habe ich festgestellt, dass ich eine Begabung für Musik habe. Dann habe ich angefangen, hart zu üben. Zwei Jahre lang. Jeden Tag sechs Stunden. Dann bin ich zum Konservatorium gegangen, habe vier Jahre Musik studiert und in vielen Bands gespielt."

Richard entwickelte eine Vorliebe für Heavy Metal. Besonders die australischen Rock-Urgesteine von AC/DC wurden seine Helden, und er hängte sich als Teenager natürlich auch Poster von ihnen an die Wand. Sein Stiefvater allerdings konnte mit derartiger Musik offensichtlich wenig anfangen und mit den Vorlieben und Bedürfnissen seines Stiefsohnes ebenfalls nicht: Er zerriss ein Poster der geliebten Band in viele Einzelteile. Richard verbrachte daraufhin die Nacht wütend und traurig damit, die Fetzen wieder zu einem Ganzen zusammenzukleben – ein Unterfangen, was nicht nur zeigte, wie wenig nahe er seinem Stiefvater stand, sondern auch, wie sehr er bereits mit seiner Musik verbunden war.

Er verspürte auch keine große Lust, irgendeinen anderen Beruf auszuüben als den des Musikers. Deshalb strengte er sich nicht besonders an, in einem anderen Bereich Karriere zu machen. Seinen ersten Job hatte er als Kassierer in einem Getränkemarkt. Und er verdiente sich als Putzhilfe bei einer älteren Frau etwas Geld dazu. Danach absolvierte er eine Lehre als Koch, hatte aber wenig Interesse daran, den Beruf tatsächlich auszuüben.

Statt zum Kochlöffel wollte Richard lieber zur Gitarre greifen, und zu der kam er mit 16 Jahren bei einem Besuch mit Freunden in der damaligen Tschechoslowakei. Dort erwarb er eine Gitarre, mit der er ein wenig Geld verdienen wollte, indem er sie in der damaligen DDR wieder zum Verkauf anbot. An einem Abend saß er zusammen mit seinen Freunden am Lagerfeuer, als ihn ein Mädchen fragte, ob er nicht mal etwas spielen wolle. Richard wehrte ab, aber schließlich zupfte er, so gut es ging, die Saiten, und die junge Dame war begeistert. Das gefiel wiederum Richard, der daraufhin beschloss, es weiterhin mit der Gitarre zu versuchen.

Er verkaufte seine Gitarre jedenfalls nicht, sondern spielte auf ihr, was ihm immer mehr Spaß bereitete. Aber Richard wollte ein besseres Instrument und hatte eine riskante Idee. Er tauschte 15.000 Ostmark gegen 1200 Westmark und sprach einen Mann in einem Café an, den er nie zuvor gesehen hatte. Richard bat ihn darum, ihm für das Geld eine edle E-Gitarre vom Typ Fender Stratocaster oder ein ähnlich hochwertiges Instrument aus dem Westen zu beschaffen. Der Mann willigte ein, und Richard wusste nicht, ob er sein Versprechen halten würde.

Er wartete zwei Monate und resignierte mehr und mehr. Er dachte, dass er weder sein Geld, geschweige denn die Gitarre wiedersehen würde – aber er täuschte sich:

Ausgerechnet zu Weihnachten bekam er seine Stratocaster und war glücklich. Er probierte sie aus und stellte fest, dass sie kein Zauberinstrument war, sondern eine Gitarre, die man spielte wie jede andere auch. Richard beschäftigte sich weiter damit und baute seine Fähigkeiten auf dem Instrument aus, bis ihm auf einer Musikmesse in Frankfurt das Modell „ESP 901" ins Auge und später in die Hände fiel. Diese Gitarre spielt er bis heute – und seitdem nur noch Modelle der „ESP Guitar Company", die auch Bandkollege Paul Landers bevorzugt. Im Herbst 2005 brachte „ESP" eine Signatur-Gitarre von Richard heraus: das Modell „RZK-1".

Das Spielen auf der Gitarre probierte Richard seit Mitte der 1980er Jahre in mehreren Bands aus: bei Die Firma, First Arsch, Das elegante Chaos, Das Auge Gottes und schließlich mit seiner ersten eigenen Band Orgasm Death Gimmick. Immer wieder wurden Richard die künstlerischen Horizonte zu klein, und immer wieder verließ er die Bands, in denen er spielte, weil er mit ihnen nicht weiterkam. Bei Rammstein hat er diesen Mechanismus offenbar erkannt. Denn er spürte nach dem Album „Mutter", dass er Ideen hat, die er mit seinen Bandkollegen im Rahmen dieser Formation nicht verwirklichen konnte. Richard wollte diese Vorstellungen aber unbedingt realisieren, allerdings dafür nicht seinen großen Einfluss, den er auf die Band besitzt, ausnutzen. Das hätte zu einer Zerreißprobe geführt. Also musste eine Ableitung für die kreative Energie her. Er initiierte dafür das Nebenprojekt Emigrate und wollte ein Album unter diesem Namen einspielen. Darauf würde erstmalig ein Rammstein-Mitglied in englischer Sprache singen.

Schon 2002 begann Richard, Lieder dafür zu schreiben, die das erste Solo-Werk eines Rammstein-Mitglieds ausmachen würden. Er spielte die Songsammlung als Konzeptalbum ein, auf dem er Aufbruch und Ankommen thematisiert, etwa in seiner musikalischen Liebeserklärung an die Stadt, in der er seit seiner Hochzeit mit Caron Bernstein lebte: „New York City". Dem roten Faden der Stücke entsprechend nannte er das Album „Emigrate", das übersetzt „Auswandern" bedeutet. Er kam auf dieses Thema, als sich herausstellte, dass Richard die Songs für „Emigrate" am liebsten in seiner neuen Heimat New York verfasste, während Rammstein-Musik weiterhin in Berlin entstand – was kein Zufall war.

Denn für den Gitarristen war das Umsiedeln nach New York nicht nur der Neuanfang mit Caron, sondern es war auch eine Flucht aus Berlin, wie er im Gespräch mit der Zeitschrift *melodie & rhythmus*, Ausgabe 09/2007 erklärte. Dort sagte er, dass er in der Bundesmetropole den Eindruck hatte, sie sei die Drogenhauptstadt Deutschlands, in der eine für ihn unterträgliche zerstörerische Atmosphäre herrschte. Die wollte und konnte er nicht mehr hinnehmen. Außerdem hatte er das Gefühl, in Deutschland in eine künstlerische Sackgasse geraten zu sein. Er hatte alles erreicht, was man als Musiker erreichen kann: Nummer-eins-Alben, ausverkaufte Konzertsäle, ein über Jahre hinweg treues Publikum. Woher sollten neue Motivationen, neue Ideen kommen? Vielleicht war das in einem anderen Land möglich, sodass der Weggang in die USA für ihn eine willkommene Gelegenheit war, sich nicht nur vom düsteren Berlin, sondern gleichfalls aus dem kreativen Stau zu befreien.

Also ging er nach New York und lebte dort auch nach seiner Scheidung von Caron in einem Feuerwehrhaus, das für ihn zu seinem neuen Hauptwohnsitz wurde. Wie er *melodie & rhythmus* weiter anvertraute, fühlte er sich in New York wohler als in Berlin, vor allem, weil er viel mehr Lebendigkeit spürte als in der deutschen Hauptstadt. Symbolisch an der Sache ist für Richard beispielsweise ein Erlebnis, das er in seinem Fitnesszentrum hatte, in dem er regelmäßig wegen eines Rückenleidens trainieren muss.

Dort steigt einem der Geruch vom Schweiß der Anstrengungen und dem Eisen der Geräte dermaßen intensiv in die Nase, dass die gesamte Anlage extrem ernüchternd und klar wirkt und auf keinen Fall an irgendwelche High-Society-Sportzentren erinnert, die man in New York vielleicht eher erwarten würde. Gleich nebenan existiert jedoch ein Luxus-Fitnesszentrum, und Richard dachte schon daran, dort bestimmt Rock-Legende David Bowie anzutreffen, der ein paar Straßen weiter von ihm wohnte. Er entschied sich jedoch, weiter in seiner muffelnden Sporthütte zu bleiben. Eines Tages absolvierte er wieder einmal seine üblichen Übungen, sah beiläufig zur Seite – und entdeckte David Bowie neben sich, der genau dieselben Bewegungsfolgen trainierte. Solche Erlebnisse machen New York für Richard unglaublich attraktiv, wie er in *melodie & rhythmus*, Ausgabe 09/2007, verdeutlichte.

Doch er musste, als er umgezogen war, erst einmal ganz von vorn anfangen, auch was die Sprache anging, denn in der DDR lernte er – wie alle Rammstein-Musiker – als Schüler so gut wie kein Englisch. Aber in seiner Not halfen ihm die New Yorker, speziell die Taxifahrer, die am meisten Geduld mit ihm hatten, weil etliche selbst der Sprache nicht besonders mächtig sind. Dadurch beherrscht Richard die Sprache mittlerweile recht gut, sodass er Interviews mit englischsprachigen Medien für Rammstein übernimmt.

Allerdings geht seine Sprachkompetenz nicht so weit, dass er sich englische Texte zu schreiben zutrauen würde. Für die Übersetzung der deutschen Songtexte und Ideen des „Emigrate"-Albums ins Englische engagierte er sich einige Muttersprachler. Dafür ist der Rammstein-Musiker zu sehr Profi und Perfektionist, der möglichst hundertprozentig erstklassige Qualitätsarbeit abliefern möchte.

Aus exakt demselben Grund ließ er sich von gestandenen, hochkarätigen Musikern bei den Aufnahmen zum „Emigrate"-Debüt helfen: Henka Johansson, ein Mitglied von Clawfinger, setzte sich ans Schlagzeug. Den Bass zupfte Arnaud Giroux aus der Rockband des Franzosen Axel Bauer, und an der Gitarre kam Olsen Involtini hinzu, der schon als Produzent und Remixer mit Seeed, den Lemonbabies und Rammstein gearbeitet hat – darüber hinaus spielte Richard Kruspe alle Instrumente in Eigenregie.

Darunter war natürlich die Gitarre, aber ebenso finden sich Keyboards. In der Entstehungszeit der neuen Songs beschäftigte sich Richard intensiv mit Computern,

Synthesizern und den Möglichkeiten der Sampling-Technik und nahm die allerersten Demos im Alleingang auf.

Dazu kam, dass er selbst die eigenen Stücke sang – ein absolutes Novum für Richard. Der Gitarrist musste sich intensiv mit Gesang auseinander setzen, was sich auf den Produktionsprozess auswirkte, der ganz anders war als bei Rammstein. Bei seiner Hauptband müssen die Songs so komponiert und produziert werden, dass sie allein, ohne Gesang, auskommen können. Bei „Emigrate" entstanden die Stücke sofort mit Gesang. Richard entwickelte die Lieder in untrennbarer Verbindung mit seiner Stimme und gewann Abstand von seinem Hauptinstrument, der Gitarre.

Doch nicht nur dadurch: In „Ursprung Punkszene" wird er mit den Worten zitiert: „Ich bin eigentlich weg vom Instrument und habe mich zum Komponieren hinbewegt."

Richard schrieb die Songs für sein Emigrate-Album, intonierte sie im Alleingang und war auch sonst für das Projekt hauptsächlich verantwortlich. Dies war für ihn ebenfalls ein weiterer gravierender Unterschied zu Rammstein: Bei Richards Hauptband müssen alle sechs Musiker Entscheidungen einstimmig fällen. Alles läuft völlig demokratisch ab, das Wort jedes Einzelnen zählt gleich viel – was die Entstehung der Songs manchmal ziemlich erschwert. Bei „Emigrate" dagegen war Richard der Protagonist, der Mastermind, um den sich alles drehte und der entschied. Seine Wünsche wurden realisiert, was die Produktion vereinfachte.

Die dauerte zwei Jahre und ging 2006 in die heiße Phase. Im englischen Heavy-Rock-Magazin *The Gauntlet* gab Richard am 09. 03. 2006 ein Interview über den Stand der Dinge bei Emigrate (übersetzt) und teilte positiv gestimmt mit: „(I)ch mache alles selbst. Ich verbrachte einige Zeit in Schweden mit dem Produzieren. (...) Ich mache dies, weil Rammstein dieses Jahr eine Pause einlegt. Nach all den Jahren, dachten wir, wir würden eine Pause brauchen. (...) Es ist eine gute Zeit, um ein wenig Distanz voneinander zu gewinnen. Die vergangenen 13 Jahre sind wir fast ohne Unterbrechung zusammen gewesen. Speziell in dieser Band können die Dinge wirklich schwierig sein. Wir arbeiten in einer demokratischen Institution, in der es eine Menge Gespräche gibt. Deshalb ist es wirklich gut, genau jetzt eine Pause zu haben."

In diese Pause passte „Emigrate", wie das Album schlicht betitelt war, nur zu gut, um den Rammstein-Anhängern neues Futter für die Ohren bis zum nächsten Lebenszeichen ihrer Lieblingsband zu geben. Und das konnte sich hören lassen: „Emigrate", das von Rammstein-Manager „Emu" Fialik produziert wurde, ist eine genauso melodiöse wie harte Mischung aus Industrial-Klängen, ein wenig Gothic, Metal und Elektro. Und es scheint, als habe Trent Reznor von Nine Inch Nails, den Richard sehr mag, und ganz ähnlich Marilyn Manson und Killing Joke ihre Inspirationspfeile während der Kompositions- und Produktionsphase erfolgreich auf den Rammstein-Gitarristen abgeschossen. Diese Einflüsse klingen nach sperrigen Songs, doch die Lieder des Endprodukts sind letztlich eingängiger ausgefallen.

Von den neuen Songs servierte der Rammstein-Gitarrist den interessierten Fans noch vor der eigentlichen Album-Veröffentlichung einige Leckerbissen via Internet. Diejenigen von ihnen, die über www.rammstein.de einen Newsletter abonniert hatten, bekamen am 5. September 2006 eine Einladung für den „Emigrate"-Newsletter in ihre E-Mail-Boxen. Gingen sie darauf ein, konnten sie das „Emigrate"-Stück „Song Wake Up" kostenlos runterladen. Etwas später kamen als Download-Geschenke die Titel „My World", „Babe" und „Temptation" dazu. Die Fans durften abstimmen, welches Stück ihnen am besten gefiel. Sie wählten „Babe".

Schließlich kam am 31. August 2007 die gesamte Debüt-CD „Emigrate" heraus, die sich gut verkaufte. Das Album schoss auf einen respektablen Platz acht in den deutschen Charts. In Österreich erreichte es den 28. Rang, in der Schweiz Position 18. In Großbritannien blieb das Album auf Platz 131 stecken. Ausgekoppelt wurde als Promo-Single „My World", das 2007 auch auf dem Soundtrack zu „Resident Evil: Extinction" vertreten ist. Dann folgte „New York City", das in den britischen Indie-Charts auf Rang 14 notiert wurde. 2008 kam noch der Song „Temptation" dazu, der jedoch nicht in die Hitlisten gelangte.

„Emigrate" zeigte einmal mehr, wie sehr Richard Kruspes kreativer Quell sprudelt – und wie sehr der Musiker das auch zulässt. Das kommt zum einen seinem eigenen Projekt „Emigrate" zugute, zum anderen ist das natürlich genauso für Rammstein vorteilhaft. Denn so können keine Interessenkonflikte und Spannungen entstehen, weil Richard Vorstellungen verwirklichen möchte, die in der Band nicht möglich sind. Dafür hat er nun ein eigenes Projekt, mit dem er sich austoben kann, ohne die Band zu strapazieren und vielleicht sogar zu gefährden.

Wie es im Magazin *melodie & rhythmus*, Ausgabe 09/2007, nachzulesen war, steht für Richard fest: Rammstein ist die Nummer eins. Er erklärte in der Zeitschrift weiter, dass er sofort nach Berlin kommt, um an Songs zu arbeiten, wenn die Band ihn ruft. Das ist auch der Grund dafür, dass er mit „Emigrate" nicht auf Tour ging. Die Konzentration auf die Arbeit mit Rammstein an neuen Titeln ließ ihm keine Zeit dafür.

Es ist zu vermuten, dass „Emigrate" Richard einen Inspirationsschub brachte, den er auch für seine Hauptband nutzen konnte.

PAUL LANDERS

Funktion bei Rammstein: Gitarrist
Name: Heiko Paul Hirsche (später Paul Landers)
Spitzname: Paulchen
Geburtstag: 09. 12. 1964
Geburtsort: Berlin-Baumschulenweg
Sternzeichen: Schütze
Größe: 1,79 Meter
Aussehen: blaue Augen, braune Haare
Lieblingsmusik: Skunk Anansie, Smashing Pumpkins, Pantera, Metallica, Sex Pistols, ABBA
Religion: keine feste Glaubensrichtung
Zitat von Paul Landers über die Intention Rammsteins, ihre Musik zu verbreiten: „Wir wollten Musik machen. Musik und Texte, die viele Menschen erreichen, mehr wollten wir nicht." (aus dem Bildband „Rammstein")[4]

Paul Landers ist Gitarrist bei Rammstein. Er bildet zusammen mit Richard Kruspe die Gitarrenfraktion der Band, und beide verschaffen der Musik ihre schwere rhythmische Rock-Grundierung. Aber nicht nur das verbindet Paul mit Richard, sondern auch die gemeinsame Vorliebe für ein ständig verändertes Äußeres. Beide wechselten in den ersten Jahren von Rammstein gern mal die Haarfarbe für die Auftritte in der Öffentlichkeit. Pauls Haare sind von Natur aus braun. Er färbte sie aber schon weiß, blau-schwarz, blond und rot. Als allerdings bei Richard durch die ewige Färberei Haarausfall einsetzte, hörten er und Paul damit auf. Die beiden setzen jedoch weiterhin an den Händen extravagante Farbtupfer und malen sich ab und zu für Auftritte die Fingernägel schwarz an.

So sehr solche Gemeinsamkeiten die beiden auch verbinden, tragen die Gitarristen im gleichen Maße künstlerische Auseinandersetzungen aus, da beide als Musiker starke Persönlichkeiten sind. Richard und Paul haben immer wieder untereinander Reiberein, die aber setzen auch positive Kräfte frei. Und diese Energien braucht Paul, um seine hohen Ansprüche an die Musik umsetzen zu können, die ihm in der Startphase Rammsteins erstmals richtig bewusst wurden.

Die Wahrnehmung für Musik veränderte sich bei dem Gitarristen in der Startphase der Band. Wie seine fünf Mitstreiter hatte er auf einmal ein präzises Empfinden für die Qualität von Musik. Er bemerkte in Songs, die er hörte, schlechte Sounds, Über-

[4] Rammstein, S. 38.

gänge und Refrains und registrierte sofort, wenn er ein miserables Konzert sah. Seine und die Ansprüche aller Bandmitglieder an Musik waren gewaltig gestiegen.

Neben solcher Ernsthaftigkeit, mit der Paul als Musiker arbeitet, besitzt der Gitarrist aber auch ganz andere Seiten in seiner Persönlichkeit. Die Rammstein-Fans beschreiben ihn auf ihren einschlägigen Internetseiten als offenen, kommunikativen und lustigen Menschen, was Paul bei den Anhängern der Band sehr beliebt macht.

Solche Akzeptanz erfuhr Paul nicht immer. In der Schule hatte der heutzutage 1,79 Meter große Musiker immer darunter zu leiden, dass er wegen seiner damals geringen Körpergröße gehänselt wurde. Dazu kam, dass er seit dem Beginn seiner Schulkarriere oft krank war. Wegen seiner schwachen Konstitution musste er sogar, als er Schüler der ersten Klasse war, zu einer Kur in den Harz.

Pauls Mutter wurde in Polen geboren, sein Vater in den deutschen Gebieten der ehemaligen Tschechoslowakei. In einem Interview vom 23. 07. 2004 mit *fritz.com*, dem Online-Jugendmagazin der Salzburger Nachrichten, berichtete Paul über sein Verhältnis zu den Eltern: „Meine Mutter war Lehrerin, die war ganz nervös. Da durfte ich nicht mal mit den Fingern auf den Tisch trommeln, da hat sie mich immer schon böse angekuckt. Aber ich hab's geschafft, ich konnte mich abnabeln. Ich muss meine Eltern nur einmal im Dreivierteljahr anrufen, es ist nicht zu eng, aber auch nicht zu weit. Ich fahre Weihnachten schon zu ihnen oder sie zu mir."

Pauls Familie ging im Laufe seines dritten Schuljahres nach Russland, wo seine Mutter an der Fachschule für Außenwirtschaft Russisch lehrte und sein Vater als Professor für slawische Sprachen arbeitete.

Paul lernte in dieser Phase seines Lebens nicht nur, akzentfrei Russisch zu sprechen, sondern auch viel über die Menschen des Landes und deren Mentalität. Es fiel ihm schwer, nach einem Jahr wieder nach Deutschland zurückzukehren, weil er sich in Moskau sehr wohl gefühlt hatte. Paul lebte sich dennoch in seiner alten Heimat wieder ein und entdeckte seine Leidenschaft für Sport. Er begann mit Gymnastik, musste allerdings mit zwölf Jahren wegen einer Verletzung damit aufhören.

Zur gleichen Zeit kam er mit der Musik in Kontakt. Seine Eltern hatten seine drei Jahre älteren Schwester Klavierunterricht geben lassen und versuchten das Gleiche bei Paul. Sie schickten ihn zu einer Klavierlehrerin, was ihm gar nicht gefiel. Seinen Freunden, die er ab und zu nach der Schule zum Unterricht mitnahm, passte das auch nicht. Sie langweilten sich und gingen schnell wieder. Der Versuch wurde abgebrochen, und es ging mit Klarinettenunterricht weiter. Aber Paul konnte mit dem permanenten Üben nichts anfangen und hörte auch damit bald auf.

Außerhalb des aufgezwungenen Unterrichtes ließ sich der spätere Rammstein-Gitarrist in dieser Zeit von Musik aus den verschiedensten Richtungen beeinflussen: von Jean-Michel Jarre und seinen sphärischen Synthesizer-Klängen, von Klaus Schulze, einem Pionier der elektronischen Rockmusik, der als Schlagzeuger bei Tangerine Dream anfing, und von Ideal und ihrem rotzigen Neue-Deutsche-Wellen-Sound.

Dazu kam die musikalisch härtere Gangart, die Paul schon damals mochte, wie er später in einem Interview vom 23. 07. 2004 mit *fritz.com* verriet: „Ich fand Heavy Metal gut als Kind, nur weil's laut und hart war. Eigentlich fand ich den Inhalt nicht gut. Das würd' ich vielen Kids jetzt einfach 'mal so unterjubeln, dass sie Metal einfach nur gut finden, weil's hart ist und nicht weil's gut ist."

Schließlich entdeckte Paul das Gitarrespielen für sich. Das Instrument, das im Schrank seines Vaters verstaut war, nahm er eines Tages heraus und probierte darauf herum, wobei er nur das alte Arbeiterstück „Wer kann die Lieder der Freiheit verbieten?" spielen konnte. Es blieb zunächst bei diesem einen Song, der ihm das Instrument vertraut machte. Andere konnte Paul noch nicht nachspielen. Also versuchte er zu improvisieren – und wurde dadurch vom Musik-Virus infiziert. Auf einmal probierte er es sogar wieder mit dem vorher so ungeliebten Klavierspielen, um noch weiter in die Welt der Töne einzusteigen.

Das Instrument, das in dort hinführte, blieb aber die Gitarre. Als Paul in der neunten Klasse war, kaufte er sich als erste E-Gitarre ein sehr dünn klingendes DDR-Modell namens „Iris". Wie man deren Saiten Rock-Töne entlockt, schaute sich Paul auf Konzertbesuchen der Punk- und New-Wave-Formation Keks ab. Er notierte sich die Griffe des Gitarristen im Gedächtnis, eilte rasch nach Hause und probierte das gerade Gesehene vor dem Spiegel aus. Heutzutage ist es umgekehrt, und er selbst ist für seine Fans ein Gitarrenheld. Die DDR-Klampfe hat er längst abgelegt und spielt dafür hochklassige Modelle von „Music Man", oder er bearbeitet eine „Les Paul". Von der „ESP Guitar Company" ließ er sich eine Eclipse-Gitarre nach seinen Vorstellungen modifizieren. Die „1 CTM ‚Paul Landers' Vintage Black" ist sogar in die Serienproduktion gegangen.

Als 15-Jähriger war Paul allerdings gerade mal auf seinem Weg zum Gitarren-Ass. Er hatte just die ersten Schritte in Richtung Rock unternommen und wollte das, was er autodidaktisch durch seine Konzertbesuche und das Nachspielen gelernt hatte, verfestigen. Also meldete er sich an der Musikschule Berlin-Friedrichshain in der Abteilung „Tanzmusik" für den Unterricht an der E-Gitarre an und schaffte die Aufnahmeprüfung, indem er Improvisationen spielte.

Neben der E-Gitarre begann Paul mit dem Schlagzeugspielen, weil ihm langweilig war. So trommelte er ab und zu in der S-Bahn auf seinen Knien unterschiedliche Rhythmen. Später übte er, wenn er bei Till Lindemann zu Besuch war, an dessen Drums.

Die Musik beschäftigte Paul zwar sehr, aber er schlug nach der Schule erst einmal den üblichen bürgerlichen Lebensweg ein und begann eine Lehre als Funk- und Fernmeldemechaniker. Auf die Idee kam er durch einen Freund, der in demselben Haus wie Paul wohnte, und diese Ausbildung absolvierte.

Der spätere Rammstein-Musiker durchlief die Ausbildung, allerdings mit Mühe und Not, denn bereits in der Anfangsphase der Lehre kam seiner Laufbahn in der Telekommunikationsbranche der Punk in Form der Bands Die Firma und schließlich Feeling B in die Quere, bei denen er als 18-Jähriger einstieg.

Die Arbeit als Musiker in diesen beiden – und nebenbei noch vielen weiteren – Bands nahm immer mehr Zeit in Anspruch und füllte Pauls Leben schließlich völlig aus. Er ließ sich von der Musik durch nichts abbringen, selbst nicht durch die drohende Einberufung zur Nationalen Volksarmee gerade in dem Jahr, in dem der spätere Rammstein-Musiker bei Feeling B eingestiegen war.

Paul entging dem Militärdienst durch eine Bescheinigung seiner Musikschule, die besagte, dass er dort erst in sechs Jahren seinen Abschluss machen würde. Er wurde tatsächlich zunächst für diesen Zeitraum zurückgestellt – allerdings bekam Paul dann doch wieder Termine für Voruntersuchungen, denen er zweimal durch Krankschreibungen entging. Danach zog dieser Trick nicht mehr, und die Polizei suchte nach ihm. Dabei hatte er Glück, dass es bei ihm nur um das Umgehen der Voruntersuchung und nicht gleich um die eigentliche Einberufung ging, denn in diesem Fall wäre nach ihm regelrecht landesweit gefahndet worden.

Wie auch immer, es drohte der Zugriff der Polizei. Um dem zu entgehen, tauchte Paul unter. Offiziell meldete er, dass er als Untermieter bei einer Dame wohnte – was aber nicht stimmte. Die Anschrift dort war lediglich als Briefkastenadresse gedacht. Tatsächlich war Paul in der Invalidenstraße in Ostberlin in eine leer stehende Wohnung gezogen, in der er unbehelligt leben konnte. Bis zum Untergang des sozialistischen Zwangssystems hielt Paul die DDR-Behörden auf diese Weise zum Narren und hatte danach nichts mehr von ihnen zu befürchten.

Neben diesen Ausweichmanövern vor Polizei und Armee war Paul seit seinem Einstieg in die Rock-Welt zu Anfang weiterhin gezwungen, Geld außerhalb des Musikbusiness zu verdienen, denn mit seinen Bands gelang es erst nach und nach, etwas größere Summen einzunehmen. Hinzu kam, dass er, um nicht als asozial zu gelten und deswegen inhaftiert zu werden, eine Arbeitsstelle nachweisen musste. Außerdem wollte Paul offiziell als Amateurmusiker anerkannt sein. Und auch das funktionierte nur, wenn er regulär arbeitete. Also nahm Paul mit 19 Jahren in einer Bibliothek im Berliner Bezirk Treptow einen Job als Heizer an, was ihm sehr entgegenkam, denn er liest leidenschaftlich gern und durfte sich immer Bücher mitnehmen, welche die Bibliothek nicht mehr brauchte.

Durch diesen Job und das parallele Spielen bei Feeling B und Die Firma war Paul reichlich beschäftigt. Damit die Auslastung nicht zur Überlastung wurde, machte er gern Urlaub auf der kleinen Ostseeinsel Hiddensee – die damals wie heute bei allen Rammstein-Musikern als Erholungszuflucht außerordentlich beliebt ist. Als Paul mit 20 Jahren dort wieder mal Seeluft schnupperte, verliebte er sich in Nikki Landers, eine junge Dame aus Leipzig. Die beiden beschlossen, dass sie in Ostberlin am Prenzlauer Berg zusammenleben wollten.

Paul zog von zu Hause aus und änderte sofort seinen eigentlichen Namen Heiko Hiersche, der ihm absolut nicht gefiel. Zunächst setzte er vor Heiko den Vornamen Paul, dann ließ er Heiko ganz weg, sodass er sich ab sofort Paul Hiersche nannte. Nachdem er Nikki Landers schließlich geheiratet hatte, übernahm er deren Nachnamen. Er nannte sich nur noch Paul mit Vornamen, obwohl er an den Namensgeber keine besonders gute Erinnerung hat, wie er im Heavy-Rock-Magazin *Break Out* in der Ausgabe 06/98 berichtete: „Paul, mein Name. Den hat mir meine Mutter gegeben, weil mein Onkel auch Paul heißt, und er war Schädlingsbekämpfer im Osten. Lustigerweise war da, wo die gewohnt haben, eine Raupenplage in den Eichen. Immer, wenn ich dort spazieren war, habe ich juckende Pickel bekommen, die dann mit einer kalten Salbe in Mehl aufgelöst wurden, die mir auf dem ganzen Körper verteilt wurde. Deshalb bin ich ungern zu Onkel Paul gefahren."

Nach der Entscheidung für den Namen Paul Landers besetzten der Gitarrist und seine Frau Nikki eine Wohnung in der Ostberliner Invalidenstraße und lebten dort zusammen. Allerdings ging die junge Ehe nach zwei Jahren in die Brüche, und Paul brauchte eine neue Wohnung.

Er zog schließlich 1987 mit seinem Feeling-B-Bandkollegen Christian „Flake" Lorenz in eine Bude in der Fehrbelliner Straße 9, allerdings nicht besonders lang, denn Paul ging kurze Zeit später mit einer jungen Frau namens Yvonne eine neue Beziehung ein. Er heiratete sie zwar nicht, aber die beiden haben ein Kind zusammen, einen Sohn namens Emil, der zu Beginn der 1990er Jahre zur Welt kam. Doch auch diese Verbindung hielt nicht lang.

Paul holte Emil nach der Trennung sooft es ging in seine zwei Zimmer der Wohngemeinschaft mit Flake. Daran hat sich bis heute nichts geändert – der Gitarrist verbringt seine rare Freizeit am liebsten mit seinem Nachwuchs. Neben seinem Sohn Emil, mit dem er sich, wenn sie zusammen sind, oft in Videospiele vertieft, soll Paul, wie in Fan-Kreisen gemunkelt wird, angeblich noch weitere Kinder haben. Doch darüber schweigt er sich aus.

Bekannt ist hingegen, dass Flake in der WG-Zeit ebenfalls eine Freundin hatte – und dass das gemeinschaftliche Leben wegen der Pärchenbildung problematisch wurde, weil sich die Frauen zu streiten begannen und damit auch ihre Partner. Anfang der 1990er Jahre, unmittelbar vor der Gründung von Rammstein, zog Paul wegen der entstandenen Spannungen aus. Die Streitereien waren auch ein Grund dafür, dass Flake so lange zögerte, bis er bei Rammstein einstieg.

Als das aber geschehen war und Flake das letzte Mitglied von Rammstein wurde, trennte sich Paul – zufälligerweise wie jedes Mitglied der Band in dieser Zeit – von seiner damaligen Partnerin. Das war natürlich zunächst für den Gitarristen eine nicht gerade erheiternde Situation. Jedoch hatte Paul nun mehr Zeit, sich auf seine neue Gruppe zu konzentrieren – und das ist bei einer Band wie Rammstein, die die volle Aufmerksamkeit der Musiker erfordert, oft mit einem hohen Energieaufwand verbunden. Aber diese Anstrengungen bewältigt Paul souverän, weil er heutzutage dafür sorgt, dass er fit bleibt. Dem Gitarristen gelingt das, indem er regelmäßig schwimmen geht, tanzt, surft und Fastfood meidet, von dem er gar nichts hält, und stattdessen lieber gesunde Sachen isst, die aber gern scharf gewürzt sein dürfen.

Vom kränkelnden Jungen Heiko Paul Hiersche ist in der Gegenwart nichts mehr übrig geblieben. Auf der Bühne jedenfalls steht heute Paul Landers, Gitarrist einer der erfolgreichsten deutschen Bands.

TILL LINDEMANN

Funktion bei Rammstein: Sänger, Texter
Name: Till Lindemann
Spitzname: –
Geburtstag: 04. 01. 1963
Geburtsort: Wendisch-Rambow
Sternzeichen: Steinbock
Größe: 1,92 Meter
Aussehen: blaue Augen, braune Haare
Lieblingsmusik: Kraftwerk, Chris Isaak, Marilyn Manson, Jean-Michel Jarre, Tangerine Dream, Mike Oldfield, Ministry, Nine Inch Nails, Type O Negative, Placebo, Black Sabbath, Deep Purple, KMFDM und Jazz-Musik
Religion: keine feste Glaubensrichtung
Zitat von Till Lindemann: „Wir sind ganz normal. Wir machen unsere Arbeit wie Fischer, die morgens aus ihrer Hütte gehen, ihre Kinder küssen, aufs Meer fahren, aus der Tiefe die Fische mit den Netzen holen und abends wieder bei der Hütte anlegen." (aus *Musik Express/Sounds*, 09/97)

Till Lindemann ist der charismatische, energetische Sänger und Texter von Rammstein. Er haucht als Frontmann der Band den Figuren, die er besingt, live auf der Bühne ebenso wie in den Musikvideos und im Studio vor dem Mikrofon fast schon beängstigend authentisch Leben ein. Dadurch, dass die Texte, in denen Till sich mit seiner Innenwelt, mit seinen Träumen und vor allem Alpträumen auseinandersetzt, so umstritten sind, steht er auch selbst immer wieder im Zentrum der Kritik, die auf Rammstein niederprasselt.

So energiegeladen, aggressiv und grenzenlos Till sich auf der Bühne gibt und so sehr er durch die Inhalte der Lieder Seelenstriptease betreibt, ist er demgegenüber in der Öffentlichkeit zurückhaltend, verschwiegen und ruhig bis hin zum Wortkargen.

Genau diese Eigenschaften sagt man dem Sternzeichen des Steinbocks nach, in dem Till an einem kalten vierten Januar des Jahres 1963 in Leipzig geboren wurde.

Er wuchs aber nicht dort, sondern in einem kleinen Dorf namens Wendisch-Rambow, das 18 Kilometer nördlich von Schwerin in Richtung Wismar bei Bad Kleinen im jetzigen Mecklenburg-Vorpommern liegt, auf. Er hat eine sechs Jahre jüngere Schwester.

Seine Mutter, Brigitte Lindemann, die sich kurz Gitte nennt und 1939 geboren wurde, arbeitete als Redakteurin bei verschiedenen Rundfunkprogrammen wie dem „Sender Neubrandenburg" und der „Ferienwelle Rostock". Sie war Mitveranstalterin der „Schweriner Kulturtage" und als Leiterin der NDR 1-Kulturredaktion von „Radio Mecklenburg-Vorpommern" in Schwerin von 1992 bis 2002 tätig. Danach hörte sie auf zu arbeiten. Neben ihrer offiziellen Tätigkeit schrieb sie zusammen mit Werner

Lindemann, Tills Vater, noch zu DDR-Zeiten anno 1989 „Petermännchens Ausguck", ein Lesebuch zur Geschichte und Kultur Mecklenburgs.

Tills Vater Werner Lindemann, Jahrgang 1926, war studierter Naturwissenschaftler, der sich beruflich in viele Richtungen orientierte: Er war Landarbeiter, Lehrer an einer landwirtschaftlichen Berufsschule, Dozent und Referent. Vor allem aber wurde er als Lyriker und Autor von Kinderbüchern wie „Der tapfere kleine Fisch" dermaßen bekannt, dass man sogar eine Grundschule in Rostock nach ihm benannte.

Näherte sich Werner Lindemann in seinen Büchern den Kindern sanft an, hatte er zu seinem Sohn ein problematisches Verhältnis, das er in dem Buch „Mike Oldfield im Schaukelstuhl. Notizen eines Vaters" 1988 verarbeitete. Till kam darin nicht besonders gut weg, denn sein Vater sprach ihm, wie er schrieb, „besondere geistige Neigungen" ab. Werner Lindemann legte eine unsägliche Strenge an den Tag. Till musste mit seinem Vater bis 1975, als Till zwölf war, auskommen, denn in diesem Jahr ließen sich seine Eltern scheiden, und seine Mutter heiratete einen Amerikaner.

Nicht nur in dieser Phase, sondern während seiner gesamten Kindheit und Jugend war Till in sich gekehrt und still. Er interessierte sich nicht besonders für die Schule, was sich auch nicht änderte, als er 1977 in ein Internat gesteckt wurde, auf dem er bis 1980 blieb. Viel lieber und wann immer es ging, hielt sich Till am und im Wasser auf, um zu angeln und zu schwimmen.

Das Wasser wurde sein Element und Till zu einem hoffnungsvollen Schwimmtalent beim SC Empor Rostock, einer Sportschule, in die er 1974 mit elf Jahren eintrat – allerdings nicht mit großem Vergnügen. Dennoch zeichnete sich eine richtiggehende Sportlerkarriere ab, denn Till schwamm sich zwischen 1976 und 1978 bis zum Junioren-Vizeeuropameister im 1500-Meter-Freistil.

Während einer Reise zur Jugendeuropameisterschaft nach Florenz im Jahre 1978 erlaubte sich der zukünftige Rammstein-Sänger allerdings einen folgenschweren Fauxpas. Er schlich sich in der Nacht mit ein paar anderen Jungs über die Feuertreppe aus der Herberge der DDR-Nachwuchsathleten, um sich in Sexshops umzusehen. Wie die Zeitung *Die Welt* am 28. 09. 2004 berichtete, soll er sich auf dieser Tour mit einer Rocker-Gang angelegt und dabei einen Muskel in der Bauchgegend verletzt haben.

Till erzählte im Internet-Entertainment-Magazin *www.kino.de* vom 27. 01. 2006 über seinen damaligen nächtlichen Ausflug: „Für mich als Junge aus dem Osten war es wie ein Traum, Pornohefte zu sehen, weil sie bei uns verboten waren. Die Trainer waren darüber aber alles andere als begeistert." Sie erwischten die jungen Schwimmer auf frischer Tat – und Till flog aus der Nationalmannschaft. Damit war auch der Traum von der Teilnahme an der Weltmeisterschaft im Jahre 1980 in Moskau ausgeträumt und die Schwimmerkarriere jäh beendet.

Till war frustriert und suchte sich Anfang der 1980er Jahre einen Broterwerb. Seinen ersten Job hatte er als Torfstecher, er wurde aber bereits nach drei Tagen entlassen.

Er begann eine Lehre als Bautischler, und alles sprach dafür, dass er beim Handwerk blieb. Till arbeitete danach als Zimmermann, als Stellmacher und Galerietechniker. Er arbeitete kontinuierlich, obwohl er 1981 zum Militärdienst bei der Nationalen Volksarmee der DDR einberufen wurde, den er allerdings verweigerte. Für diese Entscheidung kam er beinahe ins Gefängnis.

Till erweiterte seine handwerklichen Fähigkeiten und die Möglichkeiten, Geld zu verdienen, als sein Stiefvater ihm zusätzlich einen Job als Korbflechter verschaffte. Er zog von zu Hause aus und kaufte sich die Hälfte einer Schilfkate, die malerisch in der Stille eines Vogelschutzgebietes im Norden des Schweriner Sees lag. Dort richtete er sich eine Werkstatt ein und erledigte seine Aufträge. Der Rest des Hauses gehörte einer alten Dame, die ebenfalls dort lebte.

Kurze Zeit danach wurde Till zum ersten Mal Vater. 1985 kam seine Tochter Nele zur Welt, deren Mutter er sofort darauf heiratete – mit nur 22 Jahren. Die Ehe ging jedoch schnell wieder in die Brüche, und Till zog Nele sieben Jahre als alleinerziehender Vater groß. Erst nachdem sich abzeichnete, dass er wegen der Aktivitäten mit Rammstein nahezu sechs Monate im Jahr nicht zu Hause sein und sich um Nele kümmern konnte, teilte er sich die Erziehung seiner Tochter mit seiner Exfrau.

Über seine Beziehung zu Frauen, so wird Till in der *Berliner Zeitung* vom 23. 06. 2005 zitiert, meint er: „Meine Texte handeln über Frauenprobleme. Na ja, über die Probleme, die ich mit den Frauen habe!"
1985 war nicht nur das Jahr der ersten Vaterschaft des Rammstein-Sängers. Es war auch die Zeit seines Einstiegs in die Musikszene. Er bekam ein altes Schlagzeug geschenkt, auf dem er herumtrommelte. Im Gegensatz zu früheren Versuchen mit dem Gitarrespielen blieb Till bei den Drums. Er wollte unbedingt Musiker werden, obwohl er keine Vorerfahrungen hatte, und spielte bereits nach vier Wochen in seiner ersten Band. Das war Anfang 1986, und Tills Debütgruppe nannte sich First Arsch.

Natürlich ließ sich von diesem Engagement anfangs nicht leben. Auch nicht, als First Arsch die ersten Konzerte mit Eintrittsgeldern spielte. Also musste Till weiter als Handwerker und Korbflechter arbeiten. Das änderte sich erst, als er in einem Unternehmen ganz anderer Art anfing: bei Rammstein.

1994, in der Anfangszeit, zog Till wegen der Band aus dem Schweriner Raum nach Berlin und musste in dieser Phase noch Aufträge annehmen. Das brauchte er, seitdem das erste Album „Herzeleid" sich mehr als ordentlich verkauft hatte, nicht mehr.

Till entfaltete sich seitdem als Sänger und genauso als schreibender Künstler. Damit sind zum einen die Texte der Rammstein-Songs gemeint. Zum anderen hat Till nicht nur für die Band Zeilen zu Papier gebracht. Er schreibt seit 1991 Gedichte und war 2001 in der Textsammlung „Das Unerfreuliche zuerst – Herrengeschichten" vertreten. Die bekannte Autorin Sybille Berg hatte Beiträge von Männern zum Thema Männer gesammelt und Till mit aufgenommen. Er verfasste eine Art erzählendes Gedicht in zwei Teilen mit dem Titel „Ein Herr über Herren".

Bereits ein Jahr später brachte Till eine eigene Sammlung von Gedichten unter dem Titel „Messer“ im Eichborn-Verlag heraus – und machte damit Furore. Kurz nach dem Erscheinen war der Lyrikband vergriffen, und bei der Internet-Auktionsplattform eBay boten Tills Fans bis zu 250,– Euro für ein Exemplar. Schließlich kam das Werk neu aufgelegt wieder in den Handel.

Gert Hof, der Lichtkünstler, der Rammstein live auf der Bühne in Szene setzt, überredete Till dazu, seine Gedichte zu veröffentlichen, die der Sänger seit 1995, unabhängig von den Rammstein-Texten, gesammelt hatte. Till zeigte Gert Hof einige seiner Lyrik-Ergebnisse bereits ein paar Monate nach deren erstem Treffen im Herbst 1995. Hof fungiert auch als Herausgeber des Buches und wählte aus über 1000 Gedichten diejenigen, die ihm für die Veröffentlichung am geeignetsten erschienen. Dazu kam, dass er Till speziell für das Buch fotografierte und Bildkompositionen schuf, welche die Texte kommentieren und unterstreichen sollen.

Die Inhalte der Gedichte ähneln thematisch den Rammstein-Liedern, was man schon an Titeln wie „Auf dem Friedhof“, „Das Sein von schlechten Eltern“, „Unter Vollmond und Girlanden“ oder „Sucht“ sehen kann. Wieder geht es um die Schattenseiten des menschlichen Daseins, um quälende Ängste, das Ende der Welt, das Älterwerden, um dunkle Obsessionen und Gelüste. Zwei Gedichte tragen den Namen seiner Tochter Nele. In einem Interview vom 02. 02. 2002 mit dem Magazin *Focus* über „Messer“ berichtet Till von der Reaktion Neles auf die Texte: „Ich konnte hören, wie sie die Gedichte mit ihrer Freundin kommentierte: ‚Iiih, das ist ja eklig.‘ Oder auch: ‚Papa, was ist denn mit dir los?‘ (lacht). Sie kennt halt meine ironische Seite.“

Die Veröffentlichung von „Messer“ und der Text in „Das Unerfreuliche zuerst“ hatte Till mit Sicherheit der eigenen Popularität, durch die seine Qualitäten als Dichter und Texter überhaupt erst öffentlich wahrgenommen wurden, zu verdanken. Aber er bekam dadurch noch weitere Möglichkeiten als Künstler, die er mit Genuss ergriff.

Denn Till versuchte sich auf einem anderen, aber nach dem Gesang und dem Schreiben naheliegenden künstlerischen Feld: dem Film. 1999 spielte er erstmals eine kleine Rolle als Musiker in dem von Regisseur Leos Carax inszenierten Thriller „Pola X“, der in Frankreich, der Schweiz, Deutschland und Japan produziert wurde. Till stand neben Filmgrößen wie Catherine Deneuve und dem Sohn von Gerard Depardieu, Guillaume, vor der Kamera. Ebenfalls dabei war Bandkollege Christoph Schneider, der ebenfalls einen Musiker mimte.

2003 war Till in dem Kinder- und Tierfilm „Amundsen der Pinguin“ von Stephen Manuel in einer Nebenrolle als Victor zu sehen, in der er seine komische Seite als Darsteller zeigen konnte. Nur ein Jahr später war er im Mystery-Thriller „Vinzent“ unter dem Regisseur Ayassi dabei. Er spielte neben deutschen Stars wie Anna Thalbach und Karin Baal, wiederum in einer Nebenrolle, einen Tierschützer.

Till demonstriert durch solche Nebenprojekte genauso wie durch die Wandlungen, die seine Band von Album zu Album durchläuft, wie entwicklungsfähig er ist. Er zeigt als Künstler aber nicht nur viele Facetten, sondern bringt bei allen Projekten seine Persönlichkeit voll ein und ist mit einer Intensität dabei, die zu seinem eigenen wie zum Markenzeichen von Rammstein geworden ist.

CHRISTOPH SCHNEIDER

Funktion bei Rammstein: Schlagzeuger
Name: Christoph Schneider
Spitzname: Schneider, Doom
Geburtstag: 11. 05. 1966
Geburtsort: Berlin
Sternzeichen: Stier
Größe: 1,95 Meter
Aussehen: blaue Augen, braune Haare
Lieblingsmusik: Limp Bizkit, AC/DC, Pantera, Red Hot Chili Peppers
Religion: keine feste Glaubensrichtung
Zitat Christoph Schneiders über die Einzigartigkeit von Rammstein: „Die Idee in Rammstein besteht im Wesentlichen im Originellen, im sich Unterscheiden und im Ärger machen. Unbewusst gingen wir den richtigen Weg."
(aus dem Bildband „Rammstein")[5]

Christoph Schneider ist Rammsteins Schlagzeuger. Er bedient die Drums mit einem dermaßen kraftvollen Einsatz, dass es bei Konzerten öfter mal vorkommt, dass er beim Spielen regelrecht aufschreit, etwa wie asiatische Kampfsportler, die beim Rufen mehr Energie in ihre Schläge leiten wollen. Christoph konzentriert sich voll und ganz auf sein Drumset und überlässt die Kontaktaufnahme mit dem Publikum lieber Sänger Till Lindemann oder den Gitarristen Paul Landers und Richard Kruspe. Er bleibt eher im Hintergrund, ähnlich wie Olli Riedel, der Bassist der Band. Mit ihm zusammen baut Christoph den anderen Mitstreitern ein festes Rhythmusgerüst, auf dem sich die Songs austoben und so ihre volle Stärke entfalten können. Für die Umsetzung der Songideen im Studio und besonders live braucht der Schlagzeuger eine Menge Muskelkraft, die er aber sehr präzise einsetzen muss, was eine Menge musikalischer Erfahrung erfordert.

Die sammelte Christoph, der sich am liebsten mit Schneider ansprechen lässt oder mit Doom, seinem von einem Computerspiel abgeleiteten Spitznamen, schon als Kind. Schneider, der am 11. 05. 1966 in Berlin geboren wurde, wollte sich bereits als Schüler am Schlagzeug versuchen. Seine Eltern dachten jedoch zunächst, dass Christoph mit Musik im Grunde nichts anfangen könne, weil er beim Singen sehr selten die richtigen Töne traf. Eines Tages gaben sie den musikalischen Bedürfnissen ihres Sohnes doch nach – ließen ihn allerdings besonders auf Drängen des Vaters nicht Schlagzeug, sondern Trompete lernen.

Christophs früher Wunsch, die Drums zu bearbeiten, verfestigte sich, als er begann, sich für Rockmusik zu interessieren. Er hörte AC/DC und war von deren

[5] Rammstein, S. 26.

Drummer Phil Rudd völlig begeistert. Er beeinflusste ihn von allen Schlagzeugern, die Schneider noch erleben und hören sollte, von Anfang an am meisten. Heutzutage mag er Drummer wie Vinnie Paul von Pantera, Chad Smith von den Red Hot Chili Peppers und John Otto von Limp Bizkit, mit dem er sich auf der US-Tour Rammsteins im Jahre 1998 anfreundete.

Mit elf Jahren fing Christoph schließlich selbst mit dem Schlagzeugspielen an, als ihm sein älterer Bruder Stephan ein Drum-Set schenkte, das er aus Aluminiumdosen gebastelt hatte. Außer dem Bruder hatte Christoph vier jüngere Schwestern, von denen eine mit Namen Constance später für Rammstein eine Zeit lang Bühnenkostüme anfertigte.

Auf dem Drum-Provisorium seines Bruders trommelte Schneider im Alleingang herum und brachte sich allmählich das Spielen selbst bei. Sofort wollte er sein erstes Können in einer Band ausprobieren. In seiner ersten Gruppe spielte er 1984 während seiner Lehrzeit. Benannt war sie nach einem alten Jimi-Hendrix-Titel: „Sam's Dice Group". Christoph spielte in dieser Gruppe neben seiner Ausbildung zum Facharbeiter für Nachrichtentechnik, die er zwischen 1982 und 1985 absolvierte und bei der er lernte, wie man Telefone installiert.

Von dem Geld, das der Schlagzeuger dort verdiente, sparte er sich ein kleines Sümmchen zusammen und kaufte sich das erste eigene Drum-Set, das im Vergleich zu den späteren edlen Modellen bei Rammstein noch sehr einfach zusammengestellt war und auch ständig auseinanderbrach. Aber zum Glück hatte Christoph einen Schweißer als Freund, der das Instrument immer wieder neu zusammensetzen konnte.

Der spätere Rammstein-Musiker trommelte sich so bis zum Ende seiner Lehre – die auch das Aus für die Sam's Dice Group bedeutete, denn in dieser Zeit verschwand zum einen ein Bandmitglied nach Westdeutschland, und der Rest der Truppe hatte danach keine Lust mehr weiterzuspielen. Zum anderen ließ Christoph sich auf den Militärdienst ein. Seine Eltern hatten ihn dazu überredet, weil er dadurch nach der Armeezeit die Aussicht auf einen Studienplatz hatte. Christoph wollte Musik studieren, wurde aber an der Musikhochschule nicht aufgenommen, weil die Bedingung war, dass er den Militärdienst in der Nationalen Volksarmee der DDR absolviert haben musste.

Insgesamt drei Jahre war er bei der Nationalen Volksarmee (NVA), wodurch die Verbindung zu seinen Freunden – auch den Musikerfreunden – abgebrochen war. Sein Wunsch, Drummer zu werden, bestand auch nach der Militärzeit, und er versuchte noch einmal, einen Studienplatz in der Musikhochschule zu bekommen, um professionell das Schlagzeugspielen zu lernen. Den Dienst in der NVA konnte er ja jetzt nachweisen. Für eine Aufnahme musste man eine Prüfung absolvieren, für die sich Christoph speziell von Musikstudenten der Hochschule unterrichten ließ. Als er den Test durchlief, musste Christoph zeigen, dass sein Gehör so geschult ist, dass er in der Lage ist, bestimmte Tonhöhen, Intervalle und Rhythmen zu erkennen und als Noten niederzuschreiben – was ihm nicht gelang. Er fiel in diesem als Gehörbildung benannten Bereich durch und wurde nicht aufgenommen.

Aber obwohl Schneider damit die Möglichkeit zum akademischen Schlagzeugstudium genommen und er darüber sehr enttäuscht war, gab er die Hoffnung nicht auf und suchte einen anderen Weg, doch noch professioneller Drummer zu werden. Während seiner Zeit beim Militär hatte er über das Radio erfahren, dass sich in der DDR eine brodelnde junge, frische Rockszene gebildet hatte. Christoph sah darin seine Chance, wie er in dem Buch „Feeling B – Mix mir einen Drink" schildert: „Da wollte ich unbedingt mitmachen. Als ich 1988 zurückkam, hatte ich einen mächtigen Hass auf Armee, DDR und Sozialismus. Für mich war klar: Entweder ich reise aus, oder ich finde gute, coole Leute in der Underground-Szene."[6]

Schließlich hatte Christoph bei dieser Suche Erfolg: Er gründete Keine Ahnung, stieg bei Frechheit, Die Firma und später bei der italienischen Formation Quatered Shadows als Drummer ein und etablierte sich langsam in der Szene. Über den Kontakt zu Paul Landers kam er schließlich 1990 zu Feeling B, die seine Hauptband wurde. Der Einsatz dort verpasste ihm den letzten Schliff und die Kondition, die er später für Rammstein brauchen sollte.

Feeling B war seine letzte Station vor dem Einstieg bei Rammstein. Als Richard Kruspe Christoph fragte, ob er dabei sein wollte, konnte er gar nicht schnell genug ja sagen. Denn Schneider hatte damals von Feeling B die Nase voll, weil deren Bandleader Aljoscha Rompe sich gegen neue musikalische Einflüsse, die Christoph, Flake und Paul Landers auf einer USA-Reise mit der Band mitbekommen hatten, genauso sperrte wie gegen eine professionellere Arbeitsweise. Während des Amerika-Trips sahen sich Christoph und Paul live jede Menge Konzerte von Bands an und waren angenehm überrascht von deren Professionalität. Mit diesen Eindrücken kamen sie zurück nach Deutschland und hatten frische Ideen getankt, die das zukünftige Konzept für Rammstein bilden sollten. Es war deshalb kein Wunder, dass sich Schneider mit Begeisterung in die Arbeit stürzte, sich voll und ganz auf Rammstein konzentrierte und die neu gewonnenen Erfahrungen und Motivationen in Musik umsetzte.

So erfreulich sein neuer Musiker-Job auch war, so unangenehm verlief in dieser Phase sein Privatleben. Denn wie bei allen Musikern der Gruppe ging damals die Beziehung zu seiner Partnerin in die Brüche. Und ebenfalls wie bei seinen Bandkollegen hüllt sich Christoph über diesen Bereich seines Privatlebens meist in Schweigen. Bekannt ist lediglich, dass Schneider bereits ein Kind hat und einmal geschieden wurde. Im Jahre 2005 heiratete Christoph eine russische Dolmetscherin namens Regina Gizatulina, die zehn Jahre jünger ist als er, und lebt seitdem mit ihr zusammen in Berlin. Die Hochzeitsfeier fand am 14. 05. 2005 mit 100 Gästen samt russischer Kapelle auf dem Potsdamer Krongut Bornstedt statt.

[6] Feeling B, S. 242.

Der Start Rammsteins in die Rockwelt gelang allerdings trotz der damaligen düsteren privaten Situation äußerst erfolgreich. Rammstein wurde zu einer festen Größe, die in der deutschen und internationalen Musiklandschaft Bestand hatte. Schon nach ein paar Jahren konnten sich die Bandmitglieder sicher sein, dass sich jedes nächste Album wieder gut verkaufen würde. Das ermöglichte Christoph, auch mal etwas anderes Künstlerisches auszuprobieren, ganz ähnlich wie Till Lindemann mit seinen literarischen Veröffentlichungen: Der Rammstein-Sänger war es zu guter Letzt, mit dem sich Schneider als Schauspieler versuchte. Beide spielten im Jahr 1999 in „Pierre oder Der Kampf mit der Sphinx" mit, einem Thriller von Leos Carax, der im französischen Original „Pola X" heißt. Sie besetzten Nebenrollen als – wie konnte es anders sein – Musiker.

Doch dieser Ausflug in die Filmwelt war für Schneider lediglich eine künstlerische Nebenepisode. Sein Hauptjob war, ist und bleibt, für Rammstein das Schlagzeug zu malträtieren, denn mit dieser Band hat er es geschafft, endlich zu dem anerkannten und professionellen Musiker zu werden, der er immer sein wollte.

OLIVER RIEDEL

Funktion bei Rammstein: Bassist
Name: Oliver Riedel
Spitzname: Olli, Orgien-Olli
Geburtstag: 11. 04. 1971
Geburtsort: Schwerin
Sternzeichen: Widder
Größe: 2,05 Meter
Aussehen: braune Augen, dunkelbraune Haare
Lieblingsmusik: elektronische Musik, Bob Dylan
Religion: keine feste Glaubensrichtung
Zitat: „Man befindet sich dann irgendwann auf einer Ebene, wo man nicht mehr neu beeindrucken muss, sondern einfach nur noch gute Musik macht und neue gute Platten rausbringt." (zitiert aus einem Interview mit *Radio Goethe* im September 2001)

Oliver Riedel spielt bei Rammstein den E-Bass. Er sorgt – neben Christoph Schneider mit seinen Drums – für ein tief tönendes rhythmisches Fundament, das den Songs Wucht und Kraft verleiht. Oliver spielt seine Bassgitarre souverän und im Bühnengeschehen ohne spektakuläre Aktionen. Oliver hält sich live lieber im Hintergrund auf, ganz im Gegensatz zu Flake, Paul, Richard und besonders Till. Deren Aufgabe ist es, das Publikum durch die Art ihrer musikalischen Performance zu fesseln, Oliver ist eher der ruhige Pol.

Doch nicht nur das hebt ihn von den anderen Bandmitgliedern ab. Genauso unterscheidet sich der Bass-Mann in den äußeren Merkmalen, denn er ist mit 2,05 Metern der längste der Rammstein-Musiker. Und er hat als Einziger der sechs keine blauen Augen, sondern braune.

Dazu kommt, dass er sich in der Öffentlichkeit und auf der Bühne genauso gibt wie privat, was ihn ebenfalls von den anderen Rammstein-Mitgliedern unterscheidet, die sich öffentlich als Show-Männer darstellen und ansonsten ruhige Zeitgenossen sind. Oliver dagegen wirkt immer still, zurückhaltend und manchmal sogar schüchtern.

Dabei besitzt der Bassist, wie alle in der Band, eine gehörige Portion Humor, den er sehr bedächtig einsetzt. Das konnte man deutlich während einer Aktion des amerikanischen Frauenmagazins *Jane* im September 2001 feststellen, bei der Oliver, der gut Englisch spricht, Leserinnen in Beziehungsfragen beraten sollte. Er machte den Spaß während der Tour zum Album „Mutter" mit und bekam von dem Heft z. B. die Frage vorgesetzt (übersetzt): „Viele Frauen denken, dass nichts heißer ist als ein Mann, der ein Architekt ist. Gibt es irgendeinen Job, den eine Frau ausübt, der Männer so universell anmacht?" Oliver antwortete: „Ja. Alle kreativen Berufe wie zum

Beispiel Modedesigner, Maler, Krankenschwester oder Reiseführerin in Island." Eine Dame stellte die Frage: „Meine Freundinnen bestehen darauf, dass es großartig ist, bei einem Mann weiterzukommen, indem man ihn einfach, nachdem man nur fünf Minuten mit ihm gesprochen hat, fragt, ob man Sex mit ihm haben könnte. Ist das wahr?" Oliver sagte dazu: „Die meisten Männer sind schüchtern und zurückhaltend, und sie mögen es, wenn man sich ihnen annähert. Aber wie ist es denn, es mit acht Minuten zu versuchen?"

Wieder zeigt sich in diesen Antworten, wie zurückhaltend Oliver ist. Dabei entspricht dieser Wesenszug rein gar nicht seinem Sternzeichen, denn der Musiker wurde am 11. 04. 1971 im Tierkreiszeichen des Widders geboren, dem man nachsagt, dass er gern aggressiv und rücksichtslos nach vorn prescht, um seine Ziele durchzusetzen.

Der Bassist, der das jüngste Rammstein-Mitglied ist, kam in Schwerin zur Welt. Über seine Eltern gab er in einem Interview mit dem Heavy-Rock-Magazin *Break Out* im Juni 2002 Auskunft. Auf die Frage, ob er denn mit seinen Eltern Probleme gehabt habe, sagte Oliver (übersetzt): „Überhaupt nicht. Meine Eltern sind ziemlich jung, was gut ist. Weil der Altersunterschied nicht so groß ist, verstanden wir uns gut. Mein Vater und meine Mutter mochten auch dieselbe Musik wie ich. Wir waren mehr Freunde als eine Familie."

Sein gutes Verhältnis zu den Eltern wird deutlich, als Oliver in jenem Interview von einem kleinen Fehltritt berichtet: „Ich sah einmal ein kleines Holzschiff in einem Geschäft, das ich haben wollte. Bevor ich mich versah, hatte ich es genommen. Aber ich fühlte mich so schuldig, dass ich es meiner Mutter sofort, als ich nach Hause kam, erzählte. Nein, ich wurde nicht bestraft – sie war schon glücklich darüber, dass ich es ihr sagte."

Es gab gegenüber seinen Eltern nur verschwindend wenige Situationen, in denen er mal ein bisschen aufmüpfig und rebellisch war, wie der Bassist weiter im *Break Out*-Interview erzählte: „Wenn meine Mutter reinkam, um mich am Morgen aufzuwecken, um mir zu sagen, dass ich zur Schule gehen musste, habe ich diese Grenze zur Auflehnung ein wenig berührt." (lacht)

Und es war kein Wunder, dass Oliver die Lehranstalt nicht gern besuchte und dort auch keine besonders guten Noten erreichte, weil der spätere Bassist Lehrer hatte, die seiner Meinung nach einfach nicht die Fähigkeit besaßen, ihren Schützlingen etwas beizubringen und deren Sichtweise zu begreifen.

Die dreijährige Ausbildung als Stukkateur absolvierte der spätere Rammstein-Bassist in der zweiten Hälfte der 1980er Jahre. Er arbeitete fortan als Gipser, wie man diese Bauhandwerker auch nennt, und verputzte Wände innerhalb von Häusern und anderen Fassaden, außerdem sorgte er in seinem Job für die Wärmedämmung von Gebäuden.

Oliver beendete nach kurzer Zeit seine Karriere als Stuckateur Anfang der 1990er Jahre, weil in ihm schon lang der Wunsch brodelte, Musik zu machen. Und den wollte er in die Tat umsetzen. Also legte er die Gipskelle beiseite und griff mit 20 Jahren zum elektronischen Bass – in einem Alter, in dem viele junge Erwachsene, nachdem sie als Kinder und Jugendliche diverse Musiklehrer in die Verzweiflung getrieben haben, das Spielen aufgeben und eine „normale" Berufslaufbahn einschlagen. Bei Oliver war es umgekehrt. Er hatte mehr Lust auf die Musik und entschied sich gegen das sichere Einkommen eines Handwerkers. Er übte, machte sich intensiv mit der Bassgitarre vertraut und versuchte sehr ernsthaft, ein professioneller Musiker zu werden.

Durch Kontakte zu Bands, die Anfang der 1990er Jahre durch seinen Freundeskreis, zu dem auch seine damaligen WG-Mitbewohner Richard Kruspe und Christoph Schneider gehörten, entstanden waren, bekam er das Angebot, bei den Ostberliner Inchtabokotables als Bass-Mann mitzuspielen. Er stieg übergangsweise für die Bassistin Franzi Underdrive ein, die ein Kind bekam und während dieser Zeit pausieren wollte. Oliver zögerte, bevor er zu den Inchtabokotables ging und kündigte sofort an, nur für ein Jahr dabeibleiben zu wollen.

Bei den Inchies lernte Oliver noch einmal ein Handwerk: das des Musikers, der in einer Band spielt – mit allem, was dazugehört. Oliver probte mit seinen Mitstreitern der Gruppe, übte für sich allein auf dem E-Bass, spielte Konzerte und nahm 1993 mit der Band das Album „White Sheep" und 1994 den Longplayer „Ultra" auf. Dazu kam, dass er die Erfahrung machte, wie es für einen Musiker ist, Erfolg zu haben, denn die Formation wurde stetig beliebter.

Oliver ist ein eher schüchterner Zeitgenosse, was die Damenwelt angeht, trotzdem fand er seinen Weg zur holden Weiblichkeit und heiratete. Seine Frau und er haben zusammen eine Tochter namens Emma. Von seiner Partnerin trennte sich der Bassist in der Startphase von Rammstein Anfang 1994 – und genauso kehrte er in dieser Zeit, wie er es angekündigt hatte, den Inchtabokotables den Rücken.

Es gibt zwar Gerüchte über ein weiteres Kind, was Oliver aber offiziell nie bestätigt hat, wie er sich auch sonst sehr bedeckt hält, was sein Leben jenseits des Rampenlichtes angeht. Dank dieser Verschlossenheit führt er ein relativ unbehelligtes Privatleben. Bekannt ist dennoch, dass er, ganz seinem stillen Wesen entsprechend, an einem ruhigen Lebensstil festhält, zu dem gehört, dass er gerne fotografiert und mit seinem Wohnmobil oft am Schweriner See steht, um die Ruhe dort zu genießen. Aber Oliver surft auch gern mal oder schnallt sich die Skating-Schuhe an die Füße und fährt im Winter Snowboard.

Einen ruhenden Pol wie Oliver in einer nach innen und außen spannungsgeladenen Formation wie Rammstein zu haben, ist für die Gruppe elementar wichtig. Denn jemand wie Oliver ist in der Lage, für einen Ausgleich der manchmal aufbrodelnden Energien im Gruppenkontext und so letztlich für den Zusammenhalt der Band zu sorgen.

CHRISTIAN „FLAKE" LORENZ

Funktion bei Rammstein: Keyboarder
Name: Christian Lorenz
Spitzname: Flake, Doktor
Geburtstag: 16. 11. 1966
Geburtsort: Berlin
Sternzeichen: Skorpion
Aussehen: blaue Augen, braune Haare
Lieblingsmusik: Einstürzende Neubauten, Die Ärzte, Element of Crime, Coldplay, Placebo, Johnny Cash, P J Harvey, System of a Down, Ministry, Prodigy, Rolling Stones
Religion: keine feste Glaubensrichtung Zitat von Flake: „Wir sind Entertainer, wenn auch vielleicht die Entertainer unserer Generation. Und die ist eine andere als die vor 20 oder 30 Jahren." (aus *Musikexpress/Sounds* 05/97)

Ohne Flake kein Rammstein-Sound – auf diese kurze Formel kann man den musikalischen Part des Keyboarders der Band bringen. Denn die Gruppe hat sich von Anfang an von klassischen Heavy-Metal-Acts durch das massive Einströmen synthetischer Klänge aus dem Keyboard abgehoben. Dazu kamen Klavierparts oder Violinen, allesamt aus dem Synthesizer. Gezaubert hat Christian „Flake" Lorenz diese Sounds, die ein prägnantes Charakteristikum der Band sind.

Der Klangmagier der Band ist auf der Bühne zwar genauso konzentriert wie im Studio, er sorgt aber gern für Auflockerungen, indem er einen besonderen Flake-Tanz bei den Shows zeigt, der nicht selten zur Erheiterung der Fans führt. Er kommt hinter seinem Keyboard hervor und steppt zum treibenden Rammstein-Rhythmus ein paar zuckende Tanzschritte, die manchmal an einen bayerischen Schuhplattler erinnern. Flake geht auch, während er in die Tasten greift, ganz im Rhythmus auf. Er gebärdet sich ausgelassen, wenn er z. B. in den Songs mit einer Hand seine Soli spielt und mit der freien Hand ekstatisch zuckt.

Seine Show auf der Bühne macht ihn zu einem Sympathieträger für die Fans, die ihn auch deshalb mögen, weil Flake, der Helge-Schneider-Fan ist, in der Öffentlichkeit oder in Interviews, die er gern gibt, herumalbert und sehr humorvoll erzählt.

Außerhalb des Rammstein-Kontextes ist er jedoch ernst und ruhig und hält sich besonders bei Fragen nach seinen Beziehungen oder seinem Privatleben sehr bedeckt. Bekannt ist nur, dass Flake im Februar 1995 Vater einer Tochter mit Namen Annie wurde, ansonsten aber keine Kinder hat. Außerdem meldeten im September 2008 die Internet-Fan-Seite *rammstein-austria.com* und die Online-Ausgabe der *Berliner Zeitung*, dass Flake am 12. September 2008 seine Freundin Jenny geheiratet hat. Angeblich soll drei Tage lang auf dem Anwesen des Keyboarders in Liebenwalde gefeiert worden sein. Mit dabei waren offensichtlich die gesamte Band, Manager Emu und als musikalische Gäste die mittlerweile aufgelöste Band Knorkator.

Flake kam am 16. 11. 1966 in Ostberlin zur Welt. Sein wirklicher Name ist Christian Lorenz. Seit seinem fünften Lebensjahr, also noch im Kindergartenalter, wird er aber „Flake" genannt. Den Ursprung seines Spitznamens kennt er nicht genau. Vermutlich ist er auf eine Figur der Zeichentrickfilmserie „Wickie und die starken Männer" zurückzuführen. Darin erlebt ein kleiner, sehr schlauer Junge in einem Wikingerdorf, eben mit dem Namen Flake, seine Abenteuer. Allerdings gab es die Serie erst 1974 im Fernsehen, als Flake bereits acht Jahre alt war. Vielleicht hatte aber auch jemand vor der Ausstrahlung das Kinderbuch „Vicke Viking" des schwedischen Schriftstellers Runer Jonsson aus dem Jahre 1963 gelesen, auf dem die Serie basiert, und Christian danach den Spitznamen „Flake" gegeben. Oder er wurde schlicht deshalb so genannt, weil es „Flake" in Deutschland als Vornamen gibt, wenn auch selten. Aber das weiß heute niemand mehr. Die Herkunft des Namens wird also ein Geheimnis bleiben.

Bekannt ist dagegen, dass Flake in seiner Kindheit nicht gern wie viele andere Jungs auf dem Fußballplatz dem Ball hinterher jagte, sondern sich lieber mit dem Sammeln von Briefmarken beschäftigte und mit seiner Eisenbahn spielte. Damals ging er bis zur zehnten Klasse auf eine Schule am Prenzlauer Berg in Ostberlin.

Danach absolvierte er eine Lehre als Werkzeugmacher, fand aber in diesem Beruf keine Anstellung mehr, weil er als Musiker in einer Punkband spielte: bei Feeling B.

Eigentlich wollte Flake als Jugendlicher lieber Arzt werden, aber dazu musste man in der DDR den Militärdienst in der Nationalen Volksarmee absolvieren, den er verweigerte. Immer wieder musste er zur Musterung, aber mithilfe verschiedener Ärzte zögerte er die Einberufung ständig und so lange hinaus, bis es die DDR nicht mehr gab. Die Verweigerung jedoch verbaute Flake den Weg zum Medizinstudium. Seinen „Doktor" machte er später dennoch: Es waren die Fans, die ihn als Ersatz für die verpasste Arztkarriere – quasi „honoris causa" – tröstend „Doktor Lorenz" nennen.

Zum Keyboard kam Flake über seine klassische Klavierausbildung, die er mit 15 Jahren mehr oder weniger genoss. Seit der dritten Klasse hatte er einen Freund, der Klavier spielen konnte. Flake besuchte ihn öfter, er beobachtete den Kumpel, wie er die Tasten bearbeitete, und fand Gefallen daran. Er drängte seine Eltern, ihm auch ein Klavier zu kaufen. Doch die wollten einen Beweis dafür, dass er es mit der Musik ernst meinte.

Diesen Beweis erbrachte Flake: Er ging auf die Musikschule am Prenzlauer Berg in der Dunckerstraße. Das Notenlesen brachte er sich bei, indem er mehrere Blätter Papier aneinander klebte, darauf die Tasten eines Klaviers zeichnete und so übte, wo die einzelnen Noten zu finden sind. Diese Papiertastatur hatte er, säuberlich zusammengefaltet, immer dabei und konnte sie überall ausbreiten und üben.

Seine Eltern merkten, wie wichtig Flake die Musik war, und schenkten ihm für damalige 100 Ostmark ein altes Klavier, das er noch heute besitzt.

Die Musikschule allerdings legte Flake, der damals etwa neun Jahre alt war, wegen seiner dürftigen Leistungen nahe, aus der Klasse, die er besuchte, herauszugehen und lieber zu Hause Einzelunterricht bei einer Klavierlehrerein zu nehmen. Dort übte er vor allem die Klassik, doch diese Priorität sollte sich ändern, nachdem Flake die Plattensammlung seines Vaters, der als Ingenieur arbeitete, entdeckt hatte. Sie bestand aus Jazz- und Blues-Aufnahmen, meist vom DDR-Label Amiga. Er mochte Blues-Musiker wie John Lee Hooker und entdeckte danach sehr schnell die Rolling Stones, deren musikalische Wurzeln ebenfalls im Blues und Rhythm & Blues zu finden sind. Parallel dazu faszinierte Flake der Punk, und Schuld daran ist die Radio-Moderatoren-Legende John Peel, die auf dem englischen Radiokanal BBC in den 1970er Jahren Bands wie die Sex Pistols bekannt machte, eine Gruppe, die Flake besonders liebte.

Mit 13 Jahren hörte er mit dem Klavierspielen auf, weil das nicht die Musik war, die er spielen wollte. Flake stieg dann als Keyboarder in eine Kirchenband namens Hilflos ein, die sich später Tedeum nannte, und bearbeitete ein geliehenes E-Piano. Die Gruppe begleitete das Georg K. Trio bei Messen und spielte Blues mit religiösen Texten. Flake gibt in der Bandbiografie „Feeling B – Mix mir einen Drink" zu, dass er die Leute in der Kirche eigentlich nicht mochte: „Das waren ganz unangenehme Typen in meinen Augen. Die haben immer gemeint: ‚Ja, aber da können wir doch drüber reden ...', immer so salbungsvoll."[7]

Dennoch spielte er mit der Band nur in der Kirche, denn er hatte so die Möglichkeit, Erfahrungen mit dem Keyboard zu sammeln und sich musikalisch zu entwickeln.

Zum Blues kamen Rockveranstaltungen in der Kirche dazu, die Flake immer mehr interessierten. Auf einem Rock-Fest an der Schule seines drei Jahre älteren Bruders wagte der damals 14-jährige spätere Rammstein-Keyboarder seinen ersten Auftritt ohne seine Blues-Band. Flake wollte dort als Punk auftreten. Also ließ er sich die Haare kurz schneiden und hochfrisieren. Er hängte sich Sticker, auf denen „Clash" und „Peace" stand, an ein Jackett, das seitdem ein gutes Stück kürzer ist. Mit seinen ersten selbst geschriebenen Songs ging er zum Konzert – was die reine Katastrophe wurde. Die Jungs, die er als Begleitung verpflichtet hatte, sahen Flake kurz vor dem Auftritt als Punk und ließen ihm im Stich. Verzweifelt sprach er seinen Freund Alexander Kriening an, der in einer der Nachwuchsrockbands dieser Schule spielte. Er ließ sich erweichen und bearbeitete die Drums sehr treffsicher. Der als Punkrocker unerfahrene Flake dagegen konzentrierte sich nur auf sein Keyboard und senkte den Kopf so, dass sein Mund zu weit weg vom Mikrofon Töne von sich gab, die dann keiner hörte. Das Publikum verließ langsam den Saal, was noch beschleunigt wurde, als er zur Mundharmonika griff, darauf spielte und sang.

Diese Erfahrung war zwar deprimierend, aber Flake ließ sich dadurch nicht vom Musikmachen abschrecken. Im Gegenteil merkte er, dass er unbedingt ein eigenes

[7] Feeling B, S. 95.

Instrument brauchte. Sonst spielte er immer nur auf geliehenen E-Pianos. Er fragte immer wieder seinen Vater, der schließlich nachgab und ihm sein erstes Keyboard kaufte: eine 2000 Ostmark teure Heimorgel der Marke „Weltmeister".

Zwei Jahre später stellte Falkes Kumpel Alexander Kriening den zukünftigen Rammstein-Tastenderwisch dem Sänger Aljoscha Rompe vor, der ihn als Keyboarder für Feeling B einspannte. Seinen Lebensunterhalt verdiente sich Flake fortan über die Auftritte mit Feeling B und mit Gelegenheitsjobs. Durch die Band lernte er ein weiteres zukünftiges Rammstein-Mitglied kennen: den Gitarristen Paul Landers. Die beiden sind seitdem enge Freunde. Sie zogen 1987 innerhalb der DDR-Hausbesetzerszene zusammen in eine leer stehende Wohnung am Prenzlauer Berg, der Region Ostberlins, die für sie und Feeling B zum zentralen Punkt ihres Musikerlebens wurde.

Das erträgliche und immer mehr auch einträgliche Leben als Mitglied dieser Formation wäre allerdings 1986 fast zu einem jähen Ende gekommen, als Flake verhaftet wurde. Es war purer Zufall, dass er gerade in der Nähe dreier DDR-Flüchtlinge war, die über die Grenze in den Westen türmten. Flake wurde für einen von ihnen gehalten und wegen Republikflucht ins Gefängnis gesperrt, dann aber bald wieder freigelassen – womit er auch gerechnet hatte, weil er wusste, dass er unschuldig war.

Das nächste Mal bekam Flake die DDR-Staatsmacht am 08. 10. 1989 deutlich und bedrohlich zu spüren, als er bei einer Demonstration gegen das sozialistische Regime an der Gethsemane-Kirche fast noch einmal verhaftet worden wäre. Er entging dem Gefängnis, weil er den Ort rechtzeitig verließ, bevor die Polizei losschlug und die Demonstranten einkesselte.

Das war damals, am Ende des sozialistischen Zwangssystems, nicht die einzige Art und Weise, wie Flake und seine Musikerfreunde erlebten, dass sie nicht erwünscht waren. Denn die Kulturoberen wollten durch die Lockerung der Reisebedingungen bewirken, dass das unliebsame und widerborstige Künstlervolk, also vor allem die Untergrundbands, am besten gleich im Westen blieben. Flake und seine Musikerfreunde waren nicht gewollt.

Kurz nach dem Fall der Mauer hatte er jedoch ein prägnantes Erlebnis, durch das er erfuhr, dass sich mit der Auflösung des DDR-Regimes auch die dort erfahrene Ablehnung ins Gegenteil wendete und er als ostdeutscher Künstler sogar erwünscht war. Feeling B wurde vom 18. bis 25. 01. 1990 mit anderen Ost-Punk-Bands und Künstlern aus den neuen Bundesländern eingeladen, als Kulturbotschafter nach Paris zu fahren. Sie sagten erfreut zu, und Feeling B gab im Rahmen dieses Kulturaustausches in der französischen Hauptstadt einige Konzerte, die jedoch sehr schlecht besucht waren. Allerdings lernte Flake mit der Band zu Beginn ihrer Reise nach einem Empfang den damaligen französischen Staatspräsidenten François Mitterrand kennen. Er schüttelte dem Regierungsoberhaupt sogar die Hand und unterhielt sich kurz mit ihm.

Der weitere Verlauf der Reise war dagegen fürchterlich. Denn nach diesen Veranstaltungen wollte die Band unbedingt noch privat bleiben. Es wurden auf eigene Faust Auftritte für Feeling B organisiert, die allerdings kein Geld einbrachten, sodass die Musiker sogar betteln gehen mussten. Dennoch hatte Flake dort für einen kurzen, beeindruckenden Moment den Atem der Geschichte gespürt. Er hatte ganz nah auf diesem Empfang die Welt der Politik erlebt.

Die Zeit der Repression durch das DDR-System war vorbei. Es gab nun die Möglichkeit zur unbehelligten politischen Aktivität. Aljoscha Rompe nutzte diese Freiheit und die Befreiung von den Knebeln, welche die Menschen in Ostdeutschland mundtot gemacht hatten, um sich Gehör zu verschaffen. Der Feeling-B-Chef initiierte und gründete kurz vor den ersten freien Kommunalwahlen in Ostberlin im Mai 1990 die „Wydoks"-Partei. Er konnte viele befreundete Musiker aus dem Kreis von Feeling B und Die Firma dafür gewinnen. Ganz der Punk-Attitüde entsprechend, setzte sich die Partei dafür ein, dass die am Prenzlauer Berg belagerten Häuser in das Eigentum der Besetzer und nicht in das von westlichen Immobilienhändlern übergingen. Sie riefen in der „Autonomen Aktion Wydoks" zur Übernahme der Häuser auf. Die „Wydoks", deren Name sich vom Begründer der französischen Kriminalpolizei, Eugene Francois Vidocq, ableitet, bekamen 2.265 Stimmen, was einen Anteil von 0,33 Prozent im gesamten Osten Berlins ausmachte.

Einer der vielen Musiker, die sich für die Wahlliste aufstellen ließen, war Flake. Das geschah allerdings eher widerwillig. Flake wollte mit seiner Nominierung lediglich Aljoscha Rompe einen Gefallen tun.

Flakes Ziel für die Zukunft war es, als Künstler zu arbeiten. Und dazu gehörte schon damals wie auch heute noch nicht nur der Flug mit den Fingern über die Tasten des Keyboards. Flake versuchte sich genauso bereits kurz vor dem Fall der Mauer als Maler, zunächst mit Ölfarbe, heutzutage auch mit Acryl.

Allerdings blieb das eine Nebenbeschäftigung, für die er wie auch für seine andere Leidenschaft, das Oldtimerfahren, fast keine Zeit mehr hat, weil Rammstein ihn sehr in Anspruch nimmt. Die Musik steht als Flakes hauptsächliche Profession für ihn und genauso für alle Rammstein-Mitglieder an erster Stelle.

Deshalb kann er nicht stillhalten, und es sprudelt die Kreativität, auch wenn Rammstein gerade mal wieder eine längere Pause macht.

So kam Flake Anfang 2007 auf die Idee, alte Feeling-B-Zeiten noch einmal aufleben zu lassen, indem er ein Best-of-Album der Band herausbrachte. Als er in seinem Keller nach Material dafür herumkramte, fand der Keyboarder einen riesigen Haufen alter Zeitungsschnipsel und Fotos, die sich in Schlittschuhkartons und Schränken türmten. Hinzu kamen Stapel verstaubter Tonbänder mit unveröffentlichten Feeling-B-Stücken. Der Fund motivierte Flake dazu, lieber der Öffentlichkeit diese Dokumente zugänglich zu machen und auf die Best-of-CD zu verzichten, zumal zu diesem Zeitpunkt wieder Interesse an der DDR-Kultur und der damaligen Rock- und Punkszene aufflammte. Aus Flakes Sicht wurde dabei allerdings oft ein schiefes Bild von der Ost-Jugend transportiert, indem gesagt wurde, dass es den jungen Rock- und Punk-Fans in der DDR gar nicht so schlecht ergangen war, weil sie sich anscheinend gut amüsiert hatten. Diese Vorstellung wollte der Rammstein-Musiker nicht so stehen lassen und entschloss sich, eine CD mit den verschollenen Aufnahmen herauszubringen. Hinzufügen wollte er ein Buch, das die Feeling-B-Phase und damit ein Stück ostdeutscher Punk- und Jugendkultur-Geschichte zeigte, wie sie wirklich war.

Flake machte sich an die Arbeit, sortierte die vielen Bilder und Zeitungsausschnitte und hörte sich die alten Feeling-B-Aufnahmen an. Was ihm da allerdings an Tonqualität ins Trommelfell sprang, fand er ziemlich miserabel, sodass er die Originalaufnahmen überarbeitete und neu mischte.

Das erwies sich als reichlich problematisch. Denn die Stücke waren auf 24-Spur-Bändern gebannt und fast 20 Jahre herumgelegen. Deshalb befürchteten Flake und sein Toningenieur, dass der Zahn der Zeit an ihnen genagt hatte und die Magnetschicht der Analog-Bänder beim Abspielen am Tonkopf der Bandmaschine kleben bleiben würde – was die Originalaufnahmen völlig zerstört hätte.

Doch das Problem konnte gelöst werden: Die Bänder wurden drei Tage lang in einen Ofen gelegt und bei 60 Grad Wärme dort aufbewahrt. Dadurch wurde der Klebe-Faktor reduziert, und Flake konnte die Aufnahmen abspielen, dabei neu digital aufnehmen und bearbeiten.

Zur Seite stand ihm der Produzent Mark Bihler, der mit Underground-Acts wie Saint Etienne, Capricorns, Appliance oder Liger gearbeitet hat. Die beiden machten es sich zur Aufgabe, die Stücke so gut klingen zu lassen, wie sie geworden wären, wenn sich Feeling B ein besseres Studio hätte leisten können. Die Band musste einst das billigste nehmen, weil sie die Session von den Einnahmen aus Konzerten bestritten, und die flossen nicht gerade üppig.

Hinzu kam, dass die damaligen Tontechniker der Plattenfirma Amiga die Stücke entschärften und verwässerten, weil sie mit der Punk-Kraft der Lieder nichts anzufangen wussten. Entsprechend dürftig hörte sich das Ergebnis an.

Trotz der Vorgabe, dies zu berichtigen, erwartete Flake laut einem Interview mit *melodie & rhythmus*, Ausgabe 12/2007, dass das Schneiden und neue Abmischen schnell in ein paar Tagen erledigt sein würde. Aber er täuschte sich. Die Restaurierung zog sich über das gesamte Jahr 2007 hin. Flakes Ex-Feeling-B-Bandkollege Paul Landers wollte zuerst in das Produktionsgeschehen eingreifen und sehen, was Flake mit den alten Aufnahmen anstellte. Das hätte allerdings eventuell Streitigkeiten über die Frage nach sich gezogen, wie denn nun die Stücke klingen sollten. Deshalb ließ Paul dem Keyboarder freie Hand.

Der werkelte mit Mark Bihler so lange vor sich hin, bis er schließlich mit dem Ergebnis rundum zufrieden war. Der Keyboarder würde zwar manche der restaurierten Stücke heutzutage mit dem Wissen eines jahrzehntelang professionell spielenden Musikers nicht mehr aufnehmen, weil sie für ihn hart an der Geschmacksgrenze lagen. Nach dem damaligen Stand der Fähigkeiten und Intentionen der Band war es für Flake jedoch rückblickend völlig in Ordnung, dass Feeling B sie eingespielt hat.

Nun ging es nur noch darum, die 13 frisch polierten Songs und das Buch herauszubringen. Flake fragte bei der Rammstein-Plattenfirma „Motor Music" nach, und es hätte sich dort keiner dafür interessiert, wenn er nicht Keyboarder in der weltweit erfolgreichsten deutschsprachigen Rockband gewesen wäre. Das berichtete Flake im Gespräch mit dem Magazin *Straßenfeger* in dessen Ausgabe 09/2008. Er überzeugte das Label, die CD „Grün & Blau" am 16. November 2007 herauszubringen.

Der Verlag Moewig wiederum übernahm die Veröffentlichung des Buches mit demselben Titel. Dieses bietet einen Rückblick auf die Punk-Phase der DDR und lässt durch viele Fotos, Abbildungen, Zeitungsausschnitte und Geschichten, die z. B. von Flakes Mutter und anderen Zeitzeugen erzählt werden, die Zeit damals wiederaufleben. Dazu kommen für die alten und neuen Feeling-B-Fans Texte, die jedes Lied erklären.

Der Lohn für Flakes liebevolle Detailarbeit: Presse und Fans bejubelten die Veröffentlichung. So schwärmte www.amazon.de: „ ‚Grün & Blau' ist ein Glücksfall für alle, die sich für Punk in der DDR, Musik aus dem Untergrund und die Verarbeitung der Wiedervereinigung in ebendiesem interessieren. Ein wichtiges Stück deutscher Musikgeschichte, das auch heute noch in vielen Bands inhaltlich (Mittelalterrock) und personell (Rammstein) weiterlebt."

Von dieser Seite bekam Flake für sein Projekt Beifall. Die restlichen Rammsteiner gingen dagegen auf Distanz, wie der Tastenmeister *melodie & rhythmus* in der Ausgabe 12/2007, anvertraute. Sie waren eher dafür, dass er sich lieber neue Musik ausdenken und die Vergangenheit ruhen lassen sollte. Aber die hatte Flake durch diese Veröffentlichung eh hinter sich gelassen. Mit „Grün und Blau" hatte er endgültig mit Feeling B abgeschlossen, weil damit jedes Bisschen Musik, das die Band jemals eingespielt hatte, ans Tageslicht gekommen war.

Nach dem Ende dieses Projektes widmete Flake seine kreativen Potenziale als Musiker zunächst einmal seiner Hauptband.

5. Schwieriger Weg zum Erfolg: Rammsteins erste Tage

Nachdem sich Till, Christoph, Paul, Flake, Richard und Oliver 1994 endgültig dazu entschlossen hatten, ihre gesamte Zeit und kreative Energie in eine einzige Formation zu investieren, und für diesen Schritt ihren früheren Gruppen den Laufpass gegeben hatten, arbeiteten die sechs vom ersten Tag an sehr hart daran, ihrer neuen Band ein möglichst bekanntes Gesicht in der Öffentlichkeit zu verleihen. Doch was war nun eigentlich die Hauptmotivation, diese Gruppe zu initiieren?

„Also ich hatte zwei Ziele, als wir mit Rammstein anfingen", berichtete Gitarrist Paul Landers im Juli 2004 dem Berliner Lokalradiosender *Fritz*: „Da gab es so einen Club in Berlin, der hieß ‚Huxley's' und da haben so um die 3000 Leute reingepasst. Und da mal spielen, das war mein größter Traum. Haben wir geschafft. Der zweite Traum war, einmal mit dem Gitarrenkoffer ins Flugzeug steigen und zum Konzert fliegen. Haben wir auch längst geschafft. Ich bin also durch."

Zunächst allerdings sah auf der frühen Rammstein-Strecke zum echten Durchbruch nicht alles richtig rosig aus. Es mussten Demos her, um der großen, weiten Welt zu zeigen, wo Rammstein musikalisch eigentlich hin wollten. So schloss man sich Anfang 1994 in der Bude von Richard Kruspe für einige Tage ein, um dort unter eigentlich unmöglichen, räumlich stark begrenzten Umständen einige Stücke auf 4-Spur-Band aufzunehmen, mit denen man vor allem einen Manager davon überzeugen wollte, sich um die Angelegenheiten des Sextetts zu kümmern. Unter den Stücken: „Das alte Leid", „Seemann", „Weisses Fleisch" und „Rammstein", alle durch die Bank auf dem Debütalbum wiederzufinden, zunächst jedoch in englischer Sprache. Sie bewarben sich damit beim „Metrobeat"-Festival des Berliner Senats und wurden von der Jury angenommen – was bedeutete, dass sie als Preis ihre vier Titel in einem professionellen Studio aufnehmen konnten.

In dieser Phase legten sich die sechs ihren Bandnamen offiziell zu. Den hatten neben Paul noch Schneider und Flake ausgeklügelt, im Übrigen bereits Ende des Jahres 1993. Landers erzählt im „Rammstein"-Buch von Gert Hof: „Wir hatten früher einfach so die Idee, wir müssten eine Band haben, die ‚Rammstein Flugschau' heißt. Im Überschwang des Übermutes fiel der Name ein paar Mal und blieb irgendwie so kleben, auch wenn einige von der Band das blöd fanden. Was sie jetzt natürlich nicht mehr wissen wollen. Jedenfalls blieb der Name einfach hängen wie ein Spitzname. ‚Flugschau' war dann zu lang, aber Rammstein fanden wir gut, das hat auch zur Musik gepasst."[8]

„Rammstein Flugschau" bezieht sich auf ein tragisches Flugunglück in dem Ort Ramstein, das sich am 28. August 1988 in dem Ort gleichen Namens ereignete. Drei italienische Flieger prallten bei einer Flugakrobatikvorführung gegeneinander und

[8] Rammstein, S. 34.

stürzten brennend in die Zuschauermenge. Es gab damals rund 500 Verletzte und 70 Tote.

Die Band änderte ihre ursprüngliche Idee und ließ von „Rammstein Flugschau" den zweiten Teil weg, weil er zu offensichtlich auf das tragische Unglück im Jahr 1988 anspielte, was doch zu kontrovers gewesen wäre. Übrig blieb aber Rammstein, exakt so mit Doppel-m geschrieben, weil sich das vom Namen der Stadt Ramstein ein wenig abhob. Dazu kam die Unkenntnis des Ortsnamens. Die Bandmitglieder wussten bei der Namensgebung der Gruppe einfach nicht, dass sich das rheinland-pfälzische Städtchen nur mit einem m schreibt.

Nachdem die Namensfrage geklärt war und als auch dank des „Metrobeat"-Preises professionelle, versandfähige Demos im Kasten waren, wollte der Sechser dringend einen fähigen Manager finden, damit dieser ihre Interessen effektiv vertreten könnte. Die Wahl fiel auf das „Pilgrim"-Management in Berlin unter der Leitung von Emanuel Fialik, der sich selbst „Emu" nennt, weil er den gleichnamigen australischen Laufvogel so liebt – und deshalb auch von Freunden aus aller Welt immer Dinge zugesandt bekommt, die etwas mit dem schnellen Tier zu tun haben.

Fialik lehnte das Angebot zunächst ab. Doch ein überzeugendes Konzert im legendären Berliner „Knaack"-Club stimmte ihn endlich um, und er nahm den Sechser unter Vertrag.

Wolf-Rüdiger Mühlmann erinnert in seinem Buch „Letzte Ausfahrt: Germania" sehr präzise an die Bemühungen, Rammstein, die im gesamtdeutschen Musikgeschehen noch reichlich unbekannt waren, populär zu machen und an die aufregende Ära im Leben der Band, die nach der Vertragsunterzeichnung mit „Emu" einsetzte: „Im Mai 1994 beginnt das Berliner Management ‚Pilgrim' umgehend damit, Verhandlungen mit Plattenlabels zu führen. (...) Denn bis auf einige Fans in Ostdeutschland, welche die Band in kleineren Clubs gesehen hatten, sind Rammstein in der Szene noch kein Begriff. Die Musikpresse bemerkt die Band genauso wenig wie die Fans der alten Bundesländer."

Sehr schnell wurde der Gruppe bewusst, dass sie sich zunächst am besten einen Namen machen konnten, indem sie sich möglichst oft live präsentierten. Denn von Anfang an lag die große Stärke von Rammstein in ihren Konzerten.

Der erste Rammstein-Gig fand am 14. April 1994 im Leipziger Club „Nato" statt. Sie spielten als Support der „Golden Acker Rhythm Kings" – ironischerweise eine Spaßband, in der Flakes Bruder den Sänger mimte. Das Publikum bestand gerade mal aus 20 Gästen.

Flake erinnert sich im Buch „Feeling B – Mix mir einen Drink" bewegt daran, wie emotional das Publikum diesen ersten Auftritt verfolgte: „Danach habe ich in den Gesichtern dieser Menschen gesehen, dass sie gerade etwas erlebt hatten. Da war alles zu sehen: Begeisterung oder Schock, da war richtige Ruhe. Das Konzert war für uns natürlich der Hammer, wir waren schwer euphorisiert."[9]

[9] Feeling B, S. 262.

Als Nächstes traten Rammstein beim Berliner ‚Metrobeat'-Festival im Kesselhaus in Berlin auf. Till trug zwei Sonnenbrillen übereinander, weil er ziemlich nervös war.

Um für den Gig zu werben, schrieben sie auf die Ankündigungsplakate „Rammstein – mit Musikern von Feeling B und den Inchtaboktables". Das hatte den Grund, dass diese Formationen schlicht bekannter waren als Rammstein und ein größeres Publikum anzogen. Jedoch bedeutete diese Aktion auf der anderen Seite, dass die Konzertbesucher während des Auftrittes lautstark nach „Mix mir einen Drink" und anderen bekannten Feeling-B-Stücken verlangten.

Trotz bereits in der ersten Phase beeindruckender Auftritte gab es für Rammstein 1994 eine Menge Probleme, bekannt zu werden. Doch durch Emanuel Fialik, einem Profi-Manager, ging es mit der Karriere des Sextetts schließlich voran. „Emu" hatte (und hat) prächtige Kontakte im Musikgeschäft, er ging mit einem Rammstein-Demo im August 1994 auf der weltweit größten Musikmesse „Pop Komm" – damals noch in Köln anstatt wie heute in Berlin ansässig – unbeirrt hausieren. Der Hauptinteressent für eine Albumproduktion wurde ganz schnell die Firma „Motor Music", ein junges, aufstrebendes Hamburger Label aus dem Hause „Polygram", das sich von Rammstein tief beeindruckt zeigte.

So sehr dies alles auch nach ehrgeiziger Karriereplanung aussehen mag, eigentlich war dieser Aspekt für die Gründung von Rammstein offensichtlich nicht wirklich entscheidend – behauptet jedenfalls Flake im Buch „Mix mir einen Drink" vehement: „Wir hatten keine bandinternen Ziele mit Rammstein, eigentlich wussten wir nur, was wir nicht wollen. Eben genau das, was wir bis dahin gemacht hatten. Wir wollten nicht mehr so lustig sein und ständig ‚Mix mir einen Drink' singen. Wir wollten nicht mehr in Jeans auftreten und auf der Bühne einige Bierchen trinken. Das war jetzt alles verboten."[10]

Dennoch, auf die „Pop Komm" im Sommer 1994 begleitete der Sechser seinen neuen Manager „Emu", um sich der fachkundigen Showbiz-Öffentlichkeit zu präsentieren. Sie spielten damals in einer kleinen Burgkneipe. Paul Landers erinnert sich im Buch „Rammstein" an diese Aktion ziemlich amüsiert: „Da sind Till und Flake mit der Neonlampe mal kurz über die Bar geritten und haben die kurz und klein geklopft. Dazu brannte alles, wir haben sofort gute Laune gekriegt. Auf einmal haben sich alle gefreut ..."[11]

Fünf Monate nach diesem Großereignis – im Januar 1995 – unterzeichneten Rammstein in Hamburg ihren Vertrag mit „Motor Music". Jetzt brauchte es nur noch einen passenden Produzenten für das Debütalbum. „Motor Music" schlug für diesen Job Greg Hunter vor, der unter anderem mit der Industrial-Legende Killing Joke gearbeitet hatte, eine Band, die von Rammstein sehr geschätzt wird.

---

[10] Feeling B, S. 265.

[11] Rammstein, S. 38.

Als der Produzent in Berlin eingetroffen war, ging die Gruppe mit ihm ins Studio, um ihm zu zeigen, wie sie sich die Aufnahmen vorstellten. Hunter war sehr schweigsam – und schlief sogar während der Sessions ein. Die Band merkte daraufhin, dass er wohl doch nicht der richtige Produzent für ihr Projekt war.

Also ein neuer Mann: Der Schwede Jacob Hellner kam auf Einladung des Managements im Dezember 1994 nach Hamburg, um sich ein Rammstein-Konzert anzusehen. Hellner hatte sich bislang vor allem durch seine Kooperation mit der erfolgreichen Metal-Band Clawfinger hervorgetan. Hellner war von dem Auftritt des Sechsers dermaßen angetan, dass er spontan zusagte, die Songs zu produzieren, die sich später als „Herzeleid" in den Plattenläden finden sollten.

Mit Jacob hatte man sich – wenn auch eigentlich unfreiwillig – gesucht und gefunden. Es ging nach Stockholm ins Studio, wo die Band nicht unbedingt hin wollte. Man nahm dort das Debütalbum „Herzeleid" auf – womit eine Erfolgsgeschichte ihren Lauf nahm, die absolut keiner der Beteiligten jemals erwartet hätte ...

6. „Herzeleid“: Das schwere Debüt

Am 24. 09. 1995 erschien „Herzeleid“, das erste Album von Richard Kruspe, Christian „Flake“ Lorenz, Till Lindemann, Oliver Riedel, Christoph Schneider und Paul Landers, genannt Rammstein – ein Debüt, dessen Produktionsweg bis zum fertigen Album sich als steinig und holprig herausstellen sollte.

Nachdem das Sextett endlich in Jacob Hellner einen geeigneten und gut motivierten Produzenten gefunden hatte, kamen die ersten Probleme auf. Die Band sollte die Songs für „Herzeleid“ in den schwedischen „Polar Studios“ in Stockholm aufnehmen, die von der Popgruppe ABBA aufgebaut worden waren.

Aber dort verlief die Produktion sehr schleppend. Die Band hielt sich an jenem Ort gerade mal eine Woche auf und spielte die Drum-Tracks ein. Danach gingen die Musiker in Hellners eigenes Studio, was die Dinge weiterhin nicht vereinfachte, wie Gitarrist Richard Kruspe in der britischen Ausgabe 05/06 des *Metal Hammer* berichtete (übersetzt): „Es war nicht leicht für mich, dort den richtigen Gitarrensound zu finden. Der Platz war beengt und ganz anders als die Plätze, an denen ich gewohnt war zu proben. Das war eine echte Umstellung, aber eine, die ich nicht mochte. Wir hatten auch ein Problem damit, dass wir in Stockholm steckten. Jacob arbeitete fast zu Bürozeiten. So waren wir an den Abenden und am Wochenende allein auf uns gestellt. Wir sprachen kein Schwedisch, nicht besonders viel Englisch und fühlten uns fremd. Wir konnten nirgendwo hingehen und nichts unternehmen. Deshalb war unsere Stimmung nicht die beste.“

Damit aber nicht genug. Als Jacob Hellner anfing, mit Till Lindemann am Gesang zu arbeiten, merkten die Sechs, dass ihr Produzent fast kein Deutsch verstand, geschweige denn sprach, sodass er gar nicht mitbekommen konnte, welche Themen in den Songs verarbeitet wurden. Wie sollte er dann als Produzent damit arbeiten können und die Inhalte in eine passende musikalische Form bringen? Richard beschreibt die Stimmung des Sextetts in dieser Situation in dem genannten *Metal Hammer*-Artikel als „sehr, sehr frustrierend“.

Dennoch arbeiteten Band und Produzent ganze drei Monate weiter an dem Album, probierten und feilten an den Songs herum und machten Aufnahmen, bis es schließlich daran ging, die eingespielten Tracks abzumischen. Richard erinnert sich weiter im englischen Metal Hammer: „Das ließen wir Jacob machen. Warum nicht? Er hatte das Ganze aufgenommen. Aber das war von unserer Seite aus ein großer Fehler. Ich war tatsächlich der Einzige der Band, der dort war, als wir das Abmischen begannen. Und bald verstand ich, dass Jacob nicht wusste, was er tat. Wir begannen zu streiten, die Dinge wurden nicht fertig, und ich war nicht glücklich damit. Was konnte ich tun?“

Richard entschloss sich in dieser Lage zu einer Krisensitzung mit seinen Bandkollegen, Jacob Hellner, dem Manager Emanuel Fialik und Vertretern von „Motor Music“, ihrer Plattenfirma. Sie trafen sich dafür in Berlin, und das Ergebnis dieses Gespräches brachte die Albumproduktion in die richtige Richtung. Als Erstes wurde

Carl-Michael Herloffson, der Mixer und Assistent des Produzenten Hellner, der aufgrund schwerer privater Probleme die Studioarbeit an den Rammstein-Songs vernachlässigte, von dem Niederländer Ronald Prent abgelöst. Er mischte schließlich die in Stockholm aufgenommenen Songs in Hamburg fertig ab. Richard lobt ihn im genannten *Metal Hammer*-Artikel: „Ich muss sagen, dass es nicht einfach war, mit Ronald zu arbeiten, und wir hatten einige Meinungsverschiedenheiten, aber er hat das Album wirklich gerettet. Mir graut davor, darüber nachzudenken, was ohne ihn passiert wäre!“

Schließlich kamen die Band und ihr Produzent in dieser letzten Phase wieder besser miteinander aus. Gitarrist Paul Landers sagte später in einem Interview für die Ausgabe 06/04 des Heavy-Metal-Magazins *Rock Hard*: „Er hat genauso dazugelernt wie wir und damals die beste Arbeit geleistet, zu der er fähig war. Sowohl er als wir sind an unser damaliges Limit gegangen.“ Und auch Richard Kruspe hat sich schnell mit Jacob Hellner ausgesöhnt und schwärmte später von ihm in einem Interview für das Internet-Musikportal von apple.com aus dem Dezember 2005: „Ich schätze seine Arbeit als Produzent sehr. Er sieht das, was in dir steckt, und er versteht es, das Maximum aus dir rauszuholen, ohne dich dabei verbiegen zu wollen. Er geht in die Tiefe und kann Dinge hören, die kein anderer hört. Ich kann auch nicht sagen, was es ist, ich kann es ja nicht hören.“

Hellner bekam noch die Kurve und verkehrte das Manko der schlechten Deutschkenntnisse ins Gegenteil, indem er mit Till Lindemanns Stimme wie mit einem Instrument arbeitete, wie er es seitdem bei jedem Album fortsetzte. Er war von Anfang an begeistert davon, dass der Rammstein-Frontmann sehr genau am Takt entlang phrasiert. Das schwedische Produzenten-Ass war dadurch in der Lage, die Stimme sehr rhythmisch in die Songs einzubauen und – noch mehr als das – sie organisch mit der Musik zu verweben.

Dass diese Arbeitsweise tatsächlich funktioniert, zeigt das erste Ergebnis der Zusammenarbeit mit Rammstein auf „Herzeleid“: Denn den Sound, den Band und Produzent zustande brachten, hatte es vorher in der deutschen Rockmusiklandschaft nicht gegeben. Rammstein paarten auf „Herzeleid“ raue, schroffe Gitarrenriffs und Bass-Läufe mit dem harten, knalligen Rhythmus, den die Drums hervorbrachten. Dazu kamen Elektroniksounds, welche die Rhythmik untermauerten und abfederten, die aber vor allem dieses wuchtige Gerüst mit Keyboard-Melodien überzogen und so die Songs regelrecht veredelten. Diese Mischung aus Metal und Elektronik hob Rammstein nicht nur von typischen Heavy-Metal-Bands wie Iron Maiden, Judas Priest und besonders Metallica ab. Sie machte die Musik sogar zwingend tanzbar, was gut in die Zeit ihrer Entstehung passte, denn stampfende pulsierende Techno-Stücke hatten damals Hochkonjunktur, und der Einfluss dieser Musik ist auf „Herzeleid“ spürbar. Daher kann man die Musik des Debüts als rauen Dance-Metal bezeichnen, der auf den kommenden Alben noch verfeinert werden sollte und ein markantes Charakteristikum Rammsteins wurde.

Ein anderes Merkmal der Songs wurde Till Lindemanns Gesang. Er intoniert die Songs mit tiefer und durchdringender Bass- oder der etwas höheren Baritonstimme. Manchmal erreicht er aber auch die noch höhere Stimmlage Alt wie z. B. im fünften Song des „Herzeleid“-Albums „Seemann“, dessen Musik Bassist Oliver Riedel erdachte und der von Emanuel Fialik und Olav Bruhn für „Herzeleid“ zusätzlich bearbeitet wurde. „Seemann“ nahmen sich 2003 noch einmal Nina Hagen und die finnische Formation Apokalyptica, die für ihre Interpretationen von Metal-Songs mit dem Cello bekannt sind, als Cover-Song vor und schoben ihn auf Platz 13 der deutschen Single-Charts.

Das gesangliche Markenzeichen Tills – und damit ein weiteres typisches Rammstein-Merkmal – sollte das gerollte „R“ werden. Diese Art des Singens brachten Kritiker sofort damit in Verbindung, dass während der Zeit des faschistischen Dritten Reiches prominente nationalsozialistische Redner wie Reichspropagandaminister Joseph Goebbels und vor allem „Führer“ Adolf Hitler selbst ihre donnernden Ansprachen ebenfalls mit gerolltem „R“ in ähnlichem Tonfall absolvierten. Diese Assoziation wurde zum Anlass genommen, das Sextett rasch in der politisch rechten Ecke zu verorten.

Allerdings ist die Sache nicht so eindeutig zu bewerten, wie es manche Kritiker gern gehabt hätten, denn das so intonierte „R“ kommt zum einen in einigen deutschen Dialekten genauso vor wie in der Art, in der alte deutsche Volks- und Kunstlieder gesungen werden. Zum anderen könnte man dies auch schlicht als Kunstgriff des Sängers interpretieren, dem Klang der Lieder noch mehr Schwere zu verleihen.

In jedem Fall provozierte der Singstil und rief erhobene Zeigefinger hervor – wie auch die Textinhalte der Lieder, die Till Lindemann verfasst hatte, als regelrechte Schockwelle die Öffentlichkeit erregten und zu empörten Diskussionen hinriss.

So brachte der Song „Rammstein“, der erste der Band überhaupt, der in der Gründungsphase Anfang 1994 entstand, negative Kritik hervor, denn im Text geht es um das Flugzeugunglück in dem Ort Ramstein im Jahr 1988, nach dem sich die Band benannt hatte. Beim Vortrag „erscheint der Text dem Zuhörer wie eine kommentarlose und dokumentierende Fotoreihe des Szenarios“, wie Kulturwissenschaftlerin Anika Raecke in ihrer Magisterarbeit „Cultural Studies und Populärkulturanalyse: Die Rezeption von Rammstein“ aus dem Jahre 2003 formuliert. Die Kritik, so schreibt sie weiter, setzt ein, weil „von dem realen Leid (...) bei Rammstein nichts mehr sichtbar ist.“

Eine Spur provozierender kommt „Weisses Fleisch“ daher. In diesem Song geht es um einen Triebtäter, der einem jungen Mädchen auf dem Schulhof auflauert und es anschließend vergewaltigt und tötet. Die Geschichte wirkt deshalb so aufwühlend und schockierend und wurde heftig kritisiert, weil Till aus der Sicht des Täters erzählt und in dessen Rolle schlüpft.

Noch eine Spur abseitiger handelt „Heirate mich“ von Sex mit einer Toten, wieder aus der Sicht eines diesmal nekrophilen Schänders. Hinzu kommt, dass die erste Silbe des Titels im Refrain immer dreimal als „Hei-, Hei-, Hei!“ gesungen wird, was einige

Kritiker dazu veranlasste, daraus ein nazistisches „Heil, Heil, Heil!“ zu machen, um sie wiederum in die rechte Ecke zu drängen.

Nicht ganz so befremdlich wie in „Heirate mich“, aber ebenfalls provokant wird das Thema Sex in „Du riechst so gut“ aufgegriffen. Darin wird von einem Mann erzählt, der, durch den Geruch einer Frau angeregt, ihr brünstig wie ein Tier folgt und Sex mit ihr haben möchte. In der zweiten Video-Version des Titels, die in ihrer Machart ganz an die „Dracula“-Verfilmung von Meisterregisseur Francis Ford Coppola aus dem Jahre 1993 angelehnt scheint, ist der im Text beschriebene Verfolger ein Werwolf. Er wird abwechselnd von allen Mitgliedern der Band dargestellt. Das Monster hat schließlich in einer undeutlich zu erkennenden dunkel ausgeleuchteten Szene Sex mit der Frau, wobei aus seiner Brust in diesem Moment die anderen Rammstein-Musiker als Werwölfe hervorbrechen und ebenfalls mit der Verfolgten intim werden – eine drastische Darstellung, die Rammstein sofort einen weiteren Vorwurf – dieses Mal den des Sexismus – einbrachte.

Der Text von „Du riechst so gut“ wurde Gegenstand der psychoanalytischen Untersuchung eines amerikanischen Germanistikstudenten. Das Ergebnis: Der Texter, also Till, soll einen Ödipuskomplex haben. Das griffen die Medien dankbar als negatives Stichwort auf und hefteten es dem Rammstein-Sänger an.

Allerdings kann die Band den Spieß auch umdrehen und selbst Kritik üben. Das beweist der Titel „Asche zu Asche“ auf „Herzeleid“. Wie Anika Raecke über den Song in ihrer Untersuchung „Die Rezeption von Rammstein“ schreibt, lassen Rammstein in dem Stück Jesus Christus „als ‚rachsüchtigen Untoten‘ wiederkehren (...) Er kehrt in Zorn auf seine Richter nach zehn Tagen zurück und rächt sich an ihnen. Die Textzeile ‚das Feuer wäscht die Seele rein‘ ist darüber hinaus ein Hinweis auf die jahrhundertelange inquisitorische Praxis des Christentums, die durch die Zeile ‚und übrig bleibt ein Mund voll Asche‘ vollständig dekonstruiert wird. Nach dem Feuertod ist die Seele des Sünders nicht gereinigt, sondern er ist schlicht tot, zu Asche verbrannt.

In diesem Lied werden eindeutig die religiösen Institutionen dafür angeklagt, einen Wahrheitsanspruch auf ihre Lehrsätze zu erheben, zum einen, indem Jesus Christus als rachsüchtiger und mitnichten selbstaufopfernder Mensch dargestellt wird, und zum anderen, indem auf die fälschliche Verurteilung von Menschen durch religiöse Machthaber angespielt wird.“

Diese Thematik setzt sich gleichfalls auf dem Stück „Der Meister“ fort, wie Raecke weiter formuliert: „Hier wird vor allem die Unterdrückung der Menschen durch die Auslösung von Angst durch die Ankündigung der Apokalypse skizziert. Den Menschen wird hier keine Hoffnung auf Rettung gegeben, die Angst ist der Weg und der Tod das Ziel.“ Damit schaffen Rammstein in den Songs natürlich eine düstere, hoffnungslose Stimmung, sie üben aber gleichsam eine provozierende Kritik an der christlichen Kirche.

Ein weiteres Themenfeld, das Till in den Texten auf „Herzeleid“ beackerte, waren die zwischenmenschlichen Beziehungen wie z. B. bei „Wollt ihr das Bett in Flammen sehen?“ Darin beschreibt er, dass es in vielen Partnerschaften darum geht, dass der eine über den anderen nur Macht erlangen will und daraus einen Lustgewinn schöpft, ohne dafür die Verantwortung übernehmen zu wollen. Wieder wird diese Situation nur dargestellt, aber nicht moralisch verurteilt.

Um die Erfahrungen in Partnerschaften geht es auch im Titelstück des Albums, „Herzeleid“. Bei einem Gespräch mit dem Wochenmagazin *Focus* vom 02. 12. 2002 versuchte der Interviewer, Till aus der Reserve zu locken, indem er ihn damit konfrontierte, dass der Begriff aus dem berühmten altdeutschen Ritter- und Heldenroman „Parzival“ von Wolfram von Eschenbach aus dem 13. Jahrhundert stammen könnte. Darin heißt dessen Mutter „Herzeloyde“ oder „Herzeleide“. Die Richtung dieser Anmerkung ist klar: Auch hier könnte man wieder auf die Idee der Deutschtümelei kommen, weil Richard Wagner den Parzival-Stoff als „Parsifal“-Oper verarbeitete – ein Komponist, der bekanntlich von den Nationalsozialisten sehr geschätzt und einseitig vereinnahmt wurde.

Allerdings erläuterte Till als Antwort in diesem Interview, woher er das Wort übernommen hat: „‚Bewahret einander vor ‚Herzeleid‘ ist ein alter Spruch, den man auf Stickarbeiten oder in Eichenrinde geschnitzt findet.“ Und darum geht es auch in dem Stück. Der Spruch, den man auf vielen Hochzeitskarten vom Beginn des 20. Jahrhunderts findet, bedeutet, dass man als Paar gut miteinander umgehen sollte, um den anderen nicht zu verletzen, damit man im Alter auf eine glückliche Partnerschaft zurückblicken kann. Till rät in dem Song allerdings dazu, sich möglichst gar nicht auf die Zweisamkeit einzulassen und auf diese radikale Weise möglichen schmerzhaften Erfahrungen mit Partnern aus dem Wege zu gehen.

Der Rammstein-Texter verarbeitete in „Herzeleid“ die Trennung von seiner Partnerin, die er in der Anfangszeit der Band selbst erlebte. Diese Situation schilderte Bandkollege Richard Kruspe in einem Interview für die Ausgabe 05/06 des britischen *Metal Hammer* (übersetzt): „Ich trennte mich gerade von meiner Freundin. Ich habe so etwas tief Emotionales früher noch nie erfahren (...) Till erlebte etwas Ähnliches, und weil ich ein guter Freund war, blieb ich für ein paar Monate bei ihm. Ich glaube, wir halfen einander über die Situation hinweg. Tatsächlich litt auch der Rest, der zu Rammstein werden sollte, selbst an persönlichen Problemen. Deshalb sagt der Name des Albums wirklich alles über unseren Gemütszustand.“

Als der Titel „Herzeleid“ feststand, die Songs aufgenommen waren und es daran ging, das Album herauszubringen, stand noch die Frage des Covers im Raum. Darauf sind letztendlich die sechs Musiker mit nacktem Oberkörper und schweißglänzend vor einer überdimensionalen Blume zu sehen. Im Booklet sind die Bandmitglieder einzeln neben den teilweise auf Französisch übersetzten deutschen Texten kurzhaarig abgebildet. Die Kritik stürzte sich auf die Bilder und warf den Musikern vor, sich hier als Herrenrasse darzustellen. Rammstein wiesen diese Behauptung weit von sich.

An die ersten Coverentwürfe erinnert sich Richard ungern. Im genannten englischen *Metal Hammer*-Gespräch sagte er: „Wir akzeptierten, dass die Fotos auf einem Parkplatz gemacht wurden, ohne zu überlegen, worauf wir uns einließen. Als wir sahen, was der Designer damit machte, flippten wir aus! Wir sahen so (...) schwul aus! Jeder von uns ausgezogen bis zur Hüfte. Es war wie eine Werbung für einen Pornofilm. Also mussten wir sagen: ‚Sortiere die Bilder aus. Lass uns wieder heterosexuell aussehen. Ändere das Cover.' "

Mit der Darstellung, die letztendlich dabei herauskam, waren sie aber anscheinend zufrieden, wie man an einem Interview vom 10. 08. 2004 für das Musikmagazin des Labels Motormusic auf *www.motor.de* sehen kann. Richard sagte: „Was uns da geritten hat? Das ‚Herzeleid'-Cover mit den freien Oberkörpern. Das fanden wir toll! (lautes Gelächter)." Und Schneider ergänzte schallend lachend: „Das fanden wir gaaaanz toll! Wirklich! Wenn ich das jetzt sehe, denke ich: ‚Was sind das für Typen? Wer kauft denn so was?' Mit so einer Blume im Hintergrund! Ein Broilerfoto [Broiler ist in der DDR die Bezeichnung für Hähnchen, Anm. d. Autoren] mit einer Blume im Hintergrund! Was ist das denn?!" Die Medien sahen in der Abbildung der freigelegten Männerkörper Beweise für homoerotische Neigungen. Besonders in den USA kam die Ansicht auf, dass Rammstein eine homosexuelle Band sei.

Solche Reaktionen und Kommentare, die Kritik an den Texten und die permanenten Versuche, die Band in die sexistische, rechtsradikal-faschistische oder wenigstens chauvinistisch-nationalistische Ecke zu stecken und ordentlich auf sie einzuprügeln, zeigten: Rammstein provozierten und regten auf. Das Sextett wurde nicht nur registriert, sondern auch, als „Herzeleid" im September 1995 erschien, zu einem heißen Diskussionsgegenstand, der die Musikjournaille wie kaum eine andere Band polarisierte.

So zerriss das bekannte und zu jener Zeit mainstream-orientierte Magazin *Musikexpress/Sounds* das Rammstein-Debüt „Herzeleid" in seiner Ausgabe 10/99 mit den vernichtenden Worten: „Abgesehen davon, dass deutschnationaler, stampfender Proletenrock mit ausgeprägtem Crossover-Potenzial noch nie besonders einladend klang, macht vor allem ein Umstand die Band unerträglich: Ihr von rollenden „Rs", dumpfen Gewalt-Metaphern und ‚schockierenden' Aussagen gespickten Texte." Ganz anders dagegen lobten Szene-Magazine wie *Rock Hard*, aber auch die Gothic-Zeitschrift *Orkus* die Band als originell und innovativ und stellten sie sofort mit etablierten und anerkannten Gruppen wie Oomph!, Think about Mutation und Die Krupps auf eine Stufe oder gar ein bisschen höher. Die Heavy-Rock-Postille *Break Out* machte „Herzeleid" gleich nach Erscheinen zum „Album des Monats".

Herausgeber Mike Möller prophezeite der Band Gold- und Platinauszeichnungen – er sollte Recht behalten, wenn auch zunächst nur für das Album, denn die ersten Singles waren erfolglos. Was vielleicht auch daran lag, dass der Musiksender MTV die Videos von Rammstein zunächst boykottierte.

Die erste Single „Du riechst so gut" erschien am 24. 08. 1995 und kam nicht in die Charts, das Video dazu wurde im August 1995 veröffentlicht. Der Clip von „Seemann" kam im Dezember 1995 heraus, die Single am 08. 01. 1996, wieder ohne Erfolg in den Hitlisten. Später, am 15. 01. 2001, wurde noch „Asche zu Asche" als Single auf den Markt geworfen, ohne in die Charts zu gelangen.

Das Album dagegen schaffte nach der Veröffentlichung 1995 den Sprung auf Platz 6 der deutschen Album-Hitliste, auf Platz 11 in Österreich und wurde die Nummer 20 in der Schweiz, Nummer 72 in den Niederlanden und erreichte in Frankreich den 85. Platz. In Deutschland erhielten Rammstein für 250.000 verkaufte Exemplare eine Goldene Schallplatte. Das Album stieg wieder und wieder in die deutsche Verkaufshitliste ein, fünf Mal insgesamt. Im Dezember 2005 bekam die Band eine Platin-Auszeichnung, denn „Herzeleid" war bis dahin im Laufe der Zeit weltweit 1,5 Millionen Mal über den CD-Ladentisch gegangen.

Ein Grund für die immer größer werdende Publikumsakzeptanz war, dass Rammstein nicht nur eine ganz neu geartete Metal-Mischung im Gehör der Musikfans platzierte, sondern noch ein weiteres Ass ausspielte: ihre atemberaubende Live-Show, die sie zwei Jahre lang auf die Bühnen in Deutschland und im restlichen Europa trug. Manager Emanuel Fialik besorgte Rammstein so viele und so gute Auftrittsmöglichkeiten, wie nur möglich waren, damit die sechs Musiker die anfängliche Popularität, welche die Album-Veröffentlichung mit sich brachte, ausbauen konnten.

Rammstein starteten im Oktober 1995 mit einer 15-Gig-Tour als Vorband der Electro-Rocker von Project Pitchfork. Als Support von Clawfinger spielten die sechs Ende November in Warschau und in anderen Städten von Polen, dann in Österreich und der Schweiz. Wiederum im Vorprogramm rockten sie danach mit den legendären Punk-Ikonen The Ramones durch die Bundesrepublik. Dann ging es auf die erste eigene Deutschlandtour mit 14 Konzerten im Januar 1996. Am 27. März schafften es Rammstein schließlich in die Sendung „MTV Hanging out" in London, wo sie bei einem Live-Auftritt „Du riechst so gut" aufführten. Im Juli und August 1996 spielte sich das Sextett auf Sommer-Open Airs wie z. B. beim „Bizarre Festival" die Seele aus dem Leib.

Während dieser Zeit ergab sich ein Treffen mit einem außergewöhnlichen Künstler, der dafür sorgen sollte, dass Rammstein live für jeden, der die Band einmal auf einem Konzert erlebte, sich unauslöschlich ins Gedächtnis brannte: mit Gert Hof.

Er stammt wie die Rammstein-Musiker selbst aus der DDR. Noch zu Zeiten des sozialistischen Regimes, aber auch danach in der Bundesrepublik inszenierte er als Theaterregisseur Stücke von Heiner Müller, William Shakespeare, Bertolt Brecht und vielen anderen. Nach der Wende arbeitete u. a. mit Blixa Bargeld, Mikis Theodorakis, Nick Cave, Gottfried Helnwein, Motörhead, Einstürzende Neubauten, Mike Oldfield, Diamanda Galas, John Cale, Zülfü Livaneli, den Scorpions und Joachim Witt zusammen.

Gert Hof ist aber vor allem durch seine spektakulären Lichtinstallationen bei Großveranstaltungen international bekannt, wie z. B. die Inszenierungen der Jahrtausendwende 1999 über der Akropolis in Athen und gleichzeitig über der Berliner Siegessäule, auf der Weltausstellung EXPO 2000 in Hannover, am 18. 09. 2003 auf dem Roten Platz in Moskau oder am 30. 09. 2006 zur 750-Jahr-Feier der Stadt Lviv/Lemberg in der Ukraine.

Mit den Rammstein-Musikern hat Hof einiges gemeinsam. Er wurde 1951 in Taucha bei Leipzig geboren, ist also gleichfalls ein Kind der DDR, wo er 1967 von der Stasi verhaftet wurde und danach immer wieder im Gefängnis landete, weil er sich am Jugendprotest gegen das sozialistische Zwangssystem beteiligte. Während seiner Inhaftierung wurde er misshandelt und verlor das rechte Auge, das ihm angeblich ein Wachmann ausgeschlagen haben soll.

Neben demselben Herkunftsland und einer offensichtlich ähnlichen rebellischen Ader verbindet Gert Hof und Rammstein ein umstrittenes Ansehen in der Öffentlichkeit. Denn der Lichtkünstler ist häufig in die Kritik geraten. Zum einen, so schrieb das Wochenmagazin *Die Zeit* am 25. 05. 2005, weil seine Aufführungen bei Mega-Events „die Kritiker an Speer und Riefenstahl erinnern“, die beide für die Nationalsozialisten arbeiteten: Albrecht Speer als Architekt von Nazi-Bauten und als „Reichsminister für Rüstung und Kriegsproduktion“ und Leni Riefenstahl als von Hitler begünstigte Regisseurin von Propagandafilmen der Faschisten. Zum anderen deckte *Die Zeit* in besagtem Artikel auf, dass sich Hof zur Aufwertung seines Lebenslaufs ein paar Studiengänge, Theaterinszenierungen und Auszeichnungen zu viel andichtete, und darüber hinaus selbst für die DDR-Überwachungsbehörde „Staatssicherheit“, im Volksmund kurz Stasi genannt, gearbeitet haben soll.

Jedoch: So problematisch dies auch sein mag, Gert Hof hat sich durch sein künstlerisches Potenzial und seine Ideen einen Namen gemacht, und auch darin ähnelt er Rammstein. Dabei haben beide voneinander profitiert, denn die Karriere des Lichtdesigners ging seit der Zusammenarbeit mit Rammstein steil in die Höhe.

Die Kooperation begann kurz nach der Veröffentlichung von „Herzeleid“, als Hof die Band zum ersten Mal traf. Das erste große Konzert, das er inszenierte, fand am 27. 09. 1996 unter dem Titel „100 Jahre Rammstein“ vor fast 7000 Menschen statt. Danach war der Lichtkünstler zum Haus- und Hof-Inszenator der Live-Auftritte der Band avanciert und hat ihre optische Ästhetik entscheidend geprägt.

Hof inszeniert die Band seitdem innerhalb einer bombastischen überdimensionalen Feuerwerksshow, in der Explosionen und Funkenregen einander im Rhythmus der Musik abwechseln. Weißer Nebel zischt, die Beleuchtung erzeugt raffiniert spannende Atmosphären, und das Auge des Besuchers kommt nur während dramatisch eingestreuter Dunkelheit zur Ruhe.

Mit diesem Konzept tourte die Band 1996 bis zum 25. 03. 1997 weiter durch Deutschland, Österreich und die Schweiz. Zwischendurch absolvierte der Rammstein-Sechser noch einen Gig beim „Pink Pop-Fesitval“ im niederländischen Herleen, um dann fast nahtlos auf Sommerfestivals im Juni und Juli weiterzuspielen.

Mit solch gewaltiger Live-Präsenz erarbeitete sich Rammstein unübersehund -hörbar schnell einen speziellen und einzigartigen Status in der deutschen wie europäischen Musiklandschaft – mit einer überwältigenden Show, die es bis dahin von einer deutschen Rockgruppe noch nicht gegeben hatte. Und die bis in die Gegenwart zum ganz speziellen Markenzeichen der Band wurde.

7. Spiel mit dem Feuer: Rammstein live

„Am besten lernt man sich auf Tour kennen", hat Gitarrist Paul Landers einst dem Magazin *Rock Hard* für dessen Ausgabe 06/04 ins Mikrofon diktiert, „denn es geht nicht noch enger. Das ist ein bisschen wie im U-Boot." Und Paul fügte lachend hinzu: „Ab und zu taucht man auf und spielt ein Konzert."

Wenn Rammstein „auftauchen" und ein Konzert spielen, ist das jedes Mal wieder ein Großereignis der besonderen, unvergleichlichen Art. Oder etwas philosophischer ausgedrückt: „Die Inszenierungen der Rammstein-Konzerte haben wagnerianische Schwere und Pathos, sie sind gewaltig und beeindruckend", wie die angehende Lüneburger Kulturwissenschaftlerin Anika Raecke in ihrer Magisterarbeit mit dem Titel „Die Rezeption von Rammstein" aus dem Jahr 2003 schwärmte.

Von Beginn ihrer Karriere an hieß die Devise bei Rammstein auf der Bühne: „Klotzen statt kleckern". Kein Wunder, dass zu einem nicht unwesentlichen Teil die Konzerte dafür verantwortlich waren, dass Rammstein – zumindest beinahe – aus dem Stand zu einem medialen wie öffentlichen Großereignis avancierten. Man braucht sich nur die unzähligen Beiträge aus aller Welt auf den einschlägigen Fan-Webseiten von begeisterten Konzertbesuchern ansehen, um sich rasch ein Bild davon zu machen, wie spektakulär und faszinierend Rammstein-Gigs auf den Betrachter wirken.

„Andere Bands verhalten sich affig auf der Bühne, nerven mit Schlagzeugsoli und animieren mit ‚Heyheyhey!'- und ‚Ohohoho!'-Rufen das Publikum zum Mitmachen. Wir haben das Ganze verschärft, indem wir uns darüber lustig machen", erläuterte Gitarrist Paul dem Magazin *Rock Hard* für dessen Ausgabe 06/04 das Besondere von Rammstein-Auftritten. „Ganz typisch dafür ist der Song ‚Ich will', denn er wird live ironisch vorgetragen, aber auch wieder nicht. Natürlich veräppeln wir Bands, die diese Mitmachchöre anstimmen. Aber wir benutzen dieses Phänomen selbst. Wir freuen uns ja auch, wenn Leute unten stehen und die Arme hochreißen und mitsingen. Als wir damals zum ersten Mal ‚Seemann' spielten, war es uns furchtbar peinlich, dass im Publikum Feuerzeuge geschwenkt wurden. Inzwischen ist es okay, weil es dazugehört."

„Aber es gibt verschiedene Möglichkeiten der Animation", fuhr Paul fort: „Man kann sich wie Robbie Williams oder Fred Durst an den Bühnenrand stellen und die Hand ans Ohr halten, was ich total widerlich finde. Genauso widerlich finde ich Sprüche wie: ‚Oh, diese Stadt hier, Berlin. Ich liebe euch, es ist der Wahnsinn. Es ist das beste Konzert der gesamten Tour.' Das ist eklige Schleimerei. Insofern sollen diese Musiker das mal weitermachen. Wir hingegen reden generell nicht auf der Bühne. Der Mann von der ‚Tagesschau' sagt schließlich auch nichts zwischen den Beiträgen – er präsentiert nur die Fakten. Das muss reichen."

Und dann lachte Paul im Interview anhaltend, während er meinte: „Wir lassen lieber die Flammen für uns sprechen und müssen nichts dazu sagen. Es gibt ja viele Bands, die nicht reden. Und es gibt Bands, bei denen ich es süß finde, wenn sie viel erzählen. Zum Beispiel Die Ärzte. Da finde ich die Ansagen besser als die Musik. Wenn Farin Urlaub redet, freue ich mich."

Doch nicht nur die Flammen sprechen bei Rammstein live eine beeindruckende Sprache – jede neue Tournee wurde mit immer noch Aufsehen erregenderen Showelementen gespickt. Die bislang letzte Konzertreihe der Jahre 2004/2005 war für das Metal- & Hardrock-Internetmagazin *Bright Eyes Germany* denn auch – so Autor René Otto – „eigentlich durch nichts mehr zu toppen, dermaßen gigantisch und grandios ist diese Sache. Doch bei Rammstein ist man ja nie vor Überraschungen sicher ..."

Jene Tour stand unter dem Slogan „Wenn einer eine Reise tut (...)" Würde man diesen Satz ergänzen um „... dann kommt etwas Unglaubliches dabei heraus", läge man im Falle Rammstein live absolut richtig. Allein die Bühnenkonstruktion hatte es bereits in sich: Mit zwei Ebenen, Hydraulik-Rampen sowie einem zentralen Eingangstor war ein wüstes, apokalyptisches Szenario geschaffen worden, das ideal zu den martialisch gekleideten Rammsteinern passte. Mindestens genauso beeindruckend wie Bühnen und Kostüme war die Lightshow, die während des gesamten Gigs die unterschiedlichsten Facetten moderner Beleuchtungskunst demonstrierte.

„Schon zu Beginn des Gigs herrscht positives Entsetzen über die Bühnenkonstruktion, derer sich Rammstein bedient haben", beschreibt René Otto seine Eindrücke vom Besuch des Rammstein-Konzerts 2004 in der 15.000 Menschen fassenden Hamburger „Color-Line-Arena" für das Metal- & Hardrock-Internetmagazin *Bright Eyes Germany*. „Das Konzert", fährt er fort, „ist seit Monaten ausverkauft und die Anwesenden wissen, warum."

René Otto bezeichnet die „Wenn einer eine Reise tut ..."-Tournee nicht nur wegen der noch gesteigerten, auf die Spitze getriebenen Opulenz des Gebotenen als Rammsteins bis dato atemberaubendste Gastspielreise: „Rammsteins kleines Manko in den letzten Jahren war die Tatsache, dass sich die Bühnenpräsenz stark auf Fronter Till Lindemann konzentrierte, während der Rest der Band eher im Hintergrund zockte", analysiert er. „Mittlerweile hat sich dies allerdings komplett geändert, sodass alle Mitglieder der Band in das Stageacting integriert sind. Dieses kommt der gesamten Dramaturgie des Rammstein-Sets dermaßen zugute, dass man uneingenommen davon sprechen kann, dass eine x-beliebige Musical-Inszenierung keinen Deut besser rüberkommt als ein Rammstein-Gig.

Jeder Song im Set wird von der Band zelebriert und künstlerisch umgesetzt. Während man die Pyro-Einlagen von älteren Songs wie ‚Rammstein' ja bereits kennt, ist man doch sehr positiv von der Umsetzung von ‚Amerika' überrascht. Mit großen Ventilatoren wurden Unmengen blau-weiß-roter Papierschnipsel bis in den letzten Winkel der ‚Color-Line-Arena' geblasen, um dem Publikum einen realen Eindruck zu vermitteln, wie der US-amerikanische Wahlkampf abgegangen sein muss."

Doch auch andere Stücke mit plakativen Titeln und Texten – bevorzugt von der „Reise, Reise"-CD – schrien geradezu nach brachialer Bühnenumsetzung. Und so kam es schließlich auch. Vermutlich das drastischste Beispiel: „Mein Teil", das sich mit Kannibalismus beschäftigt. Während des Lieds wurde mithilfe eines Flammenwerfers ein überdimensionaler Topf – ästhetisch angelehnt an die Kannibalen-Kochtöpfe, die man aus den Tarzan-Filmen der 1930er Jahre in Erinnerung hat – befeuert, in dem sich der arme Flake unter vollem Einsatz seiner arbeitenden Schweißdrüsen tummelte. Sänger Till wusste dem im Pot Sitzenden und Schwitzenden mit blutverschmierter Metzgerschürze und Messermikrofon, im wahrsten Sinne des Wortes, ordentlich einzuheizen.

Schon der Beginn der Show war an spannungsgeladener Dramaturgie kaum zu überbieten: Unter Sirenengeheul betraten als amerikanische Polizisten mit Baseballschlägern bewaffnete Akteure die Bühne. Gleich darauf drangen aus den Monitoren quälend laut die ersten Töne von „Reise, Reise“ und brachten den das Bühnenbild verhüllenden schwarzen Vorhang zum Einsturz. Und da waren sie, die sechs Rammsteiner, auf einem Podest thronend. Nicht lange allerdings, denn die sechs Herren ließen sich von der rund drei Meter hohen oberen Ebene mit Hilfe von Hebelarmen auf die untere Bühne einschweben. Majestätisch sah das aus, erhaben – obwohl es sich um einen Abgang nach unten handelte, was wiederum für das Ironieverständnis des Sextetts spricht.

Bereits beim zweiten Stück „Feuer Frei“ – einem Soundtrack-Titel zum Actionstreifen „Triple X“ – verwandelte sich die Bühne in eine wüst wuchernde Feuershow. Feuer – seit jeher das wichtigste Element jedes Rammstein-Gigs. Doch während der „Reise, Reise“-Konzerte wurde am heißesten aller Elemente noch weniger als sonst gespart. An allen Ecken und Enden knallte und krachte es, aus jedem Winkel schienen Flammen gesprüht zu werden.

Interessant: Wer sich die Setlist der Auftritte aus den Jahren 2004 und 2005 ansieht, stellt fest, dass Rammstein bei der Auswahl der Songs alles andere als auf Nummer sicher gingen. Stattdessen wurden die meisten der damals aktuellen „Reise, Reise“-Lieder optisch und akustisch umgesetzt, Klassiker wie „Seemann“ oder „Bück dich“ fehlten komplett. Flake hatte das bereits im Vorfeld in einer Presseerklärung angekündigt: „Wir wollen live“, ließ er verlauten, „viele neue Nummern vorstellen, so wie sich das für eine innovative Band wie uns gehört.“

Aber natürlich durften dennoch in dem rund zweistündigen Programm einige der Highlights von vorangegangenen Alben nicht fehlen: „Links 2 3 4“, „Du riechst so gut“ und die Hymne „Sonne“ wurden bei jedem Gig angestimmt, allerdings noch eine gehörige Prise schneidender und zackiger als auf den Studiovorlagen. Als Rausschmeißer wurde hingegen häufig das eher ruhig Stück „Stripped“, die Coverversion einer Depeche-Mode-Komposition und Rammsteins einziges englischsprachiges Lied im Repertoire, zelebriert. Dadurch wurde gewährleistet, dass die bis dahin schwer aufgewühlte und aufgeheizte Masse der Konzertbesucher wenigstens halbwegs wieder runterkam.

Kein Wunder, dass die Kommentare der Fans unmittelbar nach Ende der Auftritte durchgehend überschwänglich waren: „Konzert des Jahres“, war zu hören, „absolut gigantisch", „wahnwitzig", „unglaublich", um nur die meistgenannten Umschreibungen zu zitieren.

Was auffällig ist bei Rammstein-Konzerten: Die überinszenierte Selbstdarstellung, dieser Hang zu extremer Ironie, gepaart mit theatralischem Bombast, kommt live noch eindeutiger rüber als auf den Tonträgern. Rammstein nehmen nichts und niemanden ernst, spielen souverän mit klassischer Romantik wie mit jedwedem Tabu. Ein Rammstein-Gig, das ist ganz großes Kino! Und genau deshalb ist dieses Sextett eine Spielklasse ganz für sich alleine, ein Mikrokosmos, der um sich selbst kreist.

Oder, wie es im Internetportal *whiskey-soda.de* zu lesen war: „Auch wenn sich Rammstein ungerechtfertigterweise immer wieder den Vorwurf gefallen lassen müssen, sie seien musikalisch etwas eintönig und spielten zu leichtsinnig mit Elementen deutscher Geschichte, die nur allzu gerne missverstanden werden, sind sie wirklich eine beeindruckende Band und eine der humorvollsten Erscheinungen deutscher Musik. Spätestens nach einem Konzertbesuch sollte davon auch der letzte Zweifler überzeugt sein."

8. Medienschelte: Neonazis, Brutalos und Sexisten?

Neben den spektakulären Live-Shows wurden und werden Rammstein immer wieder aufgrund der Schelte durch die Medien in der Öffentlichkeit wahrgenommen. Dieses Kreuzfeuer der Kritik ist ebenfalls ein gewichtiger Grund für den Bekanntheitsgrad der Band, welche die Republik seit der Veröffentlichung von „Herzeleid" im Grunde in zwei Gruppierungen spaltet: die Rammstein-Hasser und die Bewunderer der Gruppe. Gleichgültig ist die Formation nur denjenigen, die von Rammstein noch nie etwas mitbekommen haben.

Im journalistischen Dickicht der Medienlandschaft tauchten unzählige Berichte, Rezensionen, Kommentare, Einschätzungen über Rammstein auf, an denen gut abzulesen ist, an welchen Punkten die erste Gruppierung – die Feinde der Band – ihre negative Kritik festmachten und weiterhin -machen.

Einer der ersten Vorwürfe gleich nach dem Erscheinen von „Herzeleid" und „Sehnsucht" war, dass Rammstein proletenhafte Primitivlinge seien, die mit ihrer Arbeit eine gehörige Portion Aggressivität und Gewalt vermitteln würden. So wurde die Band in einem Bericht über das Phänomen „Rammstein" in der Wochenzeitung *Die Zeit* nach Veröffentlichung des zweiten Albums in der Ausgabe vom 11. 07. 1997 als „Proll-Zumutung" bezeichnet, was der Kritiker an ihrer Musik und den Shows festmachte. Denn, so schrieb er weiter, die Band habe „halb Deutschland mit Flammenwerfern abgefackelt und mit Lärmattacken zugedröhnt. Ohrensausen, Hirnriss, Blackout."

In besagtem Artikel kam auch immer wieder zum Vorschein, dass Rammstein eine gewisse Gefährlichkeit und Gewaltverherrlichung attestiert wird, wenn mit sarkastischem Unterton gesagt wurde, dass die Bandmitglieder „Killermaschinen, die aus der Kälte kamen", seien. Der Kritiker fügte hinzu: „Und so schnallen sie Gitarrensaiten auf ihre Kettensägen."

Dazu gesellte sich in der Darstellung unterschwellig die Vermutung, dass Aggression und Gefahr von der Band ausgingen, wenn sie gemeinsam als Gruppe auftreten würden: „Wenn die Band in breiter Formation über leere Plätze marschiert, dann erinnert das an die Auftritte der Revolverhelden in den Filmen von Leone oder Corbucci." Der Kritiker kommt am Ende seines Artikels zu dem Schluss, dass die Band wie ein wiederbelebter Saurier in der zivilisierten Kultur der Gegenwart alles Intellektuelle, alles Rationale und Vernünftige niederstampfte: „Da sind wir schon wieder sehr nahe bei Rammstein, den tragischen Melancholikern, die auch mal von Sehnsucht und von Engeln singen, wenn sie die Flammenwerfer abgeschaltet haben, die den Instinkten folgen und der Computerwelt des Westens das Archaische, den Mythos um die Ohren schlagen." Und damit kommt er zum Schluss: „Rammstein sind die Schande der Popmusik, ein präzivilisatorisches Monument, das uns Dinge erzählt, die wir schon längst vergessen hatten. In ihnen hat etwas überlebt, und es wird immer unter uns sein."

Dieses Bild von der primitiven, aggressiven und mit Gewalt verherrlichenden Darstellungen arbeitenden Band, das solche und andere Artikel von Rammstein immer wieder zeichneten, brachte es auch mit sich, dass Rammstein eine Mitverantwortung für brutales und kriminelles Verhalten von vereinzelten Fans der Gruppe angelastet wurde. Am 20. 04. 1999 erschossen die Schüler Eric Harris und Dylan Klebold an der „Columbine Highschool" in Jefferson County im US-Bundesstaat Colorado zwölf Schüler im Alter von 14 bis 18 Jahren und einen Lehrer und töteten sich anschließend selbst. Die beiden waren Fans des Heavy Rock und hörten gern Marilyn Manson und eben Rammstein, denen vorgeworfen wurde, sie hätten durch ihre aggressive Musik und Texte die Mörder stark beeinflusst.

Darüber ist in einem Artikel über den Werdegang der Band im Internetmusikmagazin von „Motor Music" zu lesen: „Als im April 1999 nach einem blutigen Massaker auf dem Schulhof von Littleton, Colorado, behauptet wurde, die jugendlichen Killer Eric Harris, 18, und Dylan Kiebold, 17, hätten sich mit Rammstein-Gedröhn in ihren mörderischen Wahn hineingesteigert, erwogen Schul- und Jugendbehörden auch in Deutschland, Songs wie ‚Weisses Fleisch' auf den Index setzen zu lassen." Und in der Zeitung *Die Welt* war am 18. 09. 2004 über solche Verdächtigungen zu lesen: „Wenn es um Rammstein geht, keimt im notorischen Bedenkenträger ohnehin seit jeher der Verdacht, der nekrophile Marschradau sei eigentlich die Kleine Nachtmusik des Massenmörders."

Desgleichen wurde in derselben Berichterstattung Rammstein mit dem Geiseldrama von Beslan in Verbindung gebracht. Damals besetzten vom 01. bis zum 03. 11. 2004 etwa 30 tschetschenische Terroristen eine Schule in Beslan im russischen Nordossetien. 1300 Menschen wurden als Geiseln genommen. Während dieser Zeit und bei der Befreiungsaktion starben 331 Menschen, die Hälfte davon waren Kinder. Ein Geiselnehmer überlebte und wurde 2006 zu lebenslanger Haft verurteilt. Dazu vermeldete z. B. die Internetzeitung *Russland-Aktuell* am 16. 09. 2004: „An den Leibern von zwei weiteren Geiselnehmern, die nach Zeugenaussagen immer zusammen gesehen wurden, fanden sich arabisch bestickte schwarze Hemden sowie untypisch lange Haare. (…) Ungewöhnlich auch dies: Die beiden hätten selbst während des Feuergefechts mit den Spezialeinheiten Musik gehört. Nach Angaben eines Beamten des nordossetischen Innenministeriums handelte es sich um eine Kassette von ‚Rammstein'."

„Die Meldung, dass die Geiselnehmer von Beslan – angeblich – Rammstein gehört haben sollen, sorgte kurz vor Veröffentlichung des neuen Albums für Wirbel", stellte *rp-online.de*, die Internetausgabe der *Rheinischen Post*, am 29. 09. 2004 in einem Bericht über das „Reise, Reise"-Album fest.

In einer nicht ganz so erschütternden Dimension, aber dennoch als weitere Verfestigung des Negativimages von Rammstein als Motivatoren für verachtenswürdige Taten, kann man auch die Nachricht von der Schändung einer Synagoge sehen, von der das Musik-Internetportal *laut.de* am 05. 05. 2006 berichtete: „Die 100 Jahre alte Synagoge in der nordöstlich von Tel Aviv gelegenen Stadt Petah Tikva wurde in der

Nacht zum Donnerstag offenbar von einem rechtsradikal gesinnten Rammstein-Fan entweiht. Die *Jerusalem Post* berichtet von einem Bild des Grauens, das sich den ersten Besuchern am Donnerstag Morgen bot: Demnach waren die Türen und Böden der Synagoge ebenso mit Hakenkreuzen und dem Wort Hitler beschmiert wie die über den Boden verstreuten Thora-Rollen. Die Polizei vermutet, dass ortsansässige Neonazis, die es neuerdings vor allem unter russischen Immigranten geben soll, für den Vandalismus verantwortlich sind, zumal dies nicht der erste Vorfall dieser Art in Petah Tikva war. Außer seinen Fingerabdrücken hinterließ der Täter noch einen Hinweis auf seine persönlichen Vorlieben: Neben ein satanistisches Symbol schrieb er den Namen von Rammstein auf den Fußboden."

Die Medien berichteten zwar über das Ereignis, eigentlich konstatierten sie aber nur, dass der Täter wohl ein Rammstein-Hörer war. Richtig aufgeregt hat sich dabei über die Band und eine mögliche Einflussnahme auf den Schänder in der Presse keiner mehr. Das mag daran liegen, dass die Presse sich an Rammstein und ihren Ruf als Anstifter für derlei Dinge gewöhnt hat – genauso, wie daran, dass die Band im Verdacht steht, rechtsradikal und faschistisch orientiert zu sein. Deshalb wurde das Thema nach der Meldung über die Synagogenschändung nicht noch einmal aufgewärmt und gesagt, dass, wenn solche Täter neonazistisch sind, die Musikgruppen, die sie hören, doch wohl vermutlich auch aus dieser Ecke stammen müssten.

Genau das ist der unsäglich oft durchgehechelte Vorwurf, der Rammstein, seitdem sie in der Musiklandschaft aufgetaucht sind, hauptsächlich und immer wieder um die Ohren geschlagen wurde.

Es existiert eine Vielzahl von Berichten und Kommentaren zu dieser Einschätzung, dass Rammstein mit dem Nazismus und dem Faschismus liebäugelten. Das wird vor allem an ihrem Auftreten auf der Bühne und besonders an ihren Videos festgemacht, allen voran der Clip zu „Stripped", das von Leni Riefenstahl, die für die Nationalsozialisten im Dritten Reich Propagandafilme drehte, inspiriert war. Mit der vermuteten rechten Ästhetik der Band beschäftigte sich z. B. die Stuttgarter Zeitung vom 23. 08. 2001 in der CD-Kritik über das Album „Mutter": „Auch das ‚ironische' Spiel mit Heldenmythen und verbaler NS-Ästhetik geht auf ‚Mutter' munter weiter, sei es Sonnenkult (Sonne) oder Inszenierung der Konzerte als Rammsparteitag (‚Ich will')." Und weiter heißt es dort: „Ob Rammstein das Spiel mit rechter Ästhetik aus Überzeugung oder kaltem Kalkül spielen, bleibt unklar. Eines kann man mit Sicherheit sagen: Das Prinzip der Ironie ist dieser Band völlig fremd. (...) Auch wenn einem die Inhalte widerstreben oder einfach nur zu flach und pathetisch sind: Rammstein faszinieren ob ihrer perfekten Inszenierung. Wie Reichsparteitage. Die waren bestimmt auch ironisch gemeint."

Dass die Auswahl der Optik bei Rammstein wohlüberlegt sei, um damit mehr Platten zu verkaufen, mutmaßte laut.de am 25. 01. 2001 in einer Meldung: „Hinter der Entscheidung für die Riefenstahl-Bilder steckte Kalkül, im Zusammenhang mit mehrdeutigen Texten, martialischen Rhythmen und der ekligen Feuer/Gewalt-Show MUSSTEN sie Schlagzeilen machen. Um des Erfolges willen, der vor allem in den USA dann tatsächlich außergewöhnlich war, ließ die im Grunde genommen über jeden Faschismus-Verdacht erhabene Band zu, dass ein falscher Eindruck entsteht. Der Faschismus aber ist schlimmer als die Krätze, jede noch so kleine Berührung bleibt lange in böser Erinnerung." Und *Die Zeit* schrieb dazu in ihrem Kulturbrief der Ausgabe 44/03: „Auch die Songtexte rund um Blut, Schmerz, Tod, Sex, Perversion und Friedhofserde sind nichts für Zartbesaitete. Dahinter steckt viel Kalkül. Mit Anleihen an Leni Riefenstahl, mit Marschmusik und Feuershows setzen sie sich in Szene, medienwirksam untermalt von brachialem Sound."

Mit dieser Kritik einher ging der Vorwurf, dass sich die Rammstein-Mitglieder als starke Männer darstellten, und zwar ähnlich dem maskulinen Körperkult der Nazis, wie die *Neue Musikzeitung* in ihrer Ausgabe 03/03 veröffentlichte: „Das von der Band vermittelte Männerbild, das auf Stärke und Härte zielt, also eine Art sozialdarwinistisches ‚Survival of the fittest' anklingen lässt, propagiert zwar keine rechte Ideologie, sehr wohl aber den nationalsozialistischen Typ vom ‚idealen' Körper." Und auch die *Stuttgarter Zeitung* vom 23. 08. 2001 stellte in ihrer Rezension zum Album „Mutter" mit ironisch-sarkastischem Unterton fest: „Leiden gehört zum großen Pathos, zum Mythos vom harten Mann. Denn das sind sie zweifellos, die sechs Männer von Rammstein. Darum können sie den Frauen auch zeigen, wo der Bartel den Most holt." Daraufhin wird aus dem Song „Rein Raus" zitiert und fortgefahren: „Doch halt: ‚Rammsteins ironisches Spiel mit S/M-Fantasien führt mitunter zu Missverständnissen', lässt uns die Plattenfirma wissen. Ach so. (...) Dies ist Musik von harten Männern für harte Männer. Harte Männer, die leiden an der Welt, die sie nicht als solche erkennt. Harte Männer verachten alle Frauen außer Mutter. Zu der kann man kommen, wenn man im Sandkasten Krieg gespielt hat (Feuer frei!). Die lacht einen sicher nicht aus."

Dieser Akzent mit dem Inhalt, dass Rammstein sich in ihren Texten als sexistische Machos aufspielen, die sadomasochistische Fantasien unter das Volk bringen und sich mit harter Männlichkeit über die Frauen stellen, wurde besonders in den deutschen Medien ausgemacht.

Im Ausland existiert auf der Negativseite vor allem das Bild, dass Rammstein faschistisch gesinnt seien. So schrieb die *Jerusalem Post* in der Meldung über die geschändete jüdische Synagoge in ihrer Beschreibung von Rammstein am 04. 05. 2006, die Gruppe sei eine (übersetzt) „deutsche Black-Metal-Band, die oft mit Neonazi-Punk-Jugendlichen in Verbindung gebracht wird".

Diese Einschätzung dominiert vor allem in angelsächsischen Ländern. So gab es in Großbritannien eine scharfe Debatte über das „Stripped"-Video, die der englische New Musical Express im Herbst 1998 angestachelt hatte. Wieder ging es darum, dass Rammstein mit dem Video zeigen würden, dass sie Nazis seien. Der Sturm legte sich einigermaßen schnell wieder nach einer Gegendarstellung der Band, aber der Ruf blieb ihr erhalten.

Noch heftigere Reaktionen kamen aus den USA. So vermeldete das Internet-Magazin *laut.de* am 25. 01. 2001 von der Diskussion über den Titel „Links 2 3 4" vom Album „Mutter": „Nicht nur auf MTV wird diskutiert, ob man ‚Links' als politisches Statement verstehen dürfe. Der US-Sender zitiert eine ‚der Band nahestehende Quelle' mit den Worten: In ‚Links' gehe es ‚hauptsächlich um Faschismus'. Der Song ‚erinnert stark an einen Nazi-Marsch', behauptet MTV weiter und schließt daraus, dass die Ost-Berliner mit ihrem neuen Album wieder heftige Querelen auslösen werden. Dabei bezieht sich MTV u. a. auf die Diskussion, die in den USA nach dem Massaker mit 15 Toten und 23 Verletzten in einer kleinstädtischen High School im US-Bundesstaat Colorado geführt worden waren: ‚Attentäter waren Rammstein-Fans', lauteten damals die Schlagzeilen." Und in der nächsten Meldung von *laut.de* am 29. 01. 2001 kam schließlich die Nachricht, dass das Video in den USA verboten worden war: „In den vergangenen Wochen wurde die aktuelle Rammstein-Single ‚Links 2 3 4' an diverse US-Radiostationen ausgeliefert, doch statt der erhofften Medienpräsenz gab's von den amerikanischen Sendern eine Abfuhr: ‚Der Chorus ›Links 2 3 4‹ klingt den Amis zu sehr nach ›Nazi Marsch‹! Deshalb sinken die Chancen, dass Rammstein beim diesjährigen OZZ-Fest auftreten werden', berichtet die deutsche Webseite von MTV. (…)

Dass nun die US-Sender Rammstein die Heavy Rotation verweigern, die angesichts des Bekanntheitsgrades der Band in Amerika eigentlich zu erwarten gewesen wäre, ist für Rammstein eine Hiobsbotschaft. Offenbar hat sich das Bild von den rechtslastigen Teutonenrockern bereits derart verfestigt, dass die feinen Töne (in den Texten) überhaupt nicht mehr wahrgenommen werden." Und *Die Zeit* beobachtete, die Band sei „seit einem Video mit Leni-Riefenstahl-Sequenzen in den USA als rechtsradikal verschrien", wie die Wochenzeitung in ihrem Kulturbrief der Ausgabe 44/03 schrieb.

Gegenüber solcher Kritik gab es natürlich auch aus dem anderen Lager der Medien, die sich mit Rammstein beschäftigten und ihnen positive Seiten abgewinnen konnten, eine freundlichere Darstellung des Sextetts. Vor allem aber reagierte die Gruppe selbst in vielen Stellungnahmen auf negative Kritik und Kommentare.

9. „Links 2 3 4“: Rammsteins Antworten auf Kritik

Sehr schnell nach Veröffentlichung ihres Debüt-Albums „Herzeleid“ erfuhren die Rammstein-Musiker, dass der Sprung ins nationale und später internationale Rock-Business nicht nur bedeutete, an Songs und Texten zu arbeiten und Auftritte zu absolvieren. Das hieß genauso, dass sie sich sofort und permanent mit den Medien auseinandersetzen mussten – und mit deren häufig harscher Kritik.

Diese Konfrontation war ungewohnt, und die sechs mussten erst lernen, damit umzugehen. Daran erinnerte sich Gitarrist Paul Landers in einem Interview für das Heavy-Rock-Magazin *Rock Hard* in der Ausgabe 06/04: „Wir waren einfach sechs naive Ostdeutsche, die auf trainierte Journalisten losgelassen wurden. Und wir haben unbeholfen versucht, uns gegen Sachen zu wehren, gegen die wir uns gar nicht hätten wehren müssen. Wenn ich unsere alten Interviews lese oder höre, schäme ich mich immer ein bisschen. Wir hatten einerseits keine Ahnung und andererseits immer das Beste gemeint. Aber eigentlich ist es aus heutiger Sicht betrachtet nur peinlich. Wenn mir heute Leute vorwerfen würden, wir seien rechtsradikal, würde ich einfach nur kichern. Früher hätte ich zu einer ausschweifenden Verteidigungsrede angesetzt. So irgendwie: ‚Aber wir ... Da und dort ...‘ Damals, nach diesen ganzen Vorwürfen, haben wir erst angefangen, uns damit zu beschäftigen, wer wir sind, was wir getan haben und wohin wir wollen. Am Anfang haben wir einfach nur losgelegt, ohne darüber nachzudenken, was wir tun.“

Über die Frage, warum viele Journalisten zu ihrer negativen Kritik kamen, sinnierte Richard Kruspe in einem Interview für das Internet-Musikportal von apple.com im Dezember 2005: „In dem Moment, wo du anders bist, entstehen Ängste, die ganz schnell zu Vorurteilen führen. Dann wollen die Leute gar nicht mehr zuhören.“ Und Schlagzeuger Christoph „Doom“ Schneider formulierte seine Einschätzung dazu noch schärfer, wie die *Berliner Zeitung* vom 23. 06. 2005 berichtete: „Alles was fremd ist, wird von deutschen Journalisten niedergemacht.“

Eben diese Journalisten störte zunächst, als Rammstein auf der Rockbildfläche erschienen, das Provokative und Anstößige in der Musik und im Auftreten der Band, was oft als verkaufstechnisches Kalkül ausgelegt wurde. Dazu sagte Gitarrist Richard im Interview mit dem englischen Metal-Magazin *The Gauntlet* am 09. 03. 2006 auf die Frage, ob es die Band darauf anlegte, mit ihren Videos Kontroversen auszulösen verneinend (übersetzt): „Ich glaube, man muss immer ein Thema haben und manchmal über Grenzen gehen. Du kannst nicht daran denken, ob sich das verkaufen wird oder ob das korrekt ist. ... Ich möchte nur, dass es cool ist.“

Sänger Till Lindemann führte diese Art, an Grenzen zu stoßen, auf die ersten Erfahrungen der sechs Gruppenmitglieder in DDR-Bands zurück, die manchmal vor einer Handvoll Leute spielen mussten. Er sagte in einem Interview mit dem Nachrichtenmagazin *Stern* in der Ausgabe 14/01: „Was willst du machen, um dich durchzusetzen, um vor mehr als zehn Leuten zu spielen? Du fängst an, provokante Mittel zu benutzen und extrem zu sein. Da waren wir als Ostdeutsche sicherlich mutiger. Es fing damit an, dass wir diese Art von harter Musik auf Deutsch gesungen haben. Und dann hat sich auch etwas entladen, was sich in unserer DDR-Jugend angestaut hatte, da haben wir uns abreagiert. Endlich durften wir alles sagen, alles machen. Im Grunde war das doch ganz einfach: Guck rein in deinen Bauch, guck rein in deine Seele und fang an, Musik zu machen."

Eines dieser provokanten Mittel war, dass Rammstein Gewalttätigkeiten sowohl in den Texten beschrieben als auch auf der Bühne inszenierten, was einer der ersten Vorwürfe war, mit denen die Band sich auseinandersetzen musste. Dieses Etikett haftete den Musikern jahrelang an, und es ging sogar so weit, dass sie in die Kritik kamen, als bekannt wurde, dass die beiden jugendlichen Täter, die das Schulmassaker von Littleton 1999 angerichtet hatten, gern Rammstein-Musik hörten. Die Band bekräftigte daraufhin zum einen, dass sie mit den Angehörigen der Opfer mittrauere. Zum anderen sprachen sie sich vehement gegen jegliche Form der Gewalt aus, wie sie es auch immer wieder in den Jahren zuvor getan hatten.

So beteuerte Gitarrist Richard Kruspe in einem Band-Interview mit dem Magazin *Musikexpress/Sounds* in der Ausgabe 09/97: „Wir stellen Gewalt nur in unseren Shows dar und thematisieren sie in unseren Texten. Gewalt auszuüben oder zu propagieren lehnen wir strikt ab. Jede Art von Musik bedient ja ein Klischee im Kopf eines Journalisten. Rammstein hat diese Härte, diese Metal-Gitarren. Da tauchen sofort die passenden Klischees im Kopf auf: lange Haare, kurze Hosen, amerikanischer Metal. Und dann kommt eine Band, die das alles überhaupt nicht mehr bedient, die ein ganz anderes, sehr eigenes Auftreten hat – und schon brauchen die Medienleute eine neue Schublade. Und da steht wahrscheinlich ‚kontrovers' drauf."

Auf die Frage nach dem Einfluss der Musik auf jugendliche Hörer sagte Paul Landers in einem Gespräch vom 23. 07. 2004 mit *Fritz*, dem Jugendmagazin der *Salzburger Nachrichten*: „Wenn du jetzt meinst, dass sie durch Musik negativ beeinflusst werden und dann Unfug machen: Unfug wurde schon immer gemacht. Auch die Indianer haben damals Frösche mit Steinen beworfen, im Fluss, als sie klein waren, ohne, dass sie Heavy Metal gehört haben."

Mit der Etikettierung als Gewalt verherrlichend steht ein Stempel im Zusammenhang, den die Medien der Band schon sehr früh aufdrückten: den der sadomasochistischen Lüstlinge und sexistischen Machos. Im Band-Interview mit *Musikexpress/Sounds* der Nummer 09/97 gab Richard auch zu diesen Vorwürfen einen Kommentar ab: „Gestern erst waren wir bei Freunden und haben über Rammstein diskutiert. Da war auch ein junger evangelischer Pastor dabei, der sich fürchterlich über Rammstein und vor allem über den Text von ‚Bück Dich' aufgeregt hat. Er beklagte sich, dass in seiner Jugendgemeinde immer mehr Leute Rammstein hören und somit auf den falschen Weg kommen. Der Abend wurde länger und länger, sie tranken mehr und mehr – und irgendwann stellte sich heraus, dass der Pastor selbst der Einzige in der

Runde war, der diesen ‚Bück Dich'-Sex wirklich lebt und der es fast jede Nacht mit einer anderen Frau auf diese Art treibt."

Dann ging Richard auf die Sexismusanschuldigungen ein: „Wir hören immer wieder, dass es Frauen waren, die ihre Männer auf Rammstein gebracht haben: Petra Husemann, die Frau von Tim Renner, die Freundin von unserem Manager Emu, viele Frauen und Freundinnen von Journalisten. Männer scheinen eher ein Problem mit uns zu haben als Frauen. (...) Das hat vor allem mehr etwas mit Kopf und Bauch zu tun. Rammstein macht vielen Männern Angst, weil sie in unseren Texten Eigenschaften oder Charakterzüge wiedererkennen, die sie selber in sich tragen, die sie aber verdrängt haben." Auf die Frage des Interviewers, ob denn die Band den Männern einen Spiegel vor Augen halten würde, in dem sich das Tier in ihnen widerspiegelte, führte Richard weiter aus: „Das Tier, sicher. Ganz viele Sachen. Eine Art Machohaftigkeit, wenn wir vom ‚Wildern im Revier' singen." Und Till ergänzte: „Der Sexismus, der uns vorgeworfen wird, ist für uns mehr ein In-Schutz-Nehmen der Frau. (...) Uns geht es darum, die Gefühle der Frau zu verstehen, und das dann so extrem aufzuzeigen, wie es eigentlich ist. Gestern hat uns ein Journalist gefragt, warum wir keine Liebeslieder schreiben. Liebe, das ist doch nur dieser eine kurze Moment. Aber danach, da fängt doch erst die Arbeit an. Das fortwährende Elend: sich finden, verlieben, eine Zeit lang sich aushalten, dann durchhalten, und schon geht alles wieder von vorne los."

Solche Themen, für die Rammstein immer wieder negativ kritisiert werden, haben auf der einen Seite eine beklemmende Schwere und Ernsthaftigkeit. Auf der anderen Seite hat die Band besonders in den späteren Jahren häufig betont, dass sie mit derartigen Inhalten auch spielerisch und ironisch umgehen – was ihnen die Kritiker immer wieder absprechen.

Im Band-Interview mit dem Alternative-Rock-Magazin *Das Ding* aus dem September 2004 erinnerte sich Richard, dass Rammstein ihren Humor im Lauf ihrer Karriere erst entdecken mussten: „Viele sagen ja, die Deutschen haben keinen Humor. Ich denke, Humor hat immer etwas mit Selbstbewusstsein zu tun, und das muss man erst mal bekommen. Wir hatten anfangs schon Probleme, über uns selbst zu lachen. Das haben wir mittlerweile gelernt. (...) Am Anfang unserer Karriere haben viele gesagt, dass sie es toll fänden, wie wir uns verunstalten und über euch selbst lachen könnt. Ich hab dann nicht verstanden, was die meinen, denn wir haben das vor allem am Anfang durchaus ernst gemeint!" Christoph wandte dagegen ein: „Ich finde uns nicht so lustig. Buster Keaton hat in seinen Filmen auch nie gelacht, und er hat vor allem auch nie über sich selbst gelacht. Dennoch finden ihn viele extrem witzig. Wenn wir uns selbst sehen, finden wir das komisch. Aber wenn wir auftreten, dürfen wir dabei nicht lachen, das würde die Stimmung kaputt machen."

In einem Interview für das Musikmagazin von „Motor Music" aus dem Juli 2004 antwortete wiederum Christoph auf die Frage, wie lustig denn der Kannibalen-Song

„Mein Teil" sei: „Was meinst du denn! Wenn wir die Sachen zum ersten Mal im Proberaum hören, lachen wir uns kaputt! Wir lachen schon beim Schreiben." Richard ergänzte: „Man muss natürlich fairerweise sagen: Wir haben es gelernt! Am Anfang von Rammstein war alles voller Aggressivität, und wir mussten uns ja auch selbst was beweisen." Und Schneider warf ein: „Dabei waren wir aber auch komisch!" Richard antwortete: „Genau, aber wir wussten es nicht. Jetzt ist das anders!" Daraufhin kam Christoph wieder auf „Mein Teil" zurück: „Zum Beispiel der Gesang von ‚Mein Teil'. Wenn man am Anfang den Sound der Stimme hört *(hält sich den Hals zu und quäkt)*." Und Richard führte noch aus: „Wenn ich eine Band auf der Bühne sehen würde, bei welcher der Sänger seinen Plastedödel rausholt, um den Keyboarder zu ficken, da müsste ich auch lachen!"

Gitarrist Paul äußerte sich dazu in einem Interview für das Musikmagazin von „Motor Music" aus dem Oktober 2005 über die Entwicklung der letzten Jahre bis zum „Rosenrot"-Album ganz ähnlich: „Wie humorvoll oder nicht man wahrgenommen wird, das kann man sowieso nicht beeinflussen. Wir versuchen immer ein bisschen Abwechslung reinzubringen, zuletzt ist es aber schon fast ein bisschen zu lustig geworden. Jetzt soll erst mal wieder Schluss mit lustig sein! (...) Aus Versehen sind wir sehr oft selbstironisch, und mit Absicht ist das auch schon passiert. Gerade die Deutschen sind sehr froh, wenn so eine martialische Pose wie die unsere zusammenbricht und das Ganze eine ironische Brechung erfährt, weil sie damit aus geschichtlichen Gründen nicht so gut umgehen können."

Ein Grund dafür, dass viele Kritiker Rammstein nicht unbedingt mit Ironie und Humor in Verbindung bringen, ist vor allem die politische Diskussion um die Band und der immer wieder aufkeimende Verdacht, dass sie Faschismus und Nationalsozialismus zugetan sei. Rammstein bekamen diesen Ruf zu spüren, als ihre Musik in den deutschen Radioprogrammen zunächst gar nicht auftauchte.

Darüber sprachen die Bandmitglieder in einem Interview mit dem amerikanischen Musikmagazin *NYRock* aus dem November 1998. Flake sagte dazu (übersetzt): „Sie versuchten, uns den politischen Aspekt aufzudrücken, und es ist ziemlich verrückt, etwas Politisches zu finden, um uns verbannen zu können. Das ist Medienhysterie. Es ist in Ordnung, wenn einer der DJs oder VJs unsere Musik nicht mag. Gut. Man kann nicht jedem gefallen. Aber, um seinen Job zu tun, sollte er ihn richtig machen und nicht versuchen, uns abzustempeln ..." Bassist Oliver griff das auf (übersetzt): „Das ist genau der Punkt. Alles, worum wir bitten, ist, dass sie offen sind. Aber sie missbrauchen ihre Position. Ich glaube, ein DJ oder VJ arbeitet als Dienstleister am Kunden. Wenn er nur die Musik spielen will, die er wirklich mag, sollte er zu Hause bleiben und seine Alben anhören. Das ist so wie Journalisten, die Bands niedermachen, nur weil es nicht ihr persönlicher Geschmack ist. Ich glaube, dass das ziemlich unprofessionell ist."

Generell lehnte die Gruppe die Einschätzung ab, politische Inhalte transportieren zu wollen. Keyboarder Flake sagte dazu in einem Gespräch mit dem *WOM-Journal* aus dem September 2004: „Es ist gefährlich, wenn Musiker zu politischen Themen befragt werden. Darüber sollten nur Menschen sprechen, die etwas davon verstehen. Die Band Rammstein ist jedenfalls nicht politisch."

Aber genau das wurde ihr mit dem Vorwurf der Rechtslastigkeit unterstellt. Dass Rammstein nun in der faschistischen und neonazistischen Ecke zu verorten seien, wurde z. B. daran festgemacht, dass Till Lindemann beim Singen das „R" rollte wie nationalsozialistische Redner auf Reichsparteitagen im Dritten Reich. Der Sänger sagte dazu im Gespräch mit *Musikexpress/Sounds* in der Ausgabe 9/97: „Dabei ist das rollende ‚R' noch nicht einmal aus Absicht entstanden. Es kam von selbst, weil du in dieser tiefen Tonlage automatisch so singst. Ich bin kein Musiker im eigentlichen Sinn. Mir fehlen sämtliche Kenntnisse an den Instrumenten. Aber ich kann mit meiner Stimme und den Texten unserer Musik einen guten Support geben. Es ist eine Frage der Illustration, der Klangfarbe, der Phonetik. Wir wollten damit um Gottes willen keine faschistische Attitüde erschaffen. Erst später, als wir in Interviews dazu befragt wurden, haben wir uns damit auseinandersetzen müssen."

Till griff das später öfter wieder auf, wie zum Beispiel im Nachrichtenmagazin *Stern* in der Ausgabe 14/01, als es um die Beobachtung ging, dass Rammstein die Ästhetik des Nationalsozialismus als künstlerisches Mittel einsetzten: „Das R kommt von allein. Wenn ich so tief und expressiv singe, flattert mein Stimmbändchen, und dann rollt es eben. Im Übrigen: Peter Maffays Stimmbändchen reagieren ähnlich, der rollt doch auch das ‚R'. Und der Lichtdom, der sieht doch gut aus, oder? Um mehr geht es doch gar nicht. Nur weil man das assoziiert mit diesen zwölf beschissenen Jahren, soll das nicht mehr erlaubt sein? Dann reißt doch das Olympiastadion nieder und all die anderen Nazibauwerke in Berlin! Das sind zwölf Jahre, die dieser Idiot namens Hitler auf dem Gewissen hat, und immer wieder kommt man darauf zurück. Es geht doch um Kunst. Das eine hat mit dem anderen nichts zu tun."

Der Interviewer kam dann darauf zu sprechen, dass Rammstein trotzdem Fans aus der rechten Szene habe. Darauf sagte Till: „Wir erreichen viele, auch den Werber in Hamburg. Und was die Rechten angeht: Für mich geht der Staat zu weichwurstig mit dem Problem um. Du haust einen Schwarzen halb tot, und zur Strafe gibt es Aufbaustunden. Wir haben uns schon vor der Wende in Schwerin immer mit den Skins geprügelt – warum greift man heute nicht härter durch? Ich bin mit einem Mädchen aufgewachsen, das ist Mulattin. Die kommt immer noch jeden Sommer nach Mecklenburg zu Besuch. Die hat Angst vor den Leuten und traut sich nicht an bestimmte Plätze. Dafür schäme ich mich einfach."

Der Vorwurf, mit Nazi-Ästhetik zu arbeiten und deshalb rechts zu sein, bekam vor allem durch das an die NS-Propagandafilmerin Leni Riefenstahl angelehnte Video „Stripped" Nahrung. Die Wellen schlugen nicht nur in Deutschland hoch, sondern auch in den USA und in Großbritannien. Dort brachte der *New Musical Express (NME)* die Behauptung, dass Rammstein faschistisch und nationalsozialistisch seien, an die Öffentlichkeit. Die Band antwortete mit einer Gegendarstellung, die der *NME* in seiner September-Ausgabe 1998 abdruckte. Dort hieß es im Rammstein-Text (übersetzt): „Wir sind keine Nazis, Neonazis oder irgendeine Art von Nazi. Wir sind gegen Rassismus, Fanatismus und jede Art von Diskriminierung."

Und dennoch: Trotz solcher Äußerungen mussten sich Rammstein weiterhin mit dem Vorwurf der Rechtslastigkeit auseinandersetzen. Richard wünschte sich im Band-Interview mit *NYRock* im November 1998 eine gerechtere Berichterstattung der Medien über dieses Thema (übersetzt): „Ich denke, es wäre fair gewesen, wenn die Presse uns gefragt hätte, anstatt Gerüchte zu verbreiten, wir seien Faschisten, Nazis und Gott weiß was. Ich glaube, dass das eine schreckliche Art des Machtmissbrauchs ist. Jemanden zu boykottieren und bösartige und unbegründete Gerüchte zu verbreiten und sich dann wundern, warum die Band wenig erfreut darauf reagiert – manchmal frage ich mich wirklich, ob sich die Journalisten jemals klarmachen, was sie mit solchen Vorwürfen anrichten. Eine Band zu beschuldigen, faschistische Tendenzen zu haben, zieht ein faschistisches Publikum an, selbst wenn die Band überhaupt nicht faschistisch ist.

Das war nie ein Problem in den Staaten. Das Publikum nahm unsere Show als das, was sie ist: Entertainment, eine großartige Show. Und sie versuchten nicht, eine politische Bedeutung hinter allem zu finden. Deutschland kann bei solchen Dingen wirklich verklemmt sein. Weißt du, ich denke, die meisten von ihnen waren einfach nicht pfiffig genug, zu erkennen, dass eine Show mit viel Pyro-Technik genau das ist – eine gute Show. Nicht alles ist politisch, aber es ist eine typische Eigenschaft Deutschlands zu versuchen, die sprichwörtliche Fliege in der Suppe zu finden. Und wir sind noch dazu Deutsche. Deshalb können sie uns natürlich nicht mögen."

Solche immer wieder an die Öffentlichkeit getragenen Äußerungen reichten einem Teil der Kritiker nicht. Sie hatten sich darauf festgelegt, dass Rammstein politisch rechts seien. Und selbst, als die Band aus dem Album „Mutter" 2001 sozusagen als politisches Manifest und laute Antwort auf diese Vorwürfe den Titel „Links 2 3 4" veröffentlichte, hatte jener Teil der Presse noch starke Zweifel, dass die Gruppe es ernst meinte. So merkte ein Redakteur im Interview mit der Band für die Ausgabe 14/01 des *Sterns* an: „Auf Ihrem neuen Album haben Sie den Titel ‚Links 2 3 4' mit dem Geräusch marschierender Stiefel unterlegt. Das klingt wie die Wochenschau vor 60 Jahren."

Christoph Schneider antwortete: „Das Stück war der erste Versuch von Rammstein, sich künstlerisch mit dem ewigen Vorwurf auseinanderzusetzen, wir seien eine rechte Band. Dass das nun gleich wieder für Diskussionen sorgt, ist schon fast lustig." Den dann aufgeworfenen Einwand, man hätte das Marschieren auch weglassen können, damit die Botschaft der politisch linken Orientierung eindeutiger gewesen wäre, beantwortete Till: „Das ist die Absicht. Man lässt etwas marschieren und antwortet dann darauf." Und Christoph ergänzte: „Wir hassen es, uns eindeutig auszudrücken. Bei Rammstein bleibt immer Raum für Interpretationen frei."

Till begründete dieses Vorgehen mit der DDR-Vergangenheit: „Wir sind alle in der DDR aufgewachsen, kommen aus der Punkszene. Wenn wir da auftreten wollten, mussten wir vorher vor der sogenannten Einstufungskommission unser Repertoire präsentieren. Da musstest du dir natürlich ganz genau überlegen, was du sagst, was du singst und teilweise auch, wie du spielst. Jede Kritik am System war untersagt. Also musstest du versuchen, eine Schleife zu ziehen. Deshalb ist das jetzt immer noch in uns, dass wir gerne zweideutig antworten."

Mittlerweile sind Rammstein die ewigen Erklärungen zu diesen Vorwürfen leid, wie Richard Kruspe und Schneider im Interview für das Internet-Musikmagazin von Motor Music am 10. 08. 2004 berichteten. Richard meinte: „Wir haben immer wieder gesagt, dass wir nichts damit zu tun haben." Und Christoph ergänzte: „In JEDEM Interview!" Daraufhin fuhr Richard fort: „Immer wieder ‚nein, nein, nein'. Die wollten die Wahrheit doch gar nicht hören. Die Antwort auf die Frage hat doch niemanden interessiert."

In den letzten Jahren haben Rammstein daraus gelernt, bei Vorwürfen, aus welcher Ecke sie auch kommen mochten, sofort zu reagieren oder schon im Vorfeld einen richtigstellenden bzw. entschärfenden Kommentar in die Öffentlichkeit zu tragen. So betonte die Band, als „Mann gegen Mann" (ein Stück, das die Homoerotik zwischen Männern thematisiere) aus dem Album „Rosenrot" 2006 als Single ausgekoppelt wurde, sofort, dass sie nicht schwulenfeindlich sei.

Der Erfolg war, dass dies in den Medien nicht sonderlich aufgebauscht wurde und nur in den einschlägigen Fan-Foren im Internet heiß diskutiert wurde. Paul antwortete z. B. in einem Gespräch mit dem Motor Music-Internetmagazin im Oktober 2005 auf die Anmerkung des Interviewers, dass der düstere Gesang zu Fehlinterpretationen des Songs verleiten könnte: „Wenn man die Texte gedruckt liest und sie des durch den Vortrag bedingten Bedrohlichen beraubt sind, stellt man fest, dass gerade ‚Mann gegen Mann' eine ganz süße Lyrik über Schwule ist. In unserem Zusammenhang wirkt das fast wie das Gegenteil. Das finden wir aber gut. Da kann jeder gucken, wie locker er ist, das ist ein kleiner Test!" Deutliche Worte dazu fand Oliver Riedel im *Break Out*-Interview für das Heft 08/05: „Wir haben den Song vorher einigen Schwulen vorgespielt, und die fanden den Titel ganz gut! (...) Wir hatten auf jeden Fall nicht vor, eine Schwulen-Hymne zu schreiben. Natürlich ist es ein kritisches Thema, wie ein heterosexueller Mensch mit dem Thema homosexueller Mensch umgeht. Vielleicht können wir dazu beitragen, dass das Wort ‚Schwuler' etwas entschärft und der negative Touch relativiert wird."

Rammstein standen mit ihren Bemühungen, der negativen Kritik etwas entgegenzuhalten, nicht allein da. Da waren natürlich die Fans, die treu zu ihnen hielten und, wann immer sich die Anhängerschaft in der Öffentlichkeit äußerte, die Ansichten der Band verteidigten. Dazu kamen Berichte desjenigen Teils der Medien, der Rammstein nicht nur in Bausch und Bogen verdammte, sondern durchaus wohlwollende Kommentare über verschiedene Vorwürfe schrieb. Das geschah zum einen natürlich in vielen Heavy-Rock-, aber auch anderen Musikmagazinen. So äußerte sich das Alternative-Rock-Magazin *Das Ding* im September 2004: „Auch müsste eigentlich klar sein, dass hier lediglich Meister der gekonnten Provokation am Werk sind, die ihr Auftreten und das Spielen mit Symbolen nicht kommentieren. (...) Es ging ja gleich zu Beginn hoch her, wenn die Diskussion auf die Rammsteiners zu sprechen kam. Neonazis sollen sie sein und Gewalt verherrlichende Doofköppe. So richtig gerecht wird man dem Sechser jedoch nicht, wenn man Simplizismen dieser Art bemüht."

Ähnlich war im Metal-Magazin *Rock Hard* in der Ausgabe 06/01 zu lesen: „Rammsteins Gebrauch von Wörtern und Gesten ist so auf deren ureigenste Bedeutung reduziert, dass davon eine gewaltige Faszination ausgeht. Dabei entsteht, wenn diese Tabubrüche mit einem spitzbübischen Lächeln abgehandelt werden, durchaus eine Lyrik mit Tiefgang. Rammstein sagen der Spaßgesellschaft den Kampf an – und sind doch längst nicht nur in Amerika schon untrennbar mit ihr verbunden. Damit haben sie allen selbst ernannten Kulturkämpfern in Deutschland eine lange Nase gedreht, die ängstlich-nervös an den Grenzen zwischen Ästhetik und Rechtspopulismus festhielten. Längst sind Leni-Riefenstahl-Bücher und -Kalender an jeder Ecke zu bekommen. Political Correctness wird als leicht angestaubter Markenname belächelt."

Und sogar das Online-Jugendmagazin *Zünder* der sehr kritischen Wochenzeitung *Die Zeit* interpretierte bei einer CD-Kritik von „Rosenrot" in der Ausgabe 41/05 den Song „Mann gegen Mann" als schwulenfreundlich: „Politische Botschaften werden seit ‚Links 2 3 4' auf dem dritten Longplayer ‚Mutter' direkt ausgesprochen. ‚Mann gegen Mann', das auf ‚Rosenrot' dafür zuständige Stück, ist eine homoerotische Fantasie in Moll. Diesmal lautet die Message: Schwulsein ist irgendwie okay."

Auch andere Medien, die nicht die Musik als zentrales Thema hatten, konnten mit manchen Vorwürfen, die der Band gemacht wurden, wenig anfangen, wie etwa der *Stern* in seiner Ausgabe 14/01: „Tatsächlich sind die Texte mit ihrer Darstellung von Sex und Gewalt oft nah an der Zensurgrenze – aber Faschismus steckt nicht einmal zwischen den Zeilen." In diesem Tonfall berichtete auch die Zeitung *Die Welt* in ihrer Ausgabe vom 18. 09. 2004 über den Vorwurf, dass Bands wie Rammstein für Terroranschläge mitverantwortlich zu machen seien, wenn die Täter doch ihre Musik gern hörten: „Man muss die Musik nicht mögen, um das unsinnig zu finden. Man darf ihre Themen ekelig finden. Man kann Rammsteins provokant teutonisches Getue albern finden und die Rockschausteller dennoch vor der regelmäßigen Empörung schützen.

Was erklärt es, wenn gewissenlose Terroristen ‚Weil der Meister uns gesandt, verkünden wir den Untergang' beim Töten und beim Sterben hören? Dass es böse ist, zumindest fahrlässig, so was zu singen und so aufreizend und aggressiv zu musizieren? Es erklärt nur Folgendes: Selbst eigentlich nur schwer genießbarer Gitarrenkrach zählt heute zu den Grundgeräuschen des globalisierten Alltags. Auch Muslime finden offenbar nichts mehr dabei. So leer ist Rock'n'Roll als Form inzwischen, dass er sich mit allem Füllen und für jeden abartigen Zweck missbrauchen lässt. Für Gartenfeste. Für Gewalt und Terror. Das klingt zynisch? Das ist zynisch. Wie die Welt."

Einer der wenigen durchweg positiven Artikel über Rammstein stammt von Freitag – *Die Ost-West-Wochenzeitung* vom 24. 03. 2006: „Wann erhalten die Musiker der

Gruppe Rammstein das Bundesverdienstkreuz? In den letzten zehn Jahren hat niemand für das Ansehen Deutschlands und für die Verbreitung der deutschen Sprache im Ausland mehr getan. Ob im Dschumanschi in Saratow an der Wolga oder auf den Gemüsemärkten von Patzcuara im Hochland von Mexiko – Deutschland ist Kult, wenn der Rammstein-Sound ertönt. Weltweit lernen Schüler und Studenten die deutsche Sprache mit Hilfe von Rammstein-Texten. Rammstein dürfte derzeit fast das bekannteste deutsche Wort auf der Erde sein, das einzige sicher, das Millionen Nicht-Deutsche mit leuchtenden Augen singen. (...) Deutsch und auf der Höhe der Zeit, diese Kränkung verzeiht man Rammstein in der Heimat nicht. (...) Rammstein haben nicht den Schuhplattler in die weltweite Popkultur eingespeist, keine Parodie von Deutschland, sondern die Märchen der Gebrüder Grimm, schaurig-schöne Schreckensgeschichten, unsere Volksweisheiten. Falls diese nazistisch gestört sind, ist es nicht Schuld der Musiker."

An solchen positiven wie auch an den negativen Medienberichten über die Band ist zu erkennen: Rammstein vermögen es, durch ihre Musik, ihr Auftreten, ihre Texte und ihre Shows kontroverse Diskussionen zu entfachen und Polarisierungen zu erzeugen. Will man sich ein eigenes Bild der Band machen und sich dabei nicht von sensationslüsternen Schlagzeilen oder blinder Lobhudelei einfangen lassen, gibt es Informationsmöglichkeiten in Hülle und Fülle, denn das Interesse an Rammstein war seit jeher groß: Zeitungen, Zeitschriften, Magazine, Bücher, TV-Sendungen, Internet-Chats befassten und befassen sich mit ihnen – und sogar wissenschaftliche Betrachtungen. Durch sie und den eigenen Eindruck von Rammstein gelingt eine vorurteilsfreie Annäherung an dieses Sextett, das einen selbst entscheiden lässt, wie man zu ihm steht.

10. Was darf Provokation?

Der Musiksoziologe Prof. Dr. Jan Hemming über Rammstein und ihre Wirkung

Jan Hemming, Jahrgang 1967, ist seit 2005 Professor für Systematische Musikwissenschaft an der Universität Kassel. Seine Arbeitsschwerpunkte liegen im Bereich Musikpsychologie und populäre Musik, Medien und Technik, Musikästhetik des 20./21. Jahrhunderts, Cultural- und Gender Studies sowie der fachpolitischen Ausrichtung der Musikwissenschaft.

Was macht Rammstein gefährlich – oder sind sie es gar nicht?

Nicht nur als Wissenschaftler sollte man genau überlegen, was es bedeutet, eine Musik als gefährlich einzustufen. Ich muss sofort an Afghanistan zur Zeit der Taliban-Herrschaft denken, wo Musik aus einem diffusen Misstrauen heraus grundsätzlich verboten war[12]. Auch wenn manche Menschen auf Rammstein bezogen vielleicht ähnlich empfinden, darf eine derartige Vorgehensweise nicht zur Regel werden. Wer sagt „Diese Musik ist gefährlich ...", möchte bitte identifizieren, worin genau die Gefahr besteht: im Verhalten des Publikums, in der Bühnenshow, in den Texten, in der Musik. Hier wären dann noch konkretere Parameter zu benennen: Sound, Melodie, Rhythmus (...) In den USA wurde dieselbe Auseinandersetzung um bestimmte Titel und Bands aus dem Hard-Rock- und Heavy-Metal-Bereich geführt. Hierzu gibt es mehrere Dutzend wissenschaftlicher Studien. Beim näheren Hinsehen wird deutlich, dass die einzelnen Forscher den Namen der nicht eben unbekannten Band Metallica zwar durchgängig falsch als „Metallicus" wiedergeben[13], gleichzeitig aber kaum konkrete „Gefahren" identifizieren können[14]. Wenn Nachweise also unterbleiben, würde ich sogar behaupten, dass die Forderung nach Verbot unter politisch-ideologischen Gesichtspunkten selbst gefährlicher ist, als es die in Frage stehende Musik potenziell sein kann.

---

[12] Rawlings, David; Hodge, Malcolm; Sherr, Debbie & Dempsey, Anne (1995): Toughmindedness and preference for musical excerpts, categories and triads. Psychology of Music, 23, S. 66 / Kemp, Anthony E. (1996): The Musical Temperament. Psychology and Personality of Musicians. Oxford: Oxford University Press, S. 135.

[13] Bloch, Werner (11. 7. 2001): Krieg dem Ton: Die Taliban verhängen totales Musikverbot in Afghanistan. F. A. Z.

[14] Singer, Simon; Levine, Murray & Jou, Susan (1993): Heavy metal music preference, delinquent friends, social control, and delinquency. Journal of Research in Crime and Delinquency, 30 (3), S. 327–328 / Gardstrom, Susan (1999): Music exposure and criminal behavior. Perceptions of juvenile offenders. Journal of Music Therapy, 36 (3), S. 220 / Took, Kevin & Weiss, David (1994): The relationship between heavy metal and rap music and adolescent turmoil: Real or artifact? Adolescence, 29 (115), S. 615.

Was unterscheidet Rammstein von anderen ähnlich gelagerten Bands – was macht sie so besonders und einzigartig?

Wie so oft in der Popkultur ist es das Spiel mit dem Verbotenen und dem politisch Unkorrekten (auf der Bühne, im Video, in den Texten und auch der Musik), welches zunächst einmal das Interesse weckt. Rammstein beherrscht es dabei geschickt, nicht nur bei plumpen Provokationen stehen zu bleiben, sondern echte Schocks auszulösen (z. B. im Video zu „Mein Teil"), welche von den Hörern als Beweis von Authentizität wahrgenommen werden. Zugleich gibt es die vielfach beschriebene (selbst-)ironische Ambivalenz der Band, die es jedem Hörer ermöglicht, zum eigenen Fasziniert-Sein bei Bedarf auf Distanz zu gehen. Letztlich muss ein Rammstein-Hörer bei jedem neuen Titel die eigene Nähe oder Distanz erst einmal „mit sich selbst abmachen". Die Band polarisiert damit nicht nur in Fans und Gegner, sondern trägt den Prozess der Polarisierung und Positionierung hinein in die Rezeption, in das Hören der Musik und den Umgang mit ihr. Dies sind Eigenschaften, die sonst eher experimentellen und avantgardistischen Musikrichtungen vorbehalten sind.

Ist Rammsteins Musik in Ihren Expertenohren originell oder lediglich eine einfältige Mischung aus Stampfrhythmen und blutiger Brutalo-Lyrik?

Die Mischung aus Industrial, Electronic Body Music, Heavy Metal – gepaart mit Texten, welche die streitbare Klangästhetik der deutschen Sprache und nicht politische Aussagen ins Zentrum stellten, war in der Mitte der 1990er Jahre mit Sicherheit originell. Dieses Moment der Neuheit über zehn Jahre zu bewahren, ist natürlich schwierig. Andererseits wurde etwa mit „Amerika" bewiesen, dass die Band durchaus in der Lage ist, ihre ironischen Qualitäten stärker zu akzentuieren und sich dadurch auch zu wandeln bzw. weiterzuentwickeln.

Wie schätzen Sie den Entertainment- und Humor-Wert von Rammstein ein?

Hoch, aber auch hier würde ich sagen, abhängig vom einzelnen Titel muss das jeder für sich selbst entscheiden. Natürlich gibt es Tracks, die z. B. auf Partys zum Abtanzen aufgelegt werden können, die also zum Entertainment auf breiter Basis beitragen. Ich selbst habe mich über „Amerika" amüsiert, weil in den Mondszenen auf den zum Zeitpunkt des Erscheinens aktuellen Vorwurf angespielt wurde, die ganze Mondlandung sei nur in Hollywood inszeniert gewesen und hätte niemals real stattgefunden.

Funktioniert Rammstein lediglich als Gesamtkunstwerk von Theatralik, Image, Musik und Texten, oder hat die Musik allein auch einen eigenständigen Stellenwert?

Die Musik funktioniert auch eigenständig – ich habe sie selbst zuerst von CD kennengelernt, als ich während meiner Studienzeit in einem CD-Laden arbeitete. Das offenkundige Ineinandergreifen verschiedener visueller, auditiver, textlicher und gestischer Symbole ist auch in der Musik selbst angelegt; sie besitzt also einen hochgradigen Zeichencharakter. Hier müsste man länger ausholen, um aufzuzeigen, wie die einzelnen musikalischen Einflüsse verarbeitet wurden. Vereinfacht gesagt wurde vielleicht weniger an einer Fusion der verschiedenen musikalischen Stilelemente gearbeitet, wie es in der Rockmusik häufig der Fall ist. Stattdessen wird hier oft bzw. zusätzlich das Prinzip der Montage angewendet: Einzelne Gitarrenriffs, Zwischenrufe im Gesang, rhythmische Floskeln werden gewissermaßen aus dem Original zitiert (wenn auch nicht gesampelt, sondern neu artikuliert), wodurch ihr Zeichencharakter erhalten bleibt. Natürlich ist genau dies ein Argument der Gegner von Rammstein, die der Band unter anderem eine Verwendung von Versatzstücken auch von Musik aus dem rechten Spektrum vorwerfen. Übrigens wäre dies auch ein Weg, der zu einer Klärung der potenziellen Gefährlichkeit von Rammstein beschritten werden müsste. Voraussetzung wäre dann allerdings, dass zunächst benannt wird, was genau an z. B. „rechter Rockmusik" gefährlich ist. „Monotonie" oder „Marschrhythmus im 4/4-Takt" sind hier jedenfalls viel zu allgemeine Kriterien.

Wie „deutsch" – unter kulturellem und kulturhistorischem Aspekt betrachtet – ist Rammstein?

Feuilletonisten wie Wissenschaftler haben sich schon vielfach die Frage gestellt, ob es ein Zufall ist, dass rechte Rockmusik und volkstümelnde Medienmusik[15] im Fernsehen in der Nachwendezeit beide einen enormen Popularitätsschub erfahren haben[16]. Auf breiter Basis salonfähig ist das patriotische Bekenntnis ja eigentlich erst durch die Fußball-WM 2006 geworden. Offenbar hat es auch schon davor die mehr oder weniger ausgeprägte Sehnsucht nach einer nationalen musikkulturellen Identität gegeben, welche durch den Mainstream kaum befriedigt werden konnte. Es wäre aber zu einfach, auch Rammstein zur Gruppe derjenigen Musikangebote zu zählen, die hier in den 1990er Jahren eine Art Alternativbefriedigung bewirkten. Ich würde stattdessen zwei andere Aspekte hervorheben. Erstens: Ab 1990 sind Industrial und Electronic Body Music als Stilrichtungen vor allem im Osten weiterentwickelt und -betrieben worden – häufig in der Provinz und mit beschränktem kommerziellen Erfolg. Rammstein ist also „deutsch", weil die Band aus den spezifischen Bedingungen Ostdeutschlands nach der Wende hervorgegangen ist. Zweitens: In der internationalen Wahrnehmung ist Rammstein unverkennbar „deutsch".

---

[15] Projektgruppe V-Musik (1996): Volkstümliche Musik im Fernsehen. Beiträge zur Popularmusikforschung (17), S. 30–65.

[16] Beiträge zur Popularmusikforschung (13) 1994. Themenheft: „Musik der Skinheads und ein Gegenpart: Die Heile Welt der volkstümlichen Musik".

Wird Rammstein im Ausland – etwa in Russland oder in den USA, wo sie ebenfalls sehr erfolgreich sind – anders rezipiert als in Deutschland?

Vor etlichen Jahren machte ich bei einer Reise durch Mexiko die Bekanntschaft eines jungen Mannes, der seinerseits sehr erfreut war, endlich einem echten Deutschen zu begegnen. In seiner Wohnung stellte er seine Affinität zur deutschen Kultur durch einige Schallplatten von Bach und Beethoven unter Beweis. Sein Glanzstück allerdings war eine in Südamerika hergestellte Platte mit Reden von Adolf Hitler, welche er sogleich auflegte, um sich an ihr bei hoher Lautstärke zu ergötzen. Gegenstand der Faszination war dabei allein die Klangrede bzw. Lautmalerei, denn der deutschen Sprache war mein Gastgeber nicht mächtig. Auch in Amerika und Russland habe ich Bekanntschaft mit der offenbar schaurig-kühlen Faszination gemacht, welche allein die Klangästhetik der deutschen Sprache hervorzurufen vermag. Es steht zu vermuten, dass das scharf artikulierte Deutsch Rammsteins auf genau diese Aspekte anspielt und bestenfalls Schlüsselwörter bzw. Reizwörter verstanden werden.

Im Übrigen ist dies die genaue Umkehrung der Rezeption vieler englischsprachiger Rock- und Popmusik in Deutschland, wo ebenfalls kaum Mühe auf das Textverstehen verwendet wird. Inwiefern allerdings auch die Musiksprache Rammsteins als „deutsch" wahrgenommen wird – etwa aufgrund der genannten musikalischen Entwicklungen in Deutschland im Bereich der Electronic Body Music und letztlich auch des Techno – übersteigt meine Kenntnis.

Rammstein haben sich häufig als „Provokateure um der Provokation willen" bezeichnet. Ist dieser Anspruch eine Erweiterung der Pop-Kultur oder haben Rammstein Türen der Provokation aufgestoßen, die besser geschlossen blieben wären?

Wie bereits dargelegt, werden Provokationen insbesondere dann als authentisch erfahren, wenn durch sie gleichzeitig Schocks ausgelöst werden. Alles andere wird heutzutage sofort als kommerzielle Masche durchschaut. Insofern greift diese Selbstdarstellung zu kurz – eine Provokation nur, um zu provozieren, ist lediglich eine kindliche oder bestenfalls pubertäre Praxis. Im Prinzip sind wir mit dem zweiten Teil der Frage wieder beim Punkt „Gefährlichkeit" angelangt. Ich möchte darauf nur sehr allgemein-kritisch antworten. Die Geschichte der Popkultur hat gezeigt, dass „Türen der Provokation" ohnehin niemals verschlossen bleiben. Die Pseudo-Entschuldigung „Wenn wir es nicht gemacht hätten, wäre ohnehin ein anderer gekommen" sollte Rammstein aber lieber nicht für sich in Anspruch nehmen. Für mich ist das wie mit den Weltrekorden im Sport – sie nähern sich nahezu asymptotisch bestimmten Bestmarken an, die dann nicht mehr oder nur nach langer Zeit verbessert werden können. Ich frage mich also schon, wohin wir mit einer Provokation um der Provokation willen kulturell steuern. Um der Entwicklung schon einmal drastisch vorzugreifen: Welche Art des kulturellen Fortschritts kann es noch geben, wenn künftig auch Snuff-Videos oder Vergewaltigungen von Kindern auf den Musikkanälen zu sehen sein werden? Allerdings ist diese Bemerkung weder als Anregung noch als Unterstellung gegenüber Rammstein zu verstehen!

11. „Sehnsucht": Der internationale Durchbruch

„Herzeleid" hatte sich langsam, aber stetig in den Charts hochgeschraubt, und Rammstein zogen als einer der besten deutschen Show-Acts überhaupt immer mehr Zuschauer in die Konzerthallen. Die Fans der Band rekrutierten sich zunächst vor allem aus ihrer Heimat, den neuen Bundesländern, und aus der Metal-Szene. Aber mit der größer werdenden Popularität wurden diese Grenzen gesprengt, und verstärkt fanden auch Mainstreamkreise Gefallen an dem Sextett.

Diesen Status hatte die Band über fast zwei Jahre hinweg aufgebaut, was bedeutete, dass die Songs ihres Debütalbums den Fans mittlerweile so vertraut waren, dass sie etwas Neues vom Nachfolger erwarteten. Die Band wollte die Fans nicht enttäuschen und natürlich die gewonnene Popularität nicht verspielen. Außerdem hatte sich die Kreativität der sechs Musiker nicht einfach zur Ruhe gesetzt, weil es ja jetzt ein Album gab, sondern sie sprudelte weiter, sodass neue musikalische Ideen entstanden – die an die Öffentlichkeit drängten.

Also gingen Till, Flake, Richard, Olli, Christoph und Paul im Herbst 1996 wieder ins Studio, um ihr zweites Album einzuspielen. Wie schon bei „Herzeleid" gab es auch bei dieser Produktion einen sehr gleichberechtigten Entstehungsweg der Lieder, der bei allen kommenden Alben beibehalten werden sollte.

Richard Kruspe sagte in einem Interview mit dem US-amerikanischen Musikmagazin *NYRock* vom November 1998 (übersetzt): „Wir sind eine Band mit sechs Musikern, und niemand ist der Anführer oder eine Kultfigur. Natürlich ist Till der Sänger, sodass er mehr im Rampenlicht steht als wir anderen, doch das ist normal. Jeder Sänger bei jeder Band steht im Rampenlicht." Ein paar Monate später betonte der Gitarrist in einem Gespräch mit *Break Out* für die Ausgabe 03/99 noch einmal dieses Selbstverständnis der Gruppe: „Wir sind eine demokratische Band, deswegen dauern Entscheidungen bei uns sechs Mal so lange. Aber letztlich sind es auch wieder diese verschiedenen Ansichten, durch die Rammstein funktioniert."

Auf dieser gleichberechtigten Basis entstehen die Songs, wie der zweite Gitarrist Paul Landers *fritz.com*, dem Internet-Jugendmagazin der *Salzburger Nachrichten*, am 23. 07. 2004 erklärte: „Ach, das passiert doch bei uns immer zusammen. Das kann man bei uns nicht so einfach auseinanderzopfeln. Wir sind so sechs kleine Komponisten. Inzwischen hat jeder von uns schon Urideen mitgebracht, aus denen dann Rammstein-Lieder geworden sind. Keiner kann da an sich halten. Jeder hat so seine Talente. Till ist z. B. für die Texte zuständig. Zum Zusammenbauen müssen wieder alle dabei sein, es sind also schon alle wichtig, um ein Lied gut zu machen. Viele Köche verderben den Brei, so machen wir das immer. *(lacht)* Du hast 'ne gute Idee, dann fummeln alle dran rum, dann ist das Lied schlecht, und dann wird's irgendwann aufgenommen."

Dabei kann jeder alles machen, sodass Till zwar zum allergrößten Teil die Texte schreibt, die anderen aber auch ihren Beitrag leisten. So verfasste z. B. Richard Kruspe den Text von „Engel". Ansonsten haben natürlich die einzelnen Bandmitglieder ihre

Schwerpunkte, die über ihre Instrumente und ihre Funktion beim Spielen der Lieder bestimmt sind. Beispielsweise stammen von Flake die meisten Melodien, weil sein Keyboard für diesen Part in der Band zuständig und er beim Komponieren sehr einfallsreich ist.

Aber das gilt auch für die anderen, die sich genauso mit ihren Ideen immer wieder in den Entstehungsprozess einbringen, der sich vor allem bei den Proben entwickelt. Till ist oft gar nicht dabei, weil er zunächst abwarten muss, bis die Musik entstanden ist. Richard erzählte darüber in einem Interview für das Internet-Musikportal von apple.com im Dezember 2005: „Es ist oft so, dass jede Idee, die man mitbringt, erst mal gnadenlos zerstört wird. Du musst dann eine richtig dicke Haut haben, denn dein Baby wird da gerade vernichtet (...) Till schreibt die Texte auf die fertige Musik – seine Gedichte hängen im Proberaum an der Wand, und gemeinsam mit allen Bandmitgliedern wird der Song Stück für Stück erarbeitet, d. h. Refrain und Strophe stehen im Vorfeld noch gar nicht fest.“

Die Musik- und Textideen werden dann so lange bearbeitet, bis sie stimmig zueinander passen. Wenn sich die sechs bei einem Stück gar nicht einig sind, fällt das einfach weg. Was dann übrig bleibt, probt die Band zusammen. Und wenn das zur Zufriedenheit aller gelungen ist, geht die Band schon mit beinahe fertigen Songs ins Studio, um die Albumproduktion zu starten.

Die begann beim „Herzeleid“-Nachfolger erst im Herbst 1996, einem sehr späten Datum, bedenkt man, dass das Debütalbum schon fast zwei Jahre alt war. Aber es ging nicht früher, weil Rammstein zum einen live sehr präsent sein wollten und ausgedehnt tourten. Zum anderen gelang „Herzeleid“ immer wieder der Einstieg in die Charts, was ein zweites Album nur gestört hätte.

Aber schließlich fanden die sechs Musiker doch mit neuem Material den Weg ins Studio, wo wiederum Jacob Hellner ein weiteres Mal nach „Herzeleid“ auf dem Produzentenstuhl saß. Unterstützt wurde er erneut vom Mixer Ronald Prent.

Sie verpassten den neuen Songs diesmal ein musikalisches Kleid mit mehr Keyboard-Klängen und Computer-Samples als auf dem eher gitarrenorientierten Vorgänger.

Später, in einem Bandinterview mit dem Musikmagazin *NYRock* aus dem November 1998, sagte Flake dazu (übersetzt): „So haben wir es geplant. Ich glaube, es ist weniger stressig, weniger anstrengend, unseren Liedern zuzuhören. Wenn man fünf oder sechs Stücke mit Heavy-Gitarren hört, kann das nervig sein. Deshalb klingen Samples in unserem Fall definitiv besser.“ Richard ergänzte: „Ich denke, es ist wichtig, eine gewisse Balance zu halten. Ich glaube, dass unsere Entwicklung als Band sicherlich in die richtige Richtung weist. Wir versuchten etwas Neues, und wenn wir das nicht mehr mögen, probieren wir etwas anderes aus. Es ist immer einfach zurückzugehen, aber es ist viel schwieriger voranzuschreiten.“ Und Bassist Oliver Riedel fügte hinzu: „Es gibt nicht viele gitarrenorientierte Alben, denen die Leute zuhören. Ich meine, hör sie dir vom ersten bis zum letzten Titel an. Nach einer Weile können die Gitarren nerven und du stellst sie aus – aber wir haben uns nicht wirklich vom Gitarrensound verabschiedet.“

Und das kann man bei den Songs, die Ende 1996 im Studio aufgenommen wurden, mitbekommen, denn Paul und Richard lieferten auch hier eine harte Gitarrenwand. Die treibende rhythmische Struktur blieb, wenn auch die Lieder eingängiger und durch die neuen elektronischen Klangfarben vielseitiger und um einiges raffinierter daherkamen.

An den Texten änderte sich hingegen so gut wie nichts. Auch auf „Sehnsucht“, wie Rammstein den Debütnachfolger nannten, hielten Sie an dem Konzept der provokanten Inhalte fest. Till beschreibt z. B. in „Tier“, wie ein Vater seine Tochter sexuell missbraucht, indem er sie vergewaltigt, und diese Tochter ihn dann später tötet. Und in „Spiel mit mir“ stellt er den Inzest zwischen zwei Brüdern dar. Damit griff er Tabuthemen auf, was natürlich etliche empörte Kritiken nach sich zog. Und hinzu kam, dass der Rammstein-Frontmann erneut in der Ich-Form sang, sodass mit einigen Songs sozusagen der Täter direkt zum Zuhörer sprach.

Andere Lieder gewährten Einblicke in kalte sexuelle Fantasien des Texters wie beim Stück „Bück dich“, in dem der Sänger mitteilt, dass ihm beim Liebesspiel gleichgültig ist, mit wem er es zu tun hat. Hauptsache, er wird befriedigt. Noch eine Spur härter geht es in „Bestrafe mich“ zu, in dem Sado-Maso-Praktiken geschildert werden. Über die reine animalische Lust singt Till in erotisch-anstößigen Stücken wie „Sehnsucht“ und „Küss mich (Fellfrosch)“. Letzteres ist eine „Hymne auf das primäre weibliche Geschlechtsorgan“, wie in *Musikexpress/Sounds* in der Ausgabe 09/97 zu lesen war. Für diese Ausgabe des Musikmagazins gab die Band ein Interview, und Till sagte über „Fellfrosch“: „Allein das Wort ist schon eine Hommage an diesen Körperteil. Das ist eine schöne, kindliche Sichtweise: Fell steht für kleine, pelzige Tierchen. Hamster, Meerschweinchen und so. Und Frosch oder Schnecke sorgen für den zweiten Teil. Faszination und Ekel, beides spielt da eine Rolle.“ Auf den Hinweis des Interviewers, dass Feministinnen „Fellfrosch“ wahrscheinlich kritisieren würden, antwortete Till: „Hoffentlich! (...) Es geht um eine Sache, die völlig selbstverständlich ist, die jeder kennt. Das ist doch das Normalste auf der Welt. Übertriebener Feminismus ist ein Armutszeugnis. Und wenn sie sich dann darüber aufregen, ist das für mich nur ein Beweis dafür, dass sie keinen Humor haben. Neulich hat mir erst wieder jemand einen Witz über einen 40-Zentimeter-Pimmel erzählt. Es war eine Frau.“

An gleicher Stelle äußert sich der Sänger und Texter der Gruppe auch über eines der kritischen Stücke des Albums, den Song „Du hast“, der die hochheilige Institution Ehe demontiert, indem er Zweifel deutlich macht, dass sich zwei Menschen bis zu ihrem Tod treu sein können und zusammenbleiben: „‚Willst du, bis der Tod euch scheidet ... – das ist doch genauso unnatürlich wie ein Tattoo auf dem Arm. Das geht bis zum Rest meines Lebens nicht mehr raus. Irgendwann sitze ich als Rentner da mit meinem Enkel auf dem Schoß, und der fragt, was ich da für ein albernes Ding auf dem Oberarm habe.“

Nachdem die Textinhalte und die Musik zueinander gefunden hatten und die Songs schließlich fertig aufgenommen und produziert waren, stellte sich wieder die Frage nach der Optik der Verpackung. Noch einmal wollte die Band kein so simpel gestaltetes Cover wie bei „Herzeleid“.

Diesmal engagierte die Band den österreichischen Fotografen und Maler Gottfried Helnwein, der Bühnenbilder für Maximilian Schell, Jürgen Flimm, Hans Kresnik, Gregor Seyffert und auch den Rammstein-Inszenator Gert Hof entworfen hat. Helnwein, der wegen seiner Nähe zur Sekte Scientology kritisch von der Öffentlichkeit beäugt wurde, hatte außerdem 1982 das Cover des Albums „Blackout“ der Hard-Rock-Combo Scorpions gestaltet. Und genau das war auch die Aufgabe Helnweins bei „Sehnsucht“: Bei der Motivauswahl für das Cover griff der Künstler auf die 1970er Jahre zurück, als er durch seine Bilder von verletzten und bandagierten Kindern bekannt wurde. Er schminkte die Bandmitglieder im Gesicht weiß, versah die Köpfe mit Drahtgestellen, die sich in die Haut bohren und an mittelalterliche Maulkörbe und Folterinstrumente erinnern. So gestaltet, machte er Porträtfotos der einzelnen Musiker, die allesamt auf der einen Seite des ausklappbaren Booklets zu finden sind. Auf der anderen Seite ist im krassen Kontrast zur Schockwirkung dieser erschreckenden Motive ein paradiesisch karibischer, strahlend weißer Sandstrand im Sonnenschein unter blauem Himmel samt Palmen und Badegästen zu sehen. Helnwein gelang ein verstörend ästhetischer Effekt, der den provokanten Charakter des Rammstein-Kosmos präzise unterstrich.

Mit dieser optischen Abrundung des Albums konnte „Sehnsucht“ endlich am 22. 08. 1997 veröffentlicht werden. Ein Datum, das die Fans schon ungeduldig erwarteten. Angeheizt hatten Rammstein die Vorfreude auf den Longplayer zuvor durch die Veröffentlichung der ersten Single „Engel“ am 01. 04. 1997 – der für Rammstein-Kenner überraschend eingängig klang.

Für diesen Song hatte sich Till eine Gastsängerin ins Studio geholt: die in der DDR-Stadt Halle geborene Pfarrerstochter Christiane Hebold, auch bekannt als Sängerin der Rockband „Bobo in White Wooden Houses“. Sie schlüpfte in dem Lied mit lieblicher Stimme in die Rolle des Engels. Damit besaß der Song einen sanften Klangtupfer zusätzlich zur eingängigen Melodie und hatte gute Chancen, im Radio gespielt zu werden, was allen bisherigen Rammstein-Titeln nicht vergönnt war. Und man kann nur vermuten, dass die Band diese Ignoranz nicht noch einmal spüren wollte und aus diesem Grund zuerst einen etwas zugänglicheren Song auf den Markt brachte.

Jedenfalls gelangte „Engel“ auf zahlreiche Sender-Programmlisten – und mauserte sich zu Rammsteins erstem großen Hit. Der Titel erreichte sofort den dritten Platz der Single-Charts in Deutschland, die Nummer 4 in Österreich und den 17. Rang in der Schweiz. Sogar in Schweden stieg das Lied immerhin bis auf Platz 48.

Am 23. 05. schob die Gruppe eine Fanedition von „Engel“ hinterher, die für die treue Fangemeinde gedacht war. Denn die Anhängerschaft hatte immer wieder gefordert, die Live-Klassiker „Wilder Wein“ und „Feuerräder“ zu veröffentlichen, was die Band mit dieser besonderen Maxi-Single nachholte. Als nächste reguläre Single veröffentlichte Rammstein am 18. 07. „Du hast“, die den fünften Platz in Deutschland, den zehnten in Österreich und die Nummer 33 in der Schweiz erreichte.

Das Album „Sehnsucht“ begab sich ebenfalls auf diese Erfolgskurve und verschaffte Rammstein nicht nur in Deutschland, sondern auch international den großen Durchbruch. Das Album holte sich aus dem Stand die Spitzenposition in Deutschland und verharrte dort fünf Wochen. Das Lager der Kritiker trennte sich wieder in Jubelarien in den meisten einschlägigen Heavy-Magazinen und negative Beurteilungen in den eher pop- und mainstream-lastigen Postillen – die allerdings immer wohlwollender über Rammstein berichteten, wie man am Beispiel von *Musikexpress/ Sounds* sehen konnte. In der Ausgabe 09/97 wurde ein Pro-und-Contra-Vergleich über „Sehnsucht“ ins Heft genommen, bei dem der Longplayer einmal mit fünf und einmal mit nur einem Stern bedacht wurde. Das war unbedingt ein gewaltiger Schritt in eine versöhnlichere Richtung, hatte das Magazin den Erstling „Herzeleid“ zwei Jahre zuvor noch komplett zerrissen und auch sonst über die Band eher ungnädig berichtet.

Der Erfolg des Albums stellte sich nicht nur in Deutschland ein, „Sehnsucht“ erreichte ebenfalls in Österreich die Nummer 1 und in der Schweiz den dritten Platz. In den Niederlanden kam das Album auf Platz 40, in Frankreich auf die Nummer 76, in Schweden gelangte es auf die 17, in Neuseeland auf die 23 – und: „Sehnsucht“ stieg in den USA auf Platz 45 der Charts.

Ein gewaltiger Erfolg, den sich die Sechs so richtig allerdings nicht erklären konnten, denn sie hatten noch keine große Tour in den USA gespielt. Sie waren lediglich für zwei Konzerte in den New Yorker Clubs „Bank“ und „Batcave Downtown“ am 0. 3. und 06. 09. über den großen Teich geflogen. Richard Kruspe sagte in einem Interview mit dem Musikmagazin *NYRock* aus dem November 1998 etwas ratlos auf die Frage, wo auf einmal die vielen US-Fans herkamen (übersetzt): „Ich weiß es nicht, aber dasselbe geschah in Europa. Die Fans tauchten aus dem Nichts auf. Weißt du, das passiert in den USA sogar noch schneller. Die Staaten sind einfach rasanter und nicht so entspannt wie Europa.“

Zur Popularität Rammsteins in den Vereinigten Staaten trug vermutlich in nicht unerheblichem Maße bei, dass ihr Ruf auch die Ohren des US-amerikanischen Kultregisseurs David Lynch erreichte. Und dafür sorgte das Sextett selbst, denn sie verschickten an ihre beiden Lieblingsregisseure Exemplare von „Herzeleid“. Da ist zum einen der mit den Kultstreifen „Reservoir Dogs“, „Pulp Fiction“ und „Kill Bill“ bekannt gewordene legendäre Quentin Tarantino, an dessen Bildersprache sich die Band bei ihrem Video zu „Du hast“ anlehnte. Und dazu zählt des Weiteren eben David Lynch.

Rammstein fragten beide Filmemacher, ob sie nicht einen Video-Clip zu einem ihrer Lieder drehen wollten. Dieser Vorschlag war nicht von Erfolg gekrönt. Doch

Lynch, der Filmmeilensteine wie „Blue Velvet“, „Wild at Heart“ und „Mulholland Drive“ inszeniert und die TV-Welt mit der Mystery-Serie „Twin Peaks“ bereichert hatte, hörte das Album, während er 1996 an seinem neuen Werk „Lost Highway“ arbeitete und war von der düsteren Kraft der Rammstein-Songs begeistert. Er baute schließlich die Songs „Rammstein“ und „Heirate mich“ in den Soundtrack seines surrealistischen Mysterythrillers ein und stellte die Band damit neben Größen wie David Bowie, Lou Reed und die Smashing Pumpkins, welche ebenfalls mit Filmsongs vertreten waren. Die finstere Atmosphäre der Rammstein-Titel ging eine intensive Symbiose mit der Filmsprache ein und schuf beeindruckende Momente, die den Kinobesuchern im Gedächtnis blieben, als „Lost Highway“ 1997 ins Kino kam.

Dieser Erfolg in den USA hatte zur Konsequenz, dass die Live-Aktivitäten der Rammsteiner eine neue Dimension erhielten. Noch vor der Album-Veröffentlichung spielten sie schon fleißig auf den wichtigsten Sommerfestivals, wie z. B. erneut auf dem „Bizarre Festival“, und tourten dann, als „Sehnsucht“ in den Läden stand, durch Deutschland, Österreich, die Schweiz und im November 1997 durch ganz Europa. Doch jener Radius wurde nun ausgedehnt auf Nordamerika, wo Rammstein als Support von KMFDM in der ersten Dezemberhälfte Konzerte gaben.

Richard Kruspe erinnerte sich im Band-Interview mit *NYRock* im November 1998 an diese ersten Konzerte in den USA und erklärte, warum sie damals – noch – keine Pyro-Show einsetzten, wie sie es in Europa praktizierten (übersetzt): „Das Wichtigste für uns alle war, dass wir in Verbindung zum Publikum standen, sodass wir die Pyro-Technik und all das nicht brauchten, um das Publikum für uns zu gewinnen. Es machte mich sehr glücklich, dass es unsere Musik war, welche die Leute mochten. Es ist nichts Falsches an den Pyro-Effekten, solang die Musik noch gut und stark ist, aber es besteht immer die Gefahr, das eine für das andere zu vernachlässigen. Es ist ziemlich schwer, eine gute Balance zwischen dem Spielen einer guten Show, einem großen Spektakel und nur toller Musik zu halten.“

Auf die Frage, warum sie auf ihre Feuer-Show verzichteten, verriet Richard dem Interviewer, dass dies an den vielen starren bürokratischen Hürden lag, die dem Einsatz von Pyro-Effekten entgegenstanden: „Wir tourten von Staat zu Staat, und jeder Staat hat unterschiedliche Gesetze. Und die Leute nahmen ihre Jobs sehr ernst, und das sogar noch schlimmer als in Deutschland, wenn du dir das vorstellen kannst.“

Im April und Mai 1998 tourten Rammstein weiter in den USA – diesmal schon allein und zum ersten Mal in Amerika als Headliner. Danach kam die Band zurück in die „Alte Welt“, wo sie ohne Verschnaufpause im Süden Europas Konzerte gab, um dann wieder in Deutschland auf den Sommerfestivals die Fans zu beglücken, wie z. B. beim „Hurricane Festival“ im norddeutschen Scheeßel. Dort spielten die sechs als Headliner – und sorgten nicht nur durch ihre Show, sondern schon vor ihrem Auftritt auf der großen Bühne für Aufregung. Sie fesselten einen MTV-Manager, der die Band von Anfang an immer wieder boykottiert und negativ über sie berichtet hatte, im VIP-Zelt an einen Stuhl, unter dem eine Flugmarkierungsrauchbombe angebracht war, wie sie bei Show-Vorführungen von Fallschirmspringern benutzt wird.

Sie zündeten die Bombe an, die gehörig qualmte. Die Band wollte dem MTV-Mann eine Lektion erteilen und bekam für diese Aktion neben einer Anzeige wegen Körperverletzung und vielen empörten Kommentaren auch Zustimmung, z. B. von der Punk-Combo Die Ärzte, die sich bei Rammstein sogar dafür bedankte.

Flake sagte in einem Band-Interview mit dem Musikmagazin *NYRock* aus dem November 1998 über den Vorfall (übersetzt): „Der Kerl hat es verdient. Er hat uns in gewisser Weise nicht fair behandelt. Er missbrauchte seine Position, um uns bloßzustellen. Er zog über uns her und verleumdete uns andauernd, und wir haben nur den richtigen Augenblick abgewartet. Wir wussten, dass wir die Sache erwarten konnten. Aber das Komischste daran war, dass es sich um ein Festival des Senders handelte, bei dem er als Redakteur arbeitet – und wo wir als Headliner auftraten.“ Richard ergänzte: „Er bekam bestimmt das, was er verdiente. Es hat ihn in keiner Weise verletzt. Wir waren nicht gewalttätig, aber er war für eine Zeit lang die Witzfigur. Vielleicht wird ihm das helfen, über all die Dinge nachzudenken. Vielleicht wird es einer anderen Band helfen.“

Letztlich schrumpfte dieser Zwischenfall im Zuge der sich steigernden Rammstein-Begeisterung zu einer Randnotiz. Er beschäftigte kurz die Medien und bestätigte die sich gegenüberstehenden Lager der Rammstein-Hasser und -Bewunderer in ihren jeweiligen Meinungen über die Band.

Rammstein konzentrierten sich wieder ganz und gar auf die weiteren Tour-Aktivitäten, die von den Medien sehr aufmerksam verfolgt wurden. Die nächste Station führte die Band in die Heimat nach Berlin, wo sie am 22. und 23. 08. 1998 ihre legendären Konzerte auf der Parkbühne Wuhlheide gab, die aufgenommen wurden und das Material für das nächste Album „Live aus Berlin“ lieferten.

Nachdem der erfolgreiche Sechser die europäischen und besonders die deutschen Fans restlos zufrieden und begeistert zurückgelassen hatte, reiste die Band zurück in die USA, um dort das Publikum, das die Gruppe bislang lediglich interessant fand und mochte, zur echten Fangemeinde zusammenzuschweißen.

Los ging es beim „Rockstock Festival“ am 12. 09. 1998 in Chicago. Nach einer kurzen Atempause spielten Rammstein dann vom 22. 09. bis zum 31. 10. auf der damals allerersten berühmt-berüchtigten „Family Values Tour“ als zweiter Headliner umjubelte Gigs.

Zeitgleich zu den ersten Charterfolgen stellte sich für Rammstein in den USA ein weiterer Charterfolg ein. Als der Song „Du hast“ dort 1998 veröffentlicht wurde, schaffte er es in der Kategorie „Mainstream Rock Tracks“ der hochoffiziellen Billboard-Charts auf Platz 20.

Rammstein wurden in den USA immer populärer, was dazu führte, dass die Band eingeladen wurde, eine legendäre US-Hard-Rock-Band auf einer Stadientour vom 10. bis zum 24. 08. durch Südamerika als „Special Guests“ zu begleiten: Kiss.

Mit diesen Ikonen in Sachen Make-up-Rock-Show zu spielen, war für die Rammstein-Mitglieder ein echter Adelsschlag. Flake erzählte darüber in einem Interview für Radio Goethe im Juni 1999: „Das war gut. Die hatten uns gefragt, und es war herrlich. Ich war zum ersten Mal in Südamerika, was für sich allein schon gut war. Und Kiss spielten in Riesenstadien. Wir kamen eigentlich überall gut an. Was wir aber nicht wussten, war, dass man in Brasilien die Vorband zur Sau machen muss. Es ist ein Zeichen dafür, dass man die Hauptband liebt. Als wir da anfingen zu spielen, herrschte Geschrei wie immer, und ich dachte, ‚iss ja allet schön.‘ Die dachten zuerst, wir seien Kiss, denn wir hatten ja auch so alberne Kostüme an.

Und dann haben sie irgendwann gemerkt, dass wir gar nicht Kiss sind, und fingen an, Zeug zu schmeißen, haben in Becher gepinkelt und sie auf die Bühne geschmissen. Und immer wenn jemand von uns getroffen wurde, tobte ein Beifallssturm, so als hätte es ein Tor bei der Weltmeisterschaft gegeben. Wir spielten aber stumpf unser Programm durch, sind dann von der Bühne gegangen und waren ein bisschen angepisst. Auf einmal kam der Promoter und meinte, wir seien die Größten, denn das hätte es noch nie gegeben, dass eine Band ihr Programm bis zum Ende durchspielen konnte. Der Rekord lag bis dahin darin, dass eine Band vor Sepultura sieben Minuten durchgehalten hat. Dann meinte er noch, dass wir jetzt die Größten in Brasilien seien.“

Während dieses Interview geführt wurde, waren Rammstein schon wieder auf dem Weg zur nächsten Tour in den USA – unter eigenem Namen mit einem stattlichen Vorprogramm, in dem Skunk Anansie, Soulfly und Mindless Self Indulgence auftraten. Bei einem Konzert in Worcester im Bundesstaat Massachusetts kam es zu einem Zwischenfall: Bei der Inszenierung des Titels „Bück dich“ führte Sänger Till Keyboarder Flake an einer Hundeleine auf ein Podest und imitierte mit ihm Analverkehr. In Tills Hose war dazu im Genitalbereich ein Plastik-Dildo angebracht, der mit einem Flüssigkeitstank verbunden war. Till verspritzte damit eine Unmenge weißlicher Flüssigkeit auf Flake und ins Publikum.

Das war für die sittenstrengen Ordnungshüter zu obszön. Die Polizei verhaftete Till und Flake wegen ihres „lascive stage acting“ und brachte sie für eine Nacht ins Gefängnis. Sie mussten nach dreimaliger Verhandlung 100 Dollar zahlen und bekamen eine sechsmonatige Bewährungsstrafe. Ärger gab es auch wegen der Video-Umsetzung des Songs, der in Deutschland als jugendgefährdend indiziert wurde.

All diese Ereignisse brachten der Band noch mehr Aufmerksamkeit und erhöhten den Bekanntheitsgrad, was sie aber eigentlich nicht mehr brauchte. Die Tourneen der Jahre 1998 und 1999 waren nahezu ausverkauft. Und bis 1999 hatte Rammstein von ihren ersten beiden Alben „Herzeleid“ und „Sehnsucht“ in 40 Ländern insgesamt vier Millionen Stück verkauft, von den Singles über 1,5 Millionen. 1998 bekam das Sextett in Deutschland einen ‚Echo‘-Preis in der Kategorie „Bestes Video“ für den Song „Engel“ und einen „Kometen“ des TV-Senders VIVA als „Bester Live-Act“. Den „Echo“ gab es ein Jahr später noch einmal als „Erfolgreichste nationale Künstler im Ausland“. Und Rammstein wurden ebenfalls 1999 in den USA in der Kategorie „Best Metal Performance“ für einen Grammy nominiert, den sie aber letztendlich nicht gewannen.

Dennoch machte sie die Nominierung allein schon besonders stolz, wie Richard dem Magazin *Break Out* für die Ausgabe 03/99 mitteilte: „Das war das erste Mal in meinem Leben, dass ich mich hingesetzt und erst mal tief Luft geholt habe, als ich das erfahren habe. Das war schon ein sehr markanter Moment in meinem Leben. Ich kann gar nicht sagen, warum das so ist, ich weiß nur, dass es mich unheimlich gefreut hat.“

Trotz dieser Erfolge kamen Rammstein in dieser Zeit wieder einmal derb ins Kreuzfeuer der Kritik. Die Band fütterte die Fans während ihrer extensiven Live-Aktivitäten mit neuen Songs, die nicht auf „Sehnsucht“ zu finden waren. Sie brachten am 23. 11. 1997 „Das Modell“ heraus, ein Cover der deutschen Elektronik-Rock-Pioniere Kraftwerk, das in Deutschland auf Platz 5 landete, in Österreich auf der Nummer 18 und in Schweden den 41. Rang erreichte. Am 17. 04. 1998 folgte eine Neuauflage von „Du riechst so gut“, die diesmal die deutsche Hitliste auf Platz 16 hochkletterte.

Ein paar Monate später, am 27. 07. 1998, folgte eine weitere Cover-Version. Rammstein spielten, zum ersten und bislang einzigen Mal in englischer Sprache, den Depeche-Mode-Klassiker „Stripped“ ein. Für den Song, der in Deutschland Platz 14 erreichte, drehten sie ein Video, das für ungemein heftige Empörung sorgte. Der Regisseur des Clips war Philipp Stölzl, der seit dem Video für „Du hast“ für die filmische Umsetzung der Rammstein-Songs verantwortlich war. Stölzl verwendete für „Stripped“ Bilder von Leni Riefenstahls Berliner Olympia-Film aus dem Jahre 1938, der als Nazi-Propaganda-Streifen gedreht worden war. Rammstein wurden heftig dafür gescholten, dass sie die Ästhetik der Nationalsozialisten unkritisch für das Video übernommen hatten. Den Verdacht, dass die Musiker selbst neonazistisch und faschistisch seien, sahen die Kritiker durch das Video ein weiteres Mal bestätigt, was Rammstein selbst heftig bestritten. Der Band ging es nur um die Kraft der Bilder, wie die Musiker immer wieder betonten, und nicht um den politischen Inhalt, der damit transportiert wurde.

Aber auch wenn der Ruf Rammsteins, politisch rechts zu sein, durch die vielleicht etwas unglückliche Veröffentlichung des Videos bestärkt wurde – es passte in das Gesamtkonzept des Projektes Rammstein, das provozierende Inhalte vermittelt, die das Publikum und die aufmerksame Öffentlichkeit immer emotional stark bewegen, teilweise verstören, aber definitiv nie kalt lassen. Das gilt für die Musik und die Liedtexte, aber genauso für die optische Umsetzung auf der Bühne und in den Videos mit ihrer ganz eigenen Ästhetik, die spätestens in dieser Phase, als das zweite Album „Sehnsucht“ um die Welt ging, zu einem Markenzeichen der Band geworden war.

12. Der große Bildersturm: Die Rammstein-Ästhetik

Ganz besonders der visuelle Aspekt war der Gruppe seit ihrer Gründung extrem wichtig. Er war dermaßen originell, spektakulär und häufig auch verstörend, dass er aus dem Sextett erst die weltweit erfolgreiche Band machte, die sie heute ist. Jede Menge Missverständnisse tauchten auf, was die Ästhetik der Formation angeht – manche ungewollt, etliche aber bewusst oder unbewusst von den eigenwilligen Künstlern herausgefordert. Zu vielen Vorwürfen, welche an die Band vonseiten der Medien herangetragen wurden, gab es keine offiziellen Stellungnahmen. „Wir wollen uns nicht groß erklären müssen", hat Sänger Till Lindemann in einem Interview mit *Zillo*, Ausgabe 9/1997, betont, „weil wir unsere Anhänger für intelligent genug halten, sich ein eigenes Urteil über unsere Arbeit zu bilden."

Der kritische Kulturjournalist Martin Büsser akzeptiert dieses Argument nicht, er analysierte in der Februarausgabe 2003 des Fachmagazins *NMZ – Neue Musik Zeitung* Rammsteins Ästhetik und den damit verbundenen Erfolg folgendermaßen: „Sämtliche Mittel der Provokation, mit denen Pop einst gespielt hatte, von langen Haaren bis zu den Nietengürteln des Punks, waren Mitte der 1990er Jahre ausgereizt, hatten zum Teil sogar die Parkette der Modenschauen erobert. Alleine das ‚Spiel mit dem Feuer', das Tabu rechter Ästhetik und Gesinnung, verhalf Musikern noch zu zweifelhaften Schlagzeilen. Unter dem Schlagwort ‚Neue Deutsche Härte' eroberte schließlich auch die Gruppe Rammstein die Charts. Ihre martialischen Live-Auftritte, ein Spiel mit Muskeln und Feuer, begleitet von einer Art teutonisch brachialem Metal, gipfelte in dem Videoclip ‚Stripped', einer Montage aus Aufnahmen von Leni Riefenstahls Olympiade-Film. Hier feierte rechte Ästhetik ihren Triumph, ohne dass die Band selbst einem rechten Kontext entstammte. Genau deshalb sind Rammstein ein gutes Beispiel dafür, wie sich Werte im Pop auf ästhetischer Ebene verschoben haben und für latent rechte Gesinnung durchlässig geworden sind."

Dass der Ärger vorprogrammiert sein würde, als Rammstein 1998 das Lied „Stripped" von der englischen Kultformation Depeche Mode adaptierten und dazu einen Videoclip drehen ließen, stand außer Frage. Denn jene Sportler, die zum Rammstein-Sound gekonnt ihre Speere werfen, entstammen dem Film „Fest der Völker/Fest der Schönheit", gedreht von Leni Riefenstahl anlässlich der Olympischen Spiele 1936 in Berlin im Auftrag von Adolf Hitler höchstpersönlich.

Der Clip verfehlte seine Wirkung nicht, stand sogar noch heftiger im Kreuzfeuer der Kritik als die vorhergehenden, die sich ebenfalls nicht scheuten, mit unterschiedlichen Tabus zu brechen. Während Rammstein im Herbst 1998 in den USA auf Tournee gingen, entzündete sich in Deutschland eine Medienschlacht, wie sie die Republik seit Jahren nicht mehr im Bereich Rockmusik erlebt hatte. Auch das Musikfernsehen mischte sich ein: Während VIVA den „Stripped"-Clip in Dauerrotation einsetzte – wofür es sofort Kritik aus allen Richtungen hagelte –, lehnte MTV den Kurzstreifen wegen seiner, so die offizielle Begründung des Senders, „rechtsradikalen Inhalte" ab.

In die Debatte des Herbstes 1998 um Rammstein schaltete sich *Der Spiegel* in seiner Ausgabe 44/98 ein. Darin heißt es, dass die Band jegliche Annäherung an rechtsradikale Gesinnungen verneine und reine künstlerische Intentionen hatte, als sie das Video in dieser Bildersprache drehten: „Die Riefenstahl-Bilder hätte die Band nur aus rein ästhetischen Gründen benutzt. Schließlich habe auch die britische Popband New Order schon einmal einen fröhlichen Tanzsong mit Material aus diesem Film unterlegt. Nur stellt Till Lindemanns Sprechgesang, der Kritiker nicht zufällig an einen grollenden germanischen Feldherrn denken läßt, einen ungleich trüberen Effekt her." Ähnlich wie der *Spiegel* äußerten sich in der Folgezeit eine ganze Reihe von Medien.

„Wie die Böhsen Onkelz", so schreibt Kai Müller vom Magazin *Musiker,* „sind Rammstein Geschöpfe der Mediengesellschaft und werben mit politisch zweifelhaften Anspielungen, einem spektakulären Feuerzauber und gurgelndem Hitler-Sound."

Das rollende „R" Till Lindemanns, auf das einige Journalisten ihren Wolkenkratzer an Argumentationen aufbauen, wird zum Markenzeichen der „gefährlichen Nazi-Rockmusik" stilisiert. „Als ob Heino, Caroline Reiber oder jeder Russisch-Lehrer", schlussfolgert Mühlmann, „den Buchstaben nicht ebenso gut rollen könnten wie die mit Rammstein in Verbindung gebrachten Nazis Adolf Hitler und Joseph Goebbels. Aber auch renommierte Musik- und Kulturzeitschriften nehmen Rammstein ins Visier."

Dies erfolgt beinahe durch die Bank negativ. Dafür steht die Metal-Presse auf der anderen Seite fast geschlossen hinter Rammstein. So meint *Rock Hard*-Redakteur Götz Kühnemund in der Ausgabe 02/99 des Magazins lediglich lapidar: „Medienhetze dieser Art ist immer nur Promotion für die angegriffenen Künstler und stellt somit kein echtes Problem dar. Wenn sich aber selbst seriöse Organe wie *Der Spiegel* oder *Rolling Stone* zu schlecht recherchierten Artikeln und an den Haaren herbeigezogenen Argumentationen verleiten lassen, wird die Sache schon etwas ernster."

Gewinner dieses heftigen Disputs in der Öffentlichkeit sind – natürlich Rammstein, die ohne eigenes Zutun in vielerlei Munde sind. Die Band hingegen tat sogar alles, um in der Öffentlichkeit nicht selbst zu Wort zu kommen – auch das kann eine Form des Selbst-Marketings sein.

Denn mit zunehmender Medienkritik an dem „Stripped"-Video häuften sich die Interviewanfragen an Rammstein. Doch erst nach einigen Wochen bekamen im Januar 1999 Vertreter der drei Metal-Magazine *Break Out, Metal Hammer* und *Rock Hard* völlig überraschend eine Einladung nach Berlin, um mit Rammstein-Gitarrist Richard Kruspe – im Beisein des als äußerst clever geltenden Managers Fialik – ein Gespräch zu führen. Für *Rock Hard* übernahm Wolf-Rüdiger Mühlmann das Gespräch mit Kruspe. Der Gitarrist erzählte in der *Rock Hard* 03/99 – übrigens in „Emus" Berliner Privatwohnung als Gesprächsort –, wie es überhaupt zur bislang einzigen Rammstein-Adaption eines Liedes kam: „Es gab eine Anfrage, ob wir einen Song von Depeche Mode covern möchten. Und da ich ein erklärter Fan dieser Band bin, haben wir selbstverständlich zugestimmt und uns für ‚Stripped' entschieden."

Kruspe fuhr in derselben Ausgabe schließlich fort, sich über den viel diskutierten Clip explizit zu äußern: „Zu dem Song sollte es ein Video geben. Der Videodirektor schlug uns vor, etwas mit Sport, Athletik und Laufen zu machen. Wir fragten ihn: ‚Wie meinst du das?' Und er sagte, er wolle uns mal ein Beispiel für seine Ideen mitbringen. Kurz darauf spielte er uns Sequenzen aus dem allseits bekannten Film vor. Bereits während wir uns das anschauten, dachte ich: ‚Genau! Das ist es!' Ich hatte das Gefühl, dass Musik und Bild ganz dicht beieinander liegen, dass es ideal passt. Diese Entscheidung kam spontan und aus künstlerischer Sicht. Ich wusste zwar, wer Leni Riefenstahl ist. Aber ich wusste während der Ideen-Vorstellung noch nicht, dass diese Sequenzen, die uns so gut gefielen, aus ihrem ‚Olympia'-Film stammten. Das sagte der Video-Mensch erst kurz danach." Und: „Die Reaktionen, die auf den Clip folgten, damit konnten wir nicht rechnen", meinte Kruspe noch, eher halbherzig entschuldigend.

Ansonsten kann „jeder den Riefenstahl-Film deuten, wie er will", ergänzte der Mann an den sechs Saiten beinahe trotzig: „Für mich drückt er nicht die Herrschaft des NS-Regimes aus. Dieser Film wurde damals für den ‚Oscar' nominiert und hat den ‚Cannes-Preis' gewonnen. Die Trophäen, die Leni Riefenstahl erhalten hat, wurden ihr nie aberkannt."

Till Lindemann erklärte der *Berliner Zeitung* vom 23. 06. 2005 rückblickend kurz und knapp, mit den Videos zu „Stripped" und „Mein Teil" habe man „mit der Provokation eine Grenze überschritten, was wir nicht noch einmal tun werden." Den beiden Musikvideos war von der „Bundesprüfstelle für jugendgefährdende Medien" eine Ausstrahlung vor 23 Uhr untersagt worden.

Dies sind erstaunlich umfassende, eindeutige Erklärungen zweier Rammsteiner über die Ästhetik der Band. Denn „eigentlich", meinte der zweite Gitarrist der Band, Paul Landers, ebenfalls im *Rock Hard*-Magazin zum Redakteur Wolf-Rüdiger Mühlmann in der Ausgabe 06/04, „versuchen wir generell, einen Videoclip nicht zu erklären sowie nicht als Eins-zu-eins-Textübersetzung umzusetzen." Und fügte hinzu: „Der Zuschauer soll zum Text Bilder bekommen, die eine weitere Ebene schaffen, auf die er ohne Bilder nie und nimmer kommen würde."

Paul ließ diesen Kommentar explizit zum Rammstein-Clip „Sonne" aus dem Album „Mutter" fallen: „Vor dem tatsächlich realisierten Clip", sagte er, „hatten wir eine andere Idee: Wir wollten zu sechst in dem Flugzeug sitzen, aus dem die Atombombe auf Hiroshima abgeworfen wurde."

„Das ist nicht dein Ernst", wirft ein offensichtlich verdatterter Wolf-Rüdiger Mühlmann ein. „Doch", bekräftigte Paul: „Erst kommt der Refrain – ‚Hier kommt die Sonne' –, danach geht die Bombe hoch. Wir hätten es allerdings auch so gezeigt, wie es wirklich war. Die Piloten, die in den Atombomben-Fliegern saßen, sind bereits tot. Sie haben sich das Leben genommen, nachdem sie an ihrer Tat völlig zerbrochen waren. Einer der Piloten hat direkt nach dem Abwurf gerufen: ‚Oh, mein Gott! Was habe ich getan?' Die Piloten hatten jedenfalls ihr Leben verwirkt. Wir wollten zeigen, wie sechs Menschen so etwas tun können."

„Diesen Clip“, mischte sich Mühlmann an jener Stelle des Gesprächs wieder ein, „hätte kein einziger Musiksender ausgestrahlt, vor allem nicht in den USA.“ Dazu meinte Paul nur: „Das darf man nicht denken. Man darf als Künstler lediglich denken, dass man ein gutes Video machen will. Ob es dann gesendet wird, ist die zweite Frage. Aber wie auch immer, das war eine von vielen Ideen, die wir letztlich wieder verworfen haben. Wir kalkulieren mittlerweile auch, ob die Masse uns und unser Anliegen missverstehen könnte. Ich merke ja an deiner Reaktion, dass die Leute uns nicht verstanden hätten. Ich zumindest hätte es gut gefunden, wenn im Kontrast zu dem wunderschönen Refrain die Atombombe hochgegangen wäre. Da hätte sich niemand eines entsprechenden Gefühls erwehren können.“

„Sicherlich nicht“, gesteht der *Rock Hard*-Autor ein, „aber die breite Masse würde euch komplett missverstehen. Sie wäre empört“, meinte Mühlmann. „Genau das denkt jeder“, stimmte Landers zu, „und deshalb ist es Quatsch.“

Anhand der 2003 erschienenen DVD „Lichtspielhaus“ erläuterte Gitarrist Paul dem Magazin *Rock Hard* für dessen Ausgabe 06/04 nochmals die typische Rammstein-Vorgehensweise bei einem Videodreh, speziell am Clip zum Song „Ich will“, in dem die Rammstein-Mitglieder Bankräuber mimen. „Ich glaube nicht, dass dahinter eine enorme schauspielerische Leistung steckt“, widerspricht er der wohlwollenden Einschätzung des Journalisten: „Wenn Jungs Schießen spielen dürfen, brauchen sie dafür nicht extra trainieren“, ergänzte er lachend. „Nein, das ging uns leicht von der Hand, zumal jeder von uns kriminelle Tendenzen in sich trägt. Aber es war teilweise auch hart: Nach diesem Dreh würde ich jedenfalls keine Bank überfallen wollen, weil dieses Sondereinsatzkommando KSK – oder SEK oder so ähnlich – echt heftig ist. Richard meinte zu denen, dass sie keinen Schongang einlegen, sondern es echt aussehen lassen sollen. Die Typen haben uns dermaßen brutal auf den Boden geklatscht, dass ich gleich beim ersten Dreh 'ne blutige Nase hatte. Das sieht man gar nicht im Clip. Leider lief das Video nicht besonders lange im Fernsehen, weil es zu einer Zeit kam, in der zwei Flugzeuge ins World Trade Center gekracht sind. Die Leute hatten deshalb keinen großen Bock auf einen Videoclip, in dem Bankräuber Geiseln nehmen. Osama Bin Laden war damals auf Platz 1, den konnten wir nicht toppen.“

Das visuelle Rammstein-Repertoire umfasst immer wieder ungewöhnliche, oftmals schroffe Ästhetik einerseits, die Neigung zur Provokation sowie zum Tabubruch andererseits. Und nicht zu vergessen: jede Menge – wenn auch garantiert nicht für jedermann nachvollziehbarer, da meist tiefschwarzer – Humor. Das zieht sich durch sämtliche Aspekte des Rammstein-Auftritts in der Öffentlichkeit, ob bei den Songs, den Videos, den Konzert-Choreografien oder den CD- und DVD-Covern. All das folgt einer extrem stringenten Form des Anspruchs, ein lebendes Gesamtkunstwerk sein zu wollen.

So auch geschehen beim Cover zur CD/DVD „Live aus Berlin“. „Aus einem kleinen roten Radio dringt offenbar Musik, sechs Männer lauschen mit gespannter Andacht“, beschrieb *ME/Sounds*-Redakteur Arno Frank in der Ausgabe 09/99 des Magazins anlässlich seiner „Live aus Berlin“-Plattenkritik das äußere Erscheinungsbild des damals aktuellen Albums. Und fährt fort: „Drollig wirkt diese kabarettistisch gestellte Szene einer geschniegelten Herrengruppe auf dem Plattencover, wenn auch die Säulenreihe im Hintergrund von der imperialen Architektursprache eines Albert Speer flüstert. Olympiastadion vielleicht. Ist ja nix dabei. Die freiwillige und sorgsam berechnete Komik des Covers setzt sich musikalisch fort. Gewalt in allen ihren sexuellen, politischen und musikalischen Ausprägungen ist das brennende Thema, von Rammstein auf der Bühne visuell auch entsprechend umgesetzt."

Nachdem *ME/Sounds*-Mitarbeiter Christoph Lindemann im Interview mit Richard Kruspe in der Ausgabe 09/99 wie auch schon Kollege Arno Frank in seiner Rezension einmal mehr auf den alten Vorwurf der Rammstein-Liebäugelei mit Nazi-Ästhetik angespielt hatte (speziell beim Video zu „Stripped" und dem Cover der CD „Live aus Berlin"), bekam er die knappe Antwort: „Wenn du speziell das Cover siehst, das ist doch wirklich witzig." Der *ME/Sounds*-Mann bohrte nach: „Ist das ganze Projekt Rammstein, inklusive des Namens, für euch nur witzig?" Kruspes Antwort auf diesen Einwand fiel jetzt um einiges konkreter aus: „Nein", meinte er zunächst. Und weiter: „Viele denken, dass wir am Tisch sitzen und uns was ausdenken. Ich würde es so erklären: Früher gab es immer einen in der Klasse, der angeeckt ist, der Miesepeter, der schwarze Bube. Wenn du sechs von denen auf einmal am Tisch hast, entsteht eine ganz bestimmte Energie. Und diese Energie eckt an. Es ist nicht so, dass wir alle rumsitzen und uns denken, wie können wir jetzt wieder provozieren? Es liegt wahrscheinlich an der Chemie zwischen uns, die provoziert schon so."

Lindemann war auch mit dieser Antwort nicht vollständig zufrieden und wollte von Richard wissen, ob er damit einverstanden war, dass „ihr euch in eurem Verständnis nah an einem Kunstbegriff bewegt, der in der Zeit des Nationalsozialismus vorherrschend war?" Richard konterte wiederum mit einem klaren „Nein": „Ich mag eine bestimmte Ästhetik", erklärte er weiter. „Aber die kommt nicht aus dem Nationalsozialismus, sondern die kommt speziell für uns aus dem sozialistischen Realismus. Wir sind im Sozialismus aufgewachsen. Du als Münchner", hielt er dem Autor vor, „kennst das nicht. Wir sind mit Demonstrationen, mit Kinder- und Jugendspartakiaden aufgewachsen. Wenn wir solche Bilder sehen, haben wir das Gefühl, zu Hause zu sein."

Regisseur Phillip Stölzl, der vom Video „Du hast" an die Optik der Band entscheidend mitbestimmte und unter anderem auch für den Clip zu „Stripped" verantwortlich zeichnet, gibt als Inspirationsquelle für Rammstein-Videoideen in der *Berliner Zeitung* vom 23. 06. 2005 an: „Bei Till Lindemanns Lyrik fallen mir Expressionisten wie Georg Kaiser ein, der mystische Komponist Anton Bruckner, schwarze Romantik. Die Musik spricht eine schwere, erotische, blutige Sprache, okay, aber für mich ist dieser Wille zum großen Symbol ein opernhaftes Moment."

Und auch Christoph Schneider äußerte sich in seinem Aufsatz für das 2001 erschienene Buch „Rammstein" über den stetig wiederkehrenden Vorwurf der Nazi-Ästhetik bei seiner Band ungewöhnlich präzise: „Rammstein ist mit Sicherheit eine deutsche Band. Wir benutzen die Muttersprache, den Rhythmus der Marschmusik, komponieren mit einheimischer Ordnung und Präzision, texten mit sorgfältiger Wortwahl, posieren auf der Bühne wie Kampfhähne, schätzen die Symmetrie und das Gerade-Eckige, tragen Kurzhaarfrisuren und rollen das ‚R'. Schließlich kommen wir ja von hier. Wie sonst könnte eine moderne Rockband des soeben zu Ende gegangenen Jahrtausends klingen, die sich nicht am internationalen Musikgeschehen orientiert? Was kann man machen, was es noch nicht gibt? Was haben die Leute noch nicht gesehen?"[17] Und er fährt fort: „Geld und Quote gehen inzwischen vor Inhalt und Sinn. Die Medien von heute sind Meister in dieser Disziplin. Genau deshalb ist eine Band wie Rammstein richtig", schlussfolgert Schneider. Um zu guter Letzt zu erwähnen: „Deshalb müssen wir Ärger machen."[18]

[17] Rammstein, S. 26, 29.

[18] Rammstein, S. 29.

13. Rammstein on Stage: Die perfekte Show

Als der Astronom Jean Claude Merlin im 11. 10. 2001 von einem Rammstein-Konzert kam, entdeckte er am Himmel einen Asteroiden. Noch beeindruckt von dem Gig, beschloss Merlin, dass der Himmelskörper nach der Band benannt wurde. Er bekam am 19. 02. 2006 offiziell den Namen „110393 Rammstein".

Um derart faszinierende Shows, die zu einem einzigartigen Markenzeichen der Band wurden, auf den Rammstein-Tourneen oder bei einzelnen Auftritten präsentieren zu können, war immer eine Menge Vorarbeit nötig. Die begann schon ein halbes Jahr, bevor die Band das erste Mal die Bühne betrat, und ging mit der Ideensammlung los. Für die Show-Konzeption wurden alle Vorschläge für die Konzertgestaltung in einen Topf geworfen, die sich während einer Tour aber auch flexibel ändern konnte.

Beteiligt an dieser Planung waren alle Bandmitglieder, doch die Regie führte der Lichtkünstler Gert Hof, der seit dem Rammstein-Konzert in der Berlin Arena 1996 namens „100 Jahre Rammstein" für die meisten Shows das Bühnen- und Lichtkonzept lieferte, das dann ein Spezialistenteam umsetzte. Er sorgte dafür, dass die Band bei ihren Auftritten in ein überwältigendes gleißendes Weiß getaucht wurde, was zu einem Charakteristikum der Konzerte werden sollte. Das bedeutete, dass man eine ausgeklügelte Beleuchtung, viel strahlenden Nebel, aber vor allem jede Menge Pyrotechnik einsetzte. Die Idee für die Feuerspiele ist schon ziemlich alt, wie Paul Landers in der Bandbiografie „Feeling B – Mix mir einen Drink" verriet: „Wir verwendeten schon bei Feeling B einen Feuerspucker, den kauften wir auch für die ersten Rammstein-Konzerte ein. Wir dachten dann aber: Warum soll das ein Fremder machen? Also nahmen wir dem den Flammenwerfer weg, und von da an ist Till mit dem Ding rumgeschossen."[19]

Dem kam das sehr entgegen, denn er wusste bei den ersten Konzerten nicht so recht, was er mit seinen Händen machen sollte. Um auf der Bühne mit dem Feuer arbeiten zu können, machte Till 1996 eine Ausbildung zum Pyrotechniker und ist seitdem für die Feuer-Show bei den Konzerten verantwortlich. Es gab dafür damals auch einen besonderen Anlass, denn bei einem Gig in der Treptow Arena in Berlin am 27. 09. 1996 fiel eine brennende Bühnenstütze in das Publikum. Die Band engagierte daraufhin ein professionelles pyrotechnisches Team, mit dem Till zusammen übte. Auch die anderen Bandmitglieder wurden speziell in der sicheren Handhabe ihres pyrotechnisches Equipment auf der Bühne unterwiesen.

Solche Vorsichtsmaßnahmen waren notwendig, denn die Flammen züngelten in den Shows an allen Ecken und Enden, etwa, wenn ein riesiger Vorhang bei Konzertbeginn verbrannt wurde, wenn Christophs Drumsticks und Tills Mikrofonstativ in Flammen aufgingen, der in einem brennenden, feuerfesten Mantel den Song „Ramm-

[19] Feeling B, S. 263.

stein" sang, oder wenn die Musiker mit Flammenwerfern die Bühne zum Kochen brachten, die auch schon mal an ihren Köpfen befestigt sein konnten. Dazu kamen Funken, die aus den Schuhen des Sängers sprühten und immer wieder Explosionen. Auch musikalische Gäste wie die Sängerin Bobo, die nach Veröffentlichung von „Sehnsucht" bei vielen Konzerten in einem brennenden Käfig ihren Part des Rammstein-Hits „Engel" intonierte, wurden in die Pyro-Show eingebunden.

Natürlich ist das Spiel mit dem Feuer gefährlich, die Musiker verbrannten sich häufig. Genauso schlugen sich die Explosionen z. B. bei Till schon auf die Hörleistung nieder. Allerdings bereute die Band dieses feurige zentrale Show-Element bisher nie, zumindest nicht wegen der Verletzungsgefahr. Probleme damit gab es eher von künstlerischer Seite aus, wie Richard Kruspe im Interview mit dem englischen Metal-Magazin *The Gauntlet* am 09. 03. 2006 erläuterte (übersetzt): „Am Anfang hatte ich eine Menge Probleme damit, es von unserer Performance zu trennen. (…) Nach einer Zeit erkannte ich, dass das, was wir machen, Pyrotechnik ist. Die Leute erkannten es als Rammstein. Ich will es nicht mehr ändern. Es ist ein Teil von Rammstein."

Die Feuer-Einlagen wurden immer wieder variiert, genau wie die übrigen Requisiten und Bühnenaufbauten je nach Thema der Tournee oder auch einzelner Lieder angepasst wurden. Beispielsweise wurde für die „Mutter"-Konzertreihe eine überdimensionale Fruchtblase von der Hallendecke hinuntergelassen, aus der ein Bandmitglied nach dem anderen schlüpfte. Am Bühnenrand leuchteten dazu in Glaskästen künstliche Leichenteile.

Ein anderes Beispiel ist ein riesiger Kochtopf, in den sich Keyboarder Flake zum Menschenfresser-Song „Mein Teil" stellte und den Till Lindemann mit einem Flammenwerfer erhitzte. Und beim Titel „Bück dich" ahmten Till und Flake, der an einer Hundeleine, bekleidet mit kurzem Höschen und hohen Stiefeln, auf ein Podest geführt wurde, Analverkehr nach. Der Sänger hatte dazu einen großen Plastik-Penis vor den Genitalien an der Hose angebracht, der mit einem Wassertank verbunden war. Dort wurde eine weißliche Flüssigkeit, die an Sperma erinnern sollte, in den Dildo hineingepumpt, sodass Till Flake und das Publikum reichlich bespritzen konnte.

Ein anderes Requisit war ein Schlauchboot, in dem wieder der Keyboarder beim Titel „Seemann" am Ende der Konzerte auf der Zuschauermenge bis zum Hallenende „herumschwamm". Er begab sich im wahrsten Sinne des Wortes in bzw. auf die Hände der Fans, wenn er sich im Boot in den Publikumsraum hinabließ. Meistens ging das gut, aber manchmal fiel Flake auch aus dem Gefährt, sodass er froh war, als ihn Olli Riedel auf der „Reise, Reise"-Tour ablöste.

Flake fuhr mit dem Ein-Mann-Elektro-Roller „Segway Personal Transporter", den er mal auf einer Messe gesehen hatte, beim Titel „Amerika" auf der Bühne herum. Damit hatte nicht nur er viel Spaß, sondern auch die Techniker, die den Roller vor den Auftritten öfter ausprobierten.

Neben diesen finden sich auch weniger aufwendige, aber ebenso auffallende Requisiten wie z. B. Mikrofone in Messerform beim Kannibalen-Lied „Mein Teil" oder an Verstümmelungen erinnernde Gesichtsmasken, die sich immer auf bestimmte

Lieder bezogen. Und manchmal wurde eine Verbindung zum Ort des Geschehens geknüpft, etwa als Rammstein das Lied „Moskau" während eines Konzertes 2003 in der russischen Hauptstadt spielten und Till dazu die Landesflagge über die Bühne flattern ließ.

Ähnlich einfallsreich wie bei der Bühnenausstattung zeigten sich Rammstein bei der Wahl der Kleidung, die sie für Konzerte anlegen. Das ging von futuristischen, an Raumanzüge erinnernden Klamotten über Arbeiterkleidung bis hin zu bayerischen Lederhosen, die Lacherfolge waren und mit denen die Band die Show auflockerte. Diese Aufgabe kam aber vor allem Flake zu, der durch seinen urkomischen zuckend-zappeligen „Rammdance" beim Titel „Weisses Fleisch" für Aufheiterungen sorgte.

Dies alles, die Lichtshow, das Feuerspektakel und nicht zu vergessen die musikalische Performance, spielte sich in einem riesigen stählernen Bühnenaufbau ab. Um ihn aufzustellen, brauchte es etwa drei Monate, je nachdem, wie die Show gestaltet werden sollte. Das hing ganz von der Größe des Konzerts ab, die durch den Auftrittsort bestimmt war. Ein Club-Gig in den USA verlangt ganz klar eine andere Planung als eine Riesenshow in einem Stadion. Beispielsweise mussten im Jahr 2005 für vier Konzerte auf der Berliner Parkbühne Wuhlheide während der „Reise, Reise"-Tour 13 Lastwagen vollgepackt mit dem gesamten Bühnenaufbau anrücken. Und der kostete eine ganze Menge.

Die Einnahmen der Eintrittskarten beliefen sich bei diesen Konzerten auf etwa 900.000 Euro pro Tag. Dennoch sah die Band davon keinen Cent, weil das Geld ganz und gar für die Show ausgegeben wurde. Dabei hatten Rammstein noch beim Auftakt der Tour Ende 2004 regelrechte Sparpläne, wie Paul Landers in einem Gespräch mit MTV vom 27. 12. 2004 erläuterte: „Diesmal wollten wir mit einem Plus nach Hause kommen. Da haben wir gesagt, dass wir nicht so viel Pyro, Licht und Bühne machen werden. Dann haben wir nicht so hohe Kosten und werden schön was einnehmen. Fakt ist, dass wir jetzt in jedem Budget das Doppelte haben. Wir kommen mit null nach Hause, und alle anderen verdienen. Aber die Fans freuen sich, und das weiß ich."

Dieser Punkt schien Rammstein immer enorm wichtig zu sein. Die Anhängerschaft bekam das während der Konzerte zu spüren, denn das Sextett ließ stets neue atemberaubende Show-Elemente einfallen und verausgabte sich völlig. Die Fans wiederum honorierten das, indem sie viele Texte wie ein riesiger Chor mitsangen, dazu tanzten und die Band auf jedem Konzert lautstark für Zugaben zurück auf die Bühne applaudierten. Sie trugen Rammstein-T-Shirts, auf denen „Bück Dich" und „Ich will" aufgedruckt war, während sie eine nahezu perfekte Show erlebten, die im Laufe der Zeit immer wieder filmisch festgehalten und als DVDs herausgebracht wurde. So konnten sich die Fans noch einmal an die selbst besuchten Konzerte erinnern. Und alle, die sich für die Band interessierten, bekamen wenigstens eine Ahnung davon, dass der Besuch eines Rammstein-Konzerts eine ganz besondere Erfahrung ist.

14. „Live aus Berlin“: Erste Krisen

Es sah 1998 nicht wirklich gut aus für Rammstein, obwohl nach außen hin alles perfekt erschien: Der ostdeutsche Sechser hatte mit gerade mal zwei Alben einen weltweiten Flächenbrand entfacht, mehr als 500 Konzerte in nur wenigen Jahren gegeben, spätestens nach der Veröffentlichung von „Sehnsucht“ waren sämtliche Dämme gebrochen, Rammstein erklommen beinahe alle Charts-Hürden, die es zu erklimmen gab. Zudem war das Sextett 1998 während einer Südamerikatournee im Vorprogramm von einer Band gereist, die bis heute zu ihren absoluten Helden zählt: Kiss. Alle Ampeln standen auf Grün. Doch zwischenmenschlich war zwischen den sechs Rammstein-Mitstreitern nicht sonderlich viel in Ordnung. Auflösungsgerüchte machten mehr und mehr die Runde und wurden immer konkreter.

Da konnte Christoph Schneider in der Ausgabe 06/99 des Hard Rock-Magazins *Break Out* noch so leidenschaftlich beteuern: „Wir wollen uns nicht auflösen oder so etwas“ – andere Rammstein-Kollegen hatten in Interviews mit anderen Heften, die um denselben Zeitraum entstanden sind und veröffentlicht wurden, geradezu stoisch verlauten lassen: „Es stand nicht zum Besten mit der Band nach dem Erfolg von ‚Sehnsucht‘. Es hätte durchaus passieren können, dass wir uns auflösen. Die Luft war irgendwie raus.“

Um dieses Gefühl der kreativen Leere zu kompensieren, beschlossen Rammstein zusammen mit ihrem Management, vor Erscheinen der nächsten Studio-CD (die tatsächlich erst zwei Jahre später auf den Markt kommen sollte), im Herbst 1999 eine Live-CD und -DVD namens „Live aus Berlin“ auf den Markt zu bringen, sozusagen als Zwischenstation. Eine gewagte Angelegenheit, da Rammstein zum damaligen Zeitpunkt gerade mal zwei offizielle Alben am Start und dadurch nicht gerade viel Material zur Verfügung hatten. Doch das Risiko sollte sich im Nachhinein jedenfalls aus kommerzieller Sicht einigermaßen auszahlen. Zumindest für einen Konzertmitschnitt verkaufte sich „Live aus Berlin“ recht ordentlich. In Deutschland landete die CD nach ihrer Veröffentlichung am 31. 08. 1999 auf dem ersten Platz der Album-Charts, in Österreich auf dem zweiten und in der Schweiz auf dem achten Rang. Im übrigen Europa wurden nur mittlere Hitparaden-Plätze erklommen, und in den USA reichte es gerade mal für eine Nummer 179.

Was aber war der Hauptanlass für die Veröffentlichung von „Live aus Berlin“? Schlagwerker Schneider beantwortete diese Frage dem Magazin *Break Out* in der Ausgabe 06/99 wie folgt: „Wir fanden das Konzert in Berlin auf der Wuhlheide Anlass genug, um das zu dokumentieren, was wir bisher geschafft haben.“ Tatsächlich hatten Rammstein im August 1998 etwas für sie bis dahin Einmaliges auf die Beine gestellt. Die Band hatte nämlich zwei Open Airs in Berlin auf dem Gelände „Wuhlheide“ veranstaltet, bei denen mehr als 40.000 enthusiastische Fans anwesend waren. Diese Gigs gelten bereits heute als Klassiker unter den Rammstein-Auftritten. Beide Konzerte wurden damals mitgeschnitten und ein Jahr später als eine Art „Live-Best of“ auf CD wie auf DVD veröffentlicht.

„Berlin ist unsere Basis, daher haben wir diesen Mitschnitt gewählt", erklärte Schneider *Break Out* den Hintergedanken der 1999er-Veröffentlichung, „zudem wollten wir dem ganzen Bootleg-Kram etwas entgegensetzen. Wir wollten den Leuten einfach einen Live-Mitschnitt bieten, der einen guten Sound hat und mit unseren Studioproduktionen mithalten kann.

Wichtig für uns war auch der Aspekt – nachdem wir die letzten zwei Jahre nur mit Touren beschäftigt gewesen waren und unsere Show und das Live-Auftreten sich immer weiter entwickelt hatten –, das Ganze einfach einmal als Dokumentation festzuhalten. Hinzu kommt auch noch, dass wir die ganzen alten Songs momentan gar nicht mehr spielen können und wollen. Die Rammstein-CDs wurden in immer mehr Ländern veröffentlicht. Und da wir jetzt so langsam durch sind mit dem Touren, wollten wir halt auch für alle Fans auf dieser Welt Rammstein in Ton und Bild festhalten, damit jeder etwas davon hat – auch diejenigen, die uns noch nicht live gesehen haben."

Dass „Live aus Berlin" ausgerechnet in der Landeshauptstadt Berlin und damit auf geschichtsträchtigem Boden abgedreht worden war und der Mitschnitt noch dazu unmittelbar nach dem Streit um das Leni Riefenstahl infizierte Video zu „Stripped" auf den Markt kam, interessierte die Band einmal mehr überhaupt nicht. „Diese pissigen Diskussionen", ließ Schneider via *Break Out* 1999 genervt verlauten. Und weiter: „Gut, über Riefenstahl kann man reden, und wir haben versucht, uns mit dieser Thematik auseinanderzusetzen, und haben gemerkt, dass es überhaupt nicht geht und zum großen Teil die Leute damit nicht umgehen können. (...) Doch wenn die Leute immer noch nicht begriffen haben, dass zwischen deutscher Mentalität und Rechtsradikalismus ein himmelweiter Unterschied besteht, dann tut's mir Leid, und die können ihre Diskussion von mir aus mit irgendwelchen Skinheads in Hoyerswerda führen."

Es war allerdings nicht nur der Aufnahmeort, der die Medien zu großen Teilen wütende Kommentare schreiben ließ, sondern gleichfalls das Cover von CD und DVD, das wiederum an Nazi-Ästhetik erinnerte, wenngleich in stark ironischer Form. Allerdings gab es für das gesamte Paket nicht ausschließlich Komplett-Verrisse. *Musikexpress/Sounds*-Redakteur Arno Frank etwa ging in der Ausgabe 09/99 des Magazins anlässlich seiner „Live aus Berlin"-Plattenrezension zwar kritisch, aber durchaus fair und kundig mit Rammsteins damals aktuellem Werk um: „Gewalt", schrieb er, „in allen ihren sexuellen, politischen und musikalischen Ausprägungen ist das brennende Thema, von Rammstein auf der Bühne visuell auch entsprechend umgesetzt. ‚Live aus Berlin' als CD aber muss ohne das visuelle Element, also ohne Flammenmeere oder die üblichen homoerotischen Sadomaso-Phantasien auskommen.

Derart aus dem diskursiven Kontext ausgeklammert, erscheint die Musik als das, was sie ist: industrieller Metal, nicht nur elektrisch, sondern eben auch elektronisch verstärkt und eine ganze Ecke ungeschliffener, unbändiger als im Studio. Lieb gewonnene Arrangements werden wütend gestrafft, die brachiale Dramaturgie von

‚Engel' beispielsweise gerät hier genüsslich unter die Räder. Es rauscht, fiept und rollt das große „R", dass es eine wahre Freude ist. Oder eben nicht. An Rammstein haben sich die Geister längst geschieden. Zumindest für eine der beiden Parteien ist ‚Live aus Berlin' eine weitere Offenbarung – nämlich ein weiterer Schritt in den Wahn, der Rammsteins eigentliches Thema ist."

Rammstein hassen oder lieben – die alte Kontroverse um das Sextett kam auch in dieser Rezension einmal mehr durch. Nur der Autor selbst hielt sich bei der Bewertung nach Punkten im Mittelbereich auf und verteilte drei von fünf möglichen Sternchen.

„Die Doppel-CD ‚Live aus Berlin' bringt nichts Neues, ist aber ein solider Querschnitt durch die beiden bisher erschienenen Alben", wertete die Schweizer Internet-Seite *music.ch* eher zurückhaltend und fuhr etwas schwärmerischer fort: „Ein wahres Feuerwerk an geballter Kraft. Die Gitarren klingen zwar live nicht ganz so druckvoll, und die Stimme Lindemanns droht hier und da unterzugehen. Und in Bezug auf Show und Texte kann man das Ganze natürlich ziemlich fragwürdig finden. Die Inszenierung ist aber großartig und insbesondere auch ein optischer Genuss, ein Theater für die Millennium-Generation. Für Rammstein-Fans ist daher eher der Kauf der DVD anstelle der CD zu empfehlen."

So sahen es auch die meisten Fans! Unter der Rubrik Kundenrezensionen beim Internet-Anbials auch DVD, wobei erstere um etliches schlechter wegkam, zweitere hingegen beinahe von allen „Amazon"-Kunden die Höchstwertung von fünf Sternen erhielt.

So schrieb Rezensent Hans Knust über die CD: „Ich habe mir dieses Album gekauft, weil ich schon ‚Reise, Reise' hatte und ich dachte, mit einem Live-Album könnte ich mir auch einen Überblick über die anderen Alben verschaffen. Allerdings war ich etwas enttäuscht über das, was mich da erwartete: Die Texte sind nur zu verstehen, wenn man die CD über Kopfhörer hört und sich darauf konzentriert! Das liegt daran, dass der Gesang der Fans den von Till Lindemann total übertönt und die Qualität allgemein nicht sehr überraschend ist. Es kommt mir vor, als wäre die CD ‚ohne Liebe' möglichst schnell produziert worden! Es kommt kein wirkliches Live-Feeling rüber, und das führt in diesem Fall schnell dazu, dass man die Lust an der CD verliert."

Auch „Amazon"-Rezensent Kellerkind-Jan war nicht wirklich angetan: „Das Publikum", schrieb er, „ging während des Konzerts voll mit, das hört man vor allem daran, wie mitgesungen wird. Nur leider kommt das Feeling überhaupt nicht rüber. Weder Interaktionen mit dem Publikum sind auf den Tonträger gebannt, noch werden die Stimmungen voll eingefangen. Es folgen weder Songansagen noch ‚Willkommen in Berlin' o. ä. Kaufen? Nur wer weiß, was ihn erwartet."

Ganz anders die Worte, die „Amazon"-Kunden für „Live aus Berlin" fanden. So schwärmte etwa Heinrich Ruberg: „Dass wir es hier mit der genialsten DVD aller Zeiten zu tun haben, wissen wohl die meisten. Besonders weil hier die besten Songs von Rammstein vorhanden sind. Dazu kommt die exzellente Qualität. Und wer dann noch eine Surroundanlage sein Eigen nennt, der erlebt einen Hörgenuss, der seinesgleichen sucht." „Amazon"-Kunde Daniel Piper stößt ins ähnlich euphorische Horn: „Ich habe mir die DVD besorgt, obwohl ich wusste, dass es sich darauf um ein älteres Konzert handelt. Ich dachte, vielleicht ist das Ding nicht so toll. Doch alleine der Anfang des Konzerts beginnt mit dem richtigen Lied. Wenn man dann noch eine gute Soundanlage hat, bekomme ich als Rammstein-Fan glatt eine Gänsehaut. Also, Leute – garantiert kein Fehlkauf!"

Auf der „Live aus Berlin"-CD sind insgesamt 15 Titel zu hören, bis auf das neue Stück „Wilder Wein" sämtlich bekannt von den beiden ersten Rammstein-Alben „Herzeleid" und „Sehnsucht". Dieselben Lieder konnte man auch auf der DVD bzw. der Video-Version, die beide zeitgleich am 29. 11. 1999 erschienen, finden. Als Bonus gab es hier noch ein Interview mit der Band sowie zusätzliche Features für den PC, etwa ein durchaus amüsantes Quiz rund um die Band.

„Voll auskosten kann man die ausgeklügelte Inszenierung auf der DVD, die allein sechs verschiedene Kameraperspektiven auf das Live-Event erlaubt", schrieb die „Amzaon"-interne Redakteurin Daphne von Unruh über den Tonträger. Und weiter: „Mit Dolby-Digital-5.1-Sound kann man es dazu auch akustisch ordentlich krachen lassen." Wie so oft hatten sich die sechs von Rammstein bei dem 91 Minuten langen Live-Dokument der modernsten Technologie verschrieben. Trotzdem waren nicht alle Medienleute mit dem Ergebnis zufrieden.

„Wenn du die Aufnahmen von ‚Seemann' oder ‚Klavier' auf eurem neuen Album ‚Live aus Berlin' hörst", fragte etwa *Musikexpress/Sounds*-Mitarbeiter Christoph Lindemann in der Ausgabe 09/99 des Magazins Richard Kruspe, „wünschst du dir da manchmal, Till würde ein bisschen an seinem Gesang arbeiten?" Richard erwiderte lachend: „Till ist in erster Linie ein großartiger Entertainer. Als ich Rammstein gründete, wollte ich eigentlich selbst singen, bis ich gemerkt habe, dass ich das nicht hinkriege. Till hat eine eigene Stimme und eine starke Ausstrahlung. Wir haben in Jacob Hellner außerdem einen guten Produzenten, der mit ihm versucht, das Beste aus der Stimme rauszuholen."

Rammstein jedenfalls wollten mit „Live aus Berlin" – so erklärte es wenigstens Schlagwerker Schneider im Sommer 1999 dem Magazin *Break Out* – „den Abschluss eines musikalischen Kapitels einleiten. Wir werden natürlich eine Showband bleiben", fuhr er fort, „aber wir wollen in Zukunft andere Mittel einfließen lassen, nach anderen neuen Möglichkeiten suchen und zunächst die deutschen Fans mit etwas anderem beglücken."

Ansonsten war Schneider äußerst zufrieden mit dem Ergebnis von CD und DVD, wie er Break Out in derselben Ausgabe erklärte: „Es klingt wirklich außerordentlich gut", sagte er stolz, „denn vor allem laute Musik klingt immer gut. Wenn du dir die Platte einmal genauer und etwas leiser antust, wirst du hören, dass alles live eingespielt ist. Instrumental ist definitiv nichts gedubbt worden. Lediglich am Gesang ist etwas gebessert worden. Sonst haben wir alles bewusst so gelassen, weil wir sowieso schon so maschinell klingen und viel mit Sequenzern arbeiten.

Ich selbst war auch sehr überrascht, als ich es hörte. Ich weiß aber auch, dass es nicht so wie die Studioplatten klingt. Dass der Mitschnitt so nahe an den Studioproduktionen liegt, hat mit dem sehr aufwendigen Aufnahmeverfahren zu tun: Wir haben jedes Instrument einzeln und auf eine Spur aufgenommen. Wir haben ewig lange Soundchecks gemacht und haben zwei Tage lang aufgenommen. Eigentlich waren es sogar drei Tage – wenn man den Dresden-Gig mitzählt. Es wurde im Vorfeld schon sehr viel getan, damit das, was dann später aufs Band kam, auch gut klingt. ...

Das einzige Problem, das wir hatten, waren die Fans. Das Jahr zuvor hatten wir schon einmal ein Wuhlheide-Konzert, und da war zehn Mal mehr los, aber durch das lange Warten und die Kälte mit dem Regen an den beiden Tagen war das Publikum etwas reserviert. Wir mussten dann später beim Schnitt etwas tricksen, damit es nach etwas aussieht." Das fällt beim Ansehen des Videos als Außenstehender nicht ins Gewicht, man merkt absolut nichts von der Zurückgenommenheit der Fans.

Dennoch: Genau die waren jedenfalls nicht rettungslos begeistert von „Live aus Berlin", zumindest nicht von der CD. Auch die Auflösungsgerüchte rund um die Band waren mit dieser Veröffentlichung nicht endgültig vom Tisch. Doch 2001 erschien „Mutter" – nach Meinung vieler Fans Rammsteins absolut bestes Album bis dato, ein Monument. Und das Sextett war wieder einmal die Band der Stunde. Mehr als jemals zuvor.

15. „Mutter“: Die Etablierung der Provokation

Rammstein hatten mit „Sehnsucht“ nicht nur die Metal- und Gothic-Szene für sich begeistert, sondern waren inzwischen im Mainstream angekommen. Die Band füllte sogar die eine oder andere Seite des Teenie-Blattes Bravo, das Rammstein auch schon ins Heft gehievt hatte. Über den deutschsprachigen Raum hinaus war der Sechser rund um den Globus erfolgreich. Ihre Tourneen durch Australien, Südamerika, die USA und in andere Teile der Welt waren umjubelt, sogar in Japan bildete sich eine euphorische Fangemeinde. Dort stünden weibliche Teenager, wie die Wochenzeitung *Die Zeit* in ihrer Ausgabe 14/01 in einem Artikel über die Band mitteilte, „bevorzugt auf ‚Bück dich‘ “.

Das Problem, dass die Fans in fernen Ländern der deutschen Sprache in den allermeisten Fällen nicht mächtig sind, ist eigentlich keines. Für den genannten *Zeit*-Artikel bat das Blatt Rammstein zum Interview, und es war von Paul Landers über dieses Thema zu erfahren: „Deutsch ist in anderen Ländern ja eher süß.“ Die Fans können trotz der Sprachbarrieren mit den Texten augenscheinlich etwas anfangen. In einem Interview, das Bassist Oliver Riedel dem portugiesischen Magazin *Radio X* am 06. 06. 2001 gab, fragte sich der Redakteur, ob das Publikum in nicht deutschsprachigen Ländern die Lieder denn auch verstehen würden. Darauf sagte Olli (übersetzt): „Ich weiß nicht, ob sie das verstehen oder nicht, aber die Wahrheit ist, dass sie den Refrain der berühmtesten Lieder mitsingen.“ Und Richard sagte im Gespräch mit dem Heavy-Rock-Magazin *Break Out* für die Ausgabe 03/99: „Es ist so, dass die Amerikaner Rammstein nur als Sound hören, völlig losgelöst vom textlichen Hintergrund, den sie nicht verstehen. Tills Stimme ist für sie nur ein Sound, ein eigenes Instrument. Es ist das Gesamtbild, das für sie zählt, und das ist bei Rammstein eben ziemlich groß. Wenn man es genau nimmt, kann man sogar sagen, wir sind in Amerika erfolgreicher als in Deutschland, und zwar ganz einfach deshalb, weil es viel schneller ging.“ Nach den Konzerten erreichen die Band manchmal E-Mails, in denen die Fans nach der Bedeutung der Texte fragen. In den meisten Fällen reicht der nicht deutschsprachigen Anhängerschaft aber die Musik und das beeindruckende Live-Erlebnis der Bühnenshow des Sextetts.

Diese sich auf jedem Konzert einstellende faszinierende Atmosphäre versuchte die Band auf „Live in Berlin“ einzufangen und unter die Leute zu bringen, was nicht ganz so gut gelang, wie sich das Sextett das vorgestellt hatte. Chartplatzierungen gab es dafür zwar wie gewohnt, aber die Verkaufszahlen blieben hinter denen der beiden ersten Alben zurück – was sich mit der nächsten Studio-Produktion ändern sollte.

Für die ließen sich Rammstein viel Zeit, und zwar so viel, dass Gerüchte aufkamen, die Band habe interne Probleme und würde sich vielleicht sogar auflösen. Wie in den meisten Gerüchten immer ein Fünkchen Wahrheit steckt, hatten die Bandmitglieder tatsächlich Schwierigkeiten miteinander, als es an die Vorbereitungen und Aufnahmen für das neue Album, das „Mutter“ heißen sollte, ging. In einem Interview für die Ausgabe 06/04 von *Rock Hard* erzählte Paul Landers über diese für die Band nicht gerade einfache Phase: „Ja, ‚Mutter‘ machte wirklich nicht großartig Spaß. Das berühmte dritte Album, wie man immer so schön sagt. Zudem gab es zwischenmenschliche Gründe. Nach acht, neun Jahren hatten sich innerhalb der Band die Machtverhältnisse verschoben. Es passiert eigentlich in jeder Band, dass Ritchie Blackmore [von der Hard-Rock-Band Deep Purple, Anm. d. Autoren] aussteigt, weil er mit Jon Lord nicht mehr kann. Jahrelang waren ihre Reibereien für die Zuhörer erquickend, aber irgendwann geht es allen Beteiligten so sehr auf den Senkel, dass einer aussteigen muss.“ Die Band verlassen hatte niemand, aber, so berichtete Paul weiter: „Es gab auch bei uns Knatsch und Stress zwischen zwei Leuten wegen Kompetenzschwierigkeiten sowie Über- und Unterschätzung. Wir mussten uns neu orientieren. Dabei hat es auch gekracht. Aber – ich klopfe auf Holz! – wir haben es gut überstanden.“ Wer das war, wollte Paul aber nicht verraten. Auch Richard zog in der Phase der Entstehung von „Mutter“ nach New York. Für ihn war es allerdings schwierig, sich von Rammstein zu lösen, wie er dem Metal-Magazin *The Gauntlet* vom 09. 03. 2006 erzählte (übersetzt): „Wenn du in einer Band-Demokratie lebst, musst du alles mit allen besprechen. Es kommt vor, dass Leute ihre eigenen Ideen haben und dass sie Dinge ändern wollen und versuchen, etwas anderes auszuprobieren. Es war wichtig loszulassen, und ich fühle mich jetzt viel besser. Ich muss nicht mehr die ganze Zeit dortbleiben.“

Diese problematische Zeit der Albumentstehung begann damit, dass sich die Band von allen äußeren Einflüssen getrennt für die Vorproduktion in Klausur begab. Sie bezog dafür ein Haus in Heiligendamm, einem Stadtteil von Bad Doberan an der Ostseeküste Mecklenburg-Vorpommerns in der Mecklenburger Bucht. Heiligendamm ist der älteste Seebadeort Deutschlands und wurde 2006 durch den Besuch von US-Präsident George W. Bush, den die deutsche Bundeskanzlerin Angela Merkel dorthin eingeladen hatte, weltweit bekannt.

Im *Rock Hard*-Interview für die Ausgabe 06/04 sagte Paul Landers über den Aufenthalt der Band an der Ostsee: „Die Lieder entstehen an verschiedenen Plätzen. Aber wir fahren dann meist an einen Ort, um sie als Vorproduktion aufzunehmen. So, als ob man alle Notizen zusammenfasst. Das letzte Mal fand die Vorproduktion in Heiligendamm an der Ostsee statt.“

Vor dem „Haus Weimar“, das Rammstein bezog, stand ein Schild mit der Aufschrift „Heiligendamm: da wo das Land das Meer berührt“, was als Satzfragment im Song „Nebel“ wieder auftaucht. Die übrigen Texte ersann Till Lindemann allein in einem Zimmer des Hauses und heftete die Papierseiten an eine Wand, sodass die anderen Bandmitglieder die Möglichkeit hatten, das Geschriebene mitzulesen und Kommentare dazu abzugeben oder Änderungen vorzuschlagen.

Die Musiker nutzten die Zeit am Meer, um baden zu gehen, Sänger Till zwängte sich sogar abends nach getaner Textarbeit in einen Tauchanzug, um die flachen Gewässer der Ostsee zu erkunden. Aber damit war es bald vorbei, denn Rammstein wollten die Produktion in Berlin fortsetzen. Dort bezogen sie alle zusammen einen alten Bierkeller im Stadtteil Prenzlauer Berg, ein sehr düsterer Ort, der alle Kreativität erstickte und die sechs schnell wieder vertrieb.

Die nächste Station war dagegen schon sonniger: das „Studio Miraval“ in Frankreich, wo die entstanden Songs aufgenommen wurden. Und das erledigte wieder Jacob Hellner, mit dem die sechs mittlerweile so gut zusammenarbeiten konnten wie mit keinem anderen Produzenten. Im Online-Musikmagazin von „Motor Music“ wird die Band in der Review von „Mutter“ mit den Worten zitiert: „Jacob ist der ideale Produzent für Rammstein, weil er sich nicht beim Songwriting einmischt. Wenn die Songs fertig sind, arbeiten wir mit ihm daran, um sie noch stärker zu machen. Er weiß außerdem, wie er Musikern Selbstvertrauen geben kann, damit sie während eines Aufnahmeprozesses das Beste aus sich herausholen können. Darüber hinaus ist er sehr diszipliniert und hat einen regelmäßigen Rhythmus. Das kommt uns als Band sehr entgegen. Er konzentriert sich bei seiner Arbeit dermaßen, dass er nach einem Tag im Studio schwankt, als habe er zu viel getrunken!“

Hellner und die sechs Rammstein-Musiker nahmen in Miraval Songs auf, die einen langen Weg hinter sich hatten, denn die ersten Ideen für das neue Album entstanden schon sehr früh. Bassist Oliver Riedel verriet dem portugiesischen Magazin *Raio X* am 06. 06. 2001 (übersetzt): „Die Band ging in eine isolierte Burg im Süden Frankreichs in Miraval. Und zwischen dem Komponieren und dem Aufnehmen verbrachten wir fast vier Jahre. Die dritte originale CD ist im Leben einer Band sehr wichtig, deshalb strengten wir uns so sehr mit ‚Mutter‘ an.“ Es waren dort in dem alten Gemäuer richtige Aufnahmen möglich, wie Olli sich weiter erinnert: „Das ist ein echtes Studio, wo Kiss, Sade und viele Künstler aufgenommen haben. Die Burg ist sehr abgeschieden, es herrscht dort ein warmes Klima, und es gibt einen riesigen Weinberg.“

Bei den Aufnahmen und der Endabmischung in den „MVG Studios“ in Stockholm, die Stefan Glaumann realisierte, der Ronald Prent als Mixer ablöste, nutzten Band und Produzent mehr denn je die Möglichkeiten des Computers. In einem Interview für das Internet-Musikportal von apple.com im Dezember 2005 erzählte Richard, wie positiv er die Computerarbeit fand. Er lobte, dass „man ganz präzise nach dem ‚Waggonprinzip‘ arbeitet, dann schauen kann, wie es die anderen machen, und irgendwann kann man sagen: aha, passt!“ Bei dem „Waggonprinzip“ wird ein Song systematisch in Intro, Strophe, Bridge, Refrain und andere Bestandteile untergliedert und zusammengesetzt, wie Waggons zu einem Zug verbunden werden. Das verschafft den Liedern eine straffe Struktur, die beim Zuhören noch mehr zupackt.

Mit diesen erweiterten musikalischen Möglichkeiten probierte die Band Neues aus und streute bislang für sie unbekannte Einflüsse ein, wie etwa die Euro-Dance-Klangtupfer bei „Ich will“. Darüber sagte Flake in einem Interview mit dem Magazin des Metal-Fan-Artikel-Unternehmens EMP Merchandising im April 2001: „Wir haben uns bemüht. Für mich hätte es gerne noch experimenteller sein können. Doch ohnehin haben es nicht alle Stücke auf das Album geschafft, wir haben noch ein paar Sachen für B-Seiten oder ein Filmchen übrig. Bis zum Ende des Mixes waren wir uns nicht sicher, welche Tracks wir für die Platte nehmen.“

Bei der Auswahl der Album-Tracks werden Rammstein nicht nur von ihrer Plattenfirma beraten. Auch das Urteil von Freunden, denen sie fertige Songs vorspielen und besonders die Meinung der Fans sind ihnen wichtig. Von ihnen durfte ein kleiner Kreis die fertigen „Mutter"-Titel schon vor der Veröffentlichung hören. In einem Fanclub spielte die Gruppe ein Geheimkonzert, an dem nicht mal Vertreter von „Motor Music" teilnehmen durften. Von der Reaktion der Zuhörer auf die einzelnen Lieder machten es die sechs Musiker abhängig, welcher Titel letztlich auf das Album gebannt wurde.

Die Titel, die sie schließlich auf die Öffentlichkeit losließen, klangen ganz nach Rammstein. Wieder trafen Pop-Harmonien und schwere Gitarren-Riffs aufeinander, diesmal allerdings nicht so rau und ungestüm wie noch auf den ersten beiden Alben. Dazu sagte Gitarrist Paul Landers später in einem *Rock Hard*-Interview der Ausgabe 06/04: „Ich weiß jetzt nicht, was besser und schlechter ist. Fakt ist zumindest, dass ‚Herzeleid' roher klingt. ‚Mutter' hingegen klingt gebügelter, produzierter. Allerdings war ‚Herzeleid' damals in einer extremeren Position als Jahre später ‚Mutter'. Man darf nicht vergessen, wann die Alben herauskamen. ‚Mutter' erschien in einer Zeit, in der viele andere Gitarrenbands Platten machten, die genauso gut oder besser als unsere Songs klangen. Deshalb ist ‚Mutter' nicht als Meilenstein in die Geschichte eingegangen. Ich finde ‚Herzeleid' im Nachhinein eher süß und denke heute nicht: Wow, was für ein Sound!"

Tatsächlich knüpft „Mutter" sehr an das im Vergleich zum Debüt etwas eingängigere Vorgängeralbum an. Und wie fünf Jahre zuvor bei den Aufnahmen zu „Engel" holte sich Till Lindemann wieder Bobo, die Sängerin der Band Bobo in White Wooden Houses, ins Studio, die ihn diesmal beim Song „Nebel" gesanglich unterstützte. Ein weiterer Gast war Richard Kruspes Tochter Khira Li, die auch auf „Live aus Berlin" im Stück „Tier" zu hören ist. Sie sang auf dem neuen Album zusammen mit Till den Refrain des Songs „Spieluhr".

Eine weitere Parallele zum Vorgängeralbum ist, dass die Band in die Songs von „Mutter" einige Samples und auch musikalische Gags einbaute, wie z. B. bei „Adios". In diesem Titel singt Till Lindemann im Hintergrund kurz „Bopbopschubop", wie es in vielen US-amerikanischen Rock'n'Roll-Titeln der 1950er und 1960er Jahre üblich war, und begleitet sich und seine eigene Melodie führende Stimme mit diesem kurzen rhythmischen Stakkato selbst. Die Band wollte dadurch einen typischen Rock'n'Roll-Chor jener Ära nachahmen. „Adios" klingt mit seinem schnellen, hämmernden Rhythmus überhaupt sehr amerikanisch nach damals frischen und in den USA populären Metal-Bands. Es hatte ein wenig den Anschein, als ob Rammstein solchen Gruppen nacheifern wollten, die auch schon mal ihre Tourpartner waren, wie z. B. Soulfly im Jahr 1999. Flake bestritt das in einem Interview mit dem Magazin von EMP Merchandising im April 2001: „Eigentlich nicht, wir wollten nur unbedingt mal was mit einem Rockabilly-Rhythmus machen. An amerikanischen Bands haben uns Korn und Limp Bizkit am meisten beeindruckt. Es ist ziemlich eindrucksvoll, was im Publikum passiert, wenn die spielen. Da brennt die Luft. Wenn wir auf der Bühne standen, waren die Leute eher steif. Der Grundrhythmus dieser Bands ist einfach unheimlich hart. Da haben wir uns manchmal schon gedacht: So ganz auf dem neusten Stand sind wir auch nicht mehr. Man muss aufpassen, dass man nicht im Museum landet.“ Auf die anschließende Frage, ob sie sich Konkurrenzdruck ausgesetzt fühlten, antwortete Flake: „Nicht direkt, aber man darf sich nicht auf seinen Lorbeeren ausruhen. Sonst heißt es auf einmal: ‚Ach ja, Rammstein, die sind auch schön‘, während man selber denkt, es wäre alles in Ordnung.“

Verschwindend wenig Konkurrenz haben Rammstein dagegen im deutschsprachigen Europa, wenn es um schockierende und provozierende Texte geht. Und die ließ sich Till Lindemann auch für „Mutter“ einfallen – obwohl ihm die Themenfindung etwas schwerfiel, weil sich der Druck von der Plattenfirma und vom Management, wieder einen Mega-Seller hervorzubringen, bemerkbar machte, wie Paul Landers in einem Bandinterview für die Wochenzeitung *Die Zeit* in ihrer Ausgabe 14/01 verriet: „Sagt Till: Okay, Inzest hatt' ich schon, Mord hatt' ich schon, Albtraum hatt' ich schon (...) Welche Schlechtigkeiten haben wir schon abgehakt, wo können wir das Schiff noch hinführen?“ Aber Paul ergänzte in dem Gespräch beruhigend, dass Till noch „viele Ideen in der Richtung hat“.

Und das gilt auch für das Album „Mutter“, für dessen Songs sich Till einiges an aufwühlenden Inhalten einfallen ließ – wie beim Titelsong des Albums. Darin geht es um ein Kind, das als Retortenbaby künstlich gezüchtet wurde und tieftraurig darüber klagt, keine Mutterliebe zu bekommen. Da dieses Stück Namensgeber für das Album war, folgte die Gestaltung von Cover und Booklet diesem Thema – mit schockierenden Motiven, die nach Erscheinen des Albums sofort für Medienberichte sorgten, welche die Bilder als geschmacklos und widerlich kritisierten.

Stein des Anstoßes war vor allem das Cover, welches das Foto eines Embryos zeigt, das im Mutterleib gestorben ist. Im Inneren des CD-Heftes sind die Rammstein-Musiker porträtiert als riesige eingelegte tote Feuchtpräparate, wie man sie – in kleinerer Form – in der Medizin oder Biologie zur Konservierung von Körperteilen von Tieren und Menschen anfertigt. Flake erzählte im Interview mit dem *EMP Merchandising-Magazin* im April 2001, wie es zu den Aufnahmen kam: „Durch Zufall sahen wir in einer Illustrierten Fotos von Geo und Daniel Fuchs. Das Ehepaar hat sich darauf spezialisiert, wissenschaftliche Präparate wie lebendige Wesen zu fotografieren. Ihre Bilder sind dabei mehr auf die Ästhetik ausgerichtet, sie wirken sehr friedvoll und schön, nicht die Gothic-Grusel-Ecke. Wir nahmen also Kontakt zu den beiden auf, und sie willigten ein, uns abzulichten: endlich mal etwas Lebendiges! Die Fotos wurden in einem speziellen Studio mit einem großen runden Glasbehälter gemacht, wie ein riesiges Aquarium. Wir sind ins Wasser getaucht und haben entsprechende Posen eingenommen. Zwei Tage lang waren wir vier bis sechs Stunden lang nur zum Luftholen über der Wasseroberfläche. Hat aber einen Riesenspaß gemacht. Wenn man so lange im Wasser ist, fühlt man sich schwerelos wie im Weltall.“

Der Inhalt der ersten Single des Albums, „Sonne", ist dagegen etwas weniger aufwühlend. Es geht darin um die Erfahrungen eines Süchtigen mit den zerstörerischen Auswirkungen seines Drogenkonsums. Im dazugehörigen Videoclip wird das Märchen vom „Schneewittchen" der Gebrüder Grimm verarbeitet. Die Rammstein-Musiker spielen darin die Zwerge, die für ein übel gelauntes, tyrannisches und drogenabhängiges Schneewittchen arbeiten. Im Gespräch mit *Rock Hard* für die Ausgabe 06/04 erzählte Paul von den Dreharbeiten: „Die Schneewittchen-Geschichte hat uns riesigen Spaß gemacht. Der Videodreh dauerte zwei Tage, und weil wir am späten Abend des ersten Tages keine Lust mehr hatten, von Babelsberg nach Hause zu fahren, schliefen wir gleich in dem kleinen Zwergenhaus. Ein Freund von uns fuhr zur Tankstelle und holte eine Kiste mit diversen Getränken. Danach ließen wir uns im Studio einschließen und feierten in dem Zwergenhaus eine richtige Zwergenparty."

Der Song wäre fast nicht entstanden, hätte man bei Rammstein nicht angefragt, ob sie nicht Lust hätten, für den damaligen ukrainischen Profi-Boxer Vitali Klitschko eine Einmarschhymne für den Ring zu komponieren. Der Titel sollte „Boxer" lauten. Allerdings lehnte Klitschko ihn als zu hart ab. In einem Interview für die Ausgabe 06/04 von *Rock Hard* erinnerte sich Paul Landers daran: „Als die Anfrage kam, setzte Till sich hin und umschrieb das Thema Boxen so mit Worten, dass es nicht so flach wirkt. Und dann entstand im Proberaum das Lied (...) Wir hatten uns die Sache richtig schön ausgedacht: Die ganze Arena zählt mit: eins, zwei, drei. Weiter bis zehn. Und dann: Aus! Genau bei ‚Aus!' kommt Klitschko in die Arena und geht zum Ring. In dem Moment, wo er im Ring die Arme hochreißt, erklingt der Refrain: ‚Hier kommt die Sonne!' So war es geplant. (...) Die Idee war gut. Er hätte das mal machen sollen, dann hätte er vielleicht keine Niederlagen erlitten. Was seinen letzten Kampf betrifft: Ich denke ja, dass jemand etwas in sein Wasser gemischt hat.(...) Er war doch ganz offensichtlich nicht in Form (...) Vielleicht ist jemand, dem Rammstein zu hart sind, zu weich fürs Boxen. Er ist zu schwach." Ansonsten nahmen die Rammstein-Mitglieder Vitali Klitschko nicht übel, dass er das Lied ablehnte, wie Paul weiter erzählte, denn sie hielten den Song musikalisch für gelungen: „Und deshalb war es nicht schlimm, dass es mit Klitschko nicht geklappt hatte. Das Lied war ja gut. Wir jedenfalls dachten: Man kann niemanden zu seinem Glück zwingen. Wenn jemand unbedingt zu Tina Turners ‚You're simply the best' einmarschieren will, darf er das. Ist auch ein schönes Lied." *(kichert)*

Sänger Till musste bei einigen Medienvertretern richtigstellen, wie der Text für „Sonne" entstand, wie z. B. in einem Interview mit dem Nachrichtenmagazin *Focus* vom 02. 12. 2002. Darin wurde er gefragt, ob er dafür durch ein Tanzlied aus „Also sprach Zarathustra", einem Buch des Philosophen Friedrich Nietzsche, angeregt worden sei: „Um Gottes willen, nein! Die Auslegung unserer Texte ist oft fantastisch. Viele Fans hegen sehr hohe Erwartungen und sind dann enttäuscht, wenn wir uns nicht viel dabei gedacht haben. ‚Sonne' war einfach eine Einmarschhymne für Vitali Klitschko." Nietzsches Werke wurden von den Nationalsozialisten für deren Ideologie missbraucht, also war diese Frage, wie schon so oft, der Versuch, Rammstein als faschistisch orientiert bloßzustellen.

Um endlich eine klare Antwort auf die Frage zu geben, ob sie Nazis seien, unterzeichneten Rammstein 2001 Udo Lindenbergs Aufruf „Rock gegen rechte Gewalt“. Und sie nahmen für „Mutter“ den Song „Links 2 3 4“ auf, der in den Medien heftigst diskutiert wurde. Darin sagt Till, dass sein Herz links schlage und nicht rechts, wie es ihm gern angedichtet wird, was im Grunde eine eindeutige Aussage ist. Allerdings lädt die Machart wieder zu Missverständnissen ein, denn das „2 3 4“ wird mit militärisch anmutender Marschmusik unterlegt. Hinzu kommt, dass auch das dazugehörende Video militärisch anmutet. Darin zerstören aggressive Käfer eine Ameisenwelt. Die übrig gebliebenen Ameisen organisieren sich und haben als Oberbefehlshaber einen Ameisenführer, auf den sie intensiv eingeschworen werden und der sie gegen die Käfer in den Kampf führt, um diese zu vernichten. Das wurde in den Kritiken als Beweis dafür angeführt, dass Rammstein es gar nicht ernst meinte mit einer politischen Positionierung als links. So war in der *Stuttgarter Zeitung* vom 23. 08. 2001 zu lesen: „‚Links 2 3 4‘ zeigt dann auch deutlich, dass sich Rammstein jeder politischen Einordnung widersetzen.“

In den USA boykottierten die Radiosender die Single „Links 2 3 4“, weil der Marschmusik-Rhythmus die Amerikaner wieder an Nationalsozialisten im Stechschritt erinnerte.

Genauso kam das Video zum Titel „Ich will“ in den USA auf den Index. Der Clip entstand im Gebäude des ehemaligen DDR-Außenministeriums in der Osthälfte Berlins. Die Bandmitglieder spielen darin Kriminelle bei einem Banküberfall, bei dem es aber gar nicht um das Geld geht, sondern um die Aufmerksamkeit der Medien. Die Bankräuber wollen Stars sein – eine Handlung, die man als Kritik an der sensationslüsternen Presse- und sonstigen Medienlandschaft deuten kann. Flake sprengt sich am Ende des Videos selbst in die Luft, als seine Gang von einem Sondereinsatzkommando der Polizei verhaftet wird. Genau das führte aber zum Verbot des Clips in den USA, zum Beispiel beim Musiksender MTV. Denn kurz nach der Veröffentlichung wurde das Land wie die gesamte westliche Welt von den Terroranschlägen am 11. 09. 2001 auf das World Trade Center in New York erschüttert. Die explodierende Bombe am Schluss des Videos erinnerte die Amerikaner zu sehr an dieses tragische Ereignis, und deshalb wurde es schnell wieder von den Programmlisten gestrichen. Der Rest der Songs erregte nicht solches Aufsehen, denn ein wenig hatte sich die Öffentlichkeit an Themen wie Sado-Maso-Fantasien, wie sie in „Rein raus“ geschildert wurden, bei Rammstein schon gewöhnt. Auch „Spieluhr“, ein Stück, in dem von einem Kind erzählt wird, das lebendig begraben wurde, nachts aus der Gruft heraus singt, ehe es schließlich befreit wird, jagte zwar Schauer über den Rücken, es rief aber keinen Aufschrei der Empörung mehr hervor. Das Gleiche gilt für „Mein Herz brennt“. Dessen Arbeitstitel war „Sandmann“, eine sehr positive und von Kindern geliebte Gestalt des deutschsprachigen Volksmythos. Er soll die kleinen

Kinder zum Einschlafen bringen, indem er ihnen Sand in die Augen streut. Rammstein wenden das Lied ins Schaurige, indem der Sandmann den Kindern keinen friedlichen Schlaf verschafft, sondern Albträume in Gestalt von Dämonen und Geistern zusendet.

Die Musik, in welche diese Inhalte verpackt waren, beurteilte der Großteil der Medien positiver als je zuvor bei einem Rammstein-Album. So wurde in der *Stuttgarter Zeitung* vom 23. 08. 2001 eingeräumt: „Dabei bieten Rammstein musikalisch durchaus hohe Klasse. Die Produktion ist perfekt, die Riffs sitzen wie die Faust aufs Auge, gelegentliche Orchester- und Sequenzer-Einwürfe sind perfekt platziert, Songwriting und Produktion optimal aufeinander abgestimmt. Auch wenn einem die Inhalte widerstreben oder einfach nur zu flach und pathetisch sind: Rammstein faszinieren ob ihrer perfekten Inszenierung.“ Tatsächlich waren sich in dieser Einschätzung der Qualität der „Mutter“-Songs fast alle Rezensenten einig, bei den Szene-Blättern sowieso, aber sogar *Musikexpress/Sounds* ließ sich diesmal nicht wie bei den Alben zuvor zu einer vernichtenden Kritik hinreißen, sondern tatsächlich zu einer überdurchschnittlichen Beurteilung mit vier von sechs möglichen Sternen. Dort stand in der Ausgabe 04/01: „Das dritte Album der Berliner ist ein Heidenspaß, auch für Leute, die mit Neuer Deutscher Härte nicht viel anfangen können. Man muss nur Humor mitbringen (…) ‚Mutter‘ mag nun aber Rammstein-Fans wie -Muffel gleichermaßen Freude bereiten. Denn ‚Mutter‘ ist ein Mirakel: eine Platte, die gleichzeitig als Gipfelleistung und als ultimative Parodie ihres Genres funktioniert. Die Über-Neue-Deutsche-Härte-Platte, die Pamela Anderson des NDH-Katalogs, konsequent auf die Lieferung der gewünschten Schlüsselreize getrimmt. Und somit hart an der Grenze zur Selbstverlade.“ Am Schluss konnte sich der Rezensent dann ein paar ganz unterschwellige Seitenhiebe doch nicht verkneifen: „Dazu bratzen die Muskel-Gitarren im Stechschritt, rattern blitzblank die Sequenzer, jubilieren die Chöre, stöhnen scheint’s in Ketten gelegte Jungfrauen, wagnern Synthie-Streicher und wimmern Kinderliedchen zwischen den Riffs. Rock? Comedy? Das muss jeder für sich entscheiden.“

Nahezu ohne Abstriche und auch ohne ironische Spitzen kommt die positive Rezension des oft sehr kritischen Internet-Musik-Portal *laut.de* vom April 2001 aus: „Mit elf Liedern verewigen sich Rammstein erneut auf einem Silberling, den mit Sicherheit wieder Millionen weltweit kaufen werden. Der Grund ist die nahezu perfekte (manchmal auch perfide) Mischung von Provokation und Hitcharakter. Erneut rollt also Till Lindemann das ‚R‘, erneut gibt es textlich eine Mischung aus schaurig-schöner Gruselromantik bis hin zu derben Knüppel-aus-dem-Sack-Fantasien. Man muss schon zugeben: Dieser Gigantismus aus messerscharfen Riffs, monolithischen Songstrukturen, Gänsehaut erregender Schauerromantik und dem düsteren Gesang war noch nie so ambitioniert wie auf ‚Mutter‘. Wie gesagt: Nichts (wirklich) Neues von Rammstein, man erkennt sie immer noch wieder. Sie spielen eben mit neuen Elementen, ohne dass dabei ihre Identität verloren geht. Es ist noch immer Rammstein pur – vielleicht nur noch ein bisschen perfekter, schärfer und aufregender!“

„Mutter“ verkaufte sich genau wie die beiden Vorgänger-Studioproduktionen prächtig. Das Album erschien am 02. 04. 2001 bei „Motor Music“, ein Datum, das Rammstein scherzhaft als „Muttertag“ bezeichneten. Es schoss sofort in Deutschland an die Chartspitze und erreichte auch in Österreich und der Schweiz die Top-Position. In 14 Ländern kam es in die Hitlisten, fünf Mal unter die ersten zehn und zwei Mal in den Bereich der ersten 15. Die schlechtesten Platzierungen wurden in Italien mit Platz 68 und in den USA mit lediglich dem 77. Rang erreicht. Da half es auch nichts, dass in den Staaten eine Zwei-CD-Special-Edition herauskam, auf der das Video zu „Sonne“ und ein weiterer Song namens „Halleluja“ zu finden war, der auch in Europa auf die Maxi-Single von „Links 2 3 4“ genommen wurde. In Europa erschien noch ein Digipack des Albums, das in andere Länder importiert wurde. Und es gibt eine japanische Version, die gleichfalls „Hallelujah“ enthält, allerdings versteckt sie sich nach einer zweiminütigen Pause hinter dem letzten Lied.

Als erste Single kam „Sonne“ bereits am 12. 02. heraus und kletterte auf den zweiten Rang in Deutschland, auf Platz 5 in Österreich und die Nummer 18 in der Schweiz. Sonst wurde der Titel nur noch in Schweden auf dem 42. und in Finnland auf dem neunten Rang verzeichnet. Es folgten am 14. Mai „Links 2 3 4“, das in Deutschland auf Höchstposition 26 und sonst eher in mittleren und unteren Chart-Regionen zu finden war. Ähnlich erging es den weiteren Auskopplungen: Am 10. 09. kam „Ich will“ heraus, das in Deutschland den 29. Rang erreichte und in wenigen weiteren Ländern die Hitlisten beglückte, darunter war auch endlich Großbritannien, wo der Titel auf Platz 30 kam. Die Maxi-CD enthielt Remix-Versionen von Westbam und Paul van Dyk, eine Live-Version, ein Live-Video des Songs und den Ramones-Klassiker „Pet Sematary“ in einer Konzert-Version – bei der Flake singt.

Die Single „Mutter“, herausgebracht am 25. 03. 2002, kam in Deutschland nur noch auf Platz 47 und immerhin in Finnland noch mal auf den siebten Rang. Schließlich gelangte „Feuer frei!“, veröffentlicht am 14. 10. 2002, noch in den deutschen Charts auf Platz 33 und in Österreich auf die 28. Position. In Großbritannien kam der Titel auf Platz 35.

Im Interview mit *Rock Hard* für die Ausgabe 06/04 berichtete Paul Landers, wie er den nach dieser Bilanz schwindenden Erfolg in den USA einschätzte. Auf die Frage, ob sie nach den geringen Verkäufen dort nicht wieder von vorn anfangen müssten, sagte er: „Von vorn nicht. Aber wir hatten im Zuge unserer zweiten Platte ‚Sehnsucht‘ mit der Single ‚Du hast‘ einen Riesenerfolg. Diese Single lief in den Staaten fantastisch, und wir hatten viel mehr Erfolg, als wir uns je vorstellen konnten. Diesen Erfolg nahmen wir als gegeben hin und dachten: Alles klar, Amerika liegt uns zu Füßen! Später wunderten wir uns, dass es bei ‚Mutter‘ nicht so toll lief. Erst dachten wir, dass wir öfters drüben spielen müssen. Also taten wir das. Allerdings kam hemmend hinzu, dass eine bestimmte Person, die uns bislang fantastisch betreut hatte, unsere amerikanische Plattenfirma verließ. Diese Person war von uns infiziert und genau deshalb so wertvoll für uns. Dass es aber auch anders geht, zeigte uns England: Dort war ‚Mutter‘ unsere erfolgreichste Platte überhaupt. Alles in allem war es für uns sicher hilfreich zu erleben, dass es nicht nur bergauf, sondern auch bergab gehen kann. Wir konnten den Rückgang in Amerika aber gut verkraften, denn in Europa lief es sehr gut."

Und das gilt besonders für die Tournee, die sich an die Veröffentlichung von „Mutter" anschloss. Pünktlich am 13. 05., zum Muttertag des Jahres 2001, starteten Rammstein in Nürnberg ihr erstes Konzert von 13 Konzerten in Deutschland, das letzte am 01. 06. Gleich danach ging es quer durch Europa. Oliver sprach mit dem Magazin *Radio X* am 06. 06. 2001 darüber, was das Publikum auf der Bühne erwartete (übersetzt): „Wir werden Spezialeffekte einsetzen und jeder Song hat eine unterschiedliche Komponente – mit jeder Menge Feuer." Nach diesen Konzerten ging es dann wieder in die USA, nach Kanada und Mexiko, was sich bis zum August 2001 hinzog. Im September und Oktober blieb das Sextett gleich dort, um in den Vereinigten Staaten die Fans auf der „Pledge of Allegiance"-Tour zu beglücken. Neben Rammstein spielten American Headcharge, Mudvayne, System of a Down und Slipknot. Trotz der sinkenden CD-Verkäufe waren Rammsteins US-Shows sehr erfolgreich.

Der Rammstein-Gitarrist Richard Kruspe hatte auf der Tour 2001 Pech: Er verlor den unter den Fans bekannten großen Silberring. Ein kleiner Trost für ihn war vielleicht, dass Rammstein als einzige deutsche Band live bei den „MTV European Music Awards" in Frankfurt am Main am 08. 11. 2001 auftreten durften, um danach gleich wieder auf eine Europatour zu gehen, die bis zum 15. Dezember dauerte. Unterstützt wurden sie wie schon so oft von Clawfinger.

Live ging es auch zu Beginn des neuen Jahres weiter – mit einem Konzert der besonderen Art. Vom 09. bis 12. 01. 2002 reisten Rammstein nach Prag, um bei den Dreharbeiten des US-Action-Streifens „xXx – Triple X" von Regisseur Rob Cohen und mit Vin Diesel in der Hauptrolle dabei zu sein. Die Band mimt sich selbst und ist in den Anfangsszenen bei einem Live-Gig zu sehen, bei dem sie „Feuer frei!", den fünften Song des „Mutter"-Albums, spielen, der auch auf dem Soundtrack-Album des Films zu finden ist. Das Bildmaterial des Gastauftrittes wurde gleichfalls für das Video zu „Feuer frei!" verwendet. In diesem Jahr fand sich noch ein weiterer Rammstein-Song in einem Film wieder: „Hallelujah", das nur in der US-Version von „Mutter" und als Zugabe zur „Links 2 3 4"-Maxi zu bekommen war, tauchte auf dem Soundtrack des Horrorthrillers „Resident Evil" von Regisseur Paul W. S. Anderson mit Milla Jovovich in der Hauptrolle auf.

Rammstein war fortan überall vertreten: Sei es in den Charts, im Kino oder auf den Konzertbühnen, es lief richtig rund für die sechs Musiker. Aber nicht nur dort, denn sie wurden auch nach dieser Album-Veröffentlichung mit wichtigen Preisen und Auszeichnungen ausgestattet. Wieder erhielten sie am 07. 03. 2002 den deutschen „Echo" in der Kategorie „Best Nu Metal Act National", den Flake und Schneider am Abend der Verleihung entgegennahmen. Christoph durfte ein paar Wochen später, am 21. 03., zu den „Hard Rock Awards" nach Paris fliegen, wo er für die Band eine Auszeichnung als „Best Rock Act" abholte. Nach ihrer Europatour vom 14. 05. bis zum 14. 07., bei der die Band auf vielen Festivals wie dem „Pink Pop Festival“ oder in Roskilde spielte, gab es einen weiteren Preis: Paul und Schneider nahmen bei den „Kerrang! Awards“ in London am 27. 08. 2002 eine Auszeichnung für Rammstein als „Best Live Act International“ entgegen.

Rammstein waren etabliert, wenn auch nicht gezähmt, wie die bei jeder neuen Album-Veröffentlichung ausbrechenden Debatten über anstößige und provozierende Songinhalte zeigten. Sie hatten sich überall in der Welt große Fangemeinden erspielt, die sie immer wieder in die Charts kauften und jedes Konzert zu einer Massenveranstaltung werden ließen. Die Neider, auch von sehr kritischen Medien, mussten sich eingestehen, dass dank solchem Zuspruch wohl doch mehr Substanz in Rammstein steckte als sie annahmen.

Die Qualität der Band hatten allerdings einschlägige Magazine aus der Metal-Szene, in der sich die Band zuerst festgesetzt hatte, wie z. B. *Rock Hard, Break Out* oder besonders der *Metal Hammer*, sofort erkannt, als Rammstein in der Öffentlichkeit aufgetaucht war. Jetzt waren sie ein flächendeckendes Phänomen.

16. „Rammstein machen Kasse“:

Interview mit dem früheren Chefredakteur des Metal Hammer, Robert Müller (1996–2001)

Robert Müller, Jahrgang 1967, gehörte zwischen 1993 und 2001 dem Team des Magazins *Metal Hammer* an, die letzten fünf Jahre davon als Chefredakteur. Von Rammstein hat er erstmalig 1994 gehört, er betreute die Band fortan und war zuständig für die Berichterstattung im *Metal Hammer* über deren ersten drei Alben. Heute ist Robert Müller Textchef beim Frauenmagazin Celebrity.

FRAGE: Robert, erinnerst du dich noch daran, wann und wo du zum ersten Mal von dieser Band namens Rammstein gehört hast?

MÜLLER: Ja, das war im Sommer 1994 im Rahmen der Musikveranstaltung „POP KOMM“ in Köln. Der damals frisch gebackene Rammstein-Manager Emanuel Fialik, alias „Emu“, hat mir dort ein Demo seiner neuen Schützlinge in die Hand gedrückt. Darauf waren sechs Stücke zu hören, die weitgehend schon so klangen wie auf dem späteren Debüt „Herzeleid“. „Emu“ war sehr aufgeregt und meinte zu mir: „Die Jungs werden groß!“ Damals war er gerade auf der Suche nach einer Plattenfirma für die Gruppe. Er hoffte, dass ich ihm bei dieser Suche aufgrund meiner Kontakte zu vielen Labels behilflich sein könnte.

FRAGE: Was war dein erster Eindruck vom Rammstein-Sound?

MÜLLER: Für mich war es ein konsequenter Stilmix aus Laibach und Die Krupps mit deutschen Texten. Beides Bands, auf die ich im Übrigen sehr stehe! Gleichzeitig war es in meinen Ohren Industrialsound, der in dieser Form bislang nicht existierte. Wie auch immer, ich war sehr angetan von dem Demo. Da war ich nicht der Einzige, denn die sechs Nummern sorgten für großes Interesse in der Musikindustrie. Es entstand eine regelrechte Anbieterschlacht. Es schien, beinahe jede Firma war heiß darauf, diese Band unter Vertrag zu nehmen. Denn die Idee von „Emu“ und Rammstein war von Beginn an, nicht nur ein musikalisches Konzept zu verkaufen, sondern bereits damals ein komplettes Ding, das darüber hinaus auch aus Show und Image bestand.

FRAGE: Du selbst brauchtest also gar keinen Einsatz leisten, um Rammstein zum Erfolg zu verhelfen?

MÜLLER: Nein, denn dieses Ding war sofort ein Selbstläufer. Zum raschen Erfolg beigetragen hat auch die Tatsache, dass Rammstein in den ersten beiden Jahren ihrer Existenz beinahe permanent auf Tour waren, zunächst im Vorprogramm diverser Formationen wie Project Pitchfork, bald auch als Hauptattraktion. Ich habe Rammstein 1996 als Headliner gesehen, sie haben mich voll überzeugt, während in der Presse damals noch nicht viel über sie und ihre Konzerte geschrieben wurde. Es gab da einige Startschwierigkeiten.

Wir vom *Metal Hammer* haben die Gruppe und ihre Karriere allerdings stets wohlwollend verfolgt. Auch deshalb, weil klassische Leser unseres Heftes und Leute von der Straße auf uns zukamen und meinten: „Wir haben die live gesehen, schreibt was drüber – die sind total geil!“ Auf solche Hinweise muss ein Magazin wie der *Metal Hammer* natürlich reagieren, schließlich haben wir einen Ruf als Szeneblatt.

FRAGE: Jedenfalls hast du bereits nach erstem Hören von der Band an deren ganz großen Durchbruch geglaubt?

MÜLLER: Nein, zumindest nicht in diesem Ausmaß. Doch mir wurde schnell klar, wie ehrgeizig diese Gruppe ist. Wie clever. Und dabei musikalisch und vom Konzept her absolut einzigartig im deutschsprachigen Raum.

FRAGE: Der Image- und Marketingaspekt spielt demnach bei Rammstein in deinen Augen eine wichtige Rolle?

MÜLLER: Sowohl die Band als auch ihr Manager bestreiten das bis heute vehement, doch natürlich hat sie stets geschickt mit diversen Strategien gespielt. Wobei richtig ist, dass Rammstein in der Öffentlichkeit eine Maschine ist, die sich selbst ölt. Privat sind die sechs Herren sehr viel anders als auf der Bühne. Doch sie können zwischen diesen beiden Leben sehr gut unterscheiden.

Hinter Rammstein steckt eine inszenierte – und auf den Außenstehenden äußerst faszinierende – Fassade. Gegenüber den Medien und den Fans kursieren viele Gerüchte und Geschichten, das heizt die Menge immer wieder an, Rammstein bleiben im Gespräch. Und das „Starsein“ passt den Herren recht gut in den Kram, sie inszenieren sich ganz gern, sind auch eingebettet in ein Konzept. Außerdem unterstützen sie die klassische Förderkultur. Sprich: Sie delegieren gerne an fähige Leute, die sie dafür brauchen, um im Gespräch zu bleiben. Das sind äußerst engagierte Menschen, die ihre Jobs prächtig verstehen. Doch wie gesagt, ich meine das alles nicht abwertend, sondern eher bewundernd. Rammstein sind garantiert eine Klasse für sich!

FRAGE: Nochmals zurück zu Rammsteins erstem Demo, das du dir anhören durftest: Wie bewertest du es im Rückblick?

MÜLLER: Es war eine recht rohe Angelegenheit, das schon – aber definitiv eine überzeugende Demonstration von dem, was Rammsteins Konzept darstellen sollte. Für mich war dieser Anspruch der Gruppe jedenfalls einzigartig, was ihre Kombination von Sound und Texten angeht. Dieses leicht Verstörende, diese wüste Ästhetik, die haben mich gleich beeindruckt.

Beim Metal Hammer bist du ja ein Profi, was harte musikalische Klänge angeht. Wir Redakteure schätzen bei diesem Magazin neue Sachen sehr kühl und realistisch ein. Natürlich geht es bei einer solchen Einschätzung auch darum, ob du mit einer neuen Band entsprechend viele Hefte verkaufen kannst. Dass Rammstein Kasse machen würde und wir auch mit ihnen, war relativ bald klar.

FRAGE: In den meisten Medien wurden Rammstein von Beginn ihrer Karriere an heftig diskutiert, es gab sehr rasch die Vorwürfe von wegen „Rechts-Rock", „Nazi-Verherrlichung", „Leni-Riefenstahl-Ästhetik" etc. Hattet ihr in dieser Richtung auch Probleme in der redaktionsinternen Diskussion sowie mit eurer Leserschaft?

MÜLLER: Weder in der Redaktion noch bei unserer Leserschaft gab es mit Rammstein ein Problem, das Urteil war evident. So ziemlich alle aus unserem Umkreis fanden die Band geil, weil sie sehr hart klingt, sehr gitarren-orientiert, sehr konsequent in ihrer Präsentation, einfach einzigartig. Und natürlich ist es für ein Blatt gut, wenn eine Band auf dem Cover zu sehen ist, die provoziert beziehungsweise polarisiert. Aus demselben Grund haben wir auch Ministry – die vom Anspruch her Rammstein nicht unähnlich sind – immer mal wieder zur Titelgeschichte verholfen.

FRAGE: Wurde über den politischen Anspruch von Rammstein – sofern sie einen solchen überhaupt verfolgen – nie bei euch debattiert?

MÜLLER: Nein, weil der in unserem Blatt nur am Rande vorkommt. Meine Linie als Chefredakteur vom *Metal Hammer* war: Wir sprechen mit Musikern nicht über Politik, sofern sie es nicht von sich aus tun. So wurde bei uns verfahren, so wird es das meines Wissens bis heute. Eine Rockband in einen politischen Kontext zu stellen, ist Aufgabe von Magazinen wie etwa dem Spiegel.

Die haben das auch brav getan, denen missfiel eklatant die „deutsche Ästhetik" von Rammstein. Doch dieser Aspekt war für uns überhaupt nicht relevant. Wobei ich ihn rein persönlich für totalen Quatsch halte, denn das, wofür Rammstein steht, ist in den 1920ern entstanden: „Futurismus" oder die politisch motivierte Kunst von Bert Brecht und Kurt Weill, Kultur jedenfalls, die von den Nazis einige Jahre später verboten wurde. Rammstein hätten unter Adolf Hitler keine Chance gehabt. Ich glaube nach wie vor, *Der Spiegel* war insgeheim neidisch, dass Rammstein mit ihrer neuartigen Form von Rockmusik so viel Aufmerksamkeit geerntet und so viele Platten verkauft haben. Das hat nicht in ihr Konzept gepasst, in dem alles Deutsche erst einmal misstrauisch beäugt wird.

FRAGE: War es all die Jahre über, die du Rammstein für den *Metal Hammer* redaktionell betreut hast, pflegeleicht mit der Band zu arbeiten?

MÜLLER: Nein, doch ich verstehe das, denn auch dieser Aspekt ist Teil des Rammstein-Konzepts. Rammstein waren und sind sehr selektiv, was Journalisten angeht. So ein Umgang mit den Medien trägt ebenfalls zur Legendenbildung der Band bei. Was richtig ist: Hinter Rammstein steckt eine absolut basisdemokratische Einheit. Deshalb kannst du dir als Medienvertreter auch nicht aussuchen, mit wem du dein Interview führen willst, denn alle sechs Bandmitglieder sind gleichberechtigt mit ihrer Stimme.

Zudem mussten wir bei *Metal Hammer* akzeptieren, dass manche unserer Autoren vom Rammstein-Management als Interviewpartner nicht erwünscht waren. Für unser Verständnis in dieser Angelegenheit bedankte sich das Management bei uns, indem sie immer wieder neuen Stoff für Geschichten lieferten. Es bestand – und besteht – also eine Symbiose, ein gegenseitiges Geben und Nehmen.

FRAGE: Wie betrachtest du die musikalische Entwicklung der Band, die du seit 1994 mitverfolgst?

MÜLLER: Rammstein sind inzwischen etabliert, ohne sich dabei komplett an den Massengeschmack angepasst zu haben. Der kreative Höhepunkt bislang war für mich allerdings „Mutter“, ihr „Stadion-Rockalbum“, wenn man so will. Darauf fand sich alles, was eine echte Mega-Band ausmacht: jede Menge Energie, geile Melodien, wütender Rock.

„Reise, Reise“ war ähnlich gestrickt, mir allerdings beinahe schon ein bisschen zu kalkuliert und kommerziell. Richtig gute Musiker sind Rammstein bis heute nicht, doch das sind Bon Jovi auch nicht, und sie sprechen ein Millionenpublikum an. Ganz einfach deshalb, weil sie Image und Ästhetik auf höchstem Niveau verkaufen. Wobei ich glaube, dass Rammstein inzwischen ein Problem mit ihrem Status haben. Sie wissen, dass sie musikalisch nicht spektakulär sind. Doch bislang immerhin gut genug, um eine große Anhängerschar zu überzeugen.

FRAGE: Woraus besteht deiner Ansicht nach ihre Anhängerschar?

MÜLLER: Das ist ein sehr breit gemischtes Publikum. Ich weiß nur, dass ich mich auf einem Rammstein-Konzert in München ziemlich unwohl gefühlt habe, weil die Atmosphäre dort für mich latent aggressiv war. Das alte Vorurteil der bürgerlichen Presse, dass sich auch etliche Hooligans und Skinheads auf Rammstein-Konzerten tummeln würden, lässt sich nicht von der Hand weisen. Rammstein haben sich meines Wissens nach über ihre Fans nie explizit geäußert. Aber mal ehrlich: Warum sollten sie das auch tun?

FRAGE: Hast du die Herren von Rammstein außerhalb von Interviews mal ganz persönlich erlebt?

MÜLLER: Kaum! Mit Till Lindemann habe ich nie ein Interview geführt, über den kann ich somit gar nichts sagen. Bei den anderen Mitstreitern hatte ich durch die Bank das Gefühl, dass sie – wenn man sie allein vor sich hat – sehr offen und umgänglich sind.

FRAGE: Deine ganz persönliche Schlussbemerkung zu Rammstein?

MÜLLER: Eine sehr spannende Band, die ich wirklich schätze! Mit ihrer angeblichen Politisierung oder gar mit ihrer „Nazi-Ästhetik“ hatte ich nie ein Problem, denn solange eine Band nicht ins Ideologische oder rein Politische geht – und das haben Rammstein definitiv nie getan –, muss man trennen können zwischen politisch motiviertem und provozierendem Entertainment. Ansonsten finde ich es schade, dass die wenigsten Zuhörer erkannt haben, wie viel Humor in dieser Band steckt. Zugegeben, ein sehr derber Humor. Aber ein Humor, über den es sich durchaus zu lachen lohnt.

17. „Reise, Reise“: Neue Wege

Nach der ausgedehnten Tour in den Jahren 2001 und 2002, auf der Rammstein den Fans bevorzugt die Songs des damals aktuellen Albums „Mutter“ vorstellten, zog sich die Band total von allen Bühnenaktivitäten zurück. Sie legten für das gesamte Jahr 2003 eine Verschnaufpause vom Live-Trubel ein, die sie sich wahrlich verdient hatten.

Dem Musiksender MTV sagte Drummer Christoph Schneider am 01. 10. 2004 dazu: „Wir haben eigentlich kontinuierlich irgendwie gearbeitet, also nach der Platte gehen wir immer auf Tour, das erstreckt sich dann so 'n Jahr hin, und dann muss man sich ein bisschen ausruhen.“ Dabei waren die Musiker, jeder für sich, trotz des Rückzugs als Band aus der Öffentlichkeit in ihrer Rammstein-Auszeit nicht untätig.

Sänger Till Lindemann folgte seinen Ambitionen als Schriftsteller und Dichter und brachte bereits 2002 neben den Rammstein-Konzertreisen einen Gedichtband mit dem Titel „Messer“ heraus. Damit ging er auf Lesereise, die er allerdings abbrechen musste, weil er krank wurde. Trotzdem wurde das Buch ein Verkaufserfolg. Danach spielte Till ein Jahr später im Kinder- und Tierfilm „Amundsen der Pinguin“ von Stephen Manuel die Nebenrolle des Victor, die ihm Gelegenheit gab, seine komische Ader auszuleben.

Bei der Musik blieben Schneider und Paul Landers. Sie setzten sich im April 2003 ins Studio, um den „Sauerkraut-Remix“ für die Maxi-Single von Marilyn Mansons „mOBSCENE“ zu produzieren. Und auch Gitarrist Richard Kruspe ging 2003 ins Studio, um an ein paar eigenen Ideen herumzubasteln, die er im Jahr 2006 durch sein Soloprojekt Emigrate veröffentlichen sollte.

Es hatte den Anschein, dass die einzelnen Bandmitglieder sich immer mehr als Individuen sahen, die nicht ausschließlich als Gruppe auftreten wollten, sondern auch Soloambitionen nachgingen. Ein leiser Hinweis auf diese Tendenz zeigte sich bereits beim Album „Mutter“. Im Booklet der ersten beiden Alben stand als Zeichen der Geschlossenheit der Band immer nur „Music & Lyrics by Rammstein“. Jetzt wurden zusätzlich dahinter die einzelnen Namen gesetzt, sodass bei „Mutter“ zu lesen ist: Christoph Doom Schneider, Doktor Flake Lorenz, Richard Z. Kruspe-Bernstein, Till Lindemann, Paul Landers, Oliver Riedel.

Die Solotendenzen, die lange Pause – das alles brachte die Gerüchteküche zum Brodeln, aus der die Frage hervorgerufen wurde: Stehen Rammstein vor dem Aus?

Nach der anstrengenden „Mutter“-Tour gab es tatsächlich einige Probleme in der Band, wie Bassist Oliver Riedel der österreichischen Netzzeitschrift *Evolver* im September 2004 verriet: „Es gab auch einige Reibereien in der Band, wir brauchten eine kleine Pause, das war ungefähr ein Jahr.“ Und er erzählte weiter: „Im Prinzip war es nicht sicher, wie lange es uns nach der dritten Platte noch geben würde, denn jeder hatte andere Ambitionen, doch diese Platte hat uns wieder zusammengeschweißt. Relativ sicher ist, dass wir weiterhin gemeinsam Musik machen wollen, dass es weitergehen wird und dass wir das noch lange machen möchten.“

Und so war es auch. Die Rammstein-Mitglieder bereinigten ihre Unstimmigkeiten in Krisengesprächen und setzten sich wieder zusammen, um das Material für ein neues Album zu schreiben – allen Unkenrufen zum Trotz. Till Lindemanns Buchprojekt lief genauso nebenbei wie seine Arbeit im Filmstudio, und der Remix von Schneider und Paul war mehr eine Fingerübung am Rande. Sogar Richard Kruspe ging mit den anderen wieder ins Studio, obwohl er sich in der ersten Zeit der Vorbereitungen zum neuen Album noch um sein Soloprojekt kümmerte.

Die Vorbereitungen und das Zustandekommen der Ideen für neue Songs lief diesmal anders ab als früher, wie Paul Landers in einem Interview mit *Rock Hard* für die Ausgabe 06/04 verriet: „Im Gegensatz zu unseren bisherigen drei Alben wurde die neue Platte in einer anderen Konstellation geschrieben. Die, die früher viele Ideen eingebracht haben, haben sich diesmal zurückgenommen, und die, die früher wenige Songideen hatten, sind diesmal viel mehr vertreten. (...) Wichtig ist, dass das neue Album aus genanntem Grund eine andere Klangfarbe hat. Und: Im Gegensatz zur letzten Platte hat es uns diesmal wieder viel Spaß gemacht. Der Knoten ist geplatzt. Außerdem sind wir aus Zeitgründen fürs Songschreiben und für die Vorproduktion diesmal nicht weggefahren, sondern in Berlin geblieben.“ Wie motiviert die sechs waren, betonte Paul noch einmal rückblickend in einem Interview mit MTV vom 01. 10. 2004: „Es machte wieder sehr viel Spaß, wir haben auch in einer etwas anderen Konstellation so geprobt, und alle haben sich gefreut, alle sechs, allen ging's gut damit, und jetzt im Endeffekt ist da ‚ne ganz tolle, gute Platte rausgekommen und jetzt sind wir wieder Wow!“

Ganze 25 Songs hatten die sechs für das Album komponiert. 14 davon blieben übrig, aber nur elf sollten auf das Album kommen. Das war mittlerweile eine feststehende Zahl für jeden Longplayer. Elf Lieder – nicht mehr und nicht weniger. Die drei, die zu viel waren, wollten Rammstein auf Maxi-Singles verteilen.

Die endgültige Songauswahl für das Album nahmen Rammstein im November und Dezember 2003 im „El Cortijo Studio“ in Malaga in Südspanien wiederum unter der bewährten Regie ihres Produzenten Jacob Hellner auf. Als die Band in dieser Zeit an den Songs des Studioalbums herumwerkelte, erschien als Bonbon für die Fans – und vielleicht auch, um die Geduld der Rammstein-Anhängerschaft beim Warten auf ein Lebenszeichen der Gruppe nicht noch weiter zu strapazieren – die DVD „Lichtspielhaus“ am 01. 12. 2003. Aber die 210 Minuten, welche die Scheibe bot, waren mehr als nur ein Lückenfüller. Auf der DVD, die von Manager Emanuel „Emu“ Fialik und Arne Weingart produziert wurde, waren alle bisherigen Clips von „Engel“ über „Du hast“ bis zu „Stripped“ und „Feuer frei!“ zu finden – bis auf das Video zur Kraftwerk-Coverversion „Das Modell“. Von den fünf besten Clips kamen die „Making of“-Filme dazu und obendrauf Live-Ausschnitte aus Konzerten wie z. B. „100 Jahre Rammstein“ in der Berlin Arena 1996, „Live aus Berlin“ 1998 in der „Wuhlheide“ und ebenfalls in der Bundeshauptstadt im „Velodrom“ 2001. Als Extra-Schmankerl wurde noch der Kurzfilm „Achtung Blitzkrieg“ aufgenommen, der sehr amüsant die Darstellung von Rammstein in den Medien präsentiert. Zu sehen sind US-Fans, TV-

Ansagen und Kommentare russischer, deutscher und amerikanischer Moderatoren plus Musiker, die auf Rammstein schimpfen, wie z. B. Campino, der Sänger der Punk-Combo Die Toten Hosen, in jener berühmt-berüchtigten Szene, in der er im Fernsehen seine Meinung über Rammstein kundtat: „Die Amis mögen Unterhaltung. Und die mögen auch David Copperfield und Siegfried & Roy! Und insofern, wenn da so ein ‚Siegfried & Roy‘-mäßiger Futzi kommt und ein bisschen Feuer macht, ist das was Tolles.“

Während die Fans sich die DVD als Überbrückung ins Haus holten, was ihr in Deutschland Doppelplatin für über 400.000 verkaufte Exemplare und in der Schweiz eine Goldene Schallplatte für 20.000 abgesetzte Silberlinge einbrachte, setzten Rammstein die Arbeit an ihrem neuen Album fort.

Im Frühjahr 2004 ging es wieder nach Stockholm in das „Toytown Studio“ zu Stefan Glaumann, der wie schon beim Vorgängeralbum „Mutter“ die Tracks abmischte.

In dieser Phase grübelten die Musiker, wie denn die Liedersammlung diesmal heißen sollte. Im *Rock Hard*-Interview, das genau zu dieser Zeit im April 2004 geführt wurde, berichtete Paul: „Zuerst sollte die Platte ‚Amore‘ heißen, danach ‚Rosenrot‘, und zuletzt waren wir bei ‚Rot‘ angelangt. Zurzeit hat sie gar keinen Namen, und wir nennen sie im täglichen Sprachgebrauch ‚Das rote Album‘. Früher haben wir immer den Titel nach einem der Lieder gewählt, aber das ergibt sich auf dieser Platte nicht. Ein Song heißt zum Beispiel ‚Stein um Stein‘. Das passt irgendwie nicht als Albumtitel. Wir suchen also noch. Ein anderes Stück heißt ‚Rosenrot‘.“ In einem Band-Gespräch für das Online-Musikmagazin von „Motor Music“, ebenfalls aus dem Frühjahr 2004, sagte Richard auf die Frage nach dem Albumtitel: „Oh Gott! Wir hatten den Arbeitstitel ‚Reise Reise‘. Dann sind wir alle alten Plattentitel noch mal durchgegangen. ‚Herzeleid‘, ‚Sehnsucht‘, ‚Mutter‘ – und dann ‚Reise Reise‘? Das hört sich einfach scheiße an. Dann kam noch jemand mit der englischen Übersetzung: ‚Trip, Trip.‘ (alle lachen) – Das war’s dann! Wir haben noch keinen Titel.“ In einem Interview mit dem Musikmagazin *Das Ding* aus dem September 2004 verriet Richard, dass sie schließlich doch bei „Reise, Reise“ blieben und alle anderen Titel verwarfen: „Die früheren CD-Titel waren so stark, denk nur an ‚Sehnsucht‘ oder ‚Mutter‘. Aber wahrscheinlich muss ich mich nur dran gewöhnen. Mir gefällt die Idee, die hinter ‚Reise, Reise‘ steckt eigentlich gut. Der Titel bietet viele Facetten, und jeder hat dabei ein anderes Bilder im Kopf.“

„Reise, Reise“ ist ein Ausruf unter Seeleuten, der die Matrosen auf Segelschiffen zum Aufstehen bewegen soll. Mit „Reise“ hat der Weckruf allerdings von der Wortherkunft nichts zu tun, denn er hat seinen Ursprung im niederdeutschen „rise rise“ und auch im Englischen „to rise“, und das bedeutet nichts anderes als „aufstehen“.

Mit diesem Titel war auch ein Thema für die äußere Verpackung des Albums gefunden. Auf dem Cover ist ein Flugschreiber zu sehen, der zu einem abgestürzten Flugzeug gehört, inklusive der Aufschrift „Flugrekorder nicht öffnen“. Und auf den Booklet-Seiten ist das angeschlagene Innere des Schreibers abgebildet. Die limitierte

Auflage des Albums zeigt im CD-Heft alle Bandmitglieder bei einem abgestürzten Flugzeug. Das Thema wird auch auf dem Titelsong aufgegriffen, der gleich das erste Lied des Albums ist. Bevor die Musik einsetzt, sind 36 Sekunden Flugrekorder-Aufnahmen von Funksprüchen einer Boeing 747-SR46 (JA 8119) der „Japan Airlines“ zu hören, die am 12. 08. 1985 gegen einen Berg prallte. Dabei kamen 520 Menschen ums Leben. Das ist die höchste Zahl an Todesopfern in der Geschichte der Zivilluftfahrt beim Absturz eines einzelnen Flugzeugs.

Über die Musik, die danach folgt, und die klanglichen Unterschiede zu „Mutter“ sagte Paul Landers im Interview mit *Rock Hard* für die Ausgabe 06/04: „Wir haben versucht, den Gesang noch mehr in die Musik einzubetten. Oder anders gesagt: Die Musik ist mehr denn je eine Manege, in welcher der Gesang besser zur Geltung kommt. Wie zehn weiße Tiger. Eine Plattform, ein Flugzeugträger für die Worte *(kichert)*.<s>(…) Die Flugzeuge jedenfalls müssen schön starten können *(lacht)*. Außerdem gibt es auf der Platte weniger Riffs, weil die Gitarren irgendwie anders sind. (…) Es gibt aber Leute, die sich das angehört haben und es eigentlich wie immer fanden. Für mich jedenfalls ist das Album schon anders als ‚Mutter‘, und für den aufmerksamen Rammstein-Fan sicher auch. Für meine Oma vielleicht nicht, aber für sie klingt auch jeder AC/DC-Song gleich. Wie auch immer: Für den einen wird es anders klingen, für den anderen ist die neue Platte genau dasselbe. Und beide Parteien haben wahrscheinlich recht.“ Auf die Frage, ob „Mutter“ denn noch zu übertreffen sei, sagte Paul weiter: „Metallica haben nach ihrem schwarzen Album auch weitergemacht. Man schreibt ein gutes Album nicht deshalb, damit man danach kein weiteres machen darf. Man versucht vielmehr, jedes Mal ein gutes Album zu machen. Oder, um es diplomatisch zu sagen: ein anderes Album, eine Weiterentwicklung.“

Und die war auf „Reise, Reise“ sehr offensichtlich, denn es gab noch mehr als bei „Mutter“ ein paar echte Überraschungen und Experimente. So kommt das unplugged-ähnliche „Los“ nur mit einer rhythmischen Akustik-Gitarre und Mundharmonika schon fast als Rhythm & Blues daher. Bassist Oliver Riedel sagte über dieses für Rammstein bisher sehr ungewöhnliche Lied im Interview mit der österreichischen Netzzeitschrift *Evolver* im September 2004: „Von ‚Los‘ gab es anfangs eine harte Version, aber die klang dann doch zu sehr nach der klassischen Rammstein-Struktur. Und wir dachten uns, vielleicht können wir es als Cowboy-Lied aufnehmen, ohne harte Gitarren, das fanden wir dann interessanter. Wir wollten einfach nicht genauso klingen wie auf der dritten Platte.“ Auf „Ohne Dich“ werden Mandolinen und eine Oboe eingesetzt, auf „Reise, Reise“ und „Moskau“ klimpert ein Akkordeon. Und für den Song „Amerika“ wurde der Kinderchor „Canzonetta“ eingesetzt. Als neue weibliche Stimme unterstützte Till diesmal die russische Sängerin Viktoria Fersh, die auf „Moskau“ Gesangsparts in ihrer Landessprache einstreute.

Geblieben sind die sägenden E-Gitarren und die heftigen Rhythmen, die es allerdings in keiner Nummer eilig haben, sondern meist schleppend im mittleren Tempo stampfen. Das verleiht „Reise, Reise“ einen anderen Grundanstrich, der sich bis in den Gesang fortsetzt. Denn Till Lindemann spart sich sogar einmal sein Markenzeichen, das rollende „R“, und singt überhaupt nicht angeraut, sondern geschmeidig und mit tiefer Stimme „Ohne Dich“.

Die Texte, die Till Lindemann in dieser Art intoniert, sind dagegen wie eh und je gespickt mit Themen, die in der Öffentlichkeit diskutiert wurden – allen voran die erste Single-Auskopplung „Mein Teil“. Dieses heiß diskutierte Stück sollte eigentlich erst „Nein“ heißen, dann „Schlachter“ oder „Metzger“, beides Titel, die zum Inhalt von „Mein Teil“ nur zu gut gepasst hätten. Denn in dem Song geht es um Armin Meiwes, der auch als „Kannibale von Rotenburg“ Aufsehen erregte. Über eine Anzeige im Internet war Meiwes mit dem Diplom-Ingenieur Bernd Jürgen Armando Brandes, der im Prostituiertenmilieu durch Wünsche nach Verstümmelung auffiel, in Kontakt getreten. Anfang 2001 trafen sich beide, und Meiwes tötete Brandes mit dessen Zustimmung, wie er später der Polizei angab, und verspeiste einige Körperteile des Mannes. Die Tat hielt er auf Video fest. Durch den Hinweis eines Studenten wurde die Polizei auf Meiwes aufmerksam und konnte ihn festnehmen. Am 09. 05. 2006 wurde er zu lebenslanger Haft wegen Mordes und Störung der Totenruhe verurteilt.

Diese Geschichte beherrschte die Presselandschaft, und auch Rammstein wurden darauf aufmerksam. Aber anscheinend war der Song, der aus der Geschichte entstand, so heikel, dass großer Diskussionsbedarf zwischen der Plattenfirma, die mittlerweile unter Universal/Motor Music firmierte, und den Musikern bestand. Dreimal wurde die Veröffentlichung verschoben und als Gründe Schwierigkeiten bei der Produktion des Single-Covers angegeben.

Schließlich kam das Video zu „Mein Teil“ am 09. 07. heraus, und die Single folgte am 26. 07. 2004. Sie hat einen anderen Beginn als die Album-Version, denn darin verliest der Rammstein-Bassist mit dunkler Stimme einen Anzeigentext in der Machart des Inserates des echten Kannibalen.

Nach der Veröffentlichung rauschte es gewaltig im Blätter- und sonstigen Medienwald, hervor kamen empörte Artikel von der *Bild* über die *Berliner Zeitung* bis hin zum Magazin *Der Spiegel* über das, wie geschrieben wurde, skandalöse, ekelhafte und perverse Menschenfresser-Lied und den dazugehörigen Clip. Auch seitens des Kannibalen selbst kam eine Attacke. Meiwes kündigte an, gegen Rammstein und einen geplanten Hollywood-Film mit dem Titel „Rotenburg“, in dem seine Geschichte verfilmt werden sollte, gerichtlich vorzugehen, weil er sich benutzt fühlte und seine Persönlichkeitsrechte verletzt worden seien.

In einem Interview mit *Fritz*, dem Jugendmagazin der *Salzburger Nachrichten* vom 23. 07. 2004, äußerte sich Paul Landers über das Lied: „Damit haben wir vielleicht bei manchen ein Tabu gebrochen. Dabei war das Thema damals in den Medien ganz groß. Und wir sind ja im Gegensatz zu den ganzen Zeitungen, die sich sensationslüstern auf den armen Mann gestürzt haben, Jahre hinterher und bei Weitem nicht so massiv. Wir machen jetzt halt ein Lied darüber, aber a) künstlerisch und b) wenn nicht wir ein Lied drüber schreiben, wer sonst? Das Thema bietet sich ja regelrecht an.“

Beim Drehen des Clips gab es nur eine Vorgabe: Alle Bandmitglieder hatten 30 Minuten Zeit unabhängig voneinander zu tun, was immer sie wollten. Die Musiker sind im Clip zwar alle mit besonderen Gebissen ausgestattet, und Till rupft in einigen Szenen Federn, die, wie sich im Laufe des Videos herausstellt, nicht zu einem Vogel, sondern zu einem Menschen gehören. Aber man kann nur anhand des Liedtextes erahnen, um welches Thema es geht. Kannibalismus wird nicht gezeigt. Dennoch sah die Bundesprüfstelle für jugendgefährdende Medien den Clip als so schockierend an, dass sie ihn sofort mit einer Tagessperre verhängte, sodass er von den Musiksendern nur zwischen 0.00 Uhr Mitternacht und 6 Uhr morgens ausgestrahlt werden durfte.

Auch andere Gruppen verarbeiteten die grausige Geschichte wie die Death-Metal-Band Macabre in „The Wustenfeld Man Eater“, die Metal-Band Macbeth in „Abendmahl“ und Musikparodist Vicki Vomit in „Der Kannibale von Rotenburg“. Nur Rammstein drehten allerdings ein Video zur Thematik.

Das Ausland machte keinen großen Wirbel um das Lied. Aber es gab Reaktionen musikalischer Art, denn Pop-Künstler wie Produzent Arthur Baker, der einer der ersten Hip-Hop-Produzenten war und seit den 1980ern Größen wie Jimmy Somerville, ABC, New Order und Diana Ross betreute, und die Pet Shop Boys nahmen Remix-Versionen von „Mein Teil“ auf. Im Interview mit dem Jugendmagazin *Fritz* vom 23. 07. 2004 lobte Paul Landers deren neue Fassungen: „Wir finden das gut! Wir haben die einfach angefragt und die haben ja gesagt. Sachen, die so weit weg liegen, die sind manchmal ganz nah. Pet Shop Boys ist doch eigentlich nicht so abwegig, oder? Ich hab den ‚Mein-Teil‘-Remix gehört von den Pet Shop Boys, und ich finde ihn einwandfrei. Fast besser als das Original!“

Auch weitere Songs von „Reise, Reise“ wanderten durch das Mischpult anderer Bands, wie z. B. „Ohne Dich“, das bereits zu Zeiten von „Mutter“ entstand und von Laibach bearbeitet wurde. Die slowenische Band wurde 1980 gegründet und spielt Industrial-Rock mit Einflüssen aus Techno, Pop, Heavy Metal und elektronischer Musik. Immer wieder geriet die Gruppe in die Kritik, nationalsozialistisch orientiert zu sein und die Ästhetik totalitärer faschistischer Regime zu benutzen, weil sie oft deutsch sangen, dabei das „R“ rollen ließen und dazu noch Armee-Uniformen des Dritten Reiches trugen. Dazu kommt, dass der Name Laibach der alte deutschsprachige Name der slowenischen Hauptstadt Ljubljana ist, der im sozialistischen Jugoslawien verpönt war. Dies war gegenüber der Regierung genauso eine Provokation wie das übertrieben militärisch-martialische Auftreten der Band in der Öffentlichkeit. Für Rammstein, die viele Parallelen zu Laibach haben, war die Gruppe schon immer eine Inspirationsquelle.

Der Laibach-Arrangeur Ivan Novak antwortete in einem Gespräch mit *netzzeitung.de* am 06. 12. 2004 über die Reaktion Laibachs auf die Anfrage, einen Remix von

„Mein Teil“ zu produzieren: „Zuerst haben wir gedacht, wir hätten keine Zeit. Dann haben wir es als Herausforderung gesehen. Wir haben uns das Original angehört und gedacht, da könnte man was Nettes draus machen.“ Sie nannten das Ganze nach einer Figur aus Bram Stokers berühmtem Vampir-Roman „Dracula“ „Mina Harker's Version“. Dazu sagte der Laibach-Musiker: „Es ist ein Liebeslied. ‚Ich kann nicht ohne dich existieren, du nicht ohne mich‘ – das hat uns an Mina Harkers Briefe an ihren Verlobten Jonathan erinnert und an die Briefe von Dracula an Mina. Diese Dreiecksgeschichte. Außerdem heißt die Sängerin Mina. (...) Nachdem wir den Rammstein-Song gehört haben, dachten wir, es wäre schön mit einer Sängerin. Weil es ein Liebeslied ist, haben wir dann Mann und Frau gemischt. Ursprünglich haben wir auch die Stimme des Rammstein-Sängers gelassen. Wir fanden die Dreierbeziehung spannend. Aber wir wurden gebeten, sie herauszunehmen.“ Auf die Frage, warum Laibach auch die Pronomina „mich“, „dich“, „ich“, „du“ vertauschten, sagte er: „Es gibt sogar Leute, die haben das auf die Beziehung von Laibach und Rammstein bezogen *(lacht)*. .... Rammstein kann nicht ohne Laibach existieren und Laibach nicht ohne Rammstein. (...) Das sind halt Spekulationen *(lacht)*. Normalerweise sagen wir, wenn wir nach Rammstein gefragt werden, dass Rammstein ‚Laibach für Kinder‘ ist, und Laibach ist ‚Rammstein für Erwachsene‘.“ Ein besonders intensives, freundschaftliches Verhältnis haben die Bands nicht zueinander, auch wenn es diesen Remix gab, wie Ivan Novak kurz zusammenfasst: „Das heißt nicht notwendigerweise, dass wir sie mögen. Wir respektieren, was sie machen.“

Nicht ganz so heftig wie beim Medienrummel um „Mein Teil“ gab es auch zu „Ohne Dich“ einen kleinen Skandal. Wie das Nachrichtenmagazin *Der Spiegel* am 10. 12. 2004 berichtete, warf die wenig bekannte österreichische Indie-Rock-Band Naked Lunch Rammstein vor, die Idee zum Video von „Ohne Dich“ gestohlen zu haben. Darin kämpfen sich die sechs Musiker durch eine verschneite und vereiste Berglandschaft und klettern eine Steilwand hoch. Sänger Till fällt von einem Felsvorsprung, ein Bandmitglied greift noch seine Hand, doch er stürzt dennoch und wird schwer verletzt. Die anderen Musiker schleppen ihn auf den Gipfel des Berges vor ein Kreuz, wo er stirbt. Im Video des Naked-Lunch-Songs „God“, der bereits im Februar 2004 erschienen war, steigen Sänger Oliver Welter und Bassist Herwig Zamernik ebenfalls auf einen Berg, arbeiten sich durch einen Schneesturm, der eine reicht dem anderen die Hand, um ihn mitzuziehen. Als sie auf dem Gipfel vor dem Kreuz ankommen, sterben beide eingeschneit.

Die Plattenfirma von Rammstein ließ erklären, dass diese Geschichte schon seit Jahren von der Band geplant gewesen sei. Die Musiker selbst sagten dazu nichts. Der Regisseur von „Ohne Dich“, Jörn Heitmann, der seit vielen Jahren Videos für den Berliner Sechser drehte, habe den Naked-Lunch-Clip nie gesehen, so ließ dessen Produktionsfirma „Katapult-Filme“ verlauten. Außerdem seien die Motive des Handschlags und des Gipfelkreuzes in jedem Bergsteigerfilm zu finden und für das Genre üblich. Naked Lunch verklagten Rammstein nicht, denn ihre Anwälte hatten davon abgeraten, weil die Idee zum Video tatsächlich eher simpel sei und jedem hätte einfallen können. Außerdem fehlte der österreichischen Gruppe schlicht das Geld für einen Rechtstreit.

Der Plagiatsvorwurf bei „Ohne Dich“ flackerte kurz auf und verschwand danach wieder aus dem Bewusstsein der Öffentlichkeit.

Eine weitere Single von „Reise, Reise“ zog mehr Aufmerksamkeit auf sich, allerdings diesmal nicht wegen eines anstößigen Textes oder eines skandalösen Videos, sondern schlicht wegen des für Rammstein ungewöhnlich kritischen Tones. In „Amerika“ geht es sehr sarkastisch und zynisch um den Einfluss der USA auf die Kultur und die sozialen Verhältnisse in der Welt. Oliver Riedel sagte der Netzzeitschrift *Evolver* im September 2004 dazu: „Es gab da in der Band einige Diskussionen, weil wir ja noch nie politische Statements abgegeben haben, aber in der Zeit, in der wir die Platte aufgenommen haben, war gerade der Irak-Krieg im Gange, und wir fanden das alles so gemein und ungerecht, dass dann dieser Text entstanden ist. Aber weil wir nicht mit erhobenem Zeigefinder kritisieren, sondern das Ganze eher ironisieren, ging der Text dann halt in diese Richtung.“

Christoph äußerte sich in einem Interview mit dem Musikmagazin *Das Ding* aus dem September 2004 ganz ähnlich: „Ich bezeichne den Song als ‚Rammstein light‘. Es ist nicht so schwer verdauliche Kost, obwohl wir uns zum ersten Mal auf ein semipolitisches Terrain wagen. Bisher haben wir solche Themen außen vor gelassen, aber die letzten Jahre politischer Entwicklung waren doch so, dass wir uns dem nicht entziehen konnten. Mit dem Ergebnis sind wir zufrieden, weil der Song keine Fingerzeigementalität hat, sondern mehr eine ironische Annäherung an dieses Thema ist.“

Das Lied bezieht sich nur auf die damals aktuelle politische Situation. Generell haben Rammstein mit den USA kein Problem. Dementsprechend fiel die USA-Kritik im Video auch recht milde aus. Darin sind die Bandmitglieder in Raumanzügen auf einer mondähnlichen Landschaft zu sehen, vermutlich als Anspielung auf die erste Mondlandung der Amerikaner am 20. 07. 1969 und die Theorien, dass die gar nicht stattfand, sondern nur für das Fernsehen inszeniert war.

Als der Song als Single erschienen war, waren nicht nur die Fans begeistert, sondern auch ein sehr prominenter Musiker, der sich in den Medien als Rammstein-Bewunderer zu erkennen gab: Chris Martin, Kopf der britischen Band Coldplay. Er sagte in der Sendung „Kultkomplex“ des Senders Radio Eins Live am 10. 03. 2006, in der er sich Musik aussuchen durfte: „Jetzt wird es wieder Zeit für ein bisschen fantastische deutsche Musik – ich will es mir ja hier mit den Leuten nicht verscherzen, weil ich Engländer bin (…) Ich will einen Song spielen von einer deutschen Band, die ich genau so gut wie Kraftwerk finde. Ich stand mal allein in einem Fahrstuhl irgendwo in Australien. Und der Fahrstuhl hielt, die Tür ging auf und ein sehr großer Mann ist eingestiegen mit riesigen Muskeln und langen schwarzen Haaren. Ich dachte, der will mich umbringen. Aber er guckte mich an und sagte: ‚Oh, mein Hals tut ziemlich weh, hast du vielleicht irgendwas dagegen?‘ Und ich meinte: ‚Klar, ich hab hier diese Medizin, die gebe ich dir.‘ Sein Name war Till Lindemann. Und er war der Sänger von Rammstein. Wir waren dann mit denen auf Tour in Australien – und diese Band hat mich weggeblasen. Live sind Rammstein einfach fantastisch. Ich möchte den Song ‚Amerika‘ spielen, von ihrem vorletzten Album. Ich finde, es ist in diesen Zeiten sehr mutig, als Band einen Song wie ‚Amerika‘ zu machen. Der Song ist politisch, er ist tapfer – er ist alles, was wir gerne die ganze Zeit wären. Zu dieser ganzen Diskussion um Rammstein kann ich nur sagen: Ich denke, sie sind Künstler. Sie beschäftigen sich mit der Geschichte von Europa, von Deutschland, von der ganzen Welt. Und sie setzen Bilder sehr clever ein. Man darf das einfach nicht zu ernst nehmen, denn da ist viel Humor in Rammstein. Wenn du sie live siehst – da passieren so viele lustige Sachen. Und Till ist ja in Ostdeutschland aufgewachsen und hatte wahrscheinlich ein sehr seltsames Leben, sehr unterschiedlich zu meinem Leben. Aber ich denke ganz bestimmt nicht, dass sie böse sind.“

Coldplay selbst bauten Textzeilen aus „Amerika“ sogar auf der Bühne in einen Song ein, wie der Gitarrist Jonny Buckland dem Magazin *Das Ding* am 11. 11. 2005 verriet: „Wir trafen die Band schon vor Jahren, und sie sind wirklich großartig. Wir haben Rammstein auch schon oft live gesehen, und das ist wirklich eine großartige Bühnenshow, und deshalb zitieren wir sie auch ab und an spontan.“

Das Gegenstück zu „Amerika“ auf „Reise, Reise“ ist „Moskau“, ein Song, in dem Till Lindemann die Stadt mit einer Prostituierten vergleicht, die ihn erotisch hoch erhitzt – eine Liebeserklärung der besonderen Art.

Auf den anderen Liedern des Albums rückte der Rammstein-Frontmann mit seinen Texten von der allzu heftigen Provokation ab und wendet sich beispielsweise in „Dalai Lama“ sogar der klassischen Literatur zu. Der Song verarbeitet die Ballade „Der Erlkönig“ von Johann Wolfgang von Goethe aus dem Jahr 1782, die Komponist Franz Schubert 1816 vertonte. Rammstein dachte sogar zuerst daran, das Stück als Hommage an Goethe „Erlkönig“ zu nennen. In der Rammstein-Version weicht Till Lindemann vom Original des Dichterfürsten stark ab. Im ursprünglichen Text schreit das Kind um Hilfe, als der Erlkönig es berührt. Der Vater will den Sohn in Sicherheit bringen und reitet mit ihm davon, doch als er auf seinem Hof ankommt, ist das Kind gestorben. Lindemann formte den Text so um, dass der Vater es selbst ist, der aus Angst sein Kind dermaßen festhält, dass er es erdrückt.

Diese Inhalte und die Musik von „Reise, Reise“ wurden in der Musikpresse wie üblich konträr beurteilt. Die Heavy-Rock-Magazine waren begeistert. Und die restlichen Musik-Postillen nahmen das Album eher verhalten auf. So wurde bei *laut.de* im September 2004 nur sanft gemäkelt: „‚Reise, Reise‘ unterscheidet sich von Rammsteins Vergangenheit letztendlich nur durch die vermehrt auftauchenden leisen Zwischentöne, ansonsten bleibt alles beim Alten. Nicht ganz, denn mit der Power ist auch etwas der Ich-haue-mit-dem-Kopf-die-Wand-zu-Klump-Effekt verloren gegangen. Ansonsten herrscht solider Durchschnitt.“ Blätter wie die *Kronenzeitung* aus Österreich beurteilten die Songsammlung dagegen teilweise sehr positiv. Sie gab in ihrer Rezension neun von zehn möglichen Bewertungspunkten.

Und so ähnlich sahen es auch die Fans – obwohl die Anhänger der Band durch eine unschöne Aktion des Managements ein wenig vergrätzt waren. Wie das Musikmagazin *laut.de* am 30. 07. 2004 meldete, ging nämlich das Management der Gruppe gegen die vier Jahre lang sehr beliebte Internet-Fan-Seite rammsteinfan.de juristisch vor. Es sorgte per Unterlassungsklage dafür, dass die Seite genau an diesem Tag der Meldung aus dem Netz verschwand, nur das Forum *rfan.de* war weiterhin online. Bei Nichtbeachtung der Klage hätte der Webmaster 75.000 Euro zahlen müssen. Als Begründung wurde angegeben, dass der Webmaster das Copyright verletzt hätte, weil er Songausschnitte als Streamings präsentierte oder Bildschirmschoner mit Bildern der Band als Download anbot. Da er auch noch Links zu kostenpflichtigen Telefondiensten, einem Internet-Kaufhaus und einer Auktionsplattform sowie einem Fan-Shop auf der Seite hatte, unterstellte ihm das Management kommerzielle Zwecke, für die er Rammstein unberechtigterweise einspannen würde. Allerdings verdiente der Webmaster nach eigener Aussage nur 40 Euro im Monat durch diese Verlinkungen. Dass vielleicht von Seiten des Managements ebenfalls kommerzielle Gründe eine Rolle spielten, kann man nur vermuten, denn nachdem die Inhalte von *rammsteinfan.de* vom Netz genommen waren, wurde, wenn man die Adresse im Internet-Browser anwählte, automatisch auf das kostenpflichtige offizielle Angebot „Fan Area“ umgeleitet. Ob die Band mit dieser Aktion zu tun hatte, ist unklar.

Aber obwohl viele Rammstein-Begeisterte deswegen verärgert waren, zeigte sich, wie treu die Anhängerschaft trotzdem war, als „Reise, Reise“ endlich am 27. September 2004 erschien: Sofort setzte sich das Album in Deutschland, Österreich, der Schweiz, in Finnland, Estland, Island und Mexiko an die Chartspitze. Auch in den USA lief es recht gut, dort kam „Reise, Reise“ auf den 61. Rang und in Großbritannien auf Platz 37. Laut US-Musikzeitschrift *Billboard* wurde Rammstein damit die international erfolgreichste deutschsprachige Band überhaupt, mit allein in den USA 1,5 Millionen verkauften Alben.

Weitere Top-Ten-Einstiege des Longplayers gab es in ganz Europa: In den Niederlanden und Schweden erreichte die Band jeweils Platz 2, in Dänemark, Frankreich und Tschechien jeweils den dritten Rang und in Norwegen, Polen, Slowenien kamen sie auf den vierten Rang. Das Album schoss weltweit in 19 Ländern in die Top Ten.

Die Singles verkauften sich ähnlich gut. „Mein Teil“ erschien am 26. 07. 2004 und erklomm sofort Platz 2 in Deutschland, Platz 6 in Österreich sowie die Position 11 in der Schweiz und war auch sonst gut in Europa vertreten. „Amerika“, das am 13. 11. ausgekoppelt wurde, war noch erfolgreicher. Es kam in neun Ländern in die Charts. Dabei stieg es in Deutschland auf den zweiten, in Österreich auf den dritten, in der Schweiz auf den fünften Rang und in Finnland auf die Nummer 10. Bei „Ohne Dich“, das am 22. 11. 2004 herauskam, liefen die Verkäufe, wie es oft mit Post-Album-Auskopplungen geschieht, nicht mehr ganz so gut. Der Titel erreichte nur noch Platz 12 in Deutschland, die Nummer 38 in Österreich, den 42. Rang in der Schweiz und immerhin Platz 13 in Finnland. „Keine Lust“, veröffentlicht am 28. 02. 2005, sackte noch weiter ab: in Deutschland auf Platz 16, in Österreich auf die Nummer 25, und in der Schweiz schaffte der Titel lediglich den 30. Rang. Nur die Finnen kauften ihn auf Platz 14. Im Rest Europas dümpelte der Song in den unteren Rängen vor sich hin.

Neben den Charterfolgen regnete es ein weiteres Mal Auszeichnungen: Wieder räumte die Band beim „Echo“ ab. Sie bekam den Preis für das beste Album im Bereich „New Rock/Metal/Alternative“ und als „Bester Live-Act national“. Für das Video zu „Ohne Dich“ waren sie in der Kategorie „Bestes Video national“ nominiert. Für den Clip zu „Keine Lust“, in dem Rammstein – bis auf Flake – unsäglich dick und fettleibig dargestellt werden, bekamen sie den „Comet 2005“ für das beste Video. Der Titel „Mein Teil“ war sogar für den Grammy in der Kategorie „Best Metal Performance“ nominiert.

Wie die Band mit diesem Erfolg umging, berichteten sie in einem Interview vom 10. 08. 2004 für das Musikmagazin des Labels „Motor Music“ auf www.motor.de. Richard sagte: „Wenn man auf eine Verleihung wie z. B. zum ‚Echo‘ geht und sich die Kameras nicht für uns interessieren und wegschwenken, wenn man kommt, hat man schon mal ein komisches Gefühl. Das muss ich hier wirklich mal zugeben. Das Schöne ist, wir können in die Länder fahren, in denen es anders ist. Russland oder Mexiko. Da können wir dieses Spiel – und etwas anderes ist das ja nicht – haben, wenn wir wollen.“ Und Schneider fügte hinzu: „Das liegt natürlich auch an uns. Als unsere Karriere losging, waren wir 28. Da macht man solche Sachen, die einen in diese Zeitungen bringen natürlich nicht mehr so häufig. Da bleibt man schon ein bisschen mehr auf dem Boden als ein 16-Jähriger.“ Ein Erfolg, der Rammstein aber nur indirekt betraf, stellte sich aus einer ganz anderen Richtung ein, kurz bevor „Reise, Reise“ erschien. Am 10. 11. wurde ein „Klassik-Echo“ in der Kategorie „Beste Welt-Ersteinspielung“ für „Mein Herz brennt“ an die Dresdner Sinfoniker unter der Leitung von Sven Helbig vergeben. Sie hatten den gleichnamigen Liederzyklus von Thorsten Rasch eingespielt, der die Texte und die Musik von Rammstein-Songs neu bearbeitet und daraus ein symfonisches Werk komponiert hatte. Acht Stücke und eine Ouvertüre waren entstanden, die in Musikkritiken als spätromantisch und an Gustav Mahler und Franz Schubert angelehnt bezeichnet wurden. Auch live wurde das Werk aufgeführt: im Kulturpalast Dresden am 20. 11. 2003 und einen Tag später in der Arena Treptow in Berlin. Dabei rezitierte die bekannte Schauspielerin Katharina Thalbach die Texte und Bassbariton René Pape sang – mit rollendem „R“ – Till Lindemanns Gesangsparts. Das Projekt entstand ohne die Mitwirkung Rammsteins, die sich aber vielleicht geschmeichelt fühlten, dass sie in klassische Dimensionen aufgestiegen waren.

Die Band selbst blieb auf dem Boden der Rockmusik-Tatsachen, denn nach der Albumveröffentlichung hieß es wieder: Rammstein live. Diesmal stand allerdings keine Tour in den USA an, was ursprünglich anders geplant war. Die Band wollte eigentlich im Oktober und November 2004 auf Konzertreise durch Südamerika und Mexiko gehen und einige Gigs in den USA spielen. Jedoch erkrankte Flake schwer an Mumps, sodass das Sextett diese Konzerte absagen musste. Die Gruppe unternahm nach der Genesung des Keyboarders keinen neuen Versuch mehr, in den Staaten zu touren, weil sie an den CD-Verkäufen bemerkt hatte, dass ihre Popularität dort gesunken war und sie nicht mehr so viel Publikum in die Hallen gezogen hätten – jedenfalls nicht so viele wie in die europäischen Konzertsäle. Hinzu kam, dass solche langen Touren sie zu viel Energie kosteten. Also ließen Rammstein eine zusätzliche anstrengende US-Reise außen vor und konzentrierten sich lieber voll und ganz auf Konzerte in Europa.

Den Auftakt machte eine Tour vom 01. 11. bis zum 18. 12. 2004. Insgesamt sahen mehr als 200.000 Zuschauer diese 21 Gigs. Als Vorband spielten die erfolgreichen italienischen Metal-Crossover-Newcomer von Exilia.

Die erste Station war Deutschland mit dem Debüt-Auftritt in Mannheim. Dann folgten Konzerte in den Benelux-Staaten, in Süd- und Nordeuropa, Estland und auch in Russland. Rammstein spielten dort am 28. 11. 2004 im „Sport Complex Olympiski“ in Moskau, und die Fans waren richtig heiß auf die Band.

Wie beliebt Rammstein in Russland sind, zeigt ein enthusiastischer Bericht der Internetzeitung *Russland-Aktuell* vom 30. 11. 2004 über den Auftritt in Moskau: „Das Konzert der in Russland überaus populären Berliner Gruppe Rammstein kann als das Hauptereignis des Jahres in der Moskauer Rock-Szene bezeichnet werden. Die Eintrittskarten waren schon einen Monat vor dem Konzert ausverkauft. Das Olympiski-Stadion war überfüllt. Die berühmte pyrotechnische Show von Rammstein überstieg alle Vorstellungen. (...) Die Fans – auch die, die kein Deutsch konnten – sangen begeistert mit und übertönten von Zeit zu Zeit sogar die Musikanten. Der Kulminationspunkt des Konzerts war das Lied ‚Moskau‘. Die Fans erinnern sich noch daran, wie Lindemann im vorigen Jahr während des letzten Songs auf der Bühne eine russische Flagge schwang. Als das Lied dann zu Ende war, rief der Rammstein-Sänger auf Russisch: ‚Spasibo, Moskwa! Druzhba!‘. Vergessen war der alte Skandal, als die Stadtregierung wegen vermeintlich rechtsextremistischer Umtriebe der Deutschen vor zwei Jahren ein Rammstein-Konzert verbot.“

Nach dem Zwischenspiel in Russland folgten auf der Tour Tschechien und die Schweiz, dann wieder Deutschland. Das Abschlusskonzert fand am 18. 12. 2004 natürlich in Berlin statt.

Nach einer kurzen Erholungspause ging es 2005 vom 01. bis zum 28. 02. auf 21 Konzerten weiter durch Deutschland und Europa. Daraufhin warteten Rammstein bis zum Sommer mit neuen Gigs, lediglich am 02. 04. 2005 traten sie bei der „Echo“-Verleihung live mit „Keine Lust“ auf. Danach ging es noch einmal richtig los: Das Sextett tourte sich durch Europa und hatte viele im Sommer übliche Festivalauftritte zwischen dem 27. 05. und dem 30. 07.

Darunter waren auch vier Konzerte in der Berliner Wuhlheide zwischen dem 23. und dem 26. 06., die insgesamt 70.000 Fans besuchten. Sie kamen als Erste in den Genuss eines neuen Rammstein-Liedes mit dem Titel „Benzin“. Dieser Song war als Ankündigung zu verstehen, denn die Band lehnte sich nach der sehr erfolgreichen Tour nicht bequem zurück und genoss den Erfolg in aller Ruhe. Vielmehr kündigten Rammstein im August kurz nach der „Reise, Reise“-Tour noch für 2005 ein neues Album an: „Rosenrot“.

Das war für die Fans eine angenehme Überraschung, da sie sonst immer ein paar Jahre Geduld bis zum nächsten Studioalbum aufbringen mussten. Aber dennoch und trotz aller Skandale und Skandälchen und einem manchmal etwas ruppigen Ton der Leute, die für Rammstein die Geschäfte erledigen, hielten die Fans über all die Jahre hinweg Rammstein die Treue. So auch 2004 und bis heute.

18. „Schauer über den Rücken": Die Rammstein-Fans

Eva (20) aus Augsburg, Stefan (23) aus Gießen und Micha (36) aus München trafen sich an einem sonnigen Herbsttag in Anwesenheit der Autoren dieses Buchs an einem gemeinsamen Tisch und tauschten sich einige Stunden lang über ihre große musikalische Leidenschaft aus: Rammstein – wobei jeder der Beteiligten einen anderen Zugang zu dieser Band hat.

Ihre Meinungen über Rammstein sind so unterschiedlich und teilweise kontrovers, wie die Formation sich gerne selbst in der Öffentlichkeit wahrnehmen lässt. Auszüge aus einem Gespräch unter Fans.

EVA: Ich war 13, als mir Rammstein zum ersten Mal aufgefallen sind, das muss demnach 1999 gewesen sein. Damals habe ich „Engel" im Radio gehört, das ich nicht sonderlich aufregend fand – allein schon wegen des deutschen Texts. Rockmusik mit deutschen Texten stand damals nicht besonders hoch im Kurs bei mir. Nur die sehr merkwürdige, ungewöhnliche Stimme des Sängers blieb mir im Gedächtnis haften. Mir lief ein Schauer über den Rücken, als ich sie hörte.

Bald danach sah ich den großartigen Action-Streifen „xXx" im Kino, und dabei wurde ich ein zweites Mal mit Rammstein konfrontiert, weil sie mit dem Lied „Feuer frei" einen Beitrag zum Soundtrack geleistet hatten. Dieses Stück knallte gut rein, von da an gefiel mir diese Band und ich habe mich eingehender mit ihr beschäftigt. Vielleicht auch deshalb, weil meine damals beste Freundin zu mir meinte: „Ey, Rammstein sind richtig gut, was Spezielles!" Und je öfter ich von da an Tills Stimme und dieses tiefe rollende „R" hörte, desto erotischer empfand ich seinen Gesang. Tills Art des Gesangs ist sehr körperlich.

MICHA: Ich hatte „Herzeleid" durch reinen Zufall entdeckt, weil ich das Cover des Albums sehr ungewöhnlich fand. Man konnte sich überhaupt nicht vorstellen, welche Art von Musik sich dahinter verbirgt. So etwas hat mich immer schon neugierig gemacht. Ich hatte merkwürdigerweise Geld übrig, habe mir das Ding also im Laden geholt, und nachdem ich es das erste Mal habe durchlaufen lassen, war ich zwar nicht rettungslos begeistert, doch mir war klar, dass diese Gruppe ungewöhnlich ist, wenigstens für den deutschen Markt. Dass sie aber in relativ kurzer Zeit dermaßen durch die Decke gehen würde, hätte ich definitiv nicht gedacht.

EVA: Bis ich 13 war, hatte ich Britney Spears oder höchstens mal Limp Bizkit gehört, das war das Äußerste an musikalischer Härte für mich. Allerdings habe ich eines Tages mal – wie nicht selten – in der Plattensammlung eines meiner älteren Brüder gestöbert, als der nicht zu Hause war. Dabei entdeckte ich „Sehnsucht" von Rammstein. Ich habe mir die Scheibe (lacht) … nun ja … ausgeliehen und mir zu Gemüte geführt. Jetzt kannte ich nach „Engel" und „Feuer frei" ein komplettes Album von Rammstein. Ganz ehrlich, es hat mich ziemlich umgeworfen.

STEFAN: Bei mir ging die Rammstein-Euphorie 1997 los, als ich ebenfalls die CD „Sehnsucht" gehört habe, die damals neu im Handel war. Ich habe mir die Platte geholt, nachdem ich bei einem Kumpel ein Rammstein-Poster im Kinderzimmer entdeckt hatte. „Die sehen originell aus, die Typen", dachte ich mir – und behielt den ebenfalls originellen Bandnamen im Hinterkopf.

Ein paar Tage danach habe ich mit meinem Vater, der ein politisch sehr interessierter Mensch ist und der mich schon als Junge auf Udo Lindenberg gebracht hatte, über Rammstein diskutiert. Mein alter Herr wollte sich gern eine Rammstein-Platte anhören, um für sich ganz persönlich zu entscheiden, ob die Texte darauf rechtsradikal sind, wie einige seiner Bekannten behaupteten, oder nicht. Nachdem er sich mit mir zusammen „Sehnsucht" reingezogen hatte, meinte er, dass man sicher viel in Rammstein-Texte reininterpretieren kann. Aber dass die sechs Gruppenmitglieder in seinen Ohren keinesfalls Nazis sind. Danach hat mein Vater die Scheibe einigen seiner Freunde vorgespielt. Die waren davon beinahe durch die Bank entsetzt. Das hat mir die Gruppe, denke ich, noch ein bisschen sympathischer gemacht.

EVA: Nachdem ich vom Rammstein-Virus ziemlich infiziert war, fieberte ich der Veröffentlichung einer neuen CD entgegen. Ich selbst hatte ja bislang keine eigene Platte der Band. Als „Mutter" schließlich veröffentlicht war, habe ich mir die Scheibe sofort gekauft. Sie lief bei mir Monate lang rauf und runter. Ich war dermaßen enthusiastisch, dass ich mein Taschengeld zusammengekratzt und mir kurz drauf auch noch „Sehnsucht" geholt habe, weil ich sie mir nicht ständig von meinem Bruder pumpen wollte.

MICHA: Ich habe mir die jeweils aktuelle CD von Rammstein bis heute immer sofort nach Erscheinen gekauft, weil ich von „Sehnsucht" – was bei „Herzeleid" nicht gleich der Fall war – schon nach erstem Hören begeistert war. „Sehnsucht" hat mir, wenn man so will, den Rammstein-Kosmos richtig erschlossen. Denn dass hinter dieser Band eine ganz eigene Vision steckt, ist für mich schon lange völlig klar.

Toll ist auch, dass man die Gruppe nur hassen oder lieben kann, dazwischen gibt es nichts. Weil sie konsequent ist. Konsequent einzigartig. Es gibt für mich in Deutschland keine andere Formation, hinter der ein System steckt. Vermutlich ist das der Hauptschlüssel zu Rammsteins immensem Erfolg.

EVA: Das sehe ich ähnlich! Wobei dieses System sehr männlich orientiert ist, sehr körperlich. Was ich nicht für abstoßend halte, ganz im Gegenteil: Es macht mich als Frau neugierig. Trotzdem wird man als Mädchen rasch zum Außenseiter, wenn man im Freundes- und Bekanntenkreis zugibt, Rammstein zu hören und deren Musik auch noch toll zu finden.

Deshalb gehe ich inzwischen bevorzugt in Discos und Lokale, in denen harte Rockmusik gespielt wird. Denn dort wird meine Leidenschaft für Rammstein problemlos akzeptiert, obwohl der Sound nicht sehr „weiblich" ist, was immer das heißen mag. Ich habe wenig Lust, mich ständig dafür entschuldigen zu müssen, Rammstein-Fan zu sein.

Übrigens ist auch meine Familie schockiert, dass ich Rammstein liebe. Ich komme aus einem gutbürgerlichen katholischen Elternhaus. Bei uns herrscht heile Welt, was ich durchaus genieße. Und trotzdem brauche ich es gelegentlich, dass die düstere, geheimnisvolle Welt, die Rammstein für mich repräsentiert, Einzug in diese Idylle hält, weil die nun mal ebenfalls Teil meines Daseins ist.

STEFAN: „Wie kannst du nur so fieses, hässliches Zeug wie Rammstein hören", hat mich meine Mutter vor ein paar Jahren mal gefragt. Ich habe ihr erklärt, dass mich dieses Abstoßende fasziniert, weil es eigen und außergewöhnlich präsentiert wird. Weil die Rammstein-Mitglieder für mich tief im Herzen Moralisten sind, die einer hässlichen Welt einen hässlichen Spiegel vorhalten, ohne dieses Spiegelbild zu beschönigen. Außerdem ist die Musik dieser Gruppe einfach klasse, man kann sich bestens dabei abreagieren. Lieber spiele ich doch eine Stunde lang Luftgitarre vor dem Spiegel, ehe ich irgendeinem Wildfremden die Fresse einschlage, nur weil mir seine Visage nicht gefällt. Meine Mutter hat diese Argumente akzeptiert.

MICHA: Ich finde Rammstein zwar immer noch sehr spannend, doch man muss sich eingestehen, dass sie seit der Veröffentlichung von „Mutter" auf den großen Markt schielen und massenkompatibel geworden sind. Der Erfolg sei der Gruppe vergönnt, er freut mich, weil sich dadurch auch in der öffentlichen Wahrnehmung für diese Art von Sound und Texten etwas verändert hat. Trotzdem müssen die Rammstein-Typen aufpassen, dass sie sich nicht selbst schlecht kopieren und ihr einst revolutionäres Auftreten ausverkaufen.

STEFAN: Stimmt schon, die Jungs von Rammstein machen es einem in den letzten Jahren nicht immer leicht, dass man voll und ganz für sie eintritt. Als ich noch Schüler war, gab es in meiner Klasse keinen Einzigen, der Heavy Metal gehört hätte, und schon gar nicht provokatives Zeug wie Rammstein. Ich war ein echter Außenseiter. Und ich war es gerne, denn Rammstein waren mir diesen Status wert. Wobei ich von meinen Klassenkameraden nicht ausgegrenzt wurde, so darf man sich das nicht vorstellen – sie verstanden nur nicht, warum ich diese Musik gehört habe. Außerdem lief ich seit meinem 16. Lebensjahr ausschließlich mit den Fan-Shirts von Metal-Bands rum, das tue ich bis heute. Ist wohl so was wie eine Lebenseinstellung *(lacht)*. Gleichgesinnte fand ich jedenfalls nur auf dem Pausenhof, unter älteren Schülern, die ebenfalls Rammstein klasse fanden. Mit denen habe ich mich dann über meine Obsession ausgetauscht.

MICHA: Mir hat an Rammstein immer schon gefallen, dass man nicht genau weiß, wie man sie einzuschätzen hat: Nehmen sie ihre Drohgebärden und dieses fast schon überlegen wirkende Herrenmenschentum, das sie durchaus verkörpern, ernst? Oder stehen sie für einen großen, genialen Entertainment-Witz, der eine eigene Moral vertritt, weil sie lieber Musik und ihre Qual an der Welt publik machen, ehe sie daran zugrunde gehen?

Dass Rammstein durchaus – vor allem auf der Bühne – eine Machtstellung besitzen, die sie sehr konsequent auszunutzen wissen, steht außer Frage für mich. Allein schon dadurch, dass sie nicht mit dem Publikum kommunizieren, zeigen sie ihre konsequente Kaltschnäuzigkeit. Gleichzeitig bauen sie jede Menge ironischer Elemente in ihre Shows ein, die man einfach nicht ernst nehmen kann. Rammstein ist eine absolut spannende Gruppe, das ist meine Ansicht!

STEFAN: Ja, es ist diese einzigartige Mischung aus Provokation, Ironie und sehr dominanter Machtstellung, die Rammstein einzigartig macht. Und nicht vergessen darf man die brachialen Shows dieser Band! Feuer, Spektakel, perfektes Krawall-Entertainment, absolut unglaublich! Dafür gebe ich, wenn ich nicht gerade pleite bin, gerne mal 50 Euro aus. Weil diese Auftritte ihren Preis wert sind. Ich habe schon eine Menge Konzerte von anderen Bands gesehen, darunter viele tolle. Aber Rammstein kann bis heute niemand das Wasser reichen.

Deshalb nehme ich sogar in Kauf, dass sich auch Neonazis die Gigs ansehen und sich als Rammstein-Fans outen. Obwohl ich mit den Rechten überhaupt nichts am Hut habe. Ich verstehe aber, dass Nazis von Rammstein live angezogen werden, weil ihre Shows mit großem Pomp aufgezogen werden, das hat ein bisschen was von Reichstags-Inszenierung. Doch diese Nazi-Typen verstehen das Spielerische und die Ironie dahinter nicht. Die verstehen nur den stampfenden Rhythmus. Das ist es definitiv nicht, was Rammstein auszeichnet. Diese Band verkörpert etwas sehr viel Tiefergehendes.

Jedenfalls schrecken mich diese Rammstein-Anhänger nicht so weit ab, dass ich mir nicht Shows der Band anschauen würde. Ich war ja auch auf Böhse-Onkelz-Gigs, weil mir deren Musik zusagt. Da hingen die Rechten genauso ab. Doch nach einigen Bieren lagen sie sich mit Punks, die politisch eigentlich ihre Feinde sind, in den Armen (lacht). Gute Musik überwindet anscheinend sämtliche Barrieren und Feindschaften. Dieser Aspekt gefällt mir sehr!

MICHA: Ich habe mich eine Zeit lang mit den Nazi-Fans von Rammstein beschäftigt. Heute tue ich das nicht mehr. Wenn ich das Gefühl habe, dass ich etwa mit einem Skin über die Gruppe diskutieren könnte, würde ich das tun. Doch bei einem Teil dieser Sorte von Fans merke ich schnell, dass so eine Diskussion gar keinen Wert hat. Also lasse ich es. Sollen sie sich für Rammstein begeistern. Ich tue das auch. Nur auf eine ganz andere Art und Weise. So viel Toleranz muss sein.

STEFAN: Seit ich Rammstein entdeckt habe, ist deren Sound purer Aggressionsabbau für mich. Ich spiele ja selbst Gitarre in einer Death-Metal-Band. Auch das baut Aggressionen bei mir ab. Wir Menschen stecken nun mal voller Wut und Leidenschaft. Ist doch prima, wenn man die durch Musik in den Griff kriegt. Rammstein-Lieder oder -Konzerte sind dafür ein perfektes Vehikel. Mit Politik hat das für mich nichts zu tun.

MICHA: Wobei ich es klasse finde, dass Rammstein sehr bewusst und direkt auf die dunklen Seiten der Gesellschaft eingehen sowie auf menschliche Abartigkeiten, ohne diese zu verurteilen. Sie beschreiben sie nur ganz nüchtern. Dadurch wird die Gruppe zum Spiegel ungerechter Verhältnisse und wirkt sehr ehrlich. Rammstein thematisieren gesellschaftliche Tabus, sie übersteigern und parodieren sie auf hohem, intelligentem Niveau, finde ich. Damit provozieren sie, weil diese Form der Kommunikation heutzutage die einzige Chance zu sein scheint, um bemerkt zu werden. Wenn ich Songs von Rammstein höre, kann ich jedenfalls bestens meinen Alltagsfrust ablassen.

EVA: Bei mir liegt die Faszination für Rammstein eher daran, dass ich mich durch meinen musikalischen Geschmack scharf von der Masse abhebe. Rammstein geht es in meinen Augen darum, dass man sich eine Identität verschafft, indem man zu ihrer Musik steht. Dass man eine Persönlichkeit mit Ecken und Kanten darstellt. Ich bin ja eine Frau, die sich sowohl in Stöckelschuhen und einem eleganten Kleid als auch in Jeans und Schlabber-Shirt wohlfühlt. Hauptsache, man fühlt sich immer bei sich selbst zu Hause. Rammstein haben mir durch ihre Radikalität und die Unbeirrtheit in Texten wie im Auftreten sehr geholfen, dass ich an diesen Punkt gekommen bin.

STEFAN: Auch bei mir haben Rammstein eine Menge im Denken ausgelöst. Sie haben nicht unbedingt meine Persönlichkeit verändert, aber mir auf alle Fälle eine Menge Denkanstöße gegeben. Ich konsumiere Musik nicht dumpf, sondern mache mir jede Menge Gedanken über Texte und das Erscheinungsbild einer Gruppe, wenn die es wert ist. Rammstein sind es mir wert. Weil sie in mir – wenngleich teilweise unbewusst – eine Menge ausgelöst haben.

EVA: Klar, auch diese Faszination fürs Mystische, Grausame, Makabre spielt eine wichtige Rolle dabei, dass mir Rammstein-Musik nahegeht. Wobei ich diese Gruppe nicht total ernst nehme. Und ich denke, genau das will sie auch nicht – ernst genommen werden. Rammstein zu hören, ist wie eine Fahrt in der Geisterbahn: Man gruselt sich, man findet das irgendwie furchtbar. Und weiß letztendlich doch, dass man nach einer gewissen Zeit wieder in die Realität entlassen wird, wobei man sich für kurze Zeit total amüsiert hat. Das stellt Rammstein für mich dar.

MICHA: Was ich ebenfalls irre finde: Die Gesellschaft fühlt sich von Rammstein und ihren Liedern bedroht und sieht darin eine zersetzende Gefahr. Dabei wirkt für mich die Gesellschaft selbst bedrohlich. Dass Rammstein diesen Widerspruch durch ihre Arbeit deutlich machen, fasziniert mich total.

EVA: Dass Rammstein in ihren Texten niemals eine Meinung vertreten, ist toll. Dadurch bin ich gezwungen, mir selbst eine Meinung zu bilden. Genau das will ich ja – selber denken! Dass ich nicht alles toll finde, was Rammstein an kontroversen Themen in ihren Liedern verarbeiten, versteht sich von selbst und ist bestimmt im Sinne der Band. Doch immerhin beschäftige ich mich dadurch mit Themen, von denen ich ansonsten abgeschreckt werde. Rammstein geben Impulse. Die nehme ich wahr, selbst wenn das nicht immer leicht ist – viele meiner Freunde machen sich über Rammstein lustig.

STEFAN: Obwohl Rammstein inzwischen aufpassen müssen, dass man sich überhaupt noch mit ihnen beschäftigt. Wenn sie sich weiter selbst kopieren, würde ich als Fan abspringen. Natürlich verfolge ich mit, was sie auf ihren nächsten Alben zu bieten haben. Doch wenn sie weiterhin Abziehbilder ihrer selbst bleiben wie auf „Rosenrot", dann suche ich mir neue Helden.

EVA: Das ist für mich schwerer, denn als Frau bin ich emotional stark an Rammstein gebunden. Zumindest Till halte ich für einen Sänger mit erotischer Ausstrahlung – er ist attraktiv, was sich bei ihm vor allem live bemerkbar macht. Dieses Wilde, Animalische, das von ihm ausgeht, reizt mich sehr. Es ist diese körperliche Ausstrahlung, die mich dazu veranlasst, auf ein Rammstein-Konzert zu gehen. Diesen Aspekt sollte man nicht vernachlässigen. Der spielt vor allem bei den weiblichen Fans eine entscheidende Rolle, denke ich.

STEFAN: Bei den männlichen Fans eher nicht. Ich habe auch nie den Gedanken gehabt, dass ich die Rammstein-Typen privat mal treffen müsste. Ich glaube, ich würde die zwar ganz nett, aber nicht aufregend finden. Was Rammstein ausmacht, ist die strikte Trennung von Privatleben und Entertainment. Nach außen hin ist diese Gruppe die perfekte Verkörperung von prächtiger, zeitgemäßer Unterhaltung. Und dass sie wie nebenbei noch Tabus brechen und dadurch einen politischen Anspruch besitzen, macht sie umso wichtiger für die heutigen, chaotischen Zeiten, in denen wir leben.

MICHA: Wobei man nicht jedes Tabu brechen muss, nur weil man provozieren will um der Provokation willen. Manches Mal geht mir dieser Anspruch bei Rammstein zu weit. Auch Provokation sollte Spielregeln einhalten und Grenzen kennen.

EVA: Andererseits: Wenn ich provoziere, muss ich dann nicht auch den Weg der Provokation bis zum bitteren Ende gehen? Schließlich passieren in unserer Welt Dinge, die unvorstellbar hässlich sind und gleichfalls bis zum Ende durchgezogen werden. Rammstein greifen diese Dinge auf und ziehen sie bis zum Ende durch. Allerdings mit Humor und in ästhetisch vollendeter Form. Vielleicht ist das ja der Weg von heute, um die Welt ein kleines bisschen besser zu gestalten.

19. „Rosenrot": Keine Atempause

Die Fans staunten nicht schlecht, als Rammstein ihnen bei ihren Open-Air-Konzerten in der Berliner Wuhlheide zwischen dem 23. 06. und dem 26. 06. 2005 auf ihrer „Reise, Reise"-Tour einen neuen Song namens „Benzin" vorstellten – die erste Single eines neuen Albums des Berliner Sextetts, das nur knapp ein Jahr nach dem Erscheinen von „Reise, Reise" herauskommen sollte. Den Titel des neuen Albums gab die Band bereits am 18. 08. 2005 der Öffentlichkeit bekannt: „Rosenrot".

Rammstein gönnten sich keine Atempause und arbeiteten in einem enormen Tempo an der Veröffentlichung des Longplayers, die für den Oktober 2005 geplant war. In einem Band-Gespräch für das Online-Musikmagazin von „Motor Music" im Monat des Erscheinens von „Rosenrot" schilderte Gitarrist Paul Landers, wie es dazu kam, dass die Band so schnell eine neue Songsammlung lieferte: „Wenn wir ein Album machen, nehmen wir immer mehr Lieder auf als wir brauchen. Das ist wie beim Kochen. Jeder kennt doch die Situation: Die Eltern kommen zu Besuch, man will etwas ganz besonders Gutes kochen, aber aus irgendeinem Grund funktioniert's nicht, obwohl man sich streng an das Rezept gehalten hat. Um in so einem Fall nicht mit leeren Händen dazustehen, greift man dann eben auf ein Lied von der Ersatzbank zurück, von dem man weiß, dass es funktioniert hat, und den Rest verwirft man. Bei den ‚Reise, Reise'-Sessions war es aber nun so, dass ‚dummerweise' alle Lieder gut geworden sind und wir auf einmal vor der Frage standen, was wir nun mit dem ganzen tollen Material machen sollen. Die Lösung, ein weiteres Album aufzunehmen, erwies sich als die beste, weil wir mit ‚Rosenrot' nun endlich unseren aktuellen Plattenvertrag, der über fünf Alben ging, erfüllt haben. Außerdem reizte uns der Gedanke, auch künstlerisch mal ein schnelles Album aufzunehmen. Dazu muss man wissen, dass wir ein sehr schwerfälliger Verein sind. Wie ein großer Tanker, der durch die Weltmeere tuckert. Es kann ewig dauern, bevor da mal eine Kursänderung stattfindet."

Gitarrist Richard Kruspe schilderte in einem Gespräch mit dem englischen Heavy-Metal-Magazin *The Gauntlet* vom 09. 03. 2006 seine sehr positiven Eindrücke von den Aufnahme-Sessions (übersetzt): „Wir hatten dann sechs Songs übrig, die wirklich genauso cool waren. Sie waren zu gut, um B-Seiten zu sein. Also beschäftigten wir uns wieder damit, um zu sehen, was uns noch dazu einfiele. Wir gingen wieder für drei Monate ins Studio und kamen mit sechs neuen Songs heraus, die sehr gut waren. Zuerst nannten wir das neue Album ‚Reise, Reise 2'. Aber dann wurde uns klar, dass wir ein ganz anderes Album hatten mit einer unterschiedlichen Stimmung."

Zwei der sechs alten Lieder, die jetzt auf dem neuen Album verewigt werden sollten, waren „Wo bist Du" und „Rosenrot", das schon bei „Reise, Reise" als erste Single im Gespräch war.

Warum dieser Song schließlich zum Namensgeber des Albums wurde, verriet Bassist Oliver Riedel in einem Interview mit dem Heavy-Rock-Magazin *Break Out* für die Ausgabe 08/05: „Als wir wussten, dass wir sieben fertige Songs haben und ‚Rosenrot' zu den stärkeren Nummern zählte, haben wir uns dafür entschieden, die neue Platte ebenfalls ‚Rosenrot' zu nennen. Jede Platte hat starke und schwächere Nummern, und für die neue Scheibe wollten wir gute Songs in der Hinterhand behalten."

Außer den fertigen Songs gab es noch einen weiteren Anknüpfungspunkt an „Reise, Reise": das Cover mit dem Motiv des feststeckenden Atom-Eisbrechers, der auf „Rosenrot" abgebildet ist und die Thematik der Hülle des Albums vorgibt, das diesmal nicht aus einem normalen Jewel-Case, sondern einer aufklappbaren vierteiligen Pappverpackung bestand. Das Eisbrecher-Cover tauchte schon einmal bei der japanischen Ausgabe des „Reise, Reise"-Albums auf, wie Oliver Riedel im Gespräch mit dem Heavy-Rock-Magazin *Break Out* im August 2005 erklärte: „Die Japaner wollten nicht das ursprüngliche ‚Reise, Reise'-Cover übernehmen, was ich persönlich ziemlich dreist finde, aber sie meinten, das mit dem Flugschreiber-Cover würde in Japan nicht funktionieren, und wir sollten doch bitte ein anderes Motiv an den Start bringen. Wir haben ihnen dann einen Vorschlag gemacht – das war der mit dem Boot –, und den fanden sie gut. Letztendlich hat uns aber auch selber das Motiv so gut gefallen, dass wir nun das ‚Rosenrot'-Cover daraus gemacht haben. So wird es noch mal für alle zugänglich und ist nicht nur für die Japaner. Zuerst sollte die Platte ja ‚Reise, Reise 2' heißen, und dies hätte vom Motiv her auch besser gepasst. Aber nun heißt halt das Schiff ‚MS Rosenrot', und das ist auch okay."

Die Musik und das Cover waren also recht schnell zusammengestellt – so schnell, dass Gerüchte aufkamen, dass das Album „Rosenrot" nur eine willkommene Möglichkeit für die Band war, eilig ihren Plattenvertrag zu erfüllen, um danach schnell einen neuen Kontrakt mit besseren, d. h. lukrativeren Bedingungen aushandeln zu können.

Paul bekräftigte im Interview für *Motor Music* im Oktober 2005, dass „Rosenrot" ein vollwertiges Rammstein-Album ist: „Jedenfalls muss man sich die beiden Platten im Prinzip als Doppelalbum denken. Zuerst wollten wir die Scheibe sogar ‚Reise, Reise 2' nennen. Das haben wir aber nun verworfen, da ‚Rosenrot' als eigenständiges Rammstein-Album zu sehen ist. Trotzdem gehören beide Platten zusammen, sie erscheinen eben nur zeitversetzt. Einige der Songs waren zum damaligen Zeitpunkt auch noch gar nicht fertiggeschrieben, da fehlten teilweise noch die Texte."

Die „Reise, Reise"-Titel hatten die sechs im „El Cortijo Studio" im spanischen Málaga aufgenommen. Um auf die für Rammstein üblichen elf Songs zu kommen, spielte die Band weitere fünf Stücke im heimischen „Teldex Studio" in Berlin vom Juni bis zum August 2005 ein. Sie griff dafür auf die altbewährte Crew zurück, bestehend aus dem Produzenten Jacob Hellner und erneut als Mixer Stefan Glaumann, der die Songs wiederum im „Toytown Studio" in Stockholm abschließend bearbeitete.

Paul beklagte im Interview für *Motor Music* im Oktober 2005, dass die Band gar nicht so glücklich darüber war, in Berlin ins Studio zu gehen: „Dann wollten wir auch endlich mal ausprobieren, wie es ist, in Berlin aufzunehmen – das hatten wir noch nie gemacht. Es hat allerdings nicht so gut funktioniert. Es geht einfach nicht, wenn man gerade vom Steuerberater kommt und dann ins Studio geht und ‚Zerstören' singt.“ Und Bassist Oliver Riedel verriet im *Break Out*-Interview im Oktober 2005 ganz ähnlich: „Man neigt immer leicht dazu, nicht konzentriert genug zu arbeiten, auf die Uhr zu schauen und zu meinen, jetzt könnte man eigentlich nach Hause fahren. Für die nächsten Aufnahmen werden wir sicherlich wieder weiter wegfahren.“

Dennoch zeigten die sechs Arbeitsdisziplin und produzierten ein Album, das musikalisch sehr gegensätzliches Material liefert. Auf der einen Seite tauchen Songs in bester Rammstein-Manier auf wie z. B. die erste Single „Benzin“, für die sich erneut zu Remix-Spielereien illustre Cracks wie Adam Horovitz, genannt Ad Rock, von den Beastie Boys, die schwedischen Metal-Experimentalisten Meshuggah und die finnischen Cello-Rocker Apocalyptica an die Mischmaschinen begeben haben. Und auch bei der Auskopplung „Mann gegen Mann“ entschieden sich Rammstein für die härtere Gangart, die u. a. Erasure-Mastermind und Depeche-Mode-Mitbegründer Vince Clarke für die Maxi-Single neu abmischte.

Allerdings schlagen die krachigen Stücke einen etwas anderen Kurs ein als auf „Reise, Reise“, denn Flakes Keyboard-Klänge wurden zurückgefahren, um dafür den schweren Gitarrensound nach vorn preschen zu lassen und so den wuchtigeren Songs einen rockigeren Metal-Anstrich zu geben.

Im krassen Gegensatz dazu bietet „Rosenrot“ auf der anderen Seite eine ungewöhnlich große Bandbreite an ruhigen, sanften Liedern, und das noch mehr als der Vorgänger. Dazu sagte Oliver Riedel im Break Out-Interview für die Ausgabe 08/2005: „‚Reise, Reise' planten wir ursprünglich, etwas härter zu gestalten, und wenn man sich den neuen Silberling anhört, sind halt auch wieder einige ruhigere Ideen dabei. ‚Rosenrot' ist viel melancholisch-romantischer als ‚Reise, Reise', obwohl die Aufnahmen teilweise aus der gleichen Zeit stammen.“

Einer dieser ruhigen Songs, in dem die harten Gitarrenriffs fehlen, ist „Stirb nicht vor mir/Don't Die Before I Do“, bei dem Till zum ersten Mal ein richtiges Duett vorträgt. Dazu holten sich Rammstein eine Sängerin ins Studio, die sonst eher mit Mainstream-Popsongs bekannt geworden ist: Sharleen Spiteri. Sie hatte mit ihrer schottischen Band Texas, die ihren Namen vom Titel des Wim-Wender-Film „Paris, Texas“ ableiteten, schon Hits wie „I Don't Want A Lover“, „Say What You Want“ oder „Summer Son“ vorgelegt.

Die Wahl für „Stirb nicht vor mir“, das für Rammstein eher untypisch ist und schon recht lange in der Schublade schlummert, fiel auf Sharleen Spiteri, weil Produzent Jacob Hellner sie vorschlug.

Ähnlich ruhig wie dieser Song ist „Ein Lied“, das einzige Stück von Rammstein, das nicht von einem Schlagzeug begleitet wird und bei dem ebenfalls die harten Gitarren-Riffs fehlen. Über die Entstehung des Songs berichtete Oliver Riedel sehr offen im *Break Out*-Interview für die Ausgabe 08/05: „Das musikalische Motiv zu ‚Ein Lied' ist ja das ‚Amerika'-Thema. Wir waren uns anfangs nicht sicher – wir konnten ja nicht zwei Lieder mit dem gleichen Thema machen. Dadurch, dass es ja jetzt aber zwei Platten geworden sind und eine ganz andere Stimmung in das neue Lied gelegt wurde, ist das echt okay. ‚Ein Lied' ist innerhalb von zehn Minuten im Proberaum entstanden, und Till hat ganz spontan und schnell darüber gesungen. Wir haben später noch mal versucht, das ganze Lied im Studio neu aufzunehmen, aber es wurde unserer Ansicht nach nicht besser, und so beließen wir es bei der Proberaumversion."

Ebenfalls sehr nach Ballade klingt das traurige „Wo bist Du?", was sich allerdings im Verlauf des Liedes ändert, denn nach einem Querflöten-Anfang packen die E-Gitarren zu und reißen den ruhigen Klangteppich auf – ein Stück, das vielleicht am besten die Gegensätzlichkeit der „Rosenrot"-Klangwelt demonstriert.

Zwischen diesen beiden Polen der Gitarrenhärte und der schwermütigen Ruhe fällt besonders der Song „Te quiero puta!" aus dem Rahmen, in dem Rammstein mit für sie völlig untypischen Elementen humorvoll spielen, wenn sie mexikanische Mariachi-Trompeten erklingen lassen. Bassist Oliver verriet im *Break Out*-Interview im Oktober 2005 über den Song: „Till mag Südamerika sehr gern, und wir mussten uns schon oft seine Musik anhören, die er von dort mitgebracht hat. Er ist großer Mariachi-Fan. Es ist schon ein Ritual für uns geworden, immer mal wieder einer seiner Kassetten zu lauschen. So ist es ganz normal, dass wir irgendwann so eine Nummer schreiben mussten, mit einem spanischen Text. Das Lustige dabei ist, dass ‚Te quiero puta!' eigentlich als orientalischer Song geplant war, was man am Anfang der Nummer auch hört. Zu Beginn fiel Till aber nichts dazu ein, und dann meinte er, dass er etwas Spanisches schreiben könne. Wir haben auch noch einen Mexikaner dazu spielen lassen. Die Aufnahmen dazu haben wir dann bei dem Mexikaner zu Hause in der Küche gemacht, und alles hat sehr gut funktioniert."

Neben solch einem humorvollen Ausreißer aus dem Rammstein-Klangkosmos ist auch der Gesang Till Lindemanns im Vergleich zu früheren Songs an einigen Stellen stark verändert. Er presst in einigen Stücken die Töne nicht mehr zu sehr in gruftige Tiefen, sondern schwingt sie auch in die höhere Alt-Stimmlage, wie es z. B. bei „Stirb nicht vor mir" gut zu hören ist.

Auch die Texte des Rammstein-Sängers hatten sich inhaltlich verändert, denn er war abgekommen von schneidend-brutalen Provokationsinhalten und verlegte sich mehr auf zwischenmenschliche Beziehungen. Allerdings beschrieb Till immer noch deren düstere Seiten wie Einsamkeit, den Schmerz einer unglücklichen Liebe, Oberflächlichkeit in Beziehungen und Besessenheit. Er greift dafür auf den großen Fundus der klassischen deutschen Literatur zurück und knüpft damit an die Verarbeitung von Goethes „Erlkönig" in „Dalai Lama" vom „Reise, Reise"-Album an. Und wieder ist es ein Werk des Geheimrats Goethe, das Till für den Titelsong „Rosenrot" adaptierte. Er nahm sich den Text des „Heiderösleins" vor und verband es mit dem Grimmschen Märchen „Schneeweißchen und Rosenrot" – natürlich nicht, um eine liebliche Geschichte zu erzählen, sondern um von einem Paar zu berichten, das zusammen von einem Berg tragisch in den Tod stürzt. Im Video zu „Rosenrot“, das die zweite Auskopplung des Albums war, sind die Rammstein-Mitglieder als Priester zu sehen, die ihre Fleischeslust geißeln.

Ebenfalls bei „Hilf mir“ inspirierte Till eine literarische Vorlage, diesmal „Die gar traurige Geschichte mit dem Feuerzeug“ vom zündelnden Paulinchen, das sich selbst verbrennt, aus dem berühmten Kinderbuch „Struwwelpeter“ von Heinrich Hoffmann. Der Rammstein-Sänger machte daraus den Song „Hilf mir“ und erzählt die Selbstentflammung – ganz ähnlich wie im Stück „Spieluhr“ vom „Mutter“-Album – aus der Sicht und mit den Empfindungen des Kindes.

Zwar ähnlich lyrisch, aber ohne literarischen Bezug ist der melancholische Liebesschmerz-Song „Wo bist Du“, in dem Till seiner Partnerin nachtrauert und im Text Selbstmordgedanken durchscheinen lässt. Bassist Oliver berichtete im Gespräch mit *Break Out* für die Ausgabe 08/05 über die Hintergründe des Liedes: „‚Wo bist Du‘ ist in der Phase entstanden, als Tills Freundin ihn verlassen hat. Er kam drei Tage später mit dem Text in den Proberaum. Hieran sieht man am besten, wie Till auf seine ganz eigene Art und Weise Erlebnisse und Gedanken in den Texten verarbeitet.“

Neben solchen Songs, in denen Seelenschmerz und Schwermut dominieren, singt Till in altbekannter Manier anzügliche und anstößige Texte wie z. B. bei „Feuer und Wasser“. Darin beobachtet ein sexuell erregter Voyeur eine Frau beim Schwimmen, von der er weiß, dass sie sich nie für ihn interessieren wird. Oliver Riedel verriet im *Break Out*-Gespräch der Ausgabe 08/2005, wie das Lied zustande kam und machte noch einmal die Arbeitsweise der Band deutlich: „‚Feuer und Wasser‘ (...) ist so entstanden, dass Till den Text im Proberaum an die Wand geklebt hat und wir dann versucht haben, das musikalische Gewand drum herum zu bauen. Am Anfang haben wir uns den Text zu ‚Feuer und Wasser‘ durchgelesen und den Titel kompositorisch mit den darin enthaltenen Textzeilen ‚mit dem Bein‘ und ‚sie schwimmt dahin‘ und so weiter zu arrangieren. Wir fanden das erste Ergebnis aber gar nicht gut! Dann hatten Paul und Richard die Idee mit den gezupften Gitarren, Till hat darauf den Text gesungen. Plötzlich hat das gepasst, und wir hatten eine ganz andere Ebene. Es wurde auf einmal richtig lyrisch und schön. Das ist eine sehr gute Symbiose, wenn die Musik dem Text noch mal was Neues gibt.“

„Te quiero puta!“ hat ebenfalls sexuelle Lust als Thema. Übersetzt heißt der Titel: „Ich begehre Dich, Hure“, und genau darum geht es. Till besingt unverblümt und anzüglich im ersten spanischsprachigen Rammstein-Song über die sexuelle Obsession eines Mannes für eine Prostituierte. Rammstein wollten sich mit diesem Lied, das den Arbeitstitel „Ich bin“ trug, bei den mexikanischen Fans bedanken, die den Album-Vorgänger „Reise, Reise“ in ihrem Land auf den Spitzenplatz der Charts gekauft hatten.

Um Sex und Erotik geht es auch im Text der letzten Single-Auskopplung „Mann gegen Mann“ – nur aus einer ganz anderen Perspektive. Das Stück, das es bereits während der Phase gab, als das Album „Mutter“ veröffentlicht wurde, thematisiert die

Homoerotik zwischen schwulen Männern. Wieder singt Till über die sexuelle Lust, diesmal aus der Sicht eines homosexuellen Mannes. Das Thema wurde im Video recht freizügig verarbeitet. Die Band spielt nackt und mit schweißglänzender Haut, und Till steht mit langen schwarzen Haaren und hohen Stiefeln am Mikrofon. Immer wieder werden in den rockigen Passagen des Liedes nackte Männerkörper gezeigt, die sich wollüstig aneinander reiben.

Richard erzählte im *The Gauntlet*-Interview vom 09. 03. 2006 die Entstehung des Clips (übersetzt): „Das ist wirklich cool. Wir sehen ziemlich schwul aus. Video-Regisseur Jonas Akerlund machte The Prodigys ‚Smack my Bitch up‘. Er leistet wirklich großartige Arbeit.“ Das Konzept für das Video stammt auch von Akerlund. Paul Landers berichtete über das Drehen des Clips im Gespräch mit MTV am 19. 01. 2006: „Wir mussten uns mit 500 Bodybuildern ins Studio stellen und haben da ein Video gedreht. (...) Die Story ist, wir spielen nackig, komplett, wobei die Gitarristen jetzt die Gitarre davor haben, das ist 'n leichterer Job. Till hat sich dann 'ne Lackwindel angezogen, weil das für ihn doch nichts war, und alle anderen sind komplett nackig.“ Auf die Frage, ob denn der Clip noch entschärft werden sollte, antwortete Paul weiter: „Ach, das ist so klein, das siehst du gar nicht!“

Nachdem der Clip einen Monat im Fernsehen lief, sah sich die Organisation „Freiwillige Selbstkontrolle der Filmwirtschaft“ (FSK) genötigt, den Clip erst ab 16 Jahren freizugeben, sodass er nur noch zwischen 22 Uhr abends und 6 Uhr morgens gezeigt werden durfte. Aber das war für Rammstein nicht ungewöhnlich, denn die meisten Clips der Band bedachte die FSK mit einer Sperre für unter 16-Jährige. Und obwohl wieder einige Kritikerstimmen laut wurden, die Rammstein bei Erscheinen des Videos und der Single Schwulenfeindlichkeit unterstellen wollten, was die Band vehement bestritt, gab es keinen großen Skandal wie z. B. zu Zeiten von „Mein Teil“.

Das gilt auch für „Zerstören“. Darin wird von einem Mann erzählt, der nicht anders kann, als aggressiv zu sein und eben zu zerstören. Das Lied hatte ursprünglich „Ankara“ als Arbeitstitel, und am Anfang singt eine Frau in türkischer Sprache. Der Text hat Bezüge zu US-Präsident George Bush, den die Band damit für die Anzettelung des Irak-Kriegs des Jahres 2003 kritisieren wollte. Man kann den Song inhaltlich als Nachfolger des „Reise, Reise“-Stücks „Amerika“ sehen, wenn es auch nicht dessen sarkastische Schärfe besitzt.

Ähnlich brachial wie im Text von „Zerstören“ geht es im Video von „Benzin“ zu. Die Bandmitglieder spielen darin eine Feuerwehr-Crew, die auf dem Weg zu Rettungsaktionen mit ihrem Wagen so ziemlich alles niederfahren, was auf dem Weg liegt: Autos, Bäume, Gebäude. Im Liedtext allerdings wird eine ganz andere Geschichte erzählt. Darin geht es um einen Mann, der süchtig nach Benzin ist. Inspirieren ließ sich Till dabei von einem tragikomischen Film aus dem Jahre 2002 namens „Love Liz“ von Regisseur Todd Louiso, in dem es um einen Web-Designer geht, der seine Frau und seine Arbeit verliert, weil er langsam seiner Sucht nach Benzin verfällt. Er verbringt seine Zeit auf der Suche nach dem Geruch des Kraftstoffes und geht zum Schnüffeln z. B. zu Tankstellen. Oliver Riedel berichtete im *Break Out*-Interview für die Ausgabe 08/05, wie es zu dem Song kam: „‚Benzin‘ ist ein Auftragswerk von Paul. Er fand das Wort ‚Benzin‘ schon immer gut und hat Till schon jahrelang genervt: ‚Mach doch mal einen Text über Benzin!‘. Nun erfüllte ihm Till den Wunsch und schrieb den Text zu ‚Benzin‘.“

Ganz im Gegensatz zu solchen ruppigen Inhalten und völlig ohne politische Kritik, Sarkasmus oder Anstößigkeiten kommt das ruhige „Ein Lied“ als letzter Song von „Rosenrot“ aus. Das Stück ist den Fans gewidmet und teilt ihnen mit, dass sie für die Band der Hauptgrund dafür sind, dass Rammstein Musik machen.

Solche Textinhalte waren für Rammstein-Verhältnisse ungewöhnlich wenig provokativ und geradezu mild, ebenso schlugen unerwartet viele Songs von „Rosenrot“ sehr ruhige Töne an. Das setzte sich als Eindruck bei vielen Rezensenten des Albums fest, die meist unaufgeregte Kritiken verfassten. So war in der Ausgabe 41/2005 des Online-Jugendmagazins *Zünder* der Wochenzeitung *Die Zeit* zu lesen: „Nichtsdestotrotz bleibt der Rammstein-Sound, wie er immer war. Allerdings haben Rammstein auf dem Weg zu ihrem fünften Album durchaus etwas gelernt: Nachdem es wegen heilloser Übercodierung der Texte die üblichen Missverständnisse gegeben hatte, suchen Rammstein nun in mehr oder minder geradlinig erzählten Geschichten ihr Heil. Politische Botschaften werden seit ‚Links 2 3 4‘ auf dem dritten Longplayer ‚Mutter‘ direkt ausgesprochen. ‚Mann gegen Mann‘, das auf ‚Rosenrot‘ dafür zuständige Stück, ist eine homoerotische Fantasie in Moll. Diesmal lautet die Message: Schwulsein ist auch irgendwie okay.“

Ebenso hielten sich negative Kritik und Lob in der Rezension des Online-Musikmagazins von „Motor Music“ aus dem Oktober 2005 die Waage. Einerseits sprach der Kritiker davon, dass die „lyrischen Ambitionen Lindemanns weiter in den Vordergrund gerückt wurden. Dies hat nun zur Folge, dass das Ganze hier und da etwas ins Lächerliche driftet oder wie im peinlichen Duett mit Texas-Sängerin Spiteri voll in die Hose geht.“ Aber der Rezensent stellte weiter fest: „Davon abgesehen servieren Rammstein wieder die solide Kost, für die sie weltweit so gemocht werden. (…) Aber auch ‚Mann gegen Mann‘ oder ‚Benzin‘ haben wieder die Durchschlagskraft eines Bunkerbrechers. Andere wie ‚Wo bist Du?‘ oder ‚Spring‘ sind bis knapp unter die Oberkante mit Pathos beladen. Aber das kennen wir ja bereits. (…) Nichtsdestotrotz bleibt „Rosenrot“ ein Zwischenalbum, das die Wartezeit aufs nächste gut zu verkürzen weiß. Es ist ein typisches Rammstein-Machwerk, und wenn wir ehrlich sind, müssen wir doch zugeben: Etwas anderes wollen wir auch gar nicht hören!“

Ungewöhnlich positiv dagegen äußerte sich das sonst oft Rammstein-kritische Online-Musik-Portal *laut.de* in seiner Rezension aus dem Oktober 2005: „Zum ersten Mal schafft es sogar eine Kollaboration auf ein Studioalbum. ‚Stirb nicht vor mir‘ fällt deshalb auch nicht unerheblich aus dem Rahmen. Texas-Chanteuse Sharleen Spiteri macht aus der schönen und poppigen Melodie, die so gar nicht rammsteinisch klingen möchte, etwas Besonderes. Wer auch immer auf die Idee zu dieser Zusammenarbeit kam, man sollte ihm einen Orden verleihen. (…) Lindemann versucht sich einmal mehr als richtiger Sänger und gibt dabei eine wirklich gute Figur ab. (...) Auch was die Atmosphäre des Albums anbelangt, knüpfen Rammstein den Faden aus Stahlwolle weiter. Die ehedem herrschende Brachialität weicht einer morbiden Märchenonkel-Stimmung, der Lindemann des Öfteren die vor Wahnsinn geifernde Maske aufsetzt. ‚Spring‘, ‚Wo Bist Du‘ und ‚Zerstören‘ machen eine ganz passable Figur, kommen jedoch über typische Rammstein-Hausnummern nicht hinaus. (...) Dem Fan wird es gefallen, erfüllt ‚Rosenrot‘ doch die Erwartungen, was dem Nörgler ebenso wieder Stoff für Mäkeleien liefert: Im Osten nichts Neues? So what ...“

Und das war auch der Anhängerschaft der Band egal, die wie ein Jahr zuvor bei „Reise, Reise“ die CD-Läden stürmte und das neue Album „Rosenrot“ sofort nach seinem Erscheinen am 28. 10. 2005 an die Chartspitzen in ganz Europa brachte. Bereits acht Tage vor der Veröffentlichung wurden die Fans noch mal richtig heiß gemacht, als die erste Auskopplung „Benzin“ und fünf weitere Songs als einminütige Hörproben im Internet vorab gehört werden konnten.

„Rosenrot“, das fünfte Studioalbum Rammsteins, kam innerhalb von drei Wochen in insgesamt 38 Ländern heraus. Es schoss in Deutschland sofort auf Platz 1 der Longplay-Charts. Nach einer Woche waren bereits über 200.000 Exemplare ausgeliefert, was schon die erste Platin-Auszeichnung bedeutete. In der Schweiz, in Österreich, Tschechien, Dänemark und Finnland gab es Goldene Schallplatten.

Ebenfalls auf den ersten Rang kam das Album in Österreich, Estland, Finnland und Island. In Dänemark, Schweden, der Schweiz und Mexiko reichte es für Platz 2, in Belgien und Tschechien für die Position 3, in den Niederlanden und Norwegen für den vierten und in Frankreich den fünften Rang. Auch in Portugal, Polen, Griechenland und Spanien kam das Album unter die Top Ten.

Die Singles verkauften sich ordentlich, allerdings blieben sie hinter den Zahlen der ausgekoppelten Titel von „Reise, Reise“ zurück. Als „Benzin“ am 07. 10. 2005 veröffentlicht wurde, kam das Stück in Deutschland auf den sechsten Rang der Hitliste, in Österreich auf Platz 11, in der Schweiz auf die Nummer 15, in Frankreich auf die Position 81 und in Großbritannien auf Platz 58. In Schweden wurde der Song eine Nummer 16, und in Finnland kam er sogar auf die Spitzenposition. Immerhin konnte der Titel in den USA Platz 35 erreichen. Am 16. 12. erschien das Titelstück „Rosenrot“ als Auskoppelung und kam nur in vier Ländern in die Charts: in Deutschland auf Platz 28, in Österreich auf den 46. und in der Schweiz auf den 59. Rang sowie in Schweden auf die Position 53. Erst im März 2006 folgte „Mann gegen Mann“ als Single Nummer drei, die sich wieder besser verkaufte. In Deutschland gelang ein 20. Platz, in Finnland eine Nummer 18, und sogar in den USA kam der Song auf Position 32. In Österreich erreichte er nur die Nummer 42, in der Schweiz Platz 66, in Schweden den 45. und in Großbritannien den 54. Rang.

Mit diesen Verkaufserfolgen festigten Rammstein ihren Status als Exportschlager Nummer eins in Sachen deutschsprachiger Rockmusik, der ihnen offiziell bestätigt wurde, als sie noch vor Veröffentlichung des neuen Albums „Rosenrot“ am 02. 09. 2005 in den USA den „World Music Award“ in der Kategorie „Best Selling German Artist around the World“ erhielten. Danach ging es mit den Auszeichnungen fröhlich weiter, denn am 03. 11. bekamen sie den „MTV European Music Award“ als „Best German Act“ und am 24. 11. 2005 den „Eins Live Krone Award“ als „Bester Live-Act“.

Ein ganzes Paket von Auszeichnungen für die Verkaufserfolge gab es für das Sextett am 16. 12. desselben Jahres im Berliner Olympiastadion: Platin für das Album „Herzeleid“, für „Sehnsucht“ Doppel-Platin, Gold für „Live aus Berlin“, für die DVD „Live aus Berlin“ Doppel-Platin, für „Mutter“ Doppel-Platin und ebenso für die DVD „Lichtspielhaus“, Doppel-Platin für „Reise,Reise“ – und bereits für „Rosenrot“. Darüber hinaus bekam die Band den „World Sales Award“ für über zehn Millionen verkaufter Tonträger rund um den Globus verliehen.

Dazu fuhr die Band am Abend der Preisverleihungen bei ihrer Ankunft in einer alten schwarzen Staatskarosse durch dichte wabernde Nebelschwaden, begleitet von Rammstein-Musik, in die Arena ein und drehte eine gemächliche Ehrenrunde, gelenkt von einem weiblichen Chauffeur. In einem Band-Interview mit MTV vom 20. 12. 2005 erzählte Paul darüber: „Wir haben zu dem Mädchen gesagt ‚fahr schneller‘ oder ‚fahr langsamer‘ oder ‚jetzt fahr mal übern Rasen‘ und ‚jetzt heizen wir mal und machen hier richtig so 'ne Schleuderspuren in den Rasen, und dann werden wir rausgeschmissen.‘ “ Über die Auszeichnungen fügte Richard noch hinzu: „Ich finde, es ist ein ganz wichtiger Moment, wo man einfach den Leuten mal sagt: ‚Hallo, Dankeschön, und es war cool.‘ Und das finde ich irgendwie das Wichtigste an solchen Abenden.“ Darauf antwortete Paul allerdings verschmitzt: „In Wirklichkeit wollten wir einfach nur 'ne Weihnachtsfeier machen, und die Plattenfirma sollte alles bezahlen, so war eigentlich der Plan, und dann haben die gesagt: ‚Café Moskau‘. Da hab' ich gesagt: ‚Uh, Café Moskau? Ist doch langweilig, gehen wir einfach ins Olympiastadion.‘ “ Und er berichtete weiter: „Ich bin jetzt nicht so der Award-Mann, dass ich die immer zähle, ein Paar von uns verschenken die immer gleich weiter, ein Paar hängen die sich ins Klo, ein Paar lassen sie eingepackt für schlechte Zeiten. Wenn's mal nicht mehr so läuft, kann man sie noch bei eBay verkaufen.“

Die sechs hatten nur ein paar Monate Zeit, sich darüber Gedanken zu machen, was mit ihren Auszeichnungen geschehen sollte, denn am 04. 03. 2006 ging es bereits mit dem nächsten Preis weiter. Rammstein gewannen als „Bester Internationaler Künstler“ den „EMMA-Award“, den wichtigsten finnischen Musikpreis. Und Schneider, Flake und Paul konnten sich ein paar Tage später, am 12. 03., auch noch einen „Echo“ als „Bester Künstler“ in der Kategorie „Rock/Alternative“ abholen. Dazu gab es am 15. 03. 2006 den niederländischen „Edison Award“ für „Rosenrot“ als „Best Alternative Album“.

Diese Preise, die an die Band verliehen wurden, konnten Rammstein in aller Ruhe einsacken, denn Tourstress gab es nach der Veröffentlichung von „Rosenstolz“ nicht, weil die Band auf die sonst üblichen Konzertreisen zur Album-Präsentation ganz und gar verzichteten. Das war nur zu verständlich: Denn nach der Arbeit an „Reise, Reise“, nach der anschließenden Europatour und gleich hinterher der Produktion von „Rosenrot“ nebst Video-Drehtagen und Promotion-Interviews brauchte die Band erst mal eine Auszeit.

Die sechs Musiker verabschiedeten sich also im Frühjahr 2006 erst einmal aus der Öffentlichkeit – allerdings nicht ohne Pläne für die Zukunft der Band, die dem Rammstein-Publikum zeigen sollten, dass mit der Gruppe weiterhin zu rechnen ist.

20. „Völkerball“: Rammstein für zu Hause

Nach der Ankündigung, dass Rammstein zur Veröffentlichung ihres bislang letzten Studioalbums „Rosenrot“ nicht wie sonst üblich eine Tour absolvieren würden, ging bei den Fans das große Rätselraten los. Was bedeutete diese Auszeit? Wie würde es mit Rammstein weitergehen? Würde es *überhaupt* mit der Gruppe weitergehen? Die Antwort der Band erfolgte prompt ein paar Monate später und nannte sich „Völkerball“.

Am 17. November 2006 brachte das ostdeutsche Sextett diese ganz spezielle Live-DVD unter jenem Namen in unterschiedlichen Versionen auf den Markt. So gab es eine „Standard Version“, die eine DVD mit 140 Minuten Live-Konzert sowie eine Audio-CD mit 75 Minuten Konzertaufnahmen eines einmaligen Gastspiel im französischen Nimes enthielt. Als Nächstes gab es eine „Special Edition“, die eine zusätzliche DVD mit zwei Dokumentationen beinhaltete. Und drei Wochen später hielten Rammstein als Überraschung noch eine „Limited Edition“ bereit, der ein knapp 200 Seiten starkes Foto-Buch beigelegt war, in dem die Band optisch außerhalb der Bühne und viele Bilder von Fans zu sehen sind. Außerdem kam zu diesem Paket eine weitere CD mit den kompletten Live-Audio-Aufnahmen der Konzerte von insgesamt 105 Minuten Länge hinzu. Die bestverkaufte war die „Special Edition in DVD-Packaging“. Darauf sind Live-Mitschnitte zu bestaunen, die außer in Nimes in Moskau, in London und in Tokio zwischen 2004 und 2005 aufgenommen wurden.

Vermutlich war diese Veröffentlichung als Entschädigung für die Absage der Tour-Aktivitäten 2005 und 2006 gedacht – auf jeden Fall als Signal dafür, dass es die Band weiterhin gab und geben würde.

Unabhängig davon: „Völkerball“, vor allem in der „Special Edition in DVD-Packaging“, ist der unschlagbare Beweis dafür, dass Rammstein erst als Live-Band komplett ihre Ausstrahlung und Faszination als Gesamtkunstwerk demonstrieren kann. Warum Rammstein in seiner Gänze als Phänomen nur funktioniert, weiß man erst, wenn man eines ihrer Konzerte bestaunen durfte. „Völkerball“ setzt auf diese Erkenntnis und ist deshalb nicht nur für jeden Rammstein-Fan, sondern ganz generell für Anhänger überdimensionaler Spektakel unverzichtbar.

Schon allein die edle Aufmachung dieses Digipacks ist ein Augenschmaus. Das fängt an mit dem eleganten Cover, das eine Stilisierung des Logos der Olympischen Spiele 1980 in Moskau zeigt, und geht weiter mit den aufwendig animierten Menüs auf der Konzert-DVD selbst, die einen ersten Vorgeschmack auf die anwählbaren Auftritte bieten.

Von denen sticht am meisten der mitgeschnittene Gig in Nimes vom 23. Juli 2005 heraus, der komplett mit allen 19 dargebotenen Liedern gezeigt wird und bei dem rund 70.000 rasende Fans zu sehen und zu hören sind.

Schon die Kulisse des alten Amphitheaters im Süden Frankreichs ist atemberaubend. Man kommt sich als Beobachter vor wie im Kolosseum in Rom, wo die Zuschauer auf den nächsten Gladiatoren-Kampf warten.

Nun, die Gladiatoren des 21. Jahrhunderts sind, so scheint es, sechs Herren aus Ostdeutschland, die sich im Kollektiv „Rammstein“ nennen. Sie heizen ihren Zuschauern für zwei Stunden mächtig ein. Und wer deren verzückte, oft der Ekstase nahe Gesichter betrachtet, auf welche die Kamera immer wieder schwenkt, sowie den ohrenbetäubenden Jubel hört, der ist überzeugt, dass die Gladiatoren vor 2000 Jahren nicht mehr an Beifall und Euphorie entfachten. Während es bei denen allerdings stets um Leben oder Tod ging, halten bei Rammstein die Gesetze der perfekten Inszenierung und jede Menge, teilweise tiefschwarzer Humor das Zepter souverän in der Hand.

Die Pyro-Show ist in der heutigen Zeit unschlagbar und einzigartig, das Gespür für Entertainment wird etwa bei der Live-Umsetzung von „Mein Teil“ prächtig unter Beweis gestellt: Till Lindemann gibt dabei den blutverschmierten, mit einem zum Schlachtermesser umgewandelten Mikrofon bewaffneten Meisterkoch, der den armen Flake in einem riesigen, dampfenden Kessel grillen will. Oder im letzten Song des Abends, „Stripped“: Hierbei wird Bassist Oliver Riedel in einem riesigen Schlauchboot über die Köpfe der Fans getragen. Ansonsten: viel Feuer, noch mehr Energie, ein im besten Sinne des Wortes monströses Spektakel.

Dass die „Rammsteiner“ ihre Show-Lektion perfekt verinnerlicht haben und diese jeden Abend, den sie auf der Bühne stehen, ausspielen, beweisen die Aufnahmen der anderen drei auf der DVD gezeigten Mitschnitte. Dabei wird das Konzert in Limes, wie erwähnt, komplett gezeigt, während es sich bei den Shows, die zwischen dem 3. und 5. 11. 2005 in der Londoner „Brixton Academy“, am 3. 6. desselben Jahres im „Citta Club“ in Tokio und am 28. 11. 2004 im Moskauer „Sport Complex Olympiski“ aufgenommen wurden, lediglich um Auszüge handelt.

Diese Exzerpte haben es unter dokumentarischem Aspekt freilich in sich. So wird gezeigt, dass die englischen Rammstein-Fans nicht selten aus wild tanzenden Punks bestehen. In Japan hingegen kreischen bevorzugt junge Frauen, die das Gros des Publikums ausmachen. Und in Russland skandieren wild gewordene Fans aller Altersgruppen nicht etwa nur die eingängigen Refrains auf Deutsch, sondern ganze Textpassagen, während Sänger Lindemann bei den Ansagen unter Beweis stellt, dass er sein einst an einer Schule in der DDR erlerntes Russisch nicht gänzlich vergessen hat.

Für den Käufer der „Special Edition in DVD-Packaging“, der sich Rammstein als Live-Phänomen ins Haus holen will, ist dieser erste Silberling des Pakets der unumstößliche Höhepunkt. Wer darüber hinaus Hintergrundinformationen en Masse über die Band privat sowie die Entstehung eines Bühnenspektakels der Gruppe erhalten möchte, der kommt am Betrachten der zweiten DVD unmöglich vorbei. Das

Menü teilt sich auf in die Dokumentation „Anakonda im Netz“ sowie in das „Making Of The Album ‚Reise, Reise'“.

„Anakonda im Netz“ wurde von der in Paris geborenen deutschsprachigen Filmemacherin Mathilde Bonnefoy gedreht. Zu sehen sind lange Gespräche mit sämtlichen Bandmitstreitern sowie Manager Emanuel „Emu“ Fialik. Der erinnert sich launig an zahlreiche Episoden während der Konzertreisen, welche die Band schon in sämtliche fünf Kontinente der Erde und die verschiedensten Länder brachte.

Auch die „Rammsteiner“ erinnern sich daran, herrlich unprätentiös und eher mit den Augen von über weltweit so viel positive Resonanz in der Öffentlichkeit staunenden kleinen Jungen als mit denen hyper-cooler Rockstars, die denken, alleinigen Arroganz-Anspruch zu besitzen. Dabei begegnet Till Lindemann den teilweise gigantischen Freilichtarenen nicht mit lähmender Furcht, sondern mit gesundem Selbstvertrauen. Für ihn sind Auftritte dort in erster Linie eine Herausforderung.

Eine Herausforderung im Übrigen nicht nur für die Band, sondern „inzwischen für mehr als 100 aktiv Beteiligte“, wie Christoph Schneider beim Interview auf der DVD erstaunt feststellt. „So viele Arbeitsplätze für zwei Stunden Show, das ist schon faszinierend“, fügt er an dieser Stelle hinzu.

Rammstein-Shows leben Abend für Abend von ihrer perfekt inszenierten Choreografie. Trotzdem beschleicht speziell Till, wie er Regisseurin Mathilde Bonnefoy gestand, regelmäßig die Angst, dass irgendwas bei der Show nicht klappt, dass er oder eines der anderen Rammstein-Mitglieder patzt. Und Flake gibt zu, dass viele Elemente auf der Bühne „eher unangenehm“ sind.

So kann man beispielsweise das Pech haben, mit den glühend heißen Funken von Lindemanns Feuerrad verbrannt zu werden. Auch Haare werden immer mal wieder abgefackelt. Ausrutschen sollte man möglichst auch nicht, weil der sonst straff ausgearbeitet Ablauf durcheinander gerät. Dennoch, wenn man nach zwei Stunden Schwerstarbeit von der Bühne wankt, ist man „zwar erschöpft, aber dabei vollkommen glücklich. Das erste Bier nach einem Gig ist das beste der Welt“, bekennen die sechs unisono.

Für Manager „Emu“ ist der geballte Einsatz von Licht der wichtigste Aspekt. Fialik behauptet überzeugt, dass die einzigartige Pyro-Show etwa bei Rammstein nicht lediglich Dekoration ist, sondern eine optische und durch die Geräusche gleichzeitig klangliche Ergänzung des großen Ganzen. Außerdem, so „Emu“, wären Rammstein ohne ihre Lightshow als Gesamtkunstwerk weit weniger verständlich.

So grandios die Shows rüberkommen mögen, die „Rammsteiner“ legen in der DVD-Doku durch die Bank gesteigerten Wert auf die Feststellung, dass auf der Bühne sechs imaginäre Charaktere zu sehen sind, die mit Till & Co. privat wenig bis gar nichts zu tun haben. „Wir spielen eine Rolle, mehr ist nicht“, sagen sie alle mit Nachdruck.

Unterschiedlich ist das Verhalten der einzelnen Band-Mitstreiter während einer Show. Paul Landers etwa verriet der DVD-Regisseurin, dass er sich gern eine Person im Publikum aussucht, mit der er möglichst den ganzen Abend über Blickkontakt hält – am liebsten mit einem hübschen Mädchen, wie er feixend hinzufügt. Dieser Umstand beruhigt seine Nerven. Sänger Till ist das genaue Gegenteil von Paul, ihn würde der Kontakt zu einem ihm Wildfremden stark verunsichern.
Punktum: „Anakonda im Netz“ vermittelt geballt persönliche Eindrücke, wie eine gigantische Show entsteht und Nacht für Nacht grandios zelebriert wird. Alle sechs Gruppenmitglieder stellen fest, dass sie im Laufe der Jahre gelernt haben, während eines Live-Auftritts ausschließlich im Moment und bei voller Konzentration zu agieren.

Mathilde Bonnefoy durfte auch hinter den Kulissen und unmittelbar vor einem Auftritt ihren Kameramann filmen lassen. So ist sie etwa beim Ritual des „Schützen-Schnaps“ dabei: Die Gruppe genehmigt sich wenige Minuten vor jedem Gig ein Glas Tequila, als Aufwärm-Kick. Außerdem erfährt man, dass Till vor jedem Konzert zur Aufmunterung immer dasselbe mexikanische Mariachi-Lied aus den Lautsprechern dröhnen lässt.

Es sind viele solcher kleinen Erlebnisse, die miteinander kombiniert letztlich das große Ganze, Gewaltige eines Rammstein-Konzerts ermöglichen. Manager „Emu“ ist überzeugt, das Erfolgsgeheimnis seiner Schützlinge liegt in den Episoden, die man gemeinsam in den unterschiedlichsten Winkeln dieser Welt erlebt hat. Es ist dieses unbedingte Zusammengehörigkeitsgefühl, welches diese Gruppe zusammengeschweißt hat und weiter zusammenschweißt, ohne dass die Mitglieder dabei ihre Persönlichkeiten aufgegeben hätten. Nur deshalb kann dieses Hymnische, dieses kollektive Erlebnis, diese faszinierende Gleichschaltung der Gefühle bei Rammstein-Konzerten entstehen. Dies ist die Hauptererkenntnis von „Anakonda im Netz“.

Der zweite Teil auf jener DVD nennt sich „Making Of the Album ‚Reise, Reise‘ “. Dabei handelt es sich um die filmischen Dokumente einer Art Kreativurlaub der Band. Man bekommt recht intime Einblicke dieses „Urlaubs“ vermittelt, doch das verwundert nicht, wenn man weiß, wer dabei die Kamera bedient hat: Gitarrist Paul Landers.

Paul filmte zunächst im Haus in der spanischen Pampa, das Rammstein sich für die Ausarbeitung und die Vorproduktion ihres vierten Albums angemietet hatten. Man sieht Rammstein beim Kochen, beim Herumalbern, beim Diskutieren oder beim versunkenen Spielen auf dem jeweiligen Instrument. Auch der schwedische Produzent Jacob Hellner, der gleichfalls in Spanien – konkret: im „El Cortijo Studio“ in Málaga – an Bord war, kommt immer wieder zu Wort.

Paul Landers hat im ersten Teil seines DVD-Beitrags den Entstehungsprozess von „Reise, Reise“ lässig dokumentiert. Und dadurch, dass Spanien ein Land mit einer meist entspannt gestimmten Bevölkerung ist, hat sich diese Atmosphäre sowohl auf den Umgangston der sechs Musiker untereinander als auch auf die Songs des Albums übertragen: „Reise, Reise“ ist die bis dato am wenigsten brachiale, „poppigste“ Rammstein-Scheibe.

Mit Spanien-Eindrücken nicht genug: Paul hatte seine Kamera auch während der Orchester- und Choraufnahmen für einige „Reise, Reise“-Songs im Berliner „Studio-Saal“ angeschaltet, gleichfalls beim Mix und der Endproduktion der Platte in zwei Stockholmer Studios. So entstand eine zwar nicht hoch-professionelle, dafür aber lebendig-launige Dokumentation, die zeigt, wie es zu „Reise, Reise“ kam. „The Making Of…“ rundet ein mehr als gelungenes DVD-Paket ab.

„Völkerball“ gehört zu den bis heute bestverkauften Musik-DVDs überhaupt. In Deutschland kam das Werk in der Woche nach Erscheinen auf die Spitzenposition, wo es sich drei Wochen hintereinander tummelte. In Österreich kletterte die Box immerhin bis auf Rang drei der Hitparade, in der Schweiz bis auf die sieben. In den USA, wo „Völkerball“ erst am 18. September 2007 auf den Markt kam, verfehlte es zwar die Charts, erreichte aber dennoch ordentliche Verkaufszahlen.

Die Produktion hatte zweierlei Effekte für die Band: Zum einen war es der Beweis dafür, warum Rammstein zu den beeindruckendsten Live-Bands der Moderne zählen und dass die Formation weiterhin existierte; zum anderen verschaffte sie dem Sextett Luft, um sich langfristig auf das nächste Studiowerk zu konzentrieren. Ans Arbeiten daran machte man sich erst Ende des Jahres 2008.

21. Es geht weiter, immer weiter: Das sechste Studioalbum LIEBE IST FÜR ALLE DA

Nach der Veröffentlichung von VÖLKERBALL verlustierten sich Rammstein 2007 entweder im Urlaub oder in musikalischen Soloaktivitäten. Bei solchen Alleingängen besteht für die Fans einer Band freilich oft die Befürchtung, dass dadurch Spannungen entstehen, die zur Trennung einer Gruppe führen könnten. Aber Rammstein hatte all die Jahre ihrer Existenz zahlreiche innere Krisen überstanden – Krisen, die sie höchstens noch mehr zusammengeschweißt haben, wie Gitarrist Paul in einem Interview für das Musikmagazin von „Motor Music" bereits im Oktober 2005 betonte: Da sie zu sechst gewesen seien, hätte sich immer schon zwangsläufig „Aufregung" eingestellt, und das so sehr, dass sie es schon nicht mehr gut fanden. Den ständigen Wandlungen im Leben als Band stand nur der immer gleiche Produzent als Fels in der Brandung entgegen: „Die einzige feste Größe ist unser Produzent, aber ansonsten hat es in den letzten zehn Jahren schon ganz schön in den Nähten geknistert." Doch das kühlte auch wieder ab, und die sechs vertrugen sich wieder. Der Grund war die lange Verbindung untereinander, so Paul weiter: „Wir haben als reine Freundschaftsband angefangen, und die meisten Freundschaften innerhalb der Band sind eigentlich genauso wie vorher. Klar, ein bisschen hat sich was getan. Wenn du jemanden zehn Jahre lang beinahe jeden Tag siehst, bekommst du ein anders Bild von ihm. Insgesamt aber hat sich nicht so viel geändert." Außerdem kämen sie jetzt viel besser miteinander klar, weil sie erkannt hätten, wie wertvoll solch eine Band sei, denn durch sie können ihre Ideen nach außen getragen und auch noch Anerkennung finden, wie der Gitarrist erläuterte: „Man denkt sich irgendeinen Mist aus, und die Leute hören zu, bezahlen sogar Geld dafür und ermöglichen uns, um die ganze Welt zu reisen. Das war uns früher gar nicht richtig bewusst, wie einzigartig und toll das ist."

Paul bekräftigte in diesem Gespräch zudem, dass er mit Alleingängen nichts zu tun haben will. Er sagte, dass er sich nach all den Jahren „musikalisch bei Rammstein verwirklichen" kann und es daher von ihm „mit Sicherheit nie ein Soloalbum geben" werde. Für ihn würden vielmehr bestimmte private Zielsetzungen für die kommenden Jahre im Vordergrund stehen, wie er in einem Interview mit dem Jugendmagazin „Fritz" am 23. Juli 2004 verriet: „Jetzt sind die Träume gar nicht mehr im musikalischen Bereich, da habe ich mehr als genug geschafft. Mein Traum ist, das klingt ganz kitschig, mit meiner kleinen Tochter Schularbeiten zu machen, wenn die mal groß ist. Das würde mich freuen, wenn ich das schaffe.

Es gibt im Leben ja zwei Grundrichtungen. Einmal der geschäftliche Teil, das Business, und einmal die private Welt. Es gibt viele Menschen, die im Business sind, und da ihre ganze Erfüllung finden. Und dann gibt's welche, die nur in der Familie ihre Erfüllung sehen. Und es gibt welche dazwischen. Da gehören wir dazu." Paul fügte hinzu: „Klingt komisch, aber ich fahre wirklich gern nach Hause und freue mich richtig, meine Familie zu treffen. Ich habe ja noch einen Sohn, der ist jetzt 14.

Von ihm hab ich nicht viel gesehen, damals war ich wohl auch noch nicht reif. Dafür will ich meine Tochter jetzt umso mehr sehen. So oft ich kann."

In eine ganz ähnliche Richtung dachte Sänger Till Lindemann. In einem Interview mit dem Magazin „Focus" vom 2. Dezember 2002 sagte er schon damals recht klar über seine Zukunftsperspektiven: „Ich will mit 50 mit meinen Enkelkindern an den See fahren, deshalb muss ich auf meine Gesundheit achten." Außerdem äußerte er einen sehr ungewöhnlichen Wunsch: „Die einzige Extravaganz, die ich mir erlauben werde, ist irgendwann der Kauf des bankrotten Zwickauer Zoos gemeinsam mit meinem Freund und Herausgeber Gert Hof. Wir hoffen, den kompletten Zoo kaufen zu können, damit die Tiere nicht verteilt werden müssen."

Gert Hof, der Lichtregisseur der Rammstein-Shows, der Till dazu brachte, seinen Gedichtband „Messer" im Jahre 2002 zu veröffentlichen, kündigte damals bereits im Vorwort des Werkes an, dass dies wahrscheinlich nicht das letzte lyrische Erzeugnis des Sängers in jener Art sein würde: „Die Gedichte erscheinen hier erstmals ... Ich hätte sie gern alle veröffentlicht – die anderen werden folgen, später."

Neben dem Schreiben versuchte sich Till mehrmals in Filmen wie „Pola X" und „Vinzent" als Schauspieler. Und es ist zu vermuten, dass er, wenn er sich bisher so gern vor der Kamera produziert hat, dieses weitere berufliche Standbein auch in Zukunft vorantreiben möchte.

Im Vordergrund wird aber bei allen Rammsteinern in der nächsten Zeit definitiv die – gemeinsam erarbeitete – Musik stehen. Das bedeutet konkret, dass Rammstein 2007 damit anfingen, vage Ideen für neue Songs zu entwickeln – für ein neues Album, das schließlich am 16. Oktober 2009 auf den Markt kam.

Im Juli 2007 gab es zunächst allerdings Verwirrung, was die Zukunft von Rammstein anging: Am 16. des Monats wurde auf einem Internet-Blog namens „Blabbermouth" berichtet, dass Till Lindemann wegen bandinterner Differenzen Rammstein verlassen werde. Ein Ersatz sei bereits gefunden, hieß es dort weiter. Die Blabbermouth-Autoren der eigentlich als zuverlässig geltenden News-Seite der Plattenfirma „Roadrunner Records" hatten ihre Meldung nur einen Tag später ohne Angabe von Gründen wieder gelöscht. Auf Nachfrage des Internet-Musikmagazins laut.de erklärte der verantwortliche Redakteur, er halte die Pressemitteilung, die er bekommen habe, mittlerweile für eine Fälschung. Das Management von Rammstein gebe Neuigkeiten normalerweise nicht über Pressemitteilungen, sondern auf der offiziellen Band-Website bekannt, wurde als weiteres Argument dafür angeführt, dass es sich bei der Meldung um eine Ente gehandelt habe. Außerdem sei die Mitteilung mit dem Absender des Band-Managements über einen kostenlosen E-Mail-Account verschickt worden, was ebenfalls gegen ihre Echtheit sprach.

Auch Rammstein-Gitarrist Richard Kruspe reagierte in einem Foren-Beitrag schnell auf diese Meldung und beteuerte eindringlich, dass die Nachricht von Lindemanns Ausstieg nicht stimme. Kein Mitglied der Band sei ersetzbar, fügte er hinzu.

Allerdings hatte sich die Nachricht wie ein Lauffeuer verbreitet und Entsetzen unter den Anhängern der Band ausgelöst, woran man einmal mehr erkennen konnte, wie treu Rammstein-Fans ihrer Band tatsächlich sind. Die spanische Fanseite rammsteinclub.com hatte sogar eine Online-Petition ins Leben gerufen, in der Fans sich für den Verbleib von Lindemann bei Rammstein aussprechen konnten.

Es stellte sich nur die Frage, wer jenes Gerücht in die Welt gesetzt hatte. Bei Blabbermouth ärgerte man sich natürlich über die eigene Leichtgläubigkeit – und über das Rammstein-Management, das auf Anfragen seitens der Presse nur selten oder überhaupt nicht reagierte. „Das Management könnte den Gerüchten mit einem kurzen Statement auf rammstein.de ein Ende machen“, schimpfte Autor Borivoj Krgin von Blabbermouth. Es gebe nur zwei mögliche Gründe, warum das nicht geschehe, mutmaßte er: Entweder sei das Management „total inkompetent“ oder man glaube, die große Publicity, die die Meldung ausgelöst habe, sei gut für die Band.

Nur zwei Wochen später war Till Lindemann wieder in den Schlagzeilen der Musikpresse vertreten, dieses Mal allerdings mit einer rundum positiven Meldung. laut.de berichtete in einer Meldung vom 1. August, dass Till einen Track auf dem damals aktuellen Apocalyptica-Album WORLDS COLLIDE eingesungen hatte. Der Track mit dem Titel „Helden“ ist eine Coverversion von David Bowies „Heroes“. Die Scheibe der finnischen Streicher-Metaller erschien in Deutschland am 14. September 2007.

Der Song war wie das Bowie-Original in Midtempo gehalten und mit einem stampfenden Rhythmus unterlegt. Dieser Beat, dazu die typische Apocalyptica-Instrumentierung aus aggressiven Streichern plus Lindemanns markanter Stimme sorgten für eine Version des Songs, die mit der ursprünglichen Pop-Nummer in einem spannenden Kontrast stand. Übrigens: Die Gitarre zupfte bei diesem Stück kein Geringerer als Richard Kruspe.

Ab dem Frühjahr 2008 ging es den sechs Musikern allerdings nur noch um das nächste Studioalbum, nicht mehr um musikalische Soloaktivitäten. Bereits im April 2008 äußerte sich Gitarrist Paul Landers gegenüber einem User der Fan-Website rammstein-austria.com über das neue Werk. Er meinte, dass die Band dem neuen Album einen richtig harten Sound verpassen wollte. Aber dann hätten sie sich wie jede andere Metal-Band angehört. Man sollte spüren, dass es sich ganz klar um Rammstein handelt. Produzieren würde das Werk, wie gehabt, der Rammstein-Stamm-Knöpfchendreher Jacob Hellner, diese Entscheidung war rasch gefällt. Mit ihm verbarrikadierte sich der Sechser ab Herbst 2008 im Berliner „Engine 55“-Studio, danach in Schloss Beesenstedt in der Nähe von Halle an der Saale. Die Vorproduktion zum inzwischen sechsten Studiowerk wurde Ende Oktober 2008 in Deutschland abgeschlossen.

Gleich darauf flog Drummer Christoph nach Los Angeles in die „Henson Recording Studios“, um dort zusammen mit dem Produzententeam Hellner, Ulf Kruckenberg und Florian Ammon die Vorbereitungen für die Aufnahmen der Schlagzeugtracks zu treffen. Paul und Richard kamen einige Tage später nach, auch Starfotograf Olaf Heine fand sich in den USA ein, um dort die Studioarbeit optisch zu dokumentieren. Für den Großteil dieser Arbeit hatte sich die Formation nahe San Francisco im „Sonoma Mountain“-Studio eingemietet, wohin sich die komplette Band ab dem 9. November 2008 bis einschließlich 20. Dezember zurückzog. Gemischt und gemastert wurde Anfang 2009 in Stockholm.

Erste kleine Hörproben aus der Langrille standen gleichfalls ab Mitte November im Internet. Auf ihrer bandinternen Website veröffentlichte der Sechser zeitgleich ein Minivideo aus den „Henson Recording Studios“, das Drummer Christoph Schneider zeigt, wie er Anfang November einzelne Schlagzeugspuren einspielte. Immerhin ließ der knapp zweiminütige Clip erahnen, dass es bei Lindemann und Co. auf der nächsten CD wieder heftiger als auf den letzten beiden Studiowerken zur Sache gehen würde.

Auf rammstein.de äußerte sich Produzent Jacob Hellner zum gleichen Zeitpunkt begeistert über die erste Woche im Studio und meinte, dass Christoph sich richtig ins Zeug gelegt und erstklassige Schlagwerk-Spuren eingespielt hat, obwohl die Aufnahmen sehr anstrengend waren.

Obwohl die Rammsteiner gut mit der Arbeit am neuen Werk vorankamen, ließ die Gruppe Ende November via Internet verkünden, dass mit einer Veröffentlichung der Platte nicht vor dem Herbst 2009 zu rechnen sein würde – dabei sollte es letztendlich auch bleiben. Der aus diesem Anlass versendete offizielle Rammstein-Newsletter brachte allen fieberhaft auf die Platte wartenden Fans Klarheit und schaffte die heftig kursierenden Gerüchte über Release-Termine, Tourstart und erste Single aus der Welt.

Ende 2008 sickerte gleichfalls durch, dass Rammstein ab dem Spätherbst 2009 auf Tour gehen würden. Diese sollte weit ins Jahr 2010 hineinreichen und somit allen Fans die Gelegenheit bieten, das Sextett live zu erleben. Auf Mitglieder der Rammstein-Community sollten darüber hinaus einige Überraschungen warten, kündigte die Gruppe an. Ansonsten gab es ab Anfang Dezember 2008 auf der offiziellen Band-Homepage rammstein.de einen Blog, der die Anhänger der Formation regelmäßig mit Videos und Fotos zur Albumproduktion versorgte.

Neben all den Band-Aktivitäten rund ums neue Album, die immer wieder an die Medien gelangten, tauchte der Name „Rammstein“ anno 2008 nur noch in einer einzigen Angelegenheit öffentlich auf: Im Oktober hatte die künftige Leiterin der Bayreuther Festspiele, Katharina Wagner, eine Urenkelin des klassischen Komponisten Richard Wagner, verlauten lassen, sie würde mit der deutschen Rockband gern zusammenarbeiten und ihr würden an ihr besonders die „extrem gesellschaftskritischen“ Texte gefallen. „Ich bin eine große Verehrerin von Rammstein und würde gern mit ihnen zusammenarbeiten“, outete sich die damals 30-Jährige bei der „Neuen Osnabrücker Zeitung“. „Dieses Interesse besteht von beiden Seiten, aber Konkreteres gibt es dazu noch nicht zu sagen.“

Bis Mitte Juli 2009 war es weitgehend ruhig um den Rammstein-Clan. Bekannt wurde lediglich, dass die Arbeiten am nächsten Album abgeschlossen waren. Doch dann ging es an mehreren Fronten erstaunlich rund für das Sextett. So verkündete die „Berliner Zeitung“ am 17. Juli, dass bei einem Filmdreh über das ehemalige DDR-Gefängnis Hohenschönhausen in der Kulisse Dutzende Stasi-Akten auftauchten, unter anderem auch über Keyboarder Christian „Flake“ Lorenz. Flake verriet dem Boulevard-Blatt, fest damit gerechnet zu haben, dass eine Akte über ihn geführt wurde. Über etwas Gegenteiliges wäre der Tastenmann sehr enttäuscht gewesen. Die Stasi ermittelte wegen „sozialismusfeindlicher Lebensweise“ und „Beeinträchtigung der Tätigkeit staatlicher Organe“ gegen Flake. Er war überrascht, welcher Unfug in seiner Akte stand und wie wenig die Staatssicherheit über ihn wusste. Buch geführt worden war über ihn ab 1985.

Bereits zwei Tage zuvor, ehe dieses Stasi-Geheimnis gelüftet worden war, wurde der Titelsong des kommenden Rammstein-Albums LIEBE IST FÜR ALLE DA von einem Unbekannten via youtube.com ins Internet gestellt. Obwohl das Management der Band die sofortige Löschung veranlasste, diskutierten bereits diverse Fan-Foren das Stück. Den zwei bekanntesten darunter – der englischsprachigen herzeleid.com und der größten europaweiten rammstein-austria.com – wurden vom „Pilgrim Management“ Klagen angedroht, woraufhin sie sofort alle Inhalte aus dem Netz nahmen.

Flake äußerte sich in der November-Ausgabe 2009 des Magazins „Melodie & Rhythmus“ zu dieser Vorgehensweise folgendermaßen: „Unseren Song ins Netz zu stellen, war ganz klar illegal. Wir geben uns immer extrem viel Mühe. Das ist wie bei einem guten Essen. Da kommt jemand und frisst gleich alles in der Küche auf. Es ist einfach eine Frage des Respekts, zu warten, bis das Menü wirklich fertig ist.“ Über die Klage-Androhungen meinte er in demselben Blatt: „Die sind überhaupt nichts Schlimmes. Da steht nur drin: ‚Macht das bitte nicht, sonst gibt es wirklich Ärger.‘ Da muss sich niemand auf den Fuß getreten fühlen, sondern einfach nur machen, worum er gebeten wird.“

Zwei Monate später gab es schließlich das von Millionen Fans heiß ersehnte erste offizielle akustische Lebenszeichen von Rammstein seit vier Jahren: die Single „Pussy“. Damit landete die Formation ihre allererste Nummer eins in den Single-Charts seit ihrer Gründung – ein Erfolg, der vermutlich auch mit dem zum Lied ge-

hörigen Video zu tun hat, gedreht wie so oft bei Rammstein von Erfolgsregisseur Jonas Åkerlund, ausgestrahlt erstmals online am 1. September.
Der Clip ist in Hardcoreporno-Ästhetik abgedreht, mit weiblichen Darstellerinnen aus der Sex-Szene und den Rammsteinern. Jedes Bandmitglied ist in einer anderen Rolle zu sehen: Till gibt den Playboy, Christoph den geilen Geschäftsführer, Paul den Cowboy, Oliver Mr. Pain, Richard einen Partyboy und Flake einen Transvestiten. Gezeigt werden durfte das Video nicht in der Öffentlichkeit, da es unter dem Etikett „Pornografie" unter 18-Jährigen nicht zugänglich gemacht werden durfte. Das steigerte die Neugierde der Fans erst recht ins Maßlose und hatte zur Folge, dass der Clip weltweit millionenfach heruntergeladen wurde. Die Provokationsstrategie ging einmal mehr prächtig auf.

Zunächst hieß es, Till und Co. hätten die Rollen in dem Skandal-Streifen selbst gespielt. Ende Oktober allerdings bekannte Schlagzeuger Christoph Schneider der Schweizer Zeitung „20 Minuten", dass die Band nun mal Provokation liebt. „Wir hatten keinen Sex. Wir haben nur so getan, als ob." Tatsächlich waren mit einem speziellen Computerprogramm die Köpfe der Rocker auf die Körper echter Pornodarsteller montiert worden.

Bassist Oliver Riedel war ziemlich erstaunt, dass der „Pussy"-Clip dermaßen hohe Wellen schlug, wie er im Interview mit der Münchner „Abendzeitung" vom 17./18. Oktober erzählte: „Ich finde es generell erstaunlich, dass man mit dem Thema Sex immer noch so stark provozieren kann, wo doch ab Mitternacht auf vielen TV-Kanälen billige pornografische Werbeangebote zu sehen sind. Wir sehen das dagegen eher künstlerisch, weil es in der Pop-Kultur oder im Pop-Video eine Grenze gibt, die man normalerweise nicht überschreitet." Dann äußerte er sich darüber, dass die Welt der Videoclips, die auf MTV gezeigt würden, schon immer viel Sex enthalten hätte, dies jedoch nur genau bis zu der Grenze, die sie, Rammstein, nun überschreiten würden. Damit, so Oliver Riedel weiter, würden neue Maßstäbe gesetzt. Die Tatsache, dass Rammstein wieder im Zentrum hitziger Debatten stand, nahm er gelassen hin und er fügte hinzu, dass Ehrlichkeit vor den Zuhörern das Wichtigste für ihn sei: „Aber entscheidend dürfte sein, dass wir bei allem, was wir machen, authentisch sind. Das merkt das Publikum."

Exakt vier Wochen nach der Veröffentlichung von „Pussy", am 16. Oktober, erblickte das sechste Rammstein-Studioalbum LIEBE IST FÜR ALLE DA das Licht der Öffentlichkeit. Wie bei sämtlichen Vorgängern waren darauf exakt elf Stücke zu finden, die Spielzeit dauerte gleichfalls wie gehabt rund 45 Minuten. Für die so ästhetische wie provokante Covergestaltung zeichnete wie zuvor bei ROSENROT der junge spanische Fotoshooting-Star Eugenio Recuenco verantwortlich.

LIEBE IST FÜR ALLE DA beginnt mit dem „Rammlied" und einem damit verbundenen sphärischen Einstieg, der kurz an gregorianische Mönchsgesänge erinnert, ehe Till Lindemann eine – nicht ganz ernst zu nehmende – Lobeshymne auf die eigene Band sowie die ihr treu ergebenen Fans mit Grabesstimme vorträgt: „Wer wartet mit Besonnenheit/Der wird belohnt zur rechten Zeit/Nun das Warten hat ein Ende/Leiht euer Ohr einer Legende." Gleich darauf kracht eine fies-bösartige Gitarre los und katapultiert den geneigten Konsumenten mitten rein in den Rammstein-Kosmos anno 2009. Als musikalischer Kontrapunkt ertönt ein etwas verzerrt klingender Synthesizer.

„Ich tu dir weh", Stück Nummer zwei, weist unmissverständlich darauf hin, worin es inhaltlich in dem sechsten Rammstein-Werk bevorzugt geht: um die Liebe und dabei speziell um deren körperlicher Ausdruck in zahlreichen Varianten. Bereits der Titel des Songs ist eindeutig: Hier geht es um Sadomaso-Sex, gesehen aus der Perspektive des Täters, der von seinem Opfer berichtet, das seine Rolle aber offensichtlich selbst gewählt hat. Ein heftiger Text, der die S/M-Szene allerdings ziemlich realistisch wiedergibt. Die Musik dazu ist treibend, dabei jedoch stets harmonisch.

„Waidmanns Heil" beginnt mit einem Halali-Fanfarenstoß nach Art der Jagd-Eröffnung, ehe das unerbittlich marschierende Schlagzeug plus eine heftige Gitarre das Ohr des Hörers derbe attackieren. Der Waidmann in diesem Stück jagt allerdings kein Wild, sondern ist stattdessen auf menschliches Fleisch aus. Einmal mehr ist bei Rammstein die Grenze zwischen wüster Realität und geradezu absurdem Humor extrem schmal. Oder wie sonst soll man so obszöne wie schräge Zeilen jener Art deuten: „Der Wedel zuckt wie Fingeraal/Die Flinte springt vom Futteral/Waidmanns Heil//Ich fege mir den Bast vom Horn/Und geb ihr ein gestrichenes Korn/Waidmanns Heil."

„Haifisch" ist eine musikalische wie textliche Annäherung an den Brecht/Weill-Klassiker „Moritat von Mackie Messer" aus deren legendärer „Dreigroschenoper". Diese Verbindung ist bewusst geknüpft, das hört man schon der ersten Zeile des Refrains an: „Und der Haifisch/Der hat Tränen" ist da zu hören, anstatt wie im Original: „Und der Haifisch/Der hat Zähne". Letztlich dreht sich in dem Song alles darum, dass Rammstein sich als Band stets treu geblieben ist, all die Jahre ihrer Existenz über, trotz aller Diskussionen und Probleme, die der Sechser – mit der Öffentlichkeit wie untereinander – schon hatte.

„B********" ist der bis dahin härteste Song der Langrille. Er kommt lauernd, beklemmend, mysteriös daher, so wie auch sein Text. Wofür „B********" steht, ist auch nach vielfachem Abhören nicht recht auszumachen, was offenbar gewollt ist. Die Zeilen erwecken den Anschein, als drehe es sich darin um einen Getriebenen, denn es ist die Rede von „zwei Seelen ach in meinem Schoß". Und der Erzähler, wie es im Text an einer Stelle heißt, will gern eine Jungfrau deflorieren – um sie danach eventuell zu töten.

Ganz anders dagegen „Frühling in Paris“: Es ist das einzige Lied auf der CD, das auf jeglichen Horror verzichtet, nahezu ein Liebeslied darstellt. Der Protagonist darin erzählt in dieser sehnsüchtigen Ballade von einer Begegnung, die er als sexuell offenbar unberührter Jugendlicher hatte. Diese Begegnung ereilt ihn in Paris, das nicht umsonst als „Hauptstadt der Liebe“ deklariert wird. In ebenjener Metropole lernt der Icherzähler eine französische Hure kennen, mit der er zwar verbal mangels Sprachkenntnissen nicht kommunizieren kann, dafür ist der körperliche Austausch offenbar umso beeindruckender. Der Protagonist bereut jedenfalls nichts von dem, was einst in der französischen Hauptstadt geschehen ist.

„Wiener Blut“ beginnt, um ein Klischee zu bemühen, mit den Klängen eines Walzers, der sich in eine wüste Metal-Attacke verwandelt. Textlich war der schaurige Inzucht-Fall um Josef Fritzl aus dem österreichischen Amstetten, der seine Tochter Elisabeth über 23 Jahre lang im Keller seines Hauses eingesperrt hatte, tausendfach vergewaltigte und mehrfach schwängerte, die grausige Inspiration für das Stück. Bei jeglicher – vor allem musikalischer – radikaler Bösartigkeit wirkt das Stück dennoch auf beklemmende Weise tief moralisch.

In der November-Ausgabe von „Melodie & Rhythmus“ unterstreicht Christoph Schneider diesen Eindruck, indem er sagte, dass das Lied auf ihn wirke wie ein „Kurzfilm von Stanley Kubrick“. Die Rammstein-Themen, so Schneider weiter, seien nicht vollständig erfunden. Und er rechtfertigte die Wahl dieses Inhaltes mit dem großen Interesse und den Diskussionen in der Presse: „Wenn die Medien den Fall Fritzl ausschlachten, dürfen wir darüber auch ein Lied machen, um das Ganze mal von einer anderen Seite zu beleuchten.“

Song acht ist die erste ausgekoppelte Single „Pussy“, eins der eher schwachen Stücke der CD, weil es erschreckend stark an ein banales Technoliedchen der 1990er erinnert. Dennoch beweist die Nummer, dass sich die magnetische Anziehungskraft von rüdem Sex weiterhin prächtig verkauft. Textlich sind einige rudimentäre englische Versatzstücke zu vernehmen, die man am ehesten aus der Porno-Sprache kennt: „Just a little bit/Just a little bitch/You've got a pussy I have a dick ah/So what's the problem let's do it quick.“ Dazu ein stumpf treibender Beat, aber immerhin: Rammstein haben auch damit – inhaltlich wie kommerziell – das vorgegebene Klassenziel erreicht.

Das Titelstück von LIEBE IST FÜR ALLE DA beginnt mit einem stakkatohaften Trommelwirbel, der sich durch das komplette Stück zieht. Inhaltlich wirkt es wie eine Vergewaltigungsfantasie: Das Lied steht für einen Mann, der sich sexuell als zu kurz gekommen sieht. Überall erblickt er attraktive Frauen, doch mit seiner verklemmten Art kommt er nicht an sie ran. Sein ernüchtertes Fazit: „Liebe ist für alle da/Nicht für mich.“ In seinen perversen Träumen sieht das freilich anders aus, da macht sich Omnipotenz breit: „Sie macht die Augen zu/Sie wehrt sich nicht.“

„Mehr" ist das einzig politisch motivierte Lied auf Rammsteins sechstem Studiowerk. Es ist die eindeutige, fatalistische Reaktion des Sextetts auf geldgeile Manager, Banker, Politiker und andere, die niemals genug von Macht, Geld und Einfluss bekommen können. Ein brutal stampfender Rhythmus begleitet diese bitterböse Abrechnung mit der reichen Minderheit, die etwa die existenzielle Wirtschaftskrise im Herbst 2008 erst ermöglicht hat. Zynisch bis zum Anschlag geht es zu, wenn Till Lindemann grollt: „Zwar bin ich reich/Doch reicht das nicht//Bescheidenheit?/Alles was recht ist/Ich nehme alles!"

Tief romantisch geht LIEBE IST FÜR ALLE DA mit dem Epilog „Roter Sand" zu Ende. Lindemann pfeift zu Beginn des Stückes eine unbekümmerte Melodie, die in ein akustisches Gitarrenspiel übergeht. Die nostalgische Grundstimmung hält sich bis zum Schluss – kein Wunder beim Inhalt dieses Einschmeichlers, wenn auch mit Ecken und Kanten. Denn „Roter Sand" behandelt eine geradezu klassisch romantische Angelegenheit aus längst vergangener Epoche: Es geht um ein Duell aus der Sicht des von zwei Kugeln tödlich verletzten Verlierers des Zweikampfs. „Eine Liebe/Zwei Pistolen/Einer konnte schneller ziehen", röchelt Till waidwund und ergreifend. Natürlich muss man dieses Lied nicht allzu ernst nehmen – man kann das aber durchaus. Jedenfalls ist es ein Ausklang fürs Herz!

So geht ein Album zu Ende, das Rammstein wie bei den vier Scheiben zuvor direkt von null auf eins in die deutschen Charts katapultierte. Die Songs sind, so schrieb die „Abendzeitung" aus München sehr treffend, „wie fast alles bei Rammstein mal befremdlich und mal komisch, wobei man manchmal gar nicht recht weiß, wo der Ernst der Situation aufhört und wo die Parodie beginnt". Die Lieder hätten genau den Härtegrad, den die Rammstein-Hasser und die Fans erwarteten, so die Zeitung weiter: „Mit feinster, modernster Soundtechnik produzierter Monster-Rock, so anstrengend wie mitreißend." Auffallend sei die Freude Till Lindemanns, der das R rollt wie eh und je, an „durchgeknallten Sex-Metaphern wie ‚Blitzkrieg mit dem Fleischgewehr' oder ‚Steck Bratwurst in dein Sauerkraut'. Das ist alles so heftig wie absurd, so blöd wie genial." Aber genau das sei es, was das Massenpublikum hören wolle.

Bereits im Spätsommer 2009 begann der Vorverkauf für die Rammstein-Tournee mit LIEBE IST FÜR ALLE DA durch die deutschsprachigen Länder, die am 18. November im schweizerischen Basel ihren Anfang nahm und am 15. Februar 2010 in Kiel ihr Ende fand. Die internationale Konzertreise startete am 8. November 2009 in Portugal, sie fand ihren Schlusspunkt am 31. Mai 2011 in Mexiko. Insgesamt umfasste die Tournee zu dem Album LIEBE IST FÜR ALLE DA 110 Konzerte auf fünf Kontinenten der Erde. Keine Frage, dass der Großteil der Eintrittskarten bereits nach wenigen Wochen ausverkauft war.

Rammstein wird jedenfalls – so viel ist bei all diesen Zukunftsaktivitäten gewiss – auch weiterhin die Fans begeistern und den Kritikern die Falten auf die Stirn treiben. Denn mit den neuen Songs war das Sextett einmal mehr an seine Grenzen gestoßen, einige davon wurden erneut überschritten und hielten damit nicht nur den Fans, sondern auch vielen von denen, die negativ über sie urteilen, einen Spiegel vor – um ihnen dadurch vielleicht ganz neue Denkperspektiven zu eröffnen. Das machte die Band seit ihrer Gründung und über die Jahre hinweg bis in die Gegenwart zu einem nicht nur interessanten, sondern zu einem aufwühlenden, reizvollen und heiß diskutierten Phänomen.

22. Irgendwie läuft's: Rammstein im Krisen-Modus

Unter kreativem Aspekt war nach der Veröffentlichung von LIEBE IST FÜR ALLE DA die Luft ziemlich raus bei Rammstein. Dabei wurde kommerziell nach wie vor die Siebener-Marke geknackt: Allein in Deutschland wurden gut 700.000 Tonträger verkauft, was erneut zur Poleposition führte. LIEBE IST FÜR ALLE DA war 83 Wochen in den offiziellen Top 100 vertreten. Auch in Österreich und in der Schweiz belegte es mehrere Wochen Platz 1 der Hitparaden. In den USA und Großbritannien erreichte sie immerhin die Top 20 der Album-Charts.

All das hatte zur Folge, dass Rammsteins Werk Nummer sechs 2010 im Genre „Album des Jahres" mit dem Echo nominiert war. Im Fachblatt „Metal Hammer" war es genau das: „Album des Jahres". Am 21. Dezember erschien eine „Deluxe-Edition" genannte, limitierte Sonderausgabe, ganz in gewöhnungsbedürftiger Rammstein-Manier. So war der als Flightcase gestaltete Aluminiumkoffer, der neben der CD sechs unterschiedliche, rosa gefärbte Dildos, Handschellen und eine Flasche Gleitgel enthielt, ein sehr besonderes Stück.

Der „Bundesprüfstelle für jugendgefährdende Medien" wurde das zu viel. So wurde das Album am 5. November 2009 auf Antrag des „Bundesfamilienministeriums" indiziert. Als Begründung wurden die Verherrlichung von Gewalt im Stück „Ich tu dir weh" und ein Bild des Booklets der CD angegeben. Daher wurde die ursprüngliche Version ab dem 11. November nur noch auf Nachfrage an volljährige Kunden verkauft und durfte nicht mehr beworben werden. Eine um den bemängelten Titel „Ich tu dir weh" gekürzte Auflage des Albums wurde wenig später veröffentlicht.

Aufgrund einer von der Band beantragten einstweiligen Anordnung des Verwaltungsgerichts Köln vom 31. Mai 2016 und mit Wirkung zum 8. Juni wurde die Platte vorläufig von der Indizierungsliste gestrichen. Die Klage selbst wurde im Oktober 2016 bestätigt, wodurch die Listenstreichung beibehalten werden konnte. Das Bonner Landgericht entschloss sich im Juni 2016 zu dieser Entscheidung.

LIEBE IST FÜR ALLE DA erschien mit einer zweiten CD, die fünf Bonustracks enthielt: „Führe mich", „Donaukinder", „Halt", die Orchester-Version von „Roter Sand" und „Liese". Doch damit war noch nicht Schluss: Ein Remix der Komposition „Rammlied" von der Avantgarde-Formation Machine Head, der mit „Trash-Terpiece" betitelt worden war, sollte als digitale Version die neue Rammstein-Scheibe zusätzlich aufwerten.

Die Vorverkäufe für die anstehende Welttournee liefen prächtig – alles ein Megaerfolg wie gehabt. Das Sextett, ein lupenreines basisdemokratisches Projekt, nahm sogar Einfluss auf die Frisuren ihrer Mitglieder. Drummer Christian ließ sich nach

Veröffentlichung von LIEBE IST FÜR ALLE DA überraschend die Matte wachsen. Nach Veröffentlichung der Best-of-Platte „Made in Germany" zwei Jahre später war sie zur allgemeinen Verwunderung wieder ab. Die Gruppe begründete diesen Image-Wandel wie folgt: Die anderen fünf hatten die Hippie-Frisur von Schneider verantwortlich gemacht für ein zu Metal-mäßiges Schlagzeugspiel des Drummers. Der war in sich gegangen und hatte beschlossen: „Die Matte muss ab." Die Frisur hatte teilweise die Sicht verdeckt und beim Spiel irritiert, wie er selbst zugab. So fand der Schlagwerker zurück zu seinem ursprünglichen rudimentären Frisurenstil.

Dies war eine der leichter zu bewältigenden Krisen der nicht immer pflegeleichten Formation. Immer öfter kam es zu Zwistigkeiten, die einige Male beinahe zur Trennung geführt hätten. Speziell bei mehrjährigen Pausen, bei dem Gang ins Studio zu einer weiteren Album-Produktion oder nach einer ausführlichen Tournee konnte es schon mal gehörig krachen. Bislang allerdings ging es immer weiter mit Rammstein.

Bereits 1997, nach Erscheinen von SEHNSUCHT, machten sich erste Abnutzungserscheinungen bemerkbar – und das, obwohl ihnen mit dieser Scheibe der Durchbruch gelungen war. Oder vielleicht gerade deshalb? Immenser Erfolg auf der einen, immer aufwendiger gestaltete Konzert-Choreografien auf der anderen Seite kosteten immens viel Kraft und befeuerten eine riesige Erwartungshaltung des Publikums. Darunter litt auch die Kreativität. Denn speziell LIEBE IST FÜR ALLE DA war künstlerisch stagniert.

Dabei war Rammstein ihr Qualitätslevel seit jeher wichtig. Bislang griff der Sechser lediglich einmal daneben: bei der Dokumentation „Live aus Berlin". Die Erfolgscombo war gerade mal vier Jahre im Geschäft, vermutlich zu früh für eine Konzert-Angelegenheit. Dennoch erreichte die Platte bald Kultstatus, da sie wenn auch bescheiden aufgenommene Mitschnitte von zwei 1998 aufgenommenen Konzerten in der legendären Berliner Wuhlheide enthielt. Knapp 40.000 Anhänger hatten die Gigs im August an zwei aufeinanderfolgenden Tagen besucht. Rasch schaffte es die CD, dass sie mit einer Goldenen Schallplatte ausgezeichnet wurde.

„Live in Berlin" führte zu einem Zerwürfnis zwischen zwei der sechs Band-Mitstreiter, wie Paul sich in der Fernsehsendung „MTV Masters" von 2004 erinnert. Er nannte jedoch keine Namen, als er mitteilte: „Wir hatten nach MUTTER ziemlich Schwierigkeiten auch intern im Rahmen der Band, was die Stimmung betraf. Aufgrund unserer langjährigen Zusammenarbeit ließ sich das eigentlich nicht vermeiden bei sechs Leuten. Dann haben einige in der Band mehr Platz für sich beansprucht, als gesund war."

Immer öfter erklärten Gruppen-Mitstreiter, dass sie Rammstein auf der Kippe sehen. Es schien ihnen egal, ob es weitergeht oder die Band sich auflöst. Im „MTV

Masters"-Gespräch erklärte Richard: „Macht man weiter oder hört man auf, weil keiner sich mehr richtig wohlfühlte."
Man bedenke: Die Produktion von MUTTER nahm stolze zwei Jahre in Anspruch, was beinahe logischerweise zu Streitigkeiten führte. Selbst während der Touren gab es wenig Einigkeit.

Auch die nachfolgenden Werke, etwa REISE, REISE, waren nicht von Harmonie geprägt. Immerhin war das Geschehen nicht von kompletter Düsternis geprägt, sondern besaß durchaus auch nahezu ausgelassene Kompositionen. Um für mehr Freude zu sorgen, riefen Richard und andere neue Bands wie Emigrate ins Leben, die von einer gewissen Heiterkeit leben.

Auch manch eine Entscheidung wurde im Alleingang gefällt. „Wir haben sehr viele Dickköpfe in der Band", verriet Paul MTV-Journalisten. „Und wenn ein Dickkopf mal nicht da ist, freuen sich die anderen und können mal ganz in Ruhe Sachen weiterbringen, die sonst nie eine Chance gehabt hätten."

Nachfolger ROSENROT kam für Rammstein-Verhältnisse früh in den Handel, nämlich bereits 2005. Doch so zügig die Platte rauskam, im Anschluss ließ man sich vier Jahre Zeit für LIEBE IST FÜR ALLE DA. Dieses Mal krachte es richtig beim Sechser. Richard berichtete dem „Rolling Stone" und dessen Ausgabe im November 2011: „Wir konnten uns auch musikalisch nicht mehr einigen. Wenn man älter wird, will man sich nicht mehr ständig mit den gleichen alten Problemen auseinandersetzen. Also bleibt vieles unausgesprochen und es kommen neue Probleme. Da sind wir Gott sei Dank heil rausgekommen. Als das Album fertig war, war auch der Ballast weg. Während der Produktion hatten wir einfach zu viele Entscheidungen zu treffen. Mit sechs Leuten kann das die Hölle sein."

Christoph nannte sich im „Rolling Stone" den „Auslöser für die Krise", indem er mitteilte: „Ich habe bei der letzten Platte ziemlich rumgenervt und wollte mich nicht mehr verwirklichen. Da bin ich oft bei den Kollegen angeeckt, weil ich manchmal zu beharrlich an bestimmten Dingen festgehalten habe."

Über zwei Jahre gab die Band kein Konzert mehr. Da stellte sich natürlich die Frage, ob sich der eine oder der andere Musiker an die lange Kreativitätspause oder die Soloerfolge gewöhnt hat und ob Rammstein es schafft, ein neues spannendes Werk zu bewerkstelligen.

Die Antwort dauerte eine endlos wirkende knappe Dekade. Das nächste Album war schlicht namenlos und Werk Nummer sieben. Im Gespräch mit dem Hardrock-Blatt „Kerrang" teilte Richard Kruse der Leserschaft mit, dass die namenlose CD ein ziemlicher Kracher werden würde, was allein schon an der ersten Single-Auskoppelung „Deutschland" liegen würde. Am 28. März 2019 wurde die kleine Rille veröffentlicht.

Sie war stolze 9,23 Minuten lang. Bereits nach nur vier Tagen konnte das Video zum Stück 19 Millionen Aufrufe in den sozialen Medien verzeichnen.

Einige Liedtexte basieren teilweise auf Lindemanns Gedichtband „In stillen Nächten". Mit RAMMSTEIN erzielte die Band ihr zehntes Nummer-eins-Werk in Deutschland. Es erreichte über 260.000 verkaufte Exemplare allein in der ersten Woche. Damit verzeichnete es den erfolgreichsten Start einer Gruppe des bisherigen Jahrtausends. Natürlich kam es auf die Poleposition. Es zählt zu den am längsten platzierten Alben in der nationalen Hitparade. Allein schon in den USA war es die erste Top-10-Platzierung in den Charts – ein Sensationserfolg.

Kein Wunder, dass die Monster-Veröffentlichung 2019 mit der „Europe Stadium Tour" geadelt wurde. Sie sollte ursprünglich bis 2020 stattfinden. Es war die erste deutsche Stadion-Tournee der Formation. 70 Gigs waren geplant, zusätzlich waren elf Konzerte etwa in Kanada, Mexiko und den Vereinigten Staaten angekündigt. Doch die Konzertreise wurde aufgrund der Covid-19-Pandemie abgebrochen bzw. auf 2021 verlegt. Im März wurde sie nochmals verschoben, auf 2022.

Man schien schwer beeindruckt von dem gewaltigen Geschehen. Das Sextett meldete sich überschwänglich in der Öffentlichkeit zurück, womit niemand mehr gerechnet hat, schon gar nicht in diesem Ausmaß.

23. The show must go on: Rammstein auf Solopfaden

Es war ausgerechnet Richard, der als Erster bei Rammstein Solopfade neben der Band betreten wollte. Musik war ihm seit jeher wichtiger als die opulente Show. Auch mit der radikalen Demokratie von sechs Leuten kam Kruspe immer schlechter klar.

In einem Interview mit dem Autor Robert Fröwein für das österreichische Klatschblatt „Kronenzeitung" machte er im November 2014 kein Hehl daraus, dass er sich bei Rammstein immer weniger ausgelastet fühle. Er hatte immense Probleme mit dem Kollektivgedanken, meinte er.

Sein eigenes Projekt Emigrate unterschied sich in Richards Ansicht darin von der Gruppe, dass „ich gemerkt habe, dass ich ein Mensch bin, der schon gerne das letzte Wort hat, dadurch aber zu einem besseren Teamplayer werde". Eine widersprüchliche Antwort, die jedoch demonstriert, wie schwer es ihm fällt, nicht das letzte, entscheidende Wort zu haben. Zudem sei Rammstein eine Band, die stark auf visuelle Aspekte Wert legt, womit er nicht einfach umgehen könne. „Ich wollte auch zeigen", rechnete er resolut mit der Band wie mit sich selbst ab, „dass ich mehr kann, als einen Flammenwerfer zu nutzen."

Also Emigrate! Richard gründete das international besetzte Projekt 2005, das sich auf Industrial und Alternative Rock fixierte. Viele Fans waren überzeugt, dass Kruspe sich damit endgültig von Rammstein lossagen wolle.

Zentrum des Geschehens: Richard als Sänger. An seiner Seite aktuell vier Begleiter aus diversen Ländern. Ein prächtiges Ventil dafür, Richards unbefriedigte kreative Bedürfnisse in den Griff zu bekommen.

Der „Kronenzeitung" verriet er: „Ohne Emigrate wäre ich wohl nicht mehr bei Rammstein. Die Jungs sind einfach entspannter als früher. Ob das wiederum gilt, um Musik zu machen, weiß man aber nicht."

Das selbstbetitelte Debüt kam zwei Jahre nach ROSENROT in den Handel. Es blieb fünf Wochen in den deutschen Charts und eroberte einen beachtlichen achten Rang. Kruspe pflegt seither jenes Projekt, das er durch sein Engagement bei Rammstein finanziert. Es ist eine pure Soloangelegenheit.

Ein zweites Emigrate-Werk kündigte er an, als Rammstein endgültig den Bach runterzugehen schien. Er betitelte es mit SILENT SO LONG. Zur „Kronenzeitung" sagte er selbstbewusst: „Ich hoffe, die Leute merken, dass wir viel Qualität haben, und dass das auch motivierend für andere ist."

Kruspe hatte Ikonen wie Marilyn Manson, Lemmy Kilmister von Motörhead und Jonathan Davis von Korn als Gastsänger an Bord. „‚Born On My Own' sehe ich als einen der persönlichsten Songs, die ich je geschrieben habe", erzählte er der „Kronenzeitung" vollkommenen seriös. „Er kommt aus einem Gedanken, den ich ein Leben lang nicht loswurde", war Richard überzeugt. „Ich hatte immer das Gefühl, ein König ohne Volk zu sein", gab der Gitarrist laut „Kronenzeitung" von sich. „Das war immer in meinem Kopf, und ich habe dann mal eine Reinkarnationstherapie gemacht und dieses Leben erlebt. Das war total interessant, und daraus entstand dieser Song."

Leider war „Born On My Own", das Ende November erschien, nur auf Position 28 in der deutschen Hitparade und die Woche darauf gleich wieder daraus verschwunden. Die Fachmedien nahmen nicht sonderlich Notiz davon.

Kruspe war nicht der Einzige von Rammstein, der sich auf Solopfade begab. So war es Keyboarder Flake, der im März 2015 seine Biografie mit dem skurrilen Titel „Der Tastenficker" veröffentlichte. Rammstein kommt darin so gut wie gar nicht vor. Stattdessen schildert er darin auf seine unnachahmlich spaßige Art die persönlichen Erinnerungen an das ungewöhnliche Dasein als Punk in der DDR.

Till Lindemann fühlte sich ebenfalls unausgelastet. Also versuchte er sich gleichfalls an einem Soloprojekt. An seiner Seite fand sich der vielseitig begabte schwedische Musiker und Produzent Peter Tägtgren ein. Er ist Frontmann der Formationen Hipocrisy und Pain.

Im Juni 2013 erschien ihr schlicht betitelter Erstling „Lindemann". Till singt auf Englisch, lässt das Deutsche außen vor. Der Hauptgrund dafür: Es soll sich von der Hauptband abgrenzen. Auch bei First Arsch verzichtete er auf die eigene Sprache.

Die Verse stammen durch die Bank von ihm. Inhaltlich geht es, wie bei Rammstein, gerne um Drogen, Transsexualität, seine erotische Vorliebe für Urin. Auch Abtreibung, Völlerei, Nahtoderfahrungen oder Sodomie könnten aus dem Gruselkabinett von Rammstein-Lindemann entflohen sein.

Die Metal-Presse jubilierte. Für die seriöse „Zeit" hingegen war der Sound nichts weiter als „monumentaler Mumpitz" – zynisch verbunden mit den besten Grüßen an die Bundesprüfstelle für jugendgefährdende Medien: „Bitte nicht indizieren, das wär eindeutig das falsche Signal! Nehmen wir das Ganze lieber als sinn- und zweckfreie Riesenregressionssause, die das Schlagereske am Death-Metal herauspräpariert."

Außer Peter Tägtgren an Gitarre, Bass und den Drums war neben Lindemann niemand an Bord. Um dem Geschehen einen experimentellen Klang und etwas Virtuelles zu verleihen, wurden digitale Chöre und Klänge zum Einsatz gebracht. Und trotz vielem Gewagtem erinnert die Klangwelt stark an die ursprüngliche Band. Gerade wegen dieser Affinität verwundert es kaum, dass SKILLS IN PILLS in den deutschen Charts die Poleposition erklomm. Dort hielt die ungewöhnliche Produktion sich bis Ende des Sommers im oberen Drittel der meistverkauften Alben unserer Heimat.

Während Lindemann solo wie gewohnt ein Erfolgsgarant war, lief es bei Richard weniger gut. Wohl auch aus diesem Grund hatte vor allem Kruse beschlossen, seit dem letzten Emigrate-Auftritt 2013 eine Kreativitätspause zu machen. Er wollte zurück zur eigentlichen Gruppe. Mit Till setzte er sich im Herbst 2015 wieder zusammen, um neue Projekte anzugehen.

Flake und Till hingegen machten beim Erscheinen von Soloalbum bzw. Biografie keinerlei Anstalten, Rammstein wieder ins Leben zu rufen. Im Gegenteil brachten sie die Gerüchteküche heftig zum Brodeln. Konkrete Äußerungen ließen sie nicht verlauten.
Ob ein siebtes Studioalbum angegangen werden würde? Völlig unklar! Ebenso unsicher, ob 2016 eine weitere Tournee starten würde, wie mal angedacht.

Ständig zog neue Zeit ins Land, ohne dass irgendetwas Konkretes passierte. Dabei war der Best-of-Kompilation „Made in Germany 1995–2011" sowie der letzten Tour wie gehabt bei Rammstein ein Riesenerfolg beschieden.

Selbst bei der Präsentation der üppigen DVD-Dokumentation „Rammstein in Amerika" samt Mitschnitt des aufregenden Gigs des Sextetts 2010 im Madison Square Garden, das Ende September 2015 in Berlin vorgestellt wurde, bemerkte Paul lediglich nebulös, die Geschichte der Band sei noch nicht zu Ende.

Dabei gab es am Rand etwas Trauriges zu vermelden: Wegen Anwohnerprotesten musste der Sechser den kultigen Berliner „Knaack"-Club verlassen, wo sie ihren Übungsraum gehabt hatten, da der Club schließen musste. Damit endete ein Teil der Bandgeschichte, der ihren Mythos von Beginn an entscheidend geprägt hatte.

Doch es gab auch Positives zu berichten: Bei der letzten Nordamerika-Tournee gastierte die Band in Kanada vor gut 100.000 Fans – ein Umstand, der dazu führte, dass Rammstein durchaus über eine Art Reunion nachgrübelte.

Ebenso herrschte Ausgelassenheit vor beim Dreh des Musikvideos zum Song „Mein Land". Wild ging es hier zu: Beinahe jugendhaft tummelten sich die sechs Musiker am kalifornischen Strand in Malibu. Alles sah nach einer Wiedervereinigung aus, zu der es (sehr viel) später auch kam.

Andererseits hatten die sechs in jener Phase ihres Daseins Angst davor, vergangene Mechanismen zu wiederholen. Sie wollten stattdessen etwas bislang nicht Dagewesenes entwickeln.

„Wenn nicht wirklich eine Idee oder Vision für ein Album da ist, dann muss man das auch nicht machen. Es gibt so viel Musik da draußen, man muss nicht zwingend immer dem Rhythmus der Industrie folgen", wiederholte Richard im Interview mit der österreichischen „Kronenzeitung" das, was in den Jahren zuvor andere Bandmitglieder immer wieder unterstrichen haben. „Ich kann mir schon vorstellen, mit Rammstein zu touren und Festivals zu spielen. Für das Studio fehlt es aber momentan an einer Vision", sagte Richard noch damals, im Herbst 2014.

Möglicherweise musste sich Rammstein in jener Ära ihres Schaffens ganz grundsätzlich über neue Ziele und Entscheidungen Gedanken machen. Wer aus der Reihe ausscherte, werde vom Sextett auf Linie gebracht. Das war schon immer so, das wird wohl in Zukunft bleiben.

Schneider stellte im Making-of zum Musikvideo von „Mein Land" fest: „Wir sind aus dem Osten von Deutschland, sind hinter der Mauer groß geworden als Kinder. Als wir Musiker wurden, haben wir nie an was anderes gedacht, als irgendwo auf Dörfern spielen zu können. Und dann kam die Wende. Wir haben diese Band gegründet und sind derart erfolgreich geworden. Und oft hat die Band schon einen Punkt erreicht, wo ich dachte: Jetzt ist Schluss, mehr werden wir nicht erreichen. Und dann ging es doch weiter."

Trotzdem hatte Lindemann anno 2014 ausgeschlossen, eine neue Formation zu gründen. „Das Einzige, was ich sagen kann, ist, dass ich in diesen Tagen keine Band gründen will. Denn es ist ziemlich schwierig, davon leben zu können", zitierte ihn das Internetportal www.teamrock.com. Die Zeit, mit neuen Gruppen ökonomisch überleben zu können, sei vorbei, sagte der Rammstein-Sänger entschlossen. „Die Musikindustrie gibt dir heute keine Chance mehr wie in den alten Tagen, indem sie dir einen Batzen Geld in die Hand drückt und sagt: Nimm und mach ein Album draus", meinte er zum selben Portal. Die modernen Klänge müssen „billig, schnell, komplett digital und zu Hause produziert" werden. „Wir werden niemals wieder Bands wie Led Zeppelin oder Black Sabbath sehen. Das ist vorbei."

Trotz der Zweifel von Rammstein, sich erneut zusammenzusetzen, stand es für das Gros der Fans der Gruppe 2016 außer Frage, dass dieses Sextett zusammenbleiben würde. An mangelnder Kreativität der Musiker sollte es ihrer Ansicht nach nicht scheitern.

Ihnen blieb die Hoffnung, dass Till und Co. sich selbst beim Wort nehmen würden. So fehlte ihnen 2005 für ROSENROT ein letzter Song. Er wollte ihnen partout nicht einfallen. Mit einem Mal hatte Lindemann die Idee für „Ein Lied". Innerhalb von zehn Minuten hatte man es im Probenraum eingesungen – ganz ohne große Diskussionen. Tatsächlich geht es gelegentlich auch ganz simpel bei Rammstein. Und tatsächlich ist „Ein Lied" mit die schönste Komposition, die Rammstein je aufgenommen haben. Der Funke der Hoffnung erlischt immer zuletzt.

24. Unsterbliche Geschichte: Rammstein wieder auf Erfolgskurs

Tatsächlich ging es immer irgendwie weiter bei den unsterblich Wirkenden – wenngleich 2010 „nur“ eine Gastspielreise geplant wurde. Zuvor wurde am 19. November 2009 während der Tourproben in Berlin von Jonas Åkerlund das Video zu „Ich tu dir weh“ gedreht, das gut einen Monat später, am 21. Dezember, Premiere hatte.

„Ich tu dir weh“ war Stück Nummer zwei von LIEBE IST FÜR ALLE DA. Ein „Liebeslied“, wenn man so will. Und auch nicht richtig. Es geht inhaltlich um die Liebe und speziell um deren körperlichen Ausdruck in zahlreichen Varianten. Um es auf den Punkt zu bringen: Es dreht sich um Sadomaso-Sex, gesehen aus der Perspektive des Täters, der von seinem Opfer berichtet, das seine Rolle aber offensichtlich selbst gewählt hat – wie gerne bei Rammstein versehen mit einem heftigen Text, der die S/M-Szene allerdings ziemlich realistisch wiedergibt. Die Musik dazu ist treibend, dabei jedoch stets harmonisch.

Es folgt eine weitere Auswahl an unterschiedlichsten Band-Höhepunkten, von denen es nicht gerade wenige gab. So war der 4. März ein ganz besonderer Tag für die Formation: Das Sextett gewann den Echo 2010 in der Kategorie „Best Rock/Alternative national“.

Am 23. Mai fanden die Dreharbeiten zum 22. Clip der Gruppe in Los Angeles statt. Nach „Ich tu dir weh“, „Mann gegen Mann“ und „Pussy“ war jetzt „Haifisch“ an der Reihe. Wie beinahe gehabt saß einmal mehr Jonas Åkerlund auf dem Regiestuhl.

Ab dem 31. Mai 2011 befanden sich Rammstein auf ihrer ersten Nordamerika-Gastspielreise nach über zehn Jahren. Sie führte das Sextett unter anderem nach New York, Kanada, Los Angeles und Las Vegas.

Bis zum 17. Juni hatten Rammstein in Form einer Retrospektive ihre wichtigsten Songs zusammengestellt. „Made in Germany 1995–2011“ verschafft einen brillanten Einblick in die Karriere der Brutalo-Rocker. Zu jenem „Best-of“ gab es auch eine Tournee. „Made in Germany 1995–2011“ enthält 20 Rammstein-Kracher inklusive eines neuen Tracks sowie den gesamten Videokatalog erstmals auf CD/DVD.

Es war nur vier Tage später, als der Ticketvorverkauf für „Made in Germany 1995–2011“ angeschoben wurde. Die Live-Maschinerie zog ab dem 5. November durch ganz Europa und brachte die Essenz von 16 Jahren Historie auf die Bühne. Dahinter verbarg sich eine komplett neue Show. Der internationale Vorverkauf startete am 24. Juni 2011.

Rund um die Veröffentlichung von „Made in Germany 1995–2011“ fanden am 25. November 2011 Aktionen statt. Rammstein etwa ließen vor der „O2 World“ ein Mausoleum errichten, das während der beiden Konzerte in Berlin im November zum Kondolieren einlud. Unmittelbar nach Veröffentlichung von „Made in Germany 1995–2011“ kletterte das „Best-of“ in Deutschland sofort auf Platz eins der Charts.

Rammstein gewannen einmal mehr zwei Echo-Awards: 2011 zwei Stück in den Kategorien „Best Rock Alternative national“ und „Erfolgreichster nationaler Act im Ausland“. Die Gruppe gewann zusätzlich den Metal Hammer Award 2012 in der Kategorie „Best German Band“.

Weiter mit den Clips: Zoran Bihać drehte dieses Mal das Video zur Piano-Version von „Mein Herz brennt“ am 12. Juni 2012. Drehort war Beelitz. Die Premiere fand am 7. Dezember 2012 statt. Das Piano-Arrangement stammte aus der Feder von Sven Helbig. Mit dem blickt die Formation auf eine lange, fruchtbare Zusammenarbeit zurück. Die Premiere des dazugehörigen Clips ging am 14. Dezember über die Runde. Am selben Tag kam die Single zum Lied in den Handel.

Sämtliche Videos und Blu-Rays hatten ebenfalls ihre Erstveröffentlichung am 14. Dezember. Es waren die komplette Kollektion neben dem gesamten Videokatalog der Band sowie die Making-ofs der einzelnen Clips plus zwei neue Videos zum Titel „Mein Herz brennt“.

Weiteres Highlight: Rammstein starteten Ende Mai 2013 mit zwei Berlin-Shows in die Freiluft-Saison. Anschließend ging es für den Sechser quer durch Europa als Headliner der größten Festivals.

Am 10. Februar 2014 kam das neue Werk „Nymphomaniac“ von Regisseur Lars von Trier in die Lustspielhäuser. Der Kinofilm ist ein zweiteiliger Diskurs über Liebe, Begehren und Einsamkeit. Rammstein freuten sich, den Titel „Führe mich“ zum Soundtrack des Films beisteuern zu dürfen.

Am 14. September 2015 kündigte die Gruppe drei Jahre nach der letzten Tour Live-Auftritte als Headliner zahlreicher Festivals im Sommer 2016 an. Rammstein spielten 22 Festivals in 19 Ländern, dazu drei Solokonzerte in Berlin mit Avantgarde-Schockerin Peaches als Support.

Schließlich ging es vom New Yorker Square Garden auf die große Leinwand: Am 24. September 2015 feierte das Sextett die Dokumentation „Rammstein in Amerika“ sowie den Konzertfilm „Live from Madison Square Garden“, die sie beide zur Veröffentlichung freigegeben hatten. Die deutschlandweite Premiere gab es in 34 ausgewählten Kinos.

Am 25. September 2015 erschien „Rammstein in Amerika“ auf DVD/Blu-Ray. Es beinhaltet den Konzertfilm „Live from Madison Square Garden“, den zweistündigen Director's Cut der Dokumentation „Rammstein in Amerika“ und das Making-of zu LIEBE IST FÜR ALLE DA.

Diese DVD eroberte in zahlreichen Ländern, einschließlich der USA, die Spitze der DVD-Charts und erreichte in Deutschland Platin-Status.

Rammstein waren erneut visuell zu Besuch in den USA: Am 24. Oktober 2015 strahlte der TV-Kanal arte ab 21.45 Uhr „Rammstein in Amerika“ aus. Frankreich brachte die Ausstrahlung am selben Tag um 22.20 Uhr.

Zum 21. Bandjubiläum am 4. Dezember 2015 veröffentlichte das Sextett „XXI“ – das erste Vinylset ihrer Karriere. Die hochwertige Box enthielt nicht nur alle sechs Studioalben der Band als Doppel-LPs, remastert auf 280 Gramm schwerem Vinyl, sondern zusätzlich unveröffentlichtes Material.

Am selben Tag als weiteres Highlight zum 21. Bandjubiläum kam das Notenbuch „Klavier“ in den Handel. Diese aufwendig gestaltete Edition, 80 Seiten stark, Hardcover mit offener Fadenheftung, enthält drei Lieder, gekürt aus den sechs bisherigen Studioplatten.

Und noch ein Beitrag zur Album-losen Ära: Rammstein eröffneten am 2. Juni 2016 die Festivalsaison mit einem neuen Song. „Ramm4“ wurde zum ersten Mal in Monza auf dem „Gods of Metal“-Festival dem Live-Publikum vorgestellt. Danach sah die Kult-Truppe die Zeit gekommen, sich langsam, aber sicher ans Werk zu einem neuen Studioalbum zu machen.

25. Die Pflicht ruft: Rammstein und die Eroberung von Neuland

Rammstein hatten endlich wieder genug Blut geleckt, um sich um eine neue Produktion zu kümmern. Als erste Gerüchte über das offensichtlich zurückgefundene Engagement in die Öffentlichkeit drangen, atmete die nicht unbeträchtliche Anhängerschaft erleichtert auf.

Doch ehe es sich in die kalten Gemäuer eines Tonstudios begab, wollte der Sechser die Inszenierung einer neuen Bühnenshow angehen. Wie gehabt konnten die Perfektionisten nichts dem Zufall überlassen. Dabei klügelten sie allerdings gleichzeitig eine radikal andersartige Ästhetik als bis dato gesehen aus.

Die Choreografie überließ nichts dem Zufall: Sie war minutiös abgestimmt auf die Textinhalte der Lieder. Sämtliche Sinne der Betrachter sollten aufs Äußerste stimuliert werden. Gerade durch möglichst krasse Wechselwirkungen wurden die effizientesten Reaktionen bewirkt.

Für Videoclips gilt dasselbe Prozedere. Rammstein spielen liebend gerne mit Bildern, die man aufgrund des ersten flüchtigen Hörens eines Stückes nicht vor sich sieht – gerne harmlos bis beliebig. Vordergründig bedient man sich Klischees, um diese mit perfider Herangehensweise ins von Klischees befreite Gegenteil zu transportieren.

Als ein Beispiel von etlichen zählt besonders beeindruckend der Clip zu „Sonne“. Rhythmusgitarrist Paul Landers erklärt im Making-of dazu: „Wir hatten eine Fülle von Ideen.“ Schließlich sei Bassist Oliver Riedel auf die Idee gekommen, eine Kinderfilm-Version des Märchens „Schneewittchen“ auf seinem Computerbildschirm zurechtzuschneiden. „Zunächst geschah das aus purem Spaß heraus“, reflektiert er. „Dann kam zusammen, was eigentlich nicht zusammengehört. Genau das fanden alle gut“, freut sich Landers diebisch.

Auf der Best-of-Kompilation „Made in Germany 1995–2011“ war lediglich von sechzehn ein bis dato unveröffentlichtes Lied zu finden. „Mein Land“, so der Songtitel, hat es aber in sich und ist für Rammstein-Verhältnisse eher ungewöhnlich. Es ist der imaginäre Dialog zwischen einem Deutschen und einem Menschen, der aus der Ferne kommt. Dieser Fremde ist pausenlos unterwegs und darf nirgendwo bleiben. Der Sänger intoniert laufend: „Du bist hier in meinem Land.“ Rasch öffnen Rammstein-Verabscheuer an dieser Stelle einmal mehr ablehnend die Rassisten-Schublade.

Man bedenke, dass diese Komposition weit vor der Flüchtlingskrise 2015 entstand. Ad absurdum geführt wird dieser Vorwurf allerdings beim Betrachten des dazugehörigen Videoclips: Gedreht wurde er im Mai 2011 ausschließlich am Sycamore Cove Beach von Malibu unter der sengend heißen Hitze der kalifornischen Sonne. Hawaii-Hemden, Barbie-Beautys, Surfbretter, Strandpartys – kein Beach-Boys-Klischee wird ausgelassen. „Bademeister“ Till ruft von seinem Aufsichtsturm aus via Megafon mehrfach die Frage übers Meer: „Wohin gehst du, wohin?“

Paul Landers erklärt im knapp 30-minütigen Making-of, dass „dem hässlichen Thema Fremdenfeindlichkeit ein hübsches Antlitz verliehen wird“. Kryptisch stellt er fest: „Die Auslegung, in welcher der Fremde nicht in Deutschland bleiben kann, ist nicht jene, die Rammstein gefällt.“ Die restliche Zeit über schwärmen die Bandmitglieder beim Making-of, wie viel Spaß ihnen dieser durch und durch spaßige Dreh bereitet hat.

Selbst die altehrwürdige „Zeit“ konnte nicht mehr umhin, die Gift- und Galle-Federn, die sie noch wenige Jahre zuvor gegen das Sextett ausgepackt hatte, wieder einzupacken. Stattdessen schlug Autor Jan Freitag in der Ausgabe vom 5. Dezember 2011 recht differenzierte Töne an, als er schrieb: „Sie springt einfach nicht mehr an: die Empörungsmaschinerie der Hochkulturverwaltung. Da kann man machen, was man will, kann polarisieren, dass die Zeichen rauchen, provozieren, bis das kollektive Gewissen kocht, auf die Symbolismus-Kacke hauen, solange Thors Hammer glüht. Kann zu martialischen Gitarrenriffs ‚Du bist hier in meinem Land‘ grunzen und dazu abwehrbereit dreinblicken, nackte Brüste betatschen und – huiuiui – eine deutsche Fahne durchs Video flitzen lassen und auf die üblichen Fragereflexe warten: Ist das Statement oder bloße Pose? Nazithrill oder Kunst? Poesie oder Prollgehabe? Tja, was ...“

Er beantwortete die Frage gleich selbst: „Rammstein durchlaufen mit ihrer schwarz-weißen Brachialpoesie die Romantisierung des selbstbewusst Patriotischen, manchmal gemildert Völkischen deutscher Nachwendeherrlichkeit in Echtzeit.“ Und kam nahezu resigniert zu der Schlussfolgerung: „Einst war das Berliner Sextett mit Mecklenburger Wurzeln schlimm, jetzt ist es höchstens schaurig, gestartet als Frechheit landet es konstant in platingoldenem Mainstream.“

„Töne wie Stahlgewitter“ hörte Jan Freitag intellektuell verbrämt heraus. „Texte wie anschwellende Bocksgesänge. Alles zwischen Ernst Jünger und Charles Bukowski“ sei im Angebot. „Rechtsradikal sei das alles keinesfalls, wie damals schnell kolportiert worden ist“, erkannte der Journalist. „Denn Rammstein singen nur über das eine: den Geschlechtsakt.“

Die „Rolling Stone“-Autoren Thorsten Groß und Rainer Schmidt bekannten in der Ausgabe vom 12. Dezember 2011, kurz nach Veröffentlichung von „Made in Germany 1995–2011“, kleinlaut: „Natürlich haben wir gemerkt, dass es überhaupt nicht schadet, wenn darüber geredet und sich aufgeregt wird. Man ist im Gespräch, und die Leute beachten einen plötzlich. Es war nicht immer angenehm, was man erzählt oder zu lesen bekommen hat, aber es hat auf jeden Fall nicht geschadet.“

Die amerikanischen Medien waren hauptsächlich auf Rammsteins Seite. „Mit Kampfstiefel-Rhythmen und jeder Menge teutonischem Zorn ist das Sextett aus

Deutschland heraus marschiert, um blitzkriegartig die Charts zu erobern. Die Musik ist roh wie eine nicht gegarte Bratwurst, versehen mit Synthesizer-Elementen, um industriell strenge Melodien zu erzeugen“, schrieb 2011 die „Washington Post“ in einem großen Vorabbeitrag zu einem Konzert der Ostdeutschen. Und das US-Publikum sehne diese Band herbei wegen der Gelegenheit, die Faust zu ballen und deutsch zu singen. Es ist das erste Mal seit Nenas „99 Luftballons“, dass die Amis deutsche Musik positiv aufgenommen haben und mitgrölen. Dann kamen Rammstein – und der Umstand, dass die Band ihre ersten drei Alben 1,5 Millionen Mal allein in den USA verkauft hat, beweist, dass amerikanische Kids fröhlich die dunklen, militaristischen Märchen von Untergang und Sex skandieren – in der Originalsprache!

Deutsche Klischees haben in der Ami-Musikszene eine ganz andere Wirkung als in der Heimat. Gerne brüllt man bei Auftritten: „Wow, that's German…!“ Lindemann hat so etwas in ähnlicher Form nach einem der Rammstein-Gigs in New York erlebt, wo die Band in Lederhosen und mit nacktem Oberkörper aufgetreten war. „Deutschland ist dort Mercedes, Sauerkraut und Lederhosen“, erinnerte der Frontmann sich im „Playboy“ vom Januar 2006. „Nach dem Konzert kamen drei schwarze Hip-Hopper zu uns und sagten: ‚Wir hassen diesen Metal-Shit, aber ihr seid cool.‘“

Gitarrist Richard Kruspe hatte eine eigene Erklärung für die enorme Beliebtheit von Rammstein-Songs in den Staaten, obgleich kaum jemand dort die Texte versteht. „Die Amerikaner hören Rammstein nur als Sound, völlig losgelöst vom textlichen Hintergrund“, behauptete er im „Break Out“-Metalmagazin vom März 1999. „Tills Stimme ist für sie ein eigenes Instrument. Es ist das Gesamtbild, das für sie zählt, und das ist bei Rammstein eben ziemlich groß.“

Doch nicht nur in den Staaten, sondern auch in Südamerika werden Rammstein ikonenhaft verehrt. Das spanischsprachige Publikum ist oft erstaunlich textfest und kreischt bei Auftritten der Ostdeutschen gerne lauthals mit. Die Latino-Medien sind restlos begeistert von der Gruppe.

„El Tiempo“ aus der Kapitale Bogotá, die größte kolumbianische Tageszeitung, brachte im März 2010 mit Blick auf ein bevorstehendes Rammstein-Konzert, das 15.000 Menschen besuchen würden, ein langes Interview mit Oliver Riedel. Der Artikel trug die Überschrift „Ein Skandal genannt Rammstein“ und war untertitelt mit dem Satz: „Ein Konzert von Metallica bleibt im Vergleich zum Adrenalin, das ein Konzert von Rammstein freisetzt, in den Windeln stecken.“

Die meisten ihrer südamerikanischen Fans sind allerdings in Mexiko zu Hause. Dort existieren etliche Internetportale, die jegliche Neuigkeiten rund um Rammstein posten – Konzerttermine, neue Alben, Videoclips. Zudem werden als Service Interviews mit der Band aus deutschen Magazinen ins Spanische übersetzt. Die Euphorie geht so weit, dass es einen Kanal gibt, der „Radio Rammstein Mexico" heißt und beinahe ausschließlich Songs der Ostdeutschen rund um die Uhr zum Besten gibt.

Das mit Abstand größte, 2009 online gegangene mexikanische Internetportal firmiert unter www.rammstein.com.mx, „weil wir zumindest hier, wo wir fanatisch nach Rammstein sind, eine solche Plattform brauchten", verriet Gründerin Ana Villegas auf www.iformate.com am 5. Dezember 2011. Rund 50.000 Klicks pro Tag werden registriert, fast 200.000 Facebook-Likes. Doch woher kommt die Begeisterung der Nation ausgerechnet für eine deutschsprachige Metal-Truppe? „Rammstein ist eine sehr perfekte Band, was ihre Musik, die Texte, den Stil und die Konzerte betrifft. Sie füllen mich total aus, genauso wie mein Job. Sie gefallen mir in jeder Hinsicht", schwärmt Ana Villegas. Sie betreibt das Portal mittlerweile hauptberuflich.

Doch nicht nur im fernen Südamerika erzielen die Schocker-Alben des Sextetts Megaverkaufszahlen, sondern auch in Staaten wie Australien, Norwegen, Polen, Portugal, Finnland und etlichen mehr ziehen sie regelmäßig in die Top Ten der Verkaufshitparaden ein. Im hart umkämpften amerikanischen Musikmarkt kletterte das Skandalalbum LIEBE IST FÜR ALLE DA, das einzige in Deutschland je erschienene indizierte Nummer-eins-Werk bis dato, obwohl es ein halbes Jahr lang nur unter der Ladentheke verkauft werden durfte, auf einen phänomenalen Platz 13.

Nachdem das einheimische Feuilleton solche ungewöhnlichen Ereignisse mitbekommen hatte, wurden Rammstein spätestens ab 2006 anders als zuvor rezipiert, meist mit mehr Respekt. „Rammstein ist das Hochamt für deutsche Sprache", titelte beispielsweise „Die Welt" in jenem Jahr. „Rammstein sind Deutschlands größtes Missverständnis – zugleich sind sie Deutschlands größter Kulturexport", analysierte das Magazin der „Süddeutschen Zeitung" schmallippig.

Und das Wochenmagazin „der Freitag" fragte mit einem dicken Augenzwinkern am 24. März 2006, wann die Formation endlich das Bundesverdienstkreuz bekäme. „Inzwischen lernen sogar Schüler und Studenten im Ausland dank der Texte der ostdeutschen Metal-Band Deutsch", schreibt die linksliberale Gazette, „niemand hat in den letzten Jahren mehr getan für die Verbreitung der deutschen Sprache und das Ansehen Deutschlands. Rammstein dürfte derzeit fast das bekannteste deutsche Wort auf der Erde sein. Das einzige sicher, das Millionen Nicht-Deutsche mit leuchtenden Augen singen."

Dieser Vorschlag war gar nicht mal so skurril. Wenn etwa am Ende und am Rande von Konzerten politische Debatten wie zum Beispiel in Kolumbien oder Mexiko angestoßen wurden, wo sich die Band sogar mal direkt mit den Fans oder den Medien auseinandersetzte, um Fehlinterpretationen und Klischees vorzubeugen oder zu entkräften, hat Rammstein mehr zum deutschen Verständnis beigetragen als so mancher Politiker. Vor diesem Hintergrund ist der Titel der Singles-Kollektion „Made in Germany" mehr als eine Herkunftsbezeugung. Es kommt einem Ehrentitel gleich, den sich Rammstein hart erarbeitet hat. „Qualität made in Germany" eben, so wie früher die deutsche Wirtschaft gelobt wurde.

Sven Helbig sieht das Güteprädikat „made in Germany" in dem Liedgut von Rammstein, das für ihn „ganz große Kunst" darstellt. Der Komponist speziell für Orchester-, Chor- und Kammermusik sowie Musikproduzent aus Eisenhüttenstadt hatte „Mutter" als erstes Rammstein-Werk für sich entdeckt. Er war so nachhaltig beeindruckt davon, dass er eine Handvoll Kompositionen des kultigen Sextetts dem ostdeutschen Komponisten Torsten Rasch anvertraute.

Er beauftragte ihn, neun sinfonische Lieder daraus zu gestalten. Rammstein stand 2004, als „Mein Herz brennt" (so der Titel des Albumprojekts) in den Handel kam, in der Wahrnehmung bei so manchen demnach zwischen Franz Schubert und Arnold Schönberg, zwischen poetischer Romantik und harschen Zwölftonklängen. Das Feuilleton nicht nur in Deutschland war hellauf begeistert. Lohn der Mühen für den Dresdner: Auszeichnung mit dem Klassik-Echo.

Auch der eingeschworene Richard-Wagner-Clan in Bayreuth ist schon vor längerer Zeit auf die Band aus dem wilden Osten und ihren Hang zum Monument bzw. Drama aufmerksam geworden. Besonders Katharina, die Urenkelin des Pompös-Komponisten Wagner, seit 2008 Leiterin der Bayreuther Festspiele, hat sich laut der „Rheinischen Post" vom 10. Oktober 2008 als „große Verehrerin von Rammstein" geoutet. Sie behauptete, das Interesse sei gegenseitig und sie würde gerne mit der Band zusammenarbeiten. „Ganz im Sinne meines Großvaters", schwärmte sie.

Rammstein, die Kreateure für den Soundtrack der Ewigkeit? Klassik, übernehmen Sie!

26. Irgendwie am Ball bleiben: Rammsteins Wunsch nach Fortsetzung der Historie

Es wurde Zeit, die Rammstein-Fans endlich wieder zu beglücken. Viel zu lange hatte das Sextett seine treue Anhängerschaft weltweit auf neue Songs wie auf glühenden Kohlen warten lassen. Doch man wollte sich neu erfinden, ohne dabei die eigene Identität aufzugeben.

Schlagzeuger Christoph Schneider erklärte im Bildband „Rammstein" ihres Hausfotografen Gert Hof 1999, worauf das deutsche Kulturverständnis der Band zurückgeht: „Wir benutzen die Muttersprache, den Rhythmus der Marschmusik, komponieren mit einheimischer Ordnung und Präzision, texten mit sorgfältiger Wortwahl, schätzen die Symmetrie und das Gerade-Eckige, tragen Kurzhaarfrisuren und rollen das ‚R'. Schließlich kommen wir ja von hier."

Auch Till Lindemann redete in der „Playboy"-Ausgabe vom Januar 2006 in einem ausführlichen Gespräch nicht um den heißen Brei herum: „Am Anfang wollten wir einfach nur auffallen. Mit extremen Texten und extremer Musik. Uns nervte, dass nach dem Mauerfall alle Ostbands nach amerikanischer Rockmusik klangen. Die haben alles kopiert, den Sound, die Frisuren, die Tattoos. Wir wollten diesem Nachgemache so richtig in die Fresse treten."

Schon bald suhlte sich das Sextett im Klischee des „bösen Deutschen". Die sechs integrierten ausgesprochene Reizthemen wie sexuelle Perversion oder Gewalt-Szenarien in ihre Ästhetik. Live machten sie immer wieder militärische Anspielungen, sei es in Geräuschen, Phonetik, Mode oder Gestik. Dadurch befeuerten Rammstein ganz bewusst und zynisch die Vorurteile, die vermeintlich „politisch Korrekte" und Antifaschisten mit der Band assoziierten.

Sie kokettierten mit Symbolen aus der Ära des Nationalsozialismus, doch deshalb kann man der Band nicht vorwerfen, sie seien Nazis. Damit macht man es sich – und ihr – zu leicht. Bei Rammstein war die politische Positionierung niemals ganz klar. Das einzig Klare war das „provokative Spiel um der Provokation willen". Ansonsten: Mehrdeutigkeit allerorten, aus dem Zusammenhang gerissene Statements, Grotesk-Bizarres.

Rammstein erwarteten von ihren Kritikern und Rezensenten, dass sie Textinhalte interpretieren, weil nie eindeutige Aussagen gemacht werden. Häufig kamen speziell „politisch Korrekte" bei der Frage nach Rammstein'scher Gesinnung gehörig ins Schleudern.

Paul Landers fand im VIVA-TV-Interview 2004 überraschend klare Worte, als er behauptete: „Der Deutsche hat ein Identifikationsproblem, bedingt durch Verbrechen, die die Nazis begangen haben. Durch die ganze Hitler-Kacke. Dadurch gibt es aber auch keinen normalen Umgang mehr mit dem Leben davor und dem Leben danach. Rammstein ist im Unterschied zu vielen anderen Gruppen eine der wenigen Bands, die auch deutsch wirkt, so wie Kraftwerk, vielleicht auch wie Die Neubauten. Vielleicht sind wir für viele auch zu deutsch."

Richard Kruspe sprach den meisten Deutschen den Sinn für Humor ab. „Deutsche haben immer das Problem", erklärte er seine Philosophie beim VIVA-TV-Gespräch, „dass man im Ausland sagt: ‚Die Deutschen haben keinen Humor.' Da fragt man sich: Welche Menschen haben Humor? Und dann kommt man an einen bestimmten Punkt, an dem man merkt: Leute, die von sich selbst überzeugt sind, können auch mit Humor umgehen, über sich selbst lachen. Und die Deutschen haben ein grundsätzliches Problem mit sich selbst, mit ihrer eigenen Identität."

Ein Beispiel dafür, wie das einheimische Feuilleton gerne mit dem „Phänomen Rammstein" umgeht, findet sich in den Worten von Ulf Poschardt wieder. Ende Januar 1999, damals noch Chefredakteur des Magazins der „Süddeutschen Zeitung", stellte er im Rahmen einer Leni-Riefenstahl-Ausstellung in Potsdam fest: „Der politische Kontext, in dem sich Rammstein auf Deutschland beziehen, ist nicht mehr der des Kniefalls von Alt-Bundeskanzler Willy Brandt in Warschau, sondern der von brennenden Häusern von Flüchtlingen und Migranten."

Der renommierte Journalist, heute bei „Die Welt", fuhr fort: „Die entscheidende Differenz, welche die Image-Politik von Rammstein trennt von der Kraftwerk-Ästhetik, dass deren Musik jegliches ‚hedonistische Potenzial' beraubt. Rammsteins Feedback-Schleifen zum völkischen Sumpf sind da, auch wenn das ‚irgendwie-linke' Rezipienten gerne anders sehen möchten. Pop ist anscheinend auch die Kulturform, in der Reaktionäres und gar ‚Unmoralisches' Riesenfreude machen kann."

Christoph Schneider verteidigte das sogenannte „Leni-Riefenstahl-Video" zum Song „Stripped" weiter. „Es hat auch in die Diskussionen dieser Zeit gepasst, es war nämlich eine Zeit in Deutschland, in der man viel darüber diskutiert hat: ‚Wer sind wir eigentlich?' und ‚Wie lange müssen wir uns noch mit dieser Thematik auseinandersetzen?'", erklärte er im „Rolling Stone" vom 12. Dezember 2011.

Im selben Gespräch erklärte Till Lindemann, dass „wir aus dem Osten kommen und als Sozialisten aufgewachsen sind. Wir waren früher entweder Punks oder Gruftis – wir hassen Nazis! Und dann kommt auf einmal so ein an den Haaren herbeigezogener Vorwurf. Wir machen heute noch genau das Gleiche, und niemand in Amerika oder Mexiko wäre auf die Idee gekommen, uns so ein Zeug anzudichten. Das passiert nur hier in Deutschland. Früher haben wir uns mit diesen rechten Idioten geprügelt, und das würden wir heute noch tun."

Tatsache ist, dass nach dem Fall der Mauer die Analyse von sozialwissenschaftlichen Studien gezeigt hat, dass die Zunahme von Rechtsextremismus, Fremdenfeindlichkeit und Gewalt speziell im Osten Deutschlands in Zeiten der Wende anstieg. Vor diesem Hintergrund führten Rammsteins Provokationen, noch dazu als „Ossis", in der Medienlandschaft zu immer stärkeren Reaktionen, als sie das ohnehin schon getan hätten. „Es ist das Spiel mit Tabus und die politischen Ambiguitäten", schrieb der Literaturwissenschaftler Moritz Baßler in „Eine Fallstudie zur Markierung angelsächsischer Popmusik" 2005.

Baßler meinte, „dahinter verbirgt sich keine politische Überzeugung, sondern nichts als ein weiterer Schachzug im Spiel um mediale Aufmerksamkeit. Die Dementis vonseiten der Plattenfirma als auch der Musiker selbst haben gezeigt, dass das Dilemma einer postmodernen Kulturlogik unter globalen Markt- und Medienbedingungen demonstriert wird."

Die mediale Aufmerksamkeit wuchs permanent weiter. Irgendwann setzte die „Bundesprüfstelle für jugendgefährdende Medien" das Video, das vor allem von MTV begeistert regelmäßig ausgestrahlt worden war, auf den Index. Dieser erlaubte nur eine Ausstrahlung im Nachtprogramm ab 23 Uhr.

Doch am Ende blieben selbst bei den harschesten Kritiken an Rammsteins Werk nur Vermutungen übrig. Trotzdem würde Till Lindemann einen Film wie „den zum ‚Stripped'-Video nicht noch einmal zulassen", sagte er dem „Playboy" für dessen Januar-Ausgabe des Jahres 2006. „Ich bin es müde zu hören, wir seien eine rechte Band. Meine Tochter – das Liebste, was ich habe – kam damals zu mir und fragte: ‚Sag mal, spielst du in einer Nazi-Band?' Das war ein Punkt, an dem ich mir gesagt habe: Da haben wir eine Grenze überschritten. Das ging an die Substanz."

Als Mitte Oktober 2009 das Album LIEBE IST FÜR ALLE DA erschien, rissen Rammstein wieder eine Grenze ein, vor allem mit den Texten zu den drei Songs „Pussy", „Ich tu dir weh" und „Wiener Blut". Sie brachten damit etliche Teile der Gesellschaft so sehr auf die Palme, dass die Gruppe sich gezwungen sah, etwas zu tun, was sie stets liebend gern vermieden hat: Sie musste ihre Texte und das Gesamtkonzept ihrer Kunst bis ins kleinste Detail erklären.

Grund für diese Selbstentblößung war der Antrag des Bundesfamilienministeriums, damals unter der Leitung von Ursula von der Leyen, die das sechste Rammstein-Album auf den Index für jugendgefährdende Medien setzen lassen wollte. Sie war grimmig gewillt zu dieser Tat.

Das Sextett hatte sich diesen Vorstoß selbst zuzuschreiben. Auf dem Cover der Single „Pussy", erschienen am 18. September 2009, sind vor schwarzem Hintergrund sechs nackte, sportliche Körper junger Frauen zu beäugen, denen per digitaler Bildbearbeitung die Köpfe der Rammstein-Musikanten auf die Schultern gesetzt worden waren. Zwei Tage zuvor konnte man alle sechs Rammstein-Mitstreiter bis ins kleinste Detail bei wilden Sexszenen sehen. „Körpergedoubelt", wie halbherzig nachgeschoben wurde.

Der Songtext à la „Blitzkrieg mit dem Fleischgewehr" oder „Steck Bratwurst in dein Sauerkraut", so ist es im Protokoll der 620. Sitzung der „Bundesprüfstelle für jugendgefährdende Medien" zur „Entscheidung Nr. 5862 vom 5.11.2009" nachzulesen, war der entscheidende Anlass für das Verfahren. Bei dieser Sitzung wurde die Indizierung des sechsten Rammstein-Albums beschlossen. Zur Erklärung des Urteils war angefügt: „Unter Umständen wäre ohne die Bildebene das Werk nicht als pornographisch eingestuft worden." Frei zugänglich war ab sofort nur eine Neubearbeitung des Videos, bei der alle detaillierten Sexszenen rausgeschnitten worden waren.

Das Familienministerium hatte die Indizierung der kompletten CD beantragt, „weil die Inhalte geeignet sind, die Entwicklung von Kindern oder Jugendlichen oder ihre Erziehung zu einer eigenverantwortlichen und gemeinschaftsfähigen Persönlichkeit zu gefährden", so die Erklärung. Und weiter: „In dem Lied ‚Ich tu dir weh' hätten die Interpreten detailliert beschrieben, wie eine Frau zu Tode gefoltert werde. Außerdem besängen Rammstein mit dem Song ‚Wiener Blut', wie ein Mann seine Tochter in ein Kellerverlies sperre und sie dann schwängere. Das Lied thematisiere offenbar den Inzest-Fall im österreichischen Amstetten, wobei die hier verwendeten Bezeichnungen ‚Inzest-Fall', ‚in den Keller sperren' und ‚schwängern' das Martyrium, das sich in Amstetten zugetragen hat, eher verhöhnen und verharmlosen", war sich die Behörde sicher.

Rammstein engagierten Verfahrensbevollmächtigte, die ihre Interessen vertraten, damit der Richter dem Indizierungsantrag nicht stattgab. Im Protokoll der entscheidenden Sitzung der „Bundesprüfstelle für jugendgefährdende Medien" vom 5. November 2009 steht, dass „Rammstein nicht die tagtägliche Gewalt, sei es nun Selbstverstümmelung, Sadomaso-Praktiken oder inzestuöse Vergewaltigungen, verleugne. Stattdessen stelle die Band Rammstein Fragen, die unbequem seien, die nicht ‚schön' seien, und setzen sich auf diese Weise deutlich mit der hässlichen Seite dieser Realität auseinander. Im Gegensatz zu der medialen Berichterstattung ergötze sich die Band Rammstein jedoch nicht an den Leiden der Opfer, sondern schaffe eine neue Form der Auseinandersetzung durch das Abstellen auf die Sicht des Täters."

Außerdem wurde Folgendes notiert. „Rammstein provoziere nicht um der Provokation willen", stellte der Sexualwissenschaftler und Jugendforscher Kurt Starke in einem Gutachten fest, das er im Auftrag der Band zum Indizierungsantrag des Familienministeriums erstellt hatte. „Sie habe vielmehr ein kreatives, eigenwilliges Verhältnis zu Kunst und Wirklichkeit."
Wer Gewalt benenne, der „müsse nicht der Gewalt dienen", zitierte die Bundesdienststelle den Professor. „Rammstein feiert keine Gewaltorgien, sondern lässt in Abgründe schauen." Und dann noch: „Dass eine Verknüpfung von Sexualität und Gewalt als jugendgefährdend zu bewerten sei, stehe außer Frage. Aber solche Verknüpfung geschehe nicht durch Rammstein, sondern sie sei ein Faktum der Realität, was von Rammstein künstlerisch aufgegriffen, problematisiert und abgelehnt werde."

Nicht schlecht staunten Gutachter Starke sowie die Band selbst über die Behauptung des Familienministeriums, dass es sich bei der masochistischen Person, die in dem Lied „Ich tu dir weh" fürchterlichen Qualen ausgesetzt wird, um eine Frau handelt, die daran letztlich stirbt.

Starke stellte fest, dass „nicht zuletzt in der Zeile ‚Erst stirbst du/Dann lebst du weiter' klar werden muss, dass in diesem fiktiven Lied niemand zu Tode kommt. Es geht nicht um die Verletzung anderer, sondern es wird eine Selbstverletzung geschildert."

Die Anmerkungen von Rammsteins Rechtsbeistand zerlegten die Vorwürfe des Familienunternehmens von vorne bis hinten. So ließen sich die beanstandeten Fotografien „unproblematisch in eine bestehende Tradition der Darstellung einordnen. Es handelt sich um hochwertige Fotografien, die aufwendig vorbereitet, als Fiktion inszeniert und renaissanceartig (zum Beispiel Rembrandt) nachbearbeitet worden seien. Es ist ebenso wenig eine entwürdigende Darstellung einer nackten Frau festzustellen, die vielmehr strahlend, anmutig madonnenhaft wirkt."

Starke fuhr fort: „Der Kopf der ehemals nackt auf dem Tisch liegenden Frau sei derart makellos schön, dass starke Zweifel aufkommen, ob diese Frau Ursache der gezeigten blutverschmierten Serviette sei. Sie sei auf diese Art eher zum Teil eines Stilllebens geworden."

Im Verlauf jener 620. Sitzung der „Bundesprüfstelle für jugendgefährdende Medien" in Bonn kamen die Beisitzer auch in den „Genuss" von Songs wie „Ich tu dir weh" oder „Pussy" in all ihrer Schonungslosigkeit. Der Verfahrensbevollmächtigte von Rammstein hatte dem entsprechenden Antrag sofort seine Zustimmung erteilt, da er hoffte, dass das dazu beitragen könnte, den bewusst übertriebenen Charakter, die künstlerisch übersteigerte Bearbeitung des Themas Sadomasochismus durch seine Mandanten zu unterstreichen. Doch er hoffte vergeblich.

Die CD wurde indiziert, worüber sich sogar die hochseriöse „Frankfurter Allgemeine Zeitung“ in der Besprechung eines Rammstein-Konzerts in München lustig machte. „Die Bundesprüfstelle für jugendgefährdende Schriften hat keinen Genuss gefunden“, spöttelte das Blatt, „und die aktuelle Platte indiziert. Aber nicht wegen Deutschtümelei, Josef-Fritzl-Moritaten, Mord und Vergewaltigung, sondern wegen zweier Lieder über einvernehmlichen Sex. Das muss man sich mal vorstellen. Sitzt unsere Bundesprüfstelle irgendwo in Texas? Werden Grimms Märchen auch verboten? Und macht das Spaß, Zahnpasta in die Tube zurückzufummeln?“

Die Indizierung wurde ein halbes Jahr später zu einer schallenden Ohrfeige für die „Bundesprüfstelle für jugendgefährdende Medien“ und damit direkt für Ursula von der Leyen. Denn das Amtsgericht Köln gab der Klage von Rammstein gegen die Entscheidung am 30. Mai 2010 statt. Die Richter begründeten ihren Beschluss damit, dass „die Bundesprüfstelle die verfassungsrechtlichen Vorgaben für die Indizierung eines der Kunst dienenden Werkes nicht in der begonnenen Weise beachtet hat“.

Die Kölner Verwaltungsrechtsexperten zerpflückten die Begründung mit „nicht nur geringfügigen Bedenken, dass das beanstandete Lied ‚Ich tu dir weh‘ und das Foto, das Richard Kruspe zeigt, wie er eine nackte Frau im Kohlenkeller auf den Hintern schlagen will, auf Kinder und Jugendliche eine verrohende Wirkung ausübten oder unsittlich seien. Das Lied enthält keine detaillierte und zusammenhängende Darstellung von wirklichkeitsnahen Gewaltexzessen. Die Gewaltelemente sind zumeist lediglich angedeutet und durch Einbeziehung völlig überzogener Bilder zum Teil surreal übersteigert dargestellt worden.“

Die Bonner Bedenklichkeitsprüfer hätten „darüber hinaus sogar selbst ausgeführt, dass jugendliche Fans der Gruppe mit den Eigenarten und ihrer Vorliebe, mit übersteigerten Bildern zu arbeiten, vertraut seien.“ Zudem habe die Behörde „keinen hinreichenden Beleg für den Vorwurf geliefert, das Lied ‚Ich tu dir weh‘ stelle in befürwortender Art und Weise dar, wie einem anderen Menschen ohne jegliches Mitgefühl und ohne jede Reue seitens der handelnden Personen schlimmste Schmerzen und Verletzungen zugefügt werden.“

Auch den Grundsatz, dass „ein Produkt nicht in die Liste jugendgefährdender Medien aufgenommen werden kann, wenn es der Kunst dient, habe die Bundesprüfstelle nicht berücksichtigt, obgleich sie selber den Kunstcharakter der indizierten CD bejaht und als überdurchschnittlich hoch eingestuft habe. Die Behörde“, merkten die Verwaltungsrichter lakonisch an, „haben offensichtlich wesentliche Aspekte für die jugendgefährdende Wirkung nicht einbezogen und damit ihre Begutachtungsgabe nicht vollständig erfüllt.“ Voller Punktsieg für Rammstein!

Im April 2016 gab es Nachschlag: Die Band reichte Klage gegen die Bundesrepublik Deutschland höchstpersönlich ein. Aufgrund der Indizierung wurden 85.000 Exemplare des Albums LIEBE IST FÜR ALLE DA vernichtet bzw. eingelagert. Der Schaden wurde auf 66.000 Euro beziffert. Im Oktober desselben Jahres teilten die Anwälte der Band mit, dass man sich mit der „Bundesprüfstelle für jugendgefährdete Medien" außergerichtlich geeinigt habe.

27. Rammstein 2017

Nach dem wuchtigen 2016 mit gigantischen Headliner-Auftritten auf den unterschiedlichsten Festivals und der richterlichen Rehabilitation im Fall des Albums LIEBE IST FÜR ALLE DA, für dessen Indizierung ihnen der Bund sogar eine Entschädigung zahlen musste, begann 2017 für Rammstein im März – mit einer Videopremiere in der Berliner Volksbühne. Gezeigt wurde „Rammstein: Paris" – eine Konzertdokumentation, die den überbordenden Gigantismus der deutschen Heavy-Metal-Band nach „Rammstein in Amerika" von 2015 auf der Leinwand oder den heimischen TV-Geräten noch erlebbarer machte. Es war noch nie leicht für Filmemacher, die Magie von Konzerten derart einzufangen, dass der Zuschauer jede Sekunde mit höchster Aufmerksamkeit vor dem Bildschirm klebte, um sich danach womöglich mit zitternden Händen sofort ein Ticket für die nächste Liveshow der soeben im Heimkino geschauten Band zu ordern. „Rammstein: Paris" wurde jedoch zu einem Feldzug: Fans wurden glücklich gemacht, Unschlüssige im Sturm genommen. Wenngleich Jonas Åkerlund als Regisseur einen exzellenten Job erledigt hatte, darf man nicht übersehen, dass Rammstein es Filmemachern in gewisser Weise leicht machten. Denn auf, neben, über und unterhalb der Bühne geschieht jede Minute etwas, bei dem es sich lohnt, es visuell aufzunehmen. Da wurde es zur größten Herausforderung, nichts zu übersehen, woran sich die Konzertbesucher unter Umständen erinnerten und was sie in der filmischen Dokumentation dann vermissten.

Zu sehen war das Video erstmals am 16. März, veröffentlicht wurde es am 19. Mai. Jonas Åkerlund hatte zwei Shows der Konzerttournee des Jahres 2012 abgelichtet, die Rammstein am 6. und 7. März in Paris gespielt hatten. Fünf Jahre waren zwischen Aufnahme und Veröffentlichungstermin ins Land gezogen, was zum Teil verkaufsstrategische Gründe gehabt haben dürfte. Allerdings werden Konzertfilme wie „Rammstein: Paris" in der Postproduktion heutzutage nicht in ein paar Wochen zurechtgefriemelt. Da vergehen Monate, manchmal auch Jahre, bis ein beeindruckendes Ergebnis entstanden ist.

Mit dem Schweden Åkerlund hatten Rammstein eine hervorragende Wahl getroffen. Der Mann konnte bereits beachtliche Referenzen vorlegen, zu denen auch der skandalträchtige Clip „Smack My Bitch Up" (1997) von The Prodigy gehörte, von dem sich die britische Band während der Produktionsphase zwischenzeitlich distanzierte, da den Musikern die Gewaltdarstellungen zu krass erschienen. In der Zusammenarbeit mit Rammstein war solch ein Verhalten unvorstellbar, da sich die Deutschen bei ihren Videos eher nach dem Schneller-höher-weiter-Prinzip richteten. Am Rande interessant und eher etwas für Szenekenner dürfte die Mitgliedschaft Åkerlunds bei der schwedischen Black-Metal-Band Bathory sein, wo er 1983/84 am Schlagzeug saß.

Der Film lief in einer leicht abgespeckten Version am 23., 24. und 29. März in einigen ausgesuchten Kinos und spielte etwas über eine Million Euro ein. Medial wurde zwar anerkannt, dass der Streifen den Bombast einer Rammstein-Show sehr gut eingefangen habe, gleichzeitig wurde moniert, dass der Film sich ebenso einer gewissen NS-Ästhetik bediene, wie es zuvor schon in Videoclips der Gruppe zu sehen gewesen sei. Dass auch die kommunistischen Systeme in ihren Propagandafilmen eine totalitäre Bildersprache nutzten, wurde von den Kritikern geflissentlich übersehen. International schaute man einmal mehr respektvoll und mit Bewunderung auf Rammstein: Im Oktober erhielt die Gruppe in der Kategorie „Best Live Concert" den UK Music Video Award 2017. Auch in der Heimat gab es eine Auszeichnung, wenngleich eine im Namen bescheidener klingende: Im September wurde der Band im Berliner Tempodrom der Preis für Popkultur in der Kategorie „Beeindruckendste Liveshow" verliehen – ausgelobt vom Verein zur Förderung der Popkultur. Die Fans reagierten auf die Konzertdokumentation hingegen sehr unterschiedlich: Die Meinungen reichten von „genial" bis „Müll". Da, wo einige den visuellen Overkill mit Staunen in sich aufsaugten, fühlten sich andere komplett überfordert. Vor allem schnelle Schnittfolgen wurden bemängelt, da diese aus ihrer Sicht nicht zu Rammstein passten.

Am 20. Mai starteten die Deutschen ihre „Rammstein Tour 2017", mit der sie praktisch die 2016er-Tournee fortsetzten. Das erste Konzert dieser Reise fand in Kópavogur auf Island statt. Die Setlist glich der 2016er-Tour, ebenso die Bühnenpräsentation. 13.000 Fans sollen die Show gesehen haben. Das zweite Konzert fand quasi im Knast statt, wenngleich das Staatsgefängnis in Horsens in Dänemark seit 2006 nicht mehr als Teilzeitunterkunft für Straftäter genutzt wird. Mittlerweile hat sich dort das „State Prison Motorcycle Festival" etabliert, auf dem Rammstein am 25. Mai 2017 vor 38.000 Menschen als Headliner in Erscheinung traten. Der Auftritt für „Rock am Ring" am 2. Juni in Nürburg wurde abgesagt, weil es zuvor eine Terroranschlagswarnung gegeben hatte. Bei „Rock im Park" in Nürnberg zwei Tage später konnten Rammstein allerdings auftreten – vor 100.000 Rock-Fans. Ungefähr genauso viele Menschen sahen Rammstein beim „Rockfest" in Tallinn, Estland, am 11. Juni. Im Vorfeld dieses Auftritts war im estnischen Musikmagazin „Piletilevi" ein sehr interessanter Beitrag erschienen, der sich mit der Gruppe als kulturellem Phänomen der Neuzeit befasste. Darin wurde Paul Landers zitiert, der vermutlich mit Blick auf die Querelen um die LP LIEBE IST FÜR ALLE DA die Wahrnehmung eines jeden mit dessen jeweiliger Biografie in Verbindung brachte. „Es gibt Leute, die denken, wir seien unglaublich lustig, und Leute, die denken, wir seien unglaublich ernst", sagte Landers. „Es kommt nur auf die persönliche Meinung an. Ich glaube, in dieser Hinsicht sind wir so etwas wie ein Spiegel – welche Ansichten oder Wahrnehmungen die Menschen auch haben, sie werden einfach direkt auf sie zurückgeworfen." Die Rammstein-Musiker waren ganz offensichtlich nachdenklicher geworden. Den Publikumsspitzenwert erreichte die Band auf dem belgischen „Graspop Metal Meeting" mit 152.000 Besuchern am 16. Juni. Im Vergleich dazu nahmen sich die Locations ihrer vier US-Konzerte wie kleine Clubs aus: Sie spielten vor 15.000 bis 28.000 Fans. Den Abschluss bildeten vier Frankreich-Auftritte, von denen der am 13. Juli herausragte, als Gitarrist Paul Landers am Vorabend des französischen Nationalfeiertags „Vive la

France“ ins Publikum skandierte. Till Lindemann wiederum zeigte sich weniger empathisch und rief allabendlich zu Beginn von „Ich will“ in französischer Sprache ein profanes „Ich will ficken“ zu den Fans hinunter. Obendrein bekamen die Konzertbesucher in Frankreich als Rausschmeißer eine eindringliche Version von „Frühling in Paris“ geboten, das ein berühmtes Zitat aus einem Édith-Piaf-Song enthält, das vom Publikum frenetisch mitgesungen wurde.

Mit Veröffentlichungen hielten sich Rammstein 2017 zurück. Immerhin hatten sie PARIS im Rennen, das nicht nur als Video, sondern auch in einer Vinyl-Version und als CD auf den Markt kam. Und wie schon mit den beiden Live-Audio-Produkten VÖLKERBALL (2006) und LIVE AUS BERLIN (1999) eroberten die fünf Ostdeutschen die Spitzenposition der Album-Charts.

Keyboarder Christian „Flake“ Lorenz nutzte die studiofreie Zeit, um erneut literarisch in Erscheinung zu treten: Im Oktober brachte er sein Buch „Heute hat die Welt Geburtstag“ heraus. Und er beteiligte sich mit ein paar Textbeiträgen an dem Fotoband „Graustufen: Leben in der DDR in Fotografien und Texten“ von Jürgen Hohmuth, der im Dezember in die Buchläden gestellt wurde. Von Oktober bis November ging Flake mit seinem „Geburtstagsbuch“ obendrein auf Lesetour. Till Lindemann, bisher mit Gedichtbüchern aufgefallen, die provokante und zum Teil grenzüberschreitende Lyrik präsentierten, trat im Oktober mit einem reich bebilderten Reisebericht in Erscheinung: „Yukon – Mein gehasster Freund“ war die Dokumentation der Tour zweier Männer – in diesem Fall Lindemann und Joey Kelly – den Yukon River entlang durch die kanadische Wildnis. Wie von Lindemann gewohnt, ging es um das Ausreizen von Extremen. In dieser Leidenschaft hatte er in dem einstigen Sänger der Kelly Family einen kongenialen Partner gefunden.

28. Rammstein 2018

Mit Beginn des Jahres 2018 gab es erst einmal einen Preis und der wurde Rammstein am 8. Januar im Roten Rathaus von Berlin überreicht. Dabei handelte es sich um die Ferdinand-von-Quast-Medaille für Denkmalschutz. Verliehen wird sie an Menschen oder Institutionen, die sich um den Erhalt von denkmalgeschützten Objekten in Berlin verdient machen. Die Rammstein Merchandising OHG hatte 2013 das Blechwalzwerk von Bergmann-Borsig in Pankow erworben und mit großem Aufwand saniert. Dabei handelt es sich um drei Hallen, die zur Unterbringung der Bühnenaufbauten, als Bürokomplex und Fanshop-Lager genutzt werden sollten. Überreicht wurde die Medaille vom Berliner Kultursenator Dr. Klaus Lederer (Die Linke). Am 15. März gab es den nächsten Preis – diesmal von der GEMA: Der Deutsche Musikautorenpreis geht an Komponisten und Textdichter für – wie es heißt – ihr „herausragendes Schaffen". Rammstein besetzten die Kategorie „Komposition Rock/Metal". Diese Wahl wirkte ein bisschen so, als wollten zwei, die sich nicht riechen können, miteinander kuscheln. Allerdings kuschelte nur die eine Seite – nämlich die institutionelle. Rammstein entzogen sich den Streicheleinheiten und schoben Erkrankungen vor. Es soll nicht in Abrede gestellt werden, dass sich unter Umständen tatsächlich jemand aus der Band nicht wohl fühlte, aber gesetzt den Fall, Rammstein wären zur Annahme des Preises erschienen: Sie hätten sich gemeinsam auf einem Foto befunden mit Leuten wie Sängerin Balbina, die sich mir Rapper Prinz Pi zusammengetan hatte, der ebenfalls zu den Preisträgern gehörte, und mit Alice Merton, die seit 2016 mit staatlich geförderten Preisen geradezu überschüttet worden war – nicht ganz die Rammstein-Dimension. Der US-Perkussionist David Moss, Filmkomponist Enis Rotthoff und Jazzrock-Legende Klaus Doldinger hätten wohl eher gepasst, zumindest aus künstlerischer Sicht.

20 Millionen Tonträger, ausverkaufte Konzerte in den größten Hallen der Welt, Headliner-Rollen auf den berühmtesten Festivals – Rammstein hatten auf dem Thron Platz genommen. Und wo bei anderen Künstlern am Erscheinungstag bestenfalls wohlwollend registriert wird, dass da jetzt ein neues Album auf dem Markt ist, kochten die Gerüchte über eine neue Studioveröffentlichung – mittlerweile waren seit LIEBE IST FÜR ALLE DA neun Jahre ins Land gegangen – bereits im April über, nachdem Rammstein auf Facebook erste Studiofotos veröffentlicht hatten. Jedenfalls wurde fortan wild spekuliert – über die Locations, wo die Band ihre Songs einspielte, über mögliche Themen einzelner Songs, den Titel der Platte, neue Skandalvideos und darüber, ob es womöglich die letzte Platte der Industrial-Metal-Band sein könnte. Diesbezüglich war eine interessante Dynamik in Gang gesetzt worden. Während Teile der Band noch Ende 2017 in Interviews ein Ende von Rammstein vehement verneint hatten, schürte Gitarrist Richard Kruspe die Sorge unter den Fans, beim nächsten Album könnte es sich um das letzte der Formation handeln. Er sprach zwar lediglich davon, dass es sich so anfühle, als könne es „der letzte Schuss von Rammstein" sein, aber Kruspe war ja nicht irgendwer. Wenn der was fühlte, durfte

man davon ausgehen, dass diese Emotionen nicht von ungefähr kamen. Im Juni kündigten Rammstein zwei Konzerte in Mexiko an, die zum Jahreswechsel stattfinden sollten, inklusive Material von der neuen Platte, deren Veröffentlichung man zeitlich an das Ende von 2018 verortete. Musikmagazine im Allgemeinen und Metal-Zeitschriften im Besonderen stürzten sich in der Folge begierig auf jede Verlautbarung, die Licht in das Dunkel um die neue Rammstein-Platte brachte. Dazu gehörten mehrere präzisierte Erscheinungsdaten ebenso wie der Hinweis darauf, dass man finale Chöre und Orchester-Parts in Minsk aufgenommen habe.

Ansonsten erlebten die Fans ihre Idole in Nebenprojekten oder auf Terrains, die sich außerhalb der Musik befanden. Till Lindemann steuerte zum Beispiel einer Ausstellung des aus Flandern, Belgien, stammenden Skulpturenkünstlers Johan Tahon, die sich „Wir überleben das Licht“ nannte und das gesamte Jahr über gezeigt wurde, einige spezielle Gedichte bei. Musikalisch scherte der Rammstein-Sänger ebenfalls aus und nahm zusammen mit dem Rapper Haftbefehl unter dem Etikett seines Projektes Lindemann den Song „Mathematik“ auf. Dazu gab es ein schrill-provokantes Video, das Till Lindemann als Prostituierte im Lolita-Outfit zeigte, „die“ am Ende mit einem Proll – ebenfalls von Till Lindemann dargestellt – Sex hatte. Der Song vermittelte die Botschaft, dass es Quatsch sei, in der Schule Mathematik zu pauken, da man Geld zählen auch auf der Straße lernen könnte. Einige Till-Lindemann-Fans kritisierten, dass der Musiker die Metal-Schiene mit dem Projekt komplett verlassen und sich dem stilistischen Diktat des Rappers unterworfen hätte. Dessen Anhängerschaft wiederum sah in Text und Darstellung Till Lindemanns einen Affront gegen Haftbefehl, den der Rammstein-Sänger zu persiflieren schien.

Etwas extrem Außergewöhnliches hielt Till Lindemann im April für seine Anhänger bereit, als am Hamburger Thalia Theater eine bizarre und ausgesprochen eigenwillige Interpretation des Grimm'schen Märchens „Hänsel und Gretel“ zur Aufführung kam. Zu jener Zeit hatte Lindemanns Tochter Nele als Produktionsassistentin an dem Haus gearbeitet und in der Entwicklungsphase des „Hänsel und Gretel“-Projektes ihren Vater gebeten, ein, zwei Songs beizusteuern. Dass es am Ende sechs wurden, war dem Umstand geschuldet, dass den Theatermachern auf der einen Seite die gelieferten Stücke gefielen und die beiden Urheber auf der anderen Seite – Peter Tägtgren und Till Lindemann vom Projekt Lindemann – immer mehr Spaß daran bekamen, den Stoff auf ihre verschrobene Art zu reflektieren. Während der Aufführungen war Till Lindemann nie selbst auf der Bühne, sondern lediglich als böses Über-Ich auf der Leinwand zu sehen. Die Regie hatte das estnische Paar Ene-Liis Semper und Tiit Ojasoo besorgt.

Im November und Dezember ging Till Lindemann auf „Messer“-Tour durch Russland inklusive einzelner Termine in der Ukraine, Aserbaidschan und Kasachstan. Anlass war die Veröffentlichung seines Gedichtbandes „Messer“ in russischer Sprache. Dabei kam es zu Überschneidungen mit seinem Projekt Lindemann, da ihn Peter Tägtgren und weitere Lindemann-Musiker begleiteten. Den Autogrammstunden schloss sich fast immer ein Lindemann-Konzert in Club-Atmosphäre an.

Richard Kruspe veröffentlichte mit A MILLION DEGREES im November das dritte Album seiner Alternative-Metal-Band Emigrate. Darin enthalten ist der Song „Let's Go", zu dem Till Lindemann Gesangsparts beisteuerte. Musikalisch ist die Band breiter aufgestellt als Rammstein, wenngleich es auch bei Emigrate hin und wieder zwingende Riffs gibt. Prinzipiell ist die international besetzte Band, die ihre Musik mit Zutaten aus dem Heavy Metal, Britpop, Punk, Industrial und Gothic anrührt, viel melodiöser. Die Scheibe zeugte von den Fähigkeiten Kruspes als Musiker, Komponist und Produzent. Nicht jeder Künstler wuppt diese Aufgaben in Personalunion – Kruspe hingegen fand eine ganz ausgezeichnete Balance.

Am 31. Dezember traten Rammstein im mexikanischen Puerto Vallarta auf und hämmerten Tausende ins neue Jahr. Und da Rammstein gefühlt irgendwann einmal für jede Region einen Song aufgenommen haben, spielten sie als Rausschmeißer „Te quiero puta!" vom ROSENROT-Album. Ein zweites Konzert folgte am Abend des 2. Januar in derselben Location und mit demselben Set.

29. Rammstein 2019

2019 begann mit Kleinkram. Richard Kruspe spielte für den Song „Gods & Gold" auf dem Album INTO THE BLACK des amerikanischen Electronic-Projektes Aesthetic Perfection ein paar Gitarrenparts ein. Die Scheibe erschien am 29. März. Zu Beginn des Monats machten Gerüchte über ein extrem provozierendes neues Video von Rammstein die Runde. Kurz vor der Premiere am 28. März heizte ein Teaser die Stimmung gehörig an, der unter dem Namen „Deutschland" die Musiker in KZ-Häftlingsklamotten unterm Galgen zeigte. Die Medien rasten, Politiker schalteten sich ein, Antisemitismusvorwürfe wurden laut – und wurden nicht leiser, als der gesamte, fast zehnminütige Clip für alle einschlägigen Kanäle freigegeben wurde. In kürzester Zeit war das Video millionenfach angeschaut worden. Es erschütterte jene, die geschockt sein wollten, bis in Mark und bestätigte die anderen, die Rammstein für ihre hochintelligenten Gesamtkunstwerke schätzten. Der Clip jagte durch jenen Teil der deutschen Historie, der vor Gewalt nur so strotzte. Mittendrin immer die Mannen der Gruppe Rammstein – ob als germanische Krieger, Kreuzritter, Stasioffiziere, KZ-Häftlinge, SS-Schergen, als Geschäftsmänner vorm brennenden Zeppelin, als einfache Arbeiterjungs bei illegalen Boxkämpfen, als Mönche beim Fressen, Saufen und Sündigen. Straßenkämpfe, Folterungen, Terror, Prügel, Blut, Feuer ... die Geschichte Deutschlands, wie Rammstein sie wahrnahm, war der blanke Horror. Die Sequenzen sind kurz, die meisten Bilder hektisch geschnitten und doch voller Symbolkraft. Vieles ist zweideutig. Selbst die Darstellung der Germania durch eine schwarze Darstellerin dürfte alles andere als ein Bekenntnis zu einem woken Zeitgeist gewesen sein. Wiederum ist der Moment, in dem Till Lindemann als KZ-Häftling unter einem Galgen mit Tränen in den Augen nach dem aus dem Off skandierten „Deutschland" die Textzeile „meine Liebe kann ich dir nicht geben" singt, von einer bedrückenden Deutlichkeit. Das „Deutschland"-Video war derart voll von Bildern, die bewusst zu bestimmten Textpassagen oder bloßen Worten gestellt wurden, dass eine analytische Betrachtung mit wissenschaftlicher Herangehensweise sicher keine rausgeschmissene Zeit wäre. Auf der anderen Seite funktionierte eine Textzeilen ohne die dazugehörigen Bilder als die blanke Provokation, mit der Rammstein bei Livekonzerten die Wirkung des Clips ins Gegenteil zu verkehren schienen. Allein wenn Tausende „Deutschland" brüllen, gefriert das Blut in den Adern. Schreien sie dann aber obendrein „Deutschland, Deutschland über allen", denkt man unwillkürlich an die Atmosphäre von Reichsparteitagen.

Rammstein bewiesen einmal mehr, dass sie die Klaviatur der Provokation perfekt zu spielen wussten. Natürlich wäre es naiv zu glauben, dass sich die sechs Musiker solche komplexen Zusammenhänge, wie im Video dargestellt, allein beim Kaffeekränzchen ausdenken würden. Dazu gehörte längst ein Stab versierter Köpfe, die abwogen, was ging und wo man die Grenzen des Machbaren überschreiten würde. Und diese roten Linien wurden nicht etwa in Bezug auf einen guten Geschmack gezogen, sondern vielmehr dort, wo man womöglich in Regionen strafrechtlicher Relevanz vorstoßen würde. Und das war ein beständiges Spiel mit dem Feuer. Während sich politische Institutionen noch Wochen nach der Videopremiere an dem Film als mindestens „geschmacklos", doch nicht selten als „den Holocaust verhöhnend" abarbeiteten, erteilten die ersten Feuilletonisten großer Zeitungen und Magazine Rammstein Absolution. Das Video und der Song seien ein Abbild der Zerrissenheit der deutschen Seele im Umgang mit ihrer Geschichte und ihrer Nationalität. Es wurde teilweise mit unverhohlener Bewunderung darüber sinniert, dass es der Metal-Band gelungen sei, dieses hoch komplizierte Thema in ein Lied und einen Videoclip zu packen.

Rammstein-Alben entstanden schon lange nicht mehr in eng getakteten Studiozeiten, in denen vom Schlagzeuger über die anderen Instrumentalisten bis hin zum Sänger jeder seinen Anteil leistete und am Ende nur noch der Mix stand. Klanggewalten, wie sie die deutsche Industrial-Metal-Band ablieferte, bedurften eines Ausreizens sämtlicher moderner Studiomöglichkeiten. Das zog sich. Erst recht, wenn man – wie Richard Kruspe bereits in einem Interview im Jahr 2017 verkündet hatte – 35 Songs in petto hatte, aus denen man die Liste für ein neues Studiowerk auswählen konnte. Schon im September 2018 wurde die Fertigstellung angekündigt, ein Erscheinungstermin noch vor dem Jahreswechsel sei sehr wahrscheinlich. Dem war bekanntlich nicht so. Und angesichts der mit dem „Deutschland"-Aufschlag in Gang gesetzten Maschinerie stellt sich die Frage, wie das alles in das letzte Quartal von 2018 hätte passen sollen. Denn so gut das Weihnachtsgeschäft für den Absatz auch sein mochte – wer wie Rammstein mit einem derart schweren Thema wie Nationalismus, deutsche Historie und kollektives Selbstwertgefühl als Werbung für ein neues Album antrat, sollte die Weihnachtsfeiertage tunlichst vermeiden. Denn die Deutschen lieben ihre heilige Zeit vor dem Jahreswechsel und diese Besinnlichkeit könnte am Ende auch den größten Skandal verschlucken.

Noch vor der Veröffentlichung des Albums, das am 17. Mai auf den Markt kam, wurde am 26. April der Clip zur Single „Radio" ins Rennen geschickt. Allein der dafür als Symbol verwendete Stern-Recorder aus DDR-Produktion suggerierte, dass es sich diesmal um ein explizit ostdeutsches Thema handeln könnte. So war es aber nicht. Deutschland hatte seit Etablierung des Radios mit diesem Medium eine sehr lange Zeit seine Probleme. Die NS-Diktatur versuchte, dieses Tor zur Welt zu schließen und den Rundfunk zu einem reinen Machterhaltungsinstrument umzufunktionieren. Das Hören von sogenannten Feindsendern wurde unter Strafe gestellt. So entwickelte sich selbst der Konsum von Musik aus dem angloamerikanischen Raum zu einem Spiel auf Leben und Tod. Das DDR-Regime suchte ebenfalls nach Möglichkeiten, die mediale Welt des Westens – speziell der Bundesrepublik Deutschland – zu beschneiden, was mit der Entwicklung auf dem technischen Sektor zunehmend schwieriger wurde. Auch gab es je nach politischen Winden sich drehende Fähnchen, was temporär zu Lockerungen führte. Es ist aber nicht von der Hand zu weisen, dass das Hören des sogenannten Westradios ein Trip in eine andere Welt blieb, was die Rammstein-Musiker in ihrer Zeit als DDR-Bürger miterlebt hatten. Wieder ein komplexes geschichtsträchtiges Thema, das beileibe nicht die Schwere und Intensität von „Deutschland“ besaß, aber mit Humor und Intelligenz umgesetzt wurde.

Als wäre das nicht schon genug des Verwirrspiels, holten Rammstein einen alten Skandal aus der Versenkung und wärmten die zur Kaltschale abgestandene Geschichte um das „Stripped“-Video noch einmal auf, indem sie es auf den einschlägigen Portalen im Mai 2019 wieder öffentlich machten und ein „Making-of“ dazu publizierten. Wir erinnern uns: Rammstein hatten für das Depeche-Mode-Cover 1998 Bilder aus den Olympia-Filmen von Leni Riefenstahl von 1936 verwendet und damit einen Sturm der Entrüstung ausgelöst. Die schreibende Zunft verurteilte Rammstein damals als rechtsextrem und faschistoid und unterstellte die Verherrlichung der NS-Ästhetik. Nachdem sich der Pulverdampf gelegt hatte, war Till Lindemann 2006 in einem Interview mit dem „Playboy“ der Ansicht gewesen, mit dem Clip unbewusst eine Grenze überschritten zu haben, was er für die Zukunft ausschloss. Allerdings sprach Lindemann im Zusammenhang mit dem „Making-of“ dem Clip Qualität zu und meinte, dass er ihm immer noch sehr gut gefalle. Während der „Rolling Stone“ vermutete, dass Rammstein mit dieser Aktion Fans und Medien auf eine ähnlich skandalträchtige Ästhetik im Zusammenhang mit dem neuen Album vorbereiten würden, schien der Rummel um das bevorstehende musikalische Werk eher dafür zu sorgen, dass der erneute „Stripped“-Aufschlag beinahe unterging.

Das Album wurde wie für Rammstein üblich zu einem Großereignis. Gefühlt sah sich jedes Medium gemüßigt, etwas mehr oder weniger Schlaues über die Platte zu schreiben: Das reichte vom Kniefall ob der ausgefeilten künstlerischen Umsetzung inklusive neuer Kanäle der Provokation bis hin zu Häme und Herabwürdigung. Es gibt vermutlich bis heute keine Rockband, die die mediale Welt in Deutschland derart spaltet wie Rammstein. Auch bei den Konsumenten erfährt die Gruppe immer noch vor allem hingebungsvolle Zuneigung oder strikte Ablehnung, wobei jene, die Rammstein nicht mögen, die Gruppe geflissentlich meiden.

Das Album ging als UNBETITELT in die Geschichte musikalischer Publikationen ein, was prinzipiell absurd ist, da es im englischsprachigen Raum als UNTITLED bezeichnet wird. Und das ist insofern ungewöhnlich, als der Name einer Platte sprachübergreifend immer gleich bleibt. Erst wenn sie mehrsprachige Vertonungen bekäme (man denke da an die Veröffentlichungen von Peter Gabriel Ende der Siebziger zum Beispiel), schlüge sich das auch auf den Albumtitel nieder. Daher kann man davon ausgehen, dass wir es hier mit dem regulären Album RAMMSTEIN zu tun haben – so wie es bei Erscheinen auch meist genannt worden war. Was sich am Ende durchsetzt, wird mit der Vehemenz zusammenhängen, die die einzelnen Fraktionen in die Verbreitung des von ihnen favorisierten Titels hineinlegen.

Das spartanische Cover mit dem Streichholz auf einem weißen Untergrund brach mit den üblichen Motiven, bei denen die Band gestalterisch meist aus dem Vollen schöpfte. Totalitäre Bilderkunst traf üblicherweise auf Sadomasochismus und Schockelemente. Diesmal war das Cover-Motiv in seinem Minimalismus kaum noch zu unterbieten, wenn es da nicht schon das „Weiße Album" der Beatles gegeben hätte. Musikalisch zeigten sich Rammstein natürlich in gewohnter Brachialmanier. Vorwürfe der unentwegten Reproduktion bewährter Arrangementmuster und Melodien gingen aber ins Leere, denn hörte man genau hin, waren Rammstein abwechslungsreich wie nie. Nehmen wir das Alternative-Riff zu Beginn der Religionskritiknummer „Zeig dich", den Stakkato-Pop in „Ausländer", den Metalcore-Charakter von „Sex", die pathetische Ballade „Diamant" oder das geradezu sensationelle „Weit weg" mit seinen Siebziger-Prog-Keyboard-Figuren. Textlich ging es hier und da weiterhin zur Sache. Im Vergleich zu vorangegangenen Produktionen waren die Brutalrhetoriker geradezu philosophisch und feinsinnig geworden. Und das konnte man nicht nur an „Deutschland" und „Radio" festmachen. Auch „Ausländer", die dritte Single-Auskopplung aus RAMMSTEIN, hinterließ eine Hörerschaft, die sich erstmal grübelnd am Hinterkopf kratzte. Natürlich setzten sich Rammstein in dem Song mit der internationalen „Wanderungswelle" auseinander, natürlich ging es auch um den Zustrom von Millionen Menschen aus fremden Kulturkreisen nach Europa und Deutschland, und logischerweise floss dabei auch der Umgang des Heimischen mit dem Fremden ein. Nur wie? War der Text schon mit zynischem Humor bestückt, trieben Rammstein es in ihrem dazugehörigen Videoclip ordentlich auf die Spitze. Worte konterkarierten Bilder und umgekehrt.

„Ausländer" ist eines der besten Beispiele dafür, dass es Rammstein gelungen war, mit Überhöhungen und Widersprüchen im Bildschnitttakt eine sich aufheizende Debatte im gleichen Atemzug wieder zum Erliegen zu bringen. Denn trotz des ganz klaren kommerziellen Anliegens zur Unterhaltung rief die Gruppe immer politische Debatten hervor. Während in den späten Neunzigern und frühen 2000ern bestimmte Etiketten vergeben wurden, gegen die die Gruppe manchmal etwas zu verbissen versuchte anzukämpfen, neutralisierten sich die unterschiedlichen politischen Lager jetzt selbst. Da, wo der eine ein Bekenntnis zu erspähen glaubte, konnte der andere eine Textzeile oder womöglich gar ein Interview-Zitat entgegensetzen, die genau das Gegenteil aussagten. Und so blieb der Aufschrei bei den Bildern zu „Ausländer" mit seinen Bezügen zur deutschen Kolonialgeschichte vergleichsweise verhalten, da das Sextett es verstand, sich in der gewählten Rolle der generösen Kulturbringer selbst zu verspotten. Trotzdem wird die Reise durch den medialen Dschungel im Mai und Juni 2019 ein Parforceritt. Vor allem das Bemühen der Feuilletonisten – oder jener, die nach Schließung dieser Abteilungen bei den meisten Zeitungen deren Aufgaben übernommen hatten –, das Video nach ihrem Gusto auszulegen, um Rammstein am Ende doch auf der Seite der Guten zu wähnen, war nicht ohne Mühen zu bewältigen. Besonders ärgerlich wurde es meist am Ende der Beiträge, wenn die reißerischen Überschriften in keinem einzigen Textabsatz eine Rechtfertigung fanden. Viele der Schreiber suggerierten dem Leser, eine analytische Betrachtung zu entwickeln, in der die eingangs aufgestellten Thesen durch entsprechende Erkenntnisse aus dem Konsum von Song und Video bestätigt oder ad absurdum geführt wurden. Dem war aber häufig nicht so. Übrig blieb ein verhaltener Rülpser, der die heillose Überforderung der kulturfernen Schreiber mit dem gewählten Thema untermauerte. In solch einer Atmosphäre ließ es sich mittlerweile ganz trefflich provozieren.

„Zeig dich" richtet sich unverhohlen gegen die Doppelmoral der katholischen Kirche, was trotz der klar strukturierten lyrischen Umsetzung ziemlich tief geht. Jede andere deutsche Rockband – vermutlich sogar die Böhsen Onkelz, die dieses Thema schon öfter aufgegriffen hatten – hätte mindestens für etwas Unruhe in einschlägigen Fachmagazinen gesorgt, Rammsteins Latte lag aber um Meilen höher, weshalb der Song meist lediglich in einem Rutsch mit anderen Stücken der Scheibe genannt wurde. „Sex" ist ein typischer Lindemann-Text, in dem der Sänger das Animalische an körperlichen Vereinigungen herausarbeitet. Wer das Schaffen des Sängers versteht, hört den Schenkelklopferhumor, der den Zeilen zugrunde liegt. „Puppe" ist einer dieser zu Tönen gewordenen Horrorfilme, die Till Lindemann nur zu gern konstruiert. Nichts ist so grauenvoll wie die Dinge innerhalb der vier Wände vermeintlich harmonisch funktionierender Familien. Kranke Seelen, zerstörte Hirne, tickende Zeitbomben – davon gibt es in unserer Nachbarschaft mehr, als wir für möglich halten. Umso größer ist der Schock, wenn Verhältnisse dieser Art ans Tageslicht kommen.

„Was ich liebe" war einer der übersehenen Perlen auf RAMMSTEIN, begibt sich Till Lindemann hier doch in den Bereich der Tiefenpsychologie. Die Unfähigkeit zu lieben, die heute zu einer neuen Form der Neigung umgedeutet wird und sich „Aromantik" nennt, ist bei Lindemann eine psychische Fehlfunktion, die unter anderem von Minderwertigkeitskomplexen herrührt und im Zwischenmenschlichen zu dramatischen Katastrophen führen kann – bis hin zum Mord oder Selbstmord. Allerdings waren das nicht die Themen der Tagespresse, der Klatschmagazine oder Musikzeitschriften. Die benötigten die plakative Provokation, wovon Rammstein diesmal prinzipiell nicht so viel zu bieten hatte. Denn – wie schon ausführlich beschrieben – selbst der Oberaufreger „Deutschland" brachte viel zu viel Hintersinn mit.

Obwohl RAMMSTEIN das bis zu jenem Zeitpunkt abwechslungsreichste und inhaltlich schwergewichtigste Album war, wurde es kommerziell das erfolgreichste. Vom Erscheinungsdatum an blieb es ohne Unterbrechung bis Oktober 2021 in den deutschen Album-Charts. Das schlug sich in bisher rund 600.000 verkauften Exemplaren nieder. In den britischen Charts kletterte es kurzzeitig bis auf Platz drei, in den US-Billboard-Charts knackten Rammstein mit dem Rang neun erstmals die Top Ten.

Und während sich die Fans weltweit an den neuen Songs vor der heimischen Stereoanlage (oder über Kopfhörer im Ohr mit der gestreamten Version) besoffen hörten, ging der Rammstein-Tross auf Stadion-Tour (Stadium Tour). Gelsenkirchen machte den Auftakt. Bevor am 27. Mai die erste Feuerwalze über die Massen hereinbrach, präsentierten Rammstein ihr neues Programm in der Veltins-Arena bei zwei exklusiven Fanclub-Konzerten. Die Abläufe zeigten, dass noch probiert und nachjustiert wurde. Besonders auffällig soll das bei dem Song „Puppe" am 24. Mai gewesen sein, als die Song-Premiere noch ganz ohne die Effekte mit Kinderwagen und brennendem Baby abging. Die Setlist bestand aus enorm viel neuem Material. Zusätzlich waren wieder Songs ins Programm gehievt worden, die lange Zeit nicht dazugehörten wie „Rammstein“(zuletzt 2005) und „Heirate mich“ (zuletzt 2001). Die Stadien wurden zu Schlachtfeldern, in denen sich Feuersbrünste ausbreiteten. Die Bühnenaufbauten erinnerten auf der einen Seite an die NS-Veranstaltungen in Nürnberg, auf der anderen an die morbiden Zukunftsvisionen des Fritz-Lang-Films „Metropolis“ von 1927. Aus der Ferne betrachtet, erschienen die Stadien wie unter Feuer. Riesige dunkle Rauchwolken zogen mit dem Wind, Blitze zuckten auf, als würden Bomben detonieren. Rammstein offerierten dem Publikum eine Unermesslichkeit, wie sie trotz der großen Shows von Queen in den Achtzigern oder von den Rolling Stones in den Neunzigern in dieser Form noch nicht zu sehen gewesen war.

Bis zum 23. August spielten Rammstein 33 Konzerte (inklusive der Fanclub-Shows) in 24 Städten in 17 europäischen Staaten. Als Support fungierte ein Piano-Duo, was ganz offensichtlich mit der überbordenden musikalischen Gewalt Rammsteins brechen sollte. Aber die Konstellation beinhaltete nicht nur den Gedanken eines geradezu abstrusen Kontrastes, sondern hob das Spektakel auf eine höhere künstlerische Stufe. Dieser Effekt wurde während der Show durch „Engel“ und „Sonne“ in entsprechenden Piano-Versionen erhöht. Auch dass die Band-Version von „Deutschland“ mit einem Elektro-Remix von Richard Kruspe mit dem Titel „Deutschland RMX“ eingeleitet wurde, zeigte einmal mehr, dass Rammstein nicht allein bei der Show, sondern auch musikalisch in konzeptionellen Bahnen dachten. Zu sehen bekamen die ausverkauften Konzerte über 1,2 Millionen Menschen, für die fast 300 Leute jeden Tag ackerten, um für zwei Stunden die perfekte Rock-’n’-Roll-Illusion zu schaffen. Die größten Aufreger wurden diesmal ganz winzige und weniger spektakuläre Gesten. Beim Auftritt in Chorzów, Polen, am 24. Juli schwenkten Paul Landers und Christoph Schneider bei der Fahrt mit dem Schlauchboot über der Menschenmenge, während die Piano-Version von „Engel“ ausklang, jeweils eine Regenbogenfahne. In der Presse wurde diese Geste als Protest gegen ein angeblich schwulenfeindliches Polen gedeutet. Am 29. Juli gaben sich die Gitarristen Paul Landers und Richard Kruspe während eines stillen Gitarrenzwischenspiels bei ihrem Konzert in Moskau vor rund 80.000 Fans einen zarten, verhuschten Kuss auf den Mund. Auch hier folgte ein medialer Vulkanausbruch ob des Zeichens gegen angebliche Diskriminierung Homosexueller in Russland. In deutschen Zeitungen war schon bald von einem „wilden Kuss“ zu lesen. Außerdem wurden Rammstein diesmal nicht einer überzogenen Provokation bezichtigt, sondern als Meister derselben gefeiert.

Der Pulverdampf legte sich erneut, bundesweit schnauften die Medienvertreter durch. Rammstein traten 2019 in der Folge ihres Triumphzuges vornehmlich mit solistischen Aktivitäten in Erscheinung. Im September war Till Lindemann im Refrain des Liedes „1000 Jahre Bier“ von Deichkind zu hören, das auf der LP WER SAGT DENN DAS? veröffentlicht wurde. Im November gab es ein Wiederhören mit „Hänsel und Gretel“, als das zweite Lindemann-Album F & M erschien. Peter Tägtgren – mediales Sprachrohr des Zweimannprojektes – hatte übers Jahr die Erwartungen an das neue Lindemann-Album geschürt und das Interesse wachgehalten. Würde es einen Soundtrack des Theaterstücks geben? Oder tauchte womöglich gar kein Song dieses künstlerischen Ausflugs auf der Platte auf? Am Ende waren alle sechs Songs auf F & M enthalten, wenngleich es kein Soundtrack zum Stück war. Es hätte auch nicht notgetan, die speziell für die Bühne erarbeiteten Songs auszugliedern, weil sie nahtlos ins Schaffen Lindemanns passten – musikalisch wie von den Texten her. Und da man sechs deutschsprachige Songs vorliegen hatte, waren Lindemann ganz aufs Deutsche umgeschwenkt – im Gegensatz zum Debüt, als Lindemann noch alle Texte in Englisch vorgetragen hatte, was seinerzeit für Verwirrung gesorgt und durchaus komische Momente gehabt hatte.

Wenn Till Lindemanns Gesangsstil und seine exaltierten Texte unwillkürlich Rammstein-Assoziationen weckten, blieben Lindemann musikalisch eher nahe am Stil von Peter Tägtgrens Industrial-Band Pain. Das war nicht verwunderlich, da der schwedische Gitarrist, Sänger und Produzent für die Kompositionen verantwortlich war. Dabei kamen Mainstream-taugliche Ohrwürmer heraus wie „Frau & Mann". Dieses Lied steht exemplarisch für die inhaltlich meist seichte Kost, die sich durch F & M zog. Textzeilen wie „Frau oder Mann/Gegensätze ziehen sich an/Immer Schatten, wenig Licht/Doch ohne Liebe geht es nicht" wären für Rammstein-Verhältnisse eine Zumutung gewesen. Und selbst wenn Lindemann medial weit weniger Wellen schlugen als Rammstein, hinterließen sie wegen beachtlicher Album-Verkäufe (und Streaming-Zahlen) Spuren in den Charts. Sowohl SKILLS IN PILLS (2015) als auch F & M erreichten in Deutschland die Spitzenposition und wurden mit Gold ausgezeichnet (mindestens 75.000 verkaufte Einheiten). Da die zwei Alben mittlerweile bei über 100.000 liegen, ist damit zu rechnen, dass sie über kurz oder lang Platin einfahren (150.000 Verkäufe). In Österreich und in der Schweiz kamen beide Scheiben in die Top drei. SKILLS IN PILLS stieß in Großbritannien bis auf Rang 35 vor, in Schweden bis auf 27. F & M ging bei den Skandinaviern noch besser (#23). Das 2021 herausgebrachte Lindemann-Konzertdokument LIVE IN MOSCOW wurde in Deutschland bis auf Position zwei hinaufgekauft. Mit den Singles lief es bei Lindemann weniger gut. Von den zwischen 2015 und 2021 ins Rennen geschickten elf Songs machte sich 2019 lediglich „Steh auf" vom Album F & M mit einem Platz acht bemerkbar. Hier blieb die Nummer aber nur eine Woche.

Dafür ließ das Video zu „Knebel" das Jahr noch einmal richtig skandalös ausklingen. Es war nach dem Clip zu „Steh auf" und dem von Künstlicher Intelligenz visuell umgesetzten Song „Ich weiß nicht" die dritte Auskopplung aus F & M. „Knebel" beginnt als Wanderklampfenweise fürs Lagerfeuer, hat skurrilen Humor, explodiert zum Ende musikalisch und zeigt Till Lindemann als Analytiker voller Selbstzweifel. Lediglich die Zeile „Ich mag dich mit einem Knebel in dem Mund" bediente das Klischee des Sängers mit den abseitigen Gelüsten. Aber auch das wäre gut gegangen, hätte sich das Duo Lindemann für den Clip nicht in eine gewalttätige Bilderflut gestürzt. Unzensiert war das Video auf offiziellen Kanälen nur kurz zu sehen. Bis heute gibt es dort auch weiterhin nur jene Fassung, in der Szenen mit „Censored“ überblendet oder verpixelt erscheinen. Grund sind vor allem jene Sequenzen, in denen Till Lindemann an einer Frau Oralsex vornimmt, die aus ihrer Vagina zu bluten scheint. Als Debatten losbrachen, ob es sich dabei um echten Sex handeln würde, holten zahlreiche Medien wie zum Beispiel „Promiflash“ Informationen bei der Produktionsfirma ein und kamen nach deren Aussagen zu dem Schluss, dass zwar das Blut künstlich, der Oralsex allerdings echt gewesen sei. Für Aufregung sorgte auch jener Moment, in dem der unter Wasser am Hals angekettete Lindemann einen vorbeischwimmenden Aal ergreift und diesem den Kopf abbeißt. Es wurde immer wieder versichert, dass das Tier im Moment des Bisses tot gewesen sei. Drei Wochen später zogen Lindemann noch ein Video zum Titelsong nach, in dem zum wiederholten Mal der schwedische Schauspieler Peter Stormare auftrat. Und um das Weihnachtsfest nicht zu besinnlich werden zu lassen, gab es mit „Ach so gern“ einmal mehr die Geschichte eines Mörders – in diesem Fall ein Serienkiller, der Frauen tötete –, der in persona Till Lindemann geschnappt und bei der Befragung von gesichtslosen Schergen zusammengeschlagen wurde. Der eigentliche Skandalfilm erschien mit „Platz eins“ im Februar 2020, entfaltete seine explosive Wirkung aber erst im Sommer 2023, als Till Lindemann wegen angeblicher Übergriffe gegen Frauen an den Pranger gestellt wurde.

Im Juli war auf dem TV-Sender arte zum ersten Mal der Dokumentarfilm „Lugau City Lights“ zu sehen. Erzählt wird die Geschichte des Jugendclubs „Extrem“, der noch zu DDR-Zeiten gegründet und zu einem Dreh- und Angelpunkt nationaler Rock- und Pop-Kultur geworden war. Wie sehr sich Rammstein auch außerhalb ihrer provokativen Grenzüberschreitungen von typischen Deutschrockbands unterscheiden, bezeugen auch Filme wie eben „Lugau City Lights“, in denen die Verbindung von Rammstein-Musikern mit der gottverlassensten Gegend im fernen tiefen Osten deutlich wird. Denn Rammstein hatten in den Neunzigern zu jenen Bands gehört, die auf der Lugauer Club-Bühne aufgetreten waren. An diese Zeit – und so viel DDR-Spezifisches – erinnern sich Flake und Paul Landers in jener Dokumentation, deren Macher die beiden Musiker bereits 2017 für die entsprechenden Szenen vor die Kamera holte.

30. Rammstein 2020

Flake, der in der Vergangenheit vermehrt als Literat in Erscheinung getreten war und sich bei Lesungen als wirklich komischer Geschichtenerzähler einen ganz neuen Fankreis erschlossen hatte, tauchte im Februar mit einem Kapitel in dem Buch „Östlich der Elbe" auf, das von Lutz Kerschowski und Andreas Meinecke herausgegeben worden war.

Weitgehend unterm Radar blieb ein neues Projekt von Till Lindemann, das von ihm, dem Videoregisseur Zoran Bihać und dem Produzenten Daniel Karelly umgesetzt wurde und den Namen „Na Chui" trug. Die Musik ist rein elektronisch, der von Lindemann geschriebene Text wurde in Deutsch vorgetragen und entfaltete mit der Musik eine sexuell aufgeladene Atmosphäre. Der Song „Till The End" – wobei „Till" hier durchaus für den Vornamen des Sängers steht – erschien am 14. Februar und konnte bei Youtube bis Ende 2023 1,5 Millionen Zugriffe aufweisen. Da nach diesem ersten Lebenszeichen des Projektes allerdings keine weiteren Veröffentlichungen folgten und auch sonst kaum Werbung für das Projekt gefahren wurde, blieb Na Chui von der breiten Öffentlichkeit weitgehend unentdeckt.

Dann kam Corona. Rammstein hatten die Fortsetzung ihrer Stadium Tour geplant. 2020 sollte es im Mai losgehen. Ganz Europa stand auf der Liste, die Tickets für die Konzerte waren ausverkauft – dann musste alles abgesagt werden. Das Gleiche passierte auch mit den Terminen für die Nordamerika-Tournee, die den Europadaten ab August folgen sollte. Optimistisch wurde alles auf das Jahr 2021 verschoben. Nur vereinzelt mussten Konzerte an bestimmten Orten ganz abgesagt werden. Das Folgejahr brachte allerdings keine Entspannung. Die Welt wurde weiter von dem neuen Virus und den daraus resultierenden politischen Maßnahmen in den Bann geschlagen. Auch 2021 fiel die große Rammstein-Tournee durch die Alte und die Neue Welt aus.

Viel Zeit für anderes – zum Beispiel wieder für Till Lindemann. Der schlüpfte schon in die nächsten Rollen. Diesmal tauchte der Frontmann einer der härtesten Rockbands der Welt als Andy Warhol auf: In einem Videoclip für die Firma „Like-Meat", die Fleischersatzprodukte auf Pflanzenbasis herstellt, biss er herzhaft in einen veganen Burger und war dabei die Künstler-Ikone aus dem Swinging London der Sechziger. Anlass des Werbefilmchens war der sogenannte Veganuary, also ein Januar der Fleischlosigkeit, um mit der richtigen Einstellung in das neue Jahr zu starten. Die Produktionsfirma gab Lindemann gestalterische Freiheiten und so entschied der sich für die „vegane Variante" eines Originalclips aus dem Jahr 1982, als Andy Warhol im Zuge eines Kunstprojekts unter dem Titel „Andy Warhol isst einen Hamburger" ein Exemplar dieses wohl berühmtesten Fast Foods verspeist hatte. Als eine stattlichere Version des einstigen Modezaren Karl Lagerfeld trat Till Lindemann dann 2022 noch einmal für die Düsseldorfer Firma auf. Erneut ging es einem veganen Burger an den Kragen. Im „Spiegel" wurde seinerzeit wegen Lindemanns Engagement über eine mögliche vegane Lebensweise des Sängers spekuliert und gleichzeitig gerätselt, ob das Ganze nur Provokation sei. Und diese Frage kam nicht von ungefähr, hatten andere Redaktionen mittlerweile festgestellt, dass Till Lindemann privat doch eigentlich gar nicht auf Fleisch verzichtete.

Als kein Freund der profanen Silvesterfeier erwies sich einmal mehr Till Lindemann, der zum Jahreswechsel zum wiederholten Mal auf der Bühne stand. Wieder wurde es Mexiko, aber diesmal Mexico City, und zwar nicht mit Rammstein, sondern mit seinem Nebenprojekt Lindemann. Mit dem konnte er schließlich ab Februar sogar eine Tournee durch Europa dranhängen, denn bisher waren weder Grenzen zu noch Ausgangssperren verhängt worden. 26 Konzerte standen im Tour-Kalender, allein neun davon waren für Russland vorgesehen. Allerdings platzte Corona mitten in diese Rundreise, weshalb die letzten drei Gigs von Lindemann abgesagt werden mussten. Wohl jenen Fans, die sich eines dieser Konzerte antaten, waren es doch die letzten, die Till Lindemann und Peter Tägtgren gemeinsam vor Publikum sahen, denn bei dem Duo hing der Haussegen schief. Statt sich in Studioarbeit zu stürzen und weiter an der Ausformung eines griffigen Stils zu arbeiten, der sich endgültig von Rammstein auf der einen und Pain auf der anderen Seite gelöst hätte, beschlossen Peter Tägtgren und Till Lindemann, getrennte Wege zu gehen. Der schwedische Death-Metal- und Industrial-Musiker drückte gegenüber dem „Scars and Guitars"-Podcast sein Bedauern über den Split aus. „Wir hatten eine fantastische Chemie", sagte Tägtgren. „Wir brauchten uns nur anzuschauen und dann haben wir angefangen, Musik zu schreiben. So einfach war das. Der einfachste Teil war die Arbeit im Studio. Wir hätten jedes Jahr Hunderte von Songs schreiben können, weil wir so viele Ideen hatten und es bei uns einfach Klick gemacht hat ... Wir hätten eine der größten Bands der Welt werden können, wenn wir weitergemacht hätten, das sage ich euch. Es war der Wahnsinn. Ich kümmerte mich um die Musik, und er kümmerte sich um das Image. Und dazwischen haben wir uns gegenseitig geholfen, sozusagen." Auf die Frage, ob er und Lindemann immer noch Freunde seien, meinte Tägtgren: „Nicht wirklich." Den Grund für die Trennung gab der Schwede mit der letzten gemeinsamen Konzert-Tournee an, die – so wörtlich – „nicht mein Ding" gewesen sei. Gemeint waren vermutlich die letzten Auftritte aus dem Februar und März, um F & M zu promoten. Der Hinweis könnte aber auch auf die „Messer"-Tour gezielt haben, in der Till Lindemann sein Schaffen als Poet und als Lindemann-Musiker verknüpft hatte, was Tägtgren in der Quintessenz zu einem den Rammstein-Sänger begleitenden Mietmusiker degradiert hatte. Vielleicht war das bei der Planung der Tour den Beteiligten in dieser Deutlichkeit nicht bewusst gewesen. Der Name Lindemann für das Projekt mit Tägtgren barg schon bei der Vergabe ein Herabsetzen des Schweden in sich. Gleichzeitig galt der Nachname des Rammstein-Sängers als gewichtige Marke, was der Popularität des Duos unbedingt zugutegekommen sein dürfte. Aber sieht man auf die Bedeutung des Schweden in der Heavy-Metal-Gemeinde, die szenefernen Konsumenten bis zuletzt gar nicht bewusst gewesen sein dürfte, war der Begriff Lindemann als Bandname eine weniger glückliche Wahl gewesen. Peter Tägtgren gehört oder gehörte solchen klangvollen Heavy-Metal-Bands wie Hypocrisy, Pain und Abyss an, produzierte, mischte und/oder masterte Platten von Amon Amarth, Dimmu Borgir, Immortal oder Sabaton. Dem hatte Till Lindemann zwar „nur" die Zugehörigkeit zu Rammstein – einer der größten Bands der Welt – und seine lyrischen Ergüsse entgegenzusetzen, er war aber trotzdem zum Aushängeschild auserkoren worden.

Da sich Peter Tägtgren bei seinen Erklärungen zur Trennung und der damit einhergehenden Begründung die zurückliegende Tour betreffend nie auf einen klaren Grund fokussierte, bleibt es spekulativ, ob die gekränkte Eitelkeit den ausschlaggebenden Grund für den Split gegeben hatte. Es bleibt da ja auch immer noch das Geschehen neben der Bühne – sprich die Ereignisse auf den After-Show-Partys und in den Hotels, die gerade in Russland von exzessiver Natur gewesen sein dürften. Ob sich der Lindemann-Partner aber tatsächlich daran gestört haben könnte, ist eher unwahrscheinlich, hatte er doch während seines bisherigen Schaffens auch nicht gerade mit Blumenkindermentalität geglänzt.

Es hätte unter dem Till-Lindemann-Banner noch richtig schräg werden sollen: Der Zirkus Flic Flac kündigte im März für Oktober/November „The Greatest Comedian Freakshow – created by Till Lindemann" an. Dabei handelte es sich um eine Vorstellung von Artisten, Komödianten und Aktionskünstlern, die etwas von einem durchgeknallten Splatter-Movie wie „Brain Dead" hatte. Zwar nicht auf dessen Brutalitätslevel, aber Horror, Blut und Abnormitäten standen im Mittelpunkt der Auftritte. Natürlich passte dazu ein Till Lindemann wie gemalt. Hielten ihn denn nicht eh schon alle für eine Art „Freak"? Allein sein Bühnenauftritt bei „Puppe" war die Freakshow schlechthin. Was vielleicht nicht sofort jedem bewusst war: Till Lindemann fungierte bei der gesamten Aktion lediglich als „Kreator" und Werbeträger, eigene Auftritte sollte er nicht haben. Auserkoren für die Shows war der Berliner Admiralspalast. Ein paar Wochen nach der Erstankündigung kam noch eine Woche „Alte Oper" in Erfurt dazu. Wohl aber auch diese Reihe segnete das Zeitliche, als sie im September 2020 abgesagt und schließlich erst im Februar 2023 erneut angekündigt wurde. Die geplanten Akteure wurden zum größten Teil ausgetauscht, der neue Veranstaltungsort in Berlin war jetzt der Zentrale Festplatz.

Im November erschien der zweite Bildband der beiden Extremurlauber Till Lindemann und Joey Kelly. „Amazonas – Reise zum Rio Javari" erzählte diesmal die Geschichte der beiden Männer auf ihren Selbstfindungstrip durch den südamerikanischen Dschungel. Die Umsetzung solcher Publikationen, die authentisch wirken sollen, ist grundsätzlich eine Gratwanderung. Der Leser und Betrachter soll durch die Dokumentation von den Ereignissen gefesselt werden, die Gefahren miterleben und bestenfalls mit den Protagonisten bangen, wenn sie in lebensbedrohliche Situationen geraten. Man sieht immer nur die beiden Akteure, als wär man unmittelbar dabei. Allerdings gehört zu solch einem Unterfangen eine Crew, die es überhaupt erst möglich macht, dass die Naturburschen entsprechend in Szene gesetzt werden. Für Lindemann und Kelly bedeutete das, dass sie mindestens zwei Fotografen begleiteten, was die schweigsame Zweisamkeit, die Verlassenheit im Gewirr des undurchdringlichen Dschungels logischerweise ein wenig abfederte. Stellt man sich die Männerrunde vor, wird der Trip auf der Suche nach Grenzbereichen durchaus etwas lockerer, als es einem an einigen Stellen vermittelt wird. Umgesetzt wurde die Illusion allerdings perfekt. Auch hier spielte Till Lindemann im Verbund mit seinem Freund Joey Kelly und den – nennen wir sie – helfenden Händen mit den Fantasien und Sehnsüchten seiner Fans. Ob weiblich oder männlich. Dass diesmal einige von Lindemanns Gedichten mit einbezogen wurden, rundete ein Bild des vergeistigten Literaten als knallharten Dschungelbezwinger ab.

Nach dem Zerwürfnis von Tägtgren und Lindemann machte der Rammstein-Frontmann ohne Übergang allein weiter. Und dieses „Allein" bezog sich lediglich darauf, wie sich die Aktivitäten des Sängers außerhalb Rammsteins künftig nennen würden. So wurde aus Lindemann eben Till Lindemann. Überraschung! „Till Lindemann" bedeutete lediglich die Abwesenheit von Peter Tägtgren – und einen stilistischen Wandel natürlich, nun stand der Schwede ja nicht mehr als Komponist zur Verfügung. Eine Band gab es aber weiterhin, schließlich musste sich Lindemann im Studio und auf der Bühne von anderen Musikern begleiten lassen. Aber ganz so nahtlos wäre für Till-Lindemann-Verhältnisse zu blass gewesen, denn für den Rammstein-Bass stand neben der künstlerischen Verwirklichung auch immer die kommerzielle Vermarktung an erster Stelle: Also wurde das erste Till-Lindemann-Produkt eine Kollaboration. Und die erfolgte ausgerechnet mit dem Gegenteil von Rammstein oder eben Till Lindemann – mit dem smarten Violinspieler David Garrett. Die beiden Künstler interpretierten den Zwanziger-Jahre-Schlager „Alle Tage ist kein Sonntag", der musikalisch komplett auf die wimmernde Geige von Garrett zugeschnitten war. Das im Dezember 2020 veröffentlichte Video machte das Stück im ersten Drittel zu einer Selbstmördergeschichte, in der sich Till Lindemann aufhängt, danach aufersteht und mit den anderen Erhängten um sich herum eine Party feiert. Die letzten Bilder, die fast wie die dramatischen Zusammenbruchszenen aus „Der Untergang" wirken, halten Ernüchterung bereit. David Garrett, der das gesamte Lied über fleißig gegen die wuchtige Stimme Lindemanns anfidelt, stellt eine Marionette dar, die aus dem Labor von Dr. Frankenstein zu stammen scheint. Dass der Geigenspieler ein schlechter Mime ist, stört nicht, fällt aber auf.

Im Dezember startete Till Lindemann offiziell sein Engagement für den Wismarer Verein „Tätowierte gegen Krebs", nachdem kurz zuvor bereits das Hospiz in Waren (Müritz) für seine Arbeit mit unheilbar an Krebs erkrankten Patienten ein von den Rammstein-Musikern handsigniertes Buch versteigern konnte. Dabei hatte es sich um ein Klaviernotenbuch gehandelt, für das rund 10.000 Euro gezahlt worden waren. Für den Verein in Wismar stellte sich Till Lindemann – bildlich gesprochen – allerdings ganz persönlich in die vorderste Front. Er spendete größere Geldbeträge, stellte Rammstein-Merchandising-Artikel zur Verfügung und überließ dem Verein signierte Exemplare seines „Yukon"-Bildbandes. Und ausgerechnet dieser soziale Einsatz fiel dem Rammstein-Sänger auf die Füße, sollte es sich bei dem Vereinsvorsitzenden doch um einen in der Region einschlägig bekannten Rechtsextremen gehandelt haben. Till Lindemann distanzierte sich und versicherte, von der Vergangenheit des Initiators und Vereinsgründers keine Kenntnis gehabt zu haben. Schon im Januar 2021 wurde die Partnerschaft gekappt.

Im Dezember erschien die Gangster-Komödie „Wir können nicht anders" von Detlev Buck, in der Keyboarder Christian „Flake" Lorenz als Chorleiter Meinherz auftrat. Ungefähr zur gleichen Zeit machte im Netz ein Video die Runde, in dem sich Flake und seine Tochter Mimi für die Nutzung von Mehrweggefäßen einsetzten. Das von der Initiative „Better World Cup" in Auftrag gegebene Zwei-Minuten-Filmchen zeigte Vater und Tochter in einem kalten Bunker, wo sie sich über die Zerstörung der Erde unterhielten. Mimi machte ihrem Vater Vorwürfe, dass er als Musiker auf Welttourneen ordentlich dazu beigetragen hatte, sinnlos massenweise Einwegbecher auf die Müllhalden zu befördern. Dabei agierten beide recht steif. Das wäre bei einem bierernsten moralisierenden Vortrag für die Botschaft tödlich gewesen. Aber der Dialog zwischen den beiden war urkomisch. Mimi: „Du mit deiner Band die ganze Zeit auf Tour, mit euren fetten Shows, diesen tausend Trucks – und wofür? Damit die ganze Welt die Scorpions live sehen kann." Flake: „Rammstein!" Mimi: „Was hat Rammstein denn damit zu tun?" Flake: „Ich habe bei Rammstein gespielt, nicht bei den Scorpions." Mimi: „Na und? Jetzt sitzen wir hier zehn Meter unter der Erde in einem Bunker, und wir kommen hier nicht mehr raus. Die Welt da oben ist kaputt …" Flake, seufzt: „Ja …" Mimi: „Ja, du mit deinem Panikorchester, ihr habt doch bestimmt Millionen von Bechern verschwendet." Flake: „Ich habe bei Rammstein gespielt, nicht bei Udo Lindenberg." Mimi: „Jaja, der auch …"

Ganz so Rammstein-los wurde das Jahr 2020 dann doch nicht, auch wenn die Aktivitäten der Band eher im Verborgenen stattfanden. Denn im September begann die Band mit neuen Studioaufnahmen. Die waren – so hieß es später – völlig ungeplant. Und das will man den „Rammsteinern" glauben, hatten sie sich in den zurückliegenden Jahren nicht gerade mit einer Flut von Studiowerken hervorgetan. Medial beschrieben wurde diese Spontaneität mit dem „Freisetzen von Kreativität durch den erzwungenen Lockdown". Das mag so gewesen sein, kann von den Musikern auch so empfunden worden sein. Aber wer sich erinnert, weiß um den Stillstand, der die Menschen umgab. Till Lindemann verarbeitete das Thema Stillstand, Ende, Moment, heute, morgen, jetzt in dem Text zum Titelsong der neuen LP ZEIT. Diese schwermütige Ballade ist ein Meisterwerk – textlich sowieso, allerdings auch musikalisch. Extrem-Metal-Fans dürften in den offen gespielten Gitarren eine Inspiration aus dem Funeral Black Metal wahrnehmen. Die Aufnahmen liefen bis in den Februar 2021 und fanden in den La-Fabrique-Studios in Saint-Rémy-de-Provence, Frankreich, statt.

31. Rammstein 2021

Am 21. Mai erschien der Abgesang des Lindemann-Projekts in Form von LIVE IN MOSCOW. Die Dokumentation war auf der letzten Tournee mit Peter Tägtgren beim Doppelkonzert am 15. März in Moskau aufgezeichnet worden. Opulente Bilder, starker Sound, beeindruckende Kulisse – und wieder viel zu schnelle Schnittfolgen. Das wurde in einschlägigen Foren von Fans häufig angemerkt. Und die Regisseure solcher Streifen müssen sich die Frage gefallen lassen, was damit bezweckt werden soll. Das menschliche Hirn – auch junger Menschen – hat bezüglich der Geschwindigkeit zur Wahrnehmung visueller Reize eine untere Grenze. Es ist demzufolge völlig sinnlos, Zuschauern einen Film anzubieten, in dem vom Gehirn nur 50 Prozent der Bilder wahrgenommen und 30 Prozent verarbeitet werden. Das sind lediglich Beispielzahlen zur Veranschaulichung. Einer Überprüfung halten sie nicht stand, zeigen aber das Dilemma bei vielen modernen Videoproduktionen auf.

Zwar hatte sich Till Lindemann bereits mit dem Geigenspieler David Garrett zusammengetan und unter seinem Namen eine Single veröffentlicht, aber dass es sich dabei um die Fortführung von Lindemann im Alleingang mit vollständigem Namen handeln würde, war zu jenem Zeitpunkt noch nicht deutlich geworden. Denn in der Vergangenheit hatte es bereits reichlich Kollaborationen Lindemanns mit anderen Künstlern gegeben. Auch die neue Single, die komplett mit den bisherigen musikalischen Ergüssen des Sängers brach, war kein Beweis dafür, dass sich Till Lindemann bereits für eine strategisch durchgeplante Solokarriere entschlossen hatte. „Lubimiy Gorod" erschien am 22. April in russischer Sprache. Till Lindemann hatte es zum Soundtrack für den Kinofilm „Dewjatajew" des kasachischen Regisseurs Timur Bekmambetow beigesteuert. Das Lied stammt von dem russischen Komponisten Nikita Bogoslowski aus dem Jahr 1939. Den Text hat der sowjetische Dichter Jewgeni Dolmatowski geschrieben. Gemeinsam mit dem Orchester der Nationalgarde sang Lindemann das Stück im September 2021 auf dem Roten Platz in Moskau bei einem Militärmusikfestival und erntete prompt Kritik der Putin-Kritiker, die von einer Vereinnahmung des Sängers durch den Kreml sprachen.

Zum Weltkindertag 2021 veröffentlichte Till Lindemann den Song „Ich hasse Kinder", der in den deutschen Single-Charts bis Rang zwölf hinaufkletterte. Damit war „Ich hasse Kinder" genauso erfolgreich wie Lindemanns Kollaboration mit David Garrett in „Alle Tage ist kein Sonntag" ein paar Monate zuvor (#10). Der Text ist schon recht verstörend, das Video kam zusätzlich mit einer extremen Brutalität daher. Kinder prügelten auf sich ein, und immer wieder sind Splatter-Szenen zu sehen. Wie komplex das Gehirn von Till Lindemann funktioniert und dass sich hinter scheinbar plakativen Aussagen manchmal Geschichten verbergen, die sich mehrfach verzweigen, wird durch den nach dem Song benannten Kurzfilm deutlich. Darin wird in etwas mehr als 20 Minuten der Werdegang eines deutschen Jungen erzählt, der in der Sowjetunion aufwuchs und von der ersten bis zur neunten Klasse von seinen russischstämmigen Mitschülern aufs Übelste gequält wurde. Das reichte bis zur körperlichen und seelischen Folter. Mittlerweile erwachsen, rächt sich dieser Junge an seinen Peinigern, indem er sie der Reihe nach bestialisch ermordet. Im Verhör leugnet er, wird auch dort von einem sowjetischen Polizisten misshandelt, erzielt vor Gericht trotz recht klarer Faktenlage allerdings einen Freispruch. Wie sich herausstellt, war die vorsitzende Richterin einst eine Mitschülerin des Mörders. Von Schuldgefühlen gepeinigt, kann sie den Mann nicht verurteilen, stand aber längst auf dessen Todesliste und stirbt durch eine Autobombe nach Verlassen des Gerichtsgebäudes. Zur selben Zeit befindet sich der Mörder zu Hause und entpuppt sich als liebender Ehemann und treusorgender Vater. Fast alle Szenen des Videoclips entstammen diesem Kurzfilm, der die „Ich hasse Kinder"-Aussage völlig auf den Kopf stellt.

Zwischenzeitlich wurde offenbar auch für Till Lindemann Corona zum Problem – allerdings weniger in Form einer Infektion. Vielmehr wurde er im August 2021 in Moskau wegen eines Verstoßes gegen die russischen Corona-Maßnahmen kurzzeitig verhaftet. Grund war der geplante Auftritt auf dem „Maklarin for Homeland"-Festival in Twer am 29. August, einem Sonntag, 180 Kilometer nordwestlich von Moskau. In Russland waren zu jener Zeit Ansammlungen von über 500 Personen verboten. Das Festival sollte zum 50. Geburtstag des Geschäftsmannes Maxim Larin stattfinden. Kurzzeitig inhaftiert wurde auch der Lindemann-Manager Anar Reiband, der zwar als Tourist nach Russland eingereist war, von den Behörden aber als Mitveranstalter des Festivals ausgemacht wurde.

Am 21. November veröffentlichte Richard Kruspe mit seiner Band Emigrate das vierte Studioalbum. Auch THE PERSISTENCE OF MEMORY enthält einen Gastbeitrag von Till Lindemann. Dieser ist diesmal sehr berührend, singt er doch im Duett mit Kruspe den Song „Always On My Mind", bei dem es sich um eine Coverversion handelt. Das Original erlangte besonders in der Interpretation von Elvis Presley Berühmtheit. Das Lied ist zwar im Midtempo gehalten und auch mit harten Gitarren unterlegt, hat aber eine sehr gesetzte Atmosphäre, wirkt nachdenklich und zart. Mit Blick auf das ebenso sanfte Video mit dem gemalten Lindemann und Kruspe, die sich anschauen, zuzwinkern, anlächeln, umarmen, kann der Song in seiner Umsetzung als eine Ode an die Freundschaft der beiden Musiker gedeutet werden.

Die französische Pop-Sängerin ZAZ veröffentlicht im November 2021 die Ballade „Les jardin des larmes", die sie gemeinsam mit Till Lindemann aufnahm. In dem dazugehörigen Video, das in Usbekistan gedreht wurde, gibt der Rammstein-Sänger einen biederen Unterhaltungsbarden, der mal französisch, mal deutsch singen darf. In Interviews lobte die Künstlerin die Arbeit mit dem robusten Rockstar. „Es war genial, mit Till Lindemann zu arbeiten und diesen Videoclip zu drehen, weil ich seine Musik liebe", sagte sie unter anderem. „Meine Visagistin hatte mir irgendwann erzählt, dass Till Lindemann wohl meine Songs sehr gern hört. Als er in Paris auf Tournee war, konnten wir uns treffen. So ist die Idee entstanden, ein französisches Lied zu schreiben." Sie sei Lindemann ähnlich, sagte ZAZ. Genau wie sie sei der Sänger sehr sensibel und habe etwas Kindliches.

32. Rammstein 2022

Anfang März kündigten Rammstein offiziell ihr nunmehr achtes Studioalbum ZEIT an. Am 10. März erschien mit der Single und dem Clip zum Titelsong bereits die erste Auskopplung. Die Macher dieses Filmes versetzten das Publikum mit überwältigenden Bildern wieder einmal in Erstaunen. Sie zeigen die Rammstein-Musiker unter anderem als Partisanen und als Kinder. In dem Film läuft die Zeit rückwärts und es gibt sogar eine Szene, die zeigt, wie ein Neugeborenes durch die Vagina zurück in den Mutterleib rutscht. Die Reaktionen unter den Fans waren weltweit äußerst positiv, hinterließ das Pathos in Song und Video doch durchaus Eindruck. Am 25. März wurden die elf Songs der neuen LP bekannt gegeben und gleichzeitig wurde ein Spiel gestartet, das sich wie eine Schnitzeljagd anließ. Demnach seien von der Band irgendwo auf der Welt elf sogenannte „Zeitkapseln“ mit Daten und einem Code versteckt worden, deren Übersendung an die offizielle Rammstein-Seite zur Aktivierung eines der entsprechenden Songs führen würde. Dafür wurden am 25. März sieben Koordinaten angegeben, die den Fans die Möglichkeit gaben, die jeweilige Kapsel zu finden. Am 28. März wurden die letzten vier Hinweise veröffentlicht. Das Spiel sollte beendet werden, wenn alle Kapseln gefunden seien, spätestens aber zum Veröffentlichungstermin des neuen Albums – am 29. April. Den Findern winkten als Belohnung zwei Freitickets zu einer Show ihrer Wahl. Zudem wollten Rammstein die Kosten der Anreise übernehmen. Natürlich sprach diese Form der Promotion nur einen Teil der Rammstein-Fans an. Allerdings war die Preisausbeute durch die extrem begrenzte Gewinnerzahl von elf derart gering, dass es niemandem wehtat, an dieser Suche nicht teilnehmen zu können. Die Aktion dauerte auch nicht lange, denn schon am 29. März waren alle Zeitkapseln gefunden. Am 7. April kam mit „Zick Zack“ die zweite Rammstein-Single heraus, die eine unaufgeregte Pop-Affinität besitzt und sich auf sehr sarkastische Art mit dem Schönheitswahn beschäftigt. Vielen Kritikern war das Thema und dessen Umsetzung zu trivial. Das Video zeigt aber einmal mehr, dass Rammstein von den gefährlichen Düster-Rockern aus den Neunzigern längst zu einer unterhaltsamen Rockband geworden sind, die mit einer gehörigen Portion Selbstironie keine Probleme mit einem Platz im Mainstream haben.

Zwischen Ankündigungsrummel und Veröffentlichung tauchte Richard Kruspe bei dem Projekt Lifeline International auf, das am 24. März eine Version des Beatles-Titels „Come Together“ veröffentlichte. Lifeline International ist der Zusammenschluss zahlreicher internationaler Musiker, die sich mit ihrer Aktion mit der von Russland attackierten Ukraine solidarisierten. Zu den Teilnehmern gehörten unter anderem Leute von Faith No More, Agnostic Front, The Cassandra Complex, Stabbing Westward und viele mehr. Der Beatles-Titel endet mit einem Ausschnitt aus dem Queen-Titel „We Will Rock You“, der hier in „We Will Stop You“ umgetextet wurde. Die Aktion stieß auf relativ wenig Interesse, da zu jener Zeit Neuigkeiten – auch gerade den Ukraine-Krieg betreffend – gefühlt im Zehn-Minuten-Takt durch die Medien gingen. Jedenfalls konnte der Song auf Youtube innerhalb eines Jahres lediglich 15.000 Aufrufe verzeichnen.

Als ZEIT am 29. April 2022 erschien, hatte man das Gefühl, die halbe Kulturwelt würde einzig und allein diesem Ereignis entgegenfiebern. Brimborium war ja ausreichend veranstaltet worden. Wohl aber hatte es an entsprechenden Skandalen gefehlt, die Rammstein wieder in die Nähe des Nationalsozialismus hätten rücken oder zu abartigen Zeitgenossen machen können. Vielleicht war der Tenor in den Medien Deutschlands dann auch vor allem Enttäuschung oder nicht erfüllte Erwartungshaltungen. Wie dem auch sei – zahlreiche Kritiker bescheinigten der Gruppe einen Mangel an Kreativität. Auch habe man sich spätestens mit ZEIT selbst entzaubert und offenbart, dass die ganze Provokation der Vorjahre reines Varietétheater gewesen sei. Dabei war hier etwas ganz anderes passiert. Bei der Jagd nach dem nächsten Skandal, nach der nächsten Schlagzeile sahen all die kulturfernen Herren und Damen der Tages- und Wochenblätter, dass die Band ihren mit RAMMSTEIN eingeschlagenen Weg konsequent fortsetzte. Allein das Einstiegstriple mit „Armee der Tristen", „Zeit" und „Schwarz" war von einer Ernsthaftigkeit, wie es sie in dieser geballten Form auf Rammstein-Alben noch nicht gegeben hatte. Auch dass es unter den ersten drei Nummern nicht eine Riffgranate vom Schlage „Du hast" gab, war neu. Erst „Giftig" zog ab, hatte aber nicht die Grobschlächtigkeit früherer Brachialnummern. Auch war der Text mit seinen Metaphern vergleichsweise harmlos. Es folgte das bereits beschriebene „Zick Zack", dem sich mit „OK" eine typische Nummer aus dem Seminar „Sex mit Rammstein" anschloss. Dieses „Ohne Kondom" – dafür steht „OK" – ist genau genommen wieder einer dieser spaßigen Songs, mit denen Rammstein niemandem wehtaten. Aber jedes Thema hat seine Empörer und so lugten in dem ein oder anderen Magazin kritische Geister hervor, die den Inhalt von „OK" doch zumindest fragwürdig fanden. Gleichzeitig fanden andere „Meine Tränen" geradezu ermüdend, sahen darin eines dieser Rammstein-Themen, die einfach nur hervorgekramt wurden, um unbedarfte Gemüter zu erschrecken. Doch auch hier übersahen die meisten den psychoanalytischen Ansatz. Rammstein gingen in dem Text über das bloße Schockenwollen hinaus. Es geht sogar so weit, dass man mit dem körperlich wie emotional an seine Mutter gebundenen erwachsenen Sohn Mitleid empfindet. „Angst" mit seinem Isländer-Schlachtruf-Intro begleitete die Veröffentlichung der LP als Video auf allen Kanälen und wurde in der öffentlichen Wahrnehmung vom alles überstrahlenden Ereignis der Markteinführung des Albums etwas an den Rand gedrückt. Dabei hatten sich Rammstein den Clip nicht nur ordentlich etwas kosten lassen, sondern damit einen der beklemmendsten Clips ihrer gesamten Band-Karriere vorgelegt. Aber da man in großen Musikmagazinen wie dem „Rolling Stone" in den Bildern des Videos ein eindeutiges Statement gegen Rassismus und Fremdenfeindlichkeit zu entdecken glaubte, ging die eigentliche Schockbotschaft an den Kulturredaktionen vorbei: Rammstein visualisierten – und hier korrelierten die Darstellungen vortrefflich mit dem Text –, dass sich die eigentlich frei wähnenden Menschen mit der Erzeugung von Angst zu den absurdesten Handlungen treiben ließen. Bei dem Song „Angst“ und dem dazugehörigen Clip darf man durchaus die Vermutung anstellen, dass die Band die aus den Einschränkungen resultierenden Beklemmungen sowohl in der eigenen Psyche als auch unter Freunden und Bekannten wahrnahm. Die Schlacht zwischen Geimpften und Ungeimpften hatte Ende 2020 längst begonnen, die Angst der beiden Gruppen voreinander wurde immer größer – und der Hass aufeinander nahm ein unfassbares Ausmaß an. Der „schwarze Mann“ war in „Angst“ nicht der aus Afrika einwandernde Fremde. Wer immer noch glaubte, Rammstein würden auf so platte Art und Weise politische Bekenntnisse ablassen, hatte die Band nicht begriffen. Und wie viele es davon gab, offenbarte sich bei ZEIT und seinen Single-Auskopplungen. „Dicke Titten“ wurde bei Erscheinen des Albums als Proll-Nummer abgetan, die die Misere Rammsteins nachhaltig offenbaren würde, erreichte in der visuellen Umsetzung des im Mai veröffentlichten Videoclips allerdings eine hintersinnige Umsetzung, sodass sie wenigstens für ein paar Tage für moderate Schlagzeilen sorgte. Outet sich die Ich-Person im Song noch als verklemmten, unattraktiven Einzelgänger mit kleingeistigen sexuellen Vorlieben, knallten Rammstein ihren Fans mit dem Clip eine Bilderflut aus Heimatfilm und Lederhosen-Sexfilmchen vor. Inklusive Hintersinn durch einen transsexuellen Richard Kruspe, ein zertretenes Edelweißblümchen und mit der archaischen Verderbtheit konfrontierten Geistlichen. Schocken, ekeln, empören – ZEIT war viel schlimmer. Konnten sich Fans aus dem Mainstream bei all den Abartigkeiten der bisherigen Rammstein-Veröffentlichungen wohlig gruseln, dabei aber erleichtert feststellen, dass das alles nichts mit ihrem Leben zu tun hatte, schauten sie plötzlich in einen Spiegel, der ihnen nicht das frisch rasierte Gesicht zeigte, sondern eine verzerrte Fratze: „Lügen“ hatte keinen Kindermörder, Kannibalen oder Selbstverletzer zum Inhalt, hier ging es um jeden, um den Kumpel, die Frau, den Kollegen. Und sie alle waren doch eigentlich Arschlöcher – zumindest wenn man sich auf die Denke von Rammstein einließ. „Adieu“ wäre auf jedem anderen Rammstein-Album ein Lied über den Abschied gewesen, doch auf ZEIT vermuteten die Musikjournalisten darin die Ankündigung vom Ende der Band. Der im November dazu herausgebrachte Clip fütterte diese Vermutung, gab es darin doch zahlreiche Querverweise auf bisherige wichtige Karriereereignisse. Schließlich vernichten sich Rammstein selbst, stürzen sich in den Abgrund und vergehen im Abstand sterbend auf der Treppe einer Oper. Das konnte nur der Abschied dieser Band sein, die eine Größe erreicht hatte, die der menschliche Geist kaum noch erfassen konnte. Fans diskutierten diese kolportierten Gerüchte hitzig. Ein Teil äußerte Verständnis, sei es doch besser, auf dem absoluten Höhepunkt abzutreten als irgendwann auszutrudeln. Andere zeigten sich bestürzt, denn dass Rammstein musikalisch längst nicht fertig waren, hatten sie ausgerechnet mit dem so gescholtenen Album ZEIT unter Beweis gestellt. Vielleicht rührte das vehemente Herumreiten in den Redaktionsstuben auf einem möglichen Ende der ostdeutschen Metal-Institution aber auch aus einem Wunschdenken heraus. Rammstein selbst – so kontrovers Aussagen einzelner Band-Mitglieder auch gewesen sein mögen – machten keine Anstalten, die Bühne zu verlassen.

Im Mai ging die „Stadium Tour" weiter. Diesmal startete sie in der Tschechischen Republik, wo Rammstein auf einem kleinen Flugplatz in Prag zuerst drei Konzerte spielten, die als Generalproben ganz ohne Publikum auskommen mussten. Am 11. und am 13. Mai gab es an selber Stelle die ersten Gigs vor Fans, die sich ausschließlich aus Mitgliedern des „LIFAD" („Liebe ist für alle da")-Fanclubs rekrutieren. Es wurden Effekte und Show-Gimmicks ausprobiert, die zum Teil noch nicht funktionierten. Am 15. Mai fand das erste offizielle Konzert statt, zu dem an die 50.000 Menschen kamen. Das erste Deutschland-Konzert erfolgte am 20. Mai in der Leipziger Red Bull Arena. Ein aufziehendes Gewitter bot eine grandiose Kulisse zum Spektakel im weiten Rund: Blitze zuckten, als wären sie zusätzliche Effekte. Als allerdings schließlich ein heftiger Platzregen niederbrach, wurde das Konzert unterbrochen und die Fans mussten den Stadioninnenraum verlassen. Noch während das Publikum abwanderte, beruhigte sich die Wetterlage und der Innenraum konnte wieder freigegeben werden. Nach dem Gig wurde in den sozialen Medien darüber diskutiert, ob es angemessen gewesen sei, wegen des Regens so viele Menschen in Bewegung zu bringen und damit für Frustrationen zu sorgen. Allerdings wurde schnell klar, dass dieser Teil des Abends nicht in den Händen von Band und Umfeld gelegen hatte, sondern Veranstalter in solchen Fällen eine bestimmte Agenda abarbeiten mussten, um die Sicherheit der Gäste gewährleisten zu können.

Die Setlist wurde zur vorangegangenen Tour aus 2019 nur unwesentlich verändert. Von der neuen Platte waren mit „Zeit", „Zick Zack", „Armee der Tristen" und „Adieu" nur vier Songs hinzugekommen. Stationen der Tour waren neben der Tschechischen Republik und Deutschland Österreich, die Schweiz, Dänemark, England, Wales, Holland, Frankreich, Italien, Polen, Estland, Norwegen, Schweden und Belgien. Am 21. August begann die ebenfalls zweimal verschobene Stadion-Tournee durch Nordamerika. Auftakt bildete dabei ein Auftritt im Parc Jean-Drapeau in Montreal, Kanada. Es folgten bis zum 4. Oktober acht Auftritte in den Vereinigten Staaten und drei in Mexiko. Bei diesen Shows in Mexico City wurden im Innenraum zwei zusätzliche sogenannte Flammentürme installiert.

33. Rammstein 2023

Im Mai brach eine Welle los. Am Anfang steht die Geschichte einer jungen Frau aus Irland, die erzählte, nach einer Backstage-Party mit Till Lindemann Verletzungen an ihrem Körper festgestellt zu haben. Danach ließ sich auf Youtube eine junge Deutsche über ihre Erlebnisse bei einer ähnlichen Fete mit Rammstein in einem halbstündigen Monolog aus. Beide erhoben keine Vergewaltigungs-, ja nicht einmal Missbrauchsvorwürfe, sondern blieben in ihren Schilderungen schwammig. In Deutschland stürzten sich die Medien auf diesen neuen „Skandal", sodass zeitweilig sogar die Ukraine-Berichterstattung in den Hintergrund trat. Jene Medien berichteten wenig später darüber, dass sich angeblich weitere Frauen gemeldet hätten, die vor allem Till Lindemann übergriffige Handlungen vorwerfen würden. Wenngleich es auch prominente Stimmen gab, die davor warnten, den Rammstein-Sänger vorzuverurteilen, war die Berichterstattung von Anfang an von klaren Schuldzuweisungen geprägt. Für die meisten Journalisten stand außer Frage, dass der Künstler hinter der Bühne regelmäßig Frauen mit K.-o.-Tropfen betäubte, um sie dann gegen ihren Willen zu sexuellen Handlungen zu bewegen. Gleichzeitig stellten die Schreiber die Frage, wie lange es Rammstein wohl noch geben werde. Das Grab war längst geschaufelt. Als sich schließlich auch die Politik einmischte und Leute wie die Beauftragte der Bundesregierung für Kultur und Medien, Claudia Roth (Grüne), Sicherheitszonen für Frauen bei Rock-Konzerten forderten und die Staatsanwalt von Amts wegen Ermittlungen gegen den Musiker aufnahm, gaben Medienvertreter auf das Bestehen von Rammstein keinen Pfifferling mehr. Konzerttermine der gerade laufenden „Europe Stadium Tour" wurden vakant, da die Forderungen nach Auftrittsverboten in der Öffentlichkeit immer lauter wurden. Vermutlich fanden einige Shows am Ende nur noch statt, weil sich der Veranstalter auf die Unschuldsvermutung zurückziehen konnte, bevor er sich zum Handeln gezwungen sah. Während in den Medien gefühlt jeden Tag sprichwörtlich eine neue Sau durchs Dorf getrieben wurde, blieben Rammstein bemerkenswert zurückhaltend. Da war schließlich von einem Verhältnis Till Lindemanns zu einer 15-Jährigen die Rede, da wurden ominöse Hotelbegebenheiten mit Keyboarder Flake beschrieben, da geriet eine russische Mitarbeiterin ins Fadenkreuz, die Rammstein angeblich junge Frauen aus dem Publikum nach den Shows zu Sex-Partys zugeführt haben sollte. Während es unmittelbar nach den ersten Vorwürfen ein offizielles Statement der Band gab, in dem die Anschuldigungen zurückgewiesen wurden, blieb es in der Folge aus Richtung der Band verhalten. Die Musiker zogen ihre Tour durch, bei der ihnen eine Welle der Sympathie entgegenschlug. Gegner der Gruppe waren von dem Schweigen empört und rasten, als Till Lindemann während einiger Konzerte zwei Textzeilen änderte. So sang er in „Angst" zum Beispiel für „Die Rücken nass, die Hände klamm, alle haben Angst vorm schwarzen Mann" die Zeile „Die Rücken nass, die Hände klamm, alle haben Angst vor Lindemann" und änderte die Zeile „Weh mir, oh weh, und die Vögel singen nicht mehr" aus „Ohne dich" in „Weh mir, oh weh, und die Sänger vögeln nicht mehr" ab. Von Verhöhnung der Opfer war die Rede, wenngleich zu jenem Zeitpunkt weder Opfer präsentiert werden konnten, noch ein Täter identifiziert wurde. Im September stellte die Staatsanwaltschaft die Ermittlungen gegen Till Lindemann ein. Gleichzeitig begannen Ermittlungen gegen jene Frauen, die mit ihren Anschuldigungen die Hexenjagd in Gang gebracht hatten.

Nach Bekanntwerden der Vorwürfe hatte sich das Rammstein-Label, Universal, entschlossen, die bisher erschienenen Produkte der Band nicht mehr promoten zu wollen. Dass das keine negativen Auswirkungen auf den Absatz von Rammstein-Tonträgern haben würde, war jedem klar. Das Gegenteil war der Fall: Der Verkauf von Platten und Merchandising-Produkten schnellte in die Höhe. Lediglich für den dritten Teil der Reisebücher von Till Lindemann und Joey Kelly hatte der Skandal Auswirkungen: Der Verlag legte die Veröffentlichung des Buches „Der Rhein – Tiefe Wasser sind nicht still" vorerst auf Eis und kündigte ein Erscheinen für den 1. Oktober 2024 an.

Ruchbar wurde während der Kampagne im Mainstream letztlich auch der Umstand, dass Till Lindemann in seinen jüngsten Videos mit extremen sexuellen Handlungen hausieren ging. Waren Rammstein für Nichtfans und abseitsstehende Beobachter immer etwas gruselig gewesen, kam jetzt die Komponente des Abscheulichen hinzu. Wie bitte? Till Lindemann hatte ein Video gedreht, in dem er Frauen eine Flüssigkeit trinken lässt, die sie betäubt? Und dann steckte er sie in Käfige und Frontladerwaschmaschinen, um schließlich die schlimmsten sexuellen Handlungen an ihnen zu vollziehen? Ja, tatsächlich. Till Lindemann hatte in „Platz Eins" die grausige Geschichte eines unscheinbaren Einzelgängers erzählt, der sich im Clip als Vergewaltiger und Missbräuchler entpuppt. Parallel dazu wird den Zusehenden ein ans Bett gefesselter, verzweifelt mit seinen Fantasien kämpfender Mann gezeigt, der am Ende als ein von seinen Gliedmaßen beraubtes Gewaltopfer erscheint. Ob das zu einem Albtraum gehört oder das Ergebnis eines Racheaktes der geschundenen Frauen ist, bleibt offen. Auf jeden Fall wird der anfangs ziemlich beängstigende Film im letzten Drittel zu einer knallharten Hardcore-Orgie, in der die von Lindemanns verkörperter Figur entführten Frauen in allen möglichen Stellungen Sex mit dem Rammstein-Sänger haben. Hier wird das Video zu einem Pornofilm mit extrem schnellen und kurzen Schnitten, in denen aber immer noch viel zu viel zu sehen ist, weswegen der Streifen radikal zensiert werden musste. Offizielle Portale zeigten den Film praktisch sofort zensiert. Da während der Anschuldigungskampagne einige der anklagenden Frauen dem Rammstein-Sänger unter anderem vorgeworfen hatten, Frauen besinnungslos zu machen, bevor er womöglich Sex mit ihnen gehabt habe, sahen Kritiker in „Platz Eins" die fiktionale Version der eigentlichen Realität.

Als die Berichterstattung über die Vorwürfe gegen Till Lindemann ihren Höhepunkt erreicht hatte, wurde es für Prominente, die für den Rammstein-Sänger die Unschuldsvermutung einforderten, zunehmend schwerer, nicht selbst in den Fokus der medialen Sittenwächter zu geraten. Das traf auch auf jene zu, die zeitnah zu den erhobenen Vorwürfen mit Lindemann gearbeitet hatten. Wie Kovacs zum Beispiel

– eine niederländische Sängerin, die den Titelsong ihres dritten Albums (CHILD OF SIN) im Duett mit Till Lindemann bereits Ende 2022 aufgenommen hatte. Bei dem Song handelte es sich um eine eindringliche Ballade. Während das Lied bereits im Januar 2023 veröffentlicht wurde, erschien das Video erst im Juli, als bereits Vorwürfe gegen den Sänger wegen angeblicher Übergriffe gegen Frauen die Runde machten. Kovacs sah sich schnell Anfeindungen ausgesetzt, in denen sie für ihre Zusammenarbeit mit Lindemann gescholten wurde. Die Künstlerin hielt sich mit Kommentaren diesbezüglich aber zurück.

Nach der Einstellung der Ermittlungen gegen Till Lindemann startete dieser sofort mit der Veröffentlichung seiner Videos zum ersten Soloalbum als Till Lindemann mit dem Namen ZUNGE. Ab 8. September sahen die Fans einen Sänger, Texter und Schauspieler, der sein künstlerisches Schaffen genauso fortsetzte, wie es ihm seine Kreativität eingab. Das Video zu „Zunge" war wieder blutig, in gewisser Hinsicht mit Ekelfaktoren, der Text aber einmal mehr eine hochintelligente Selbstreflexion mit der Relevanz einer Gesellschaftskritik. Obwohl „Zunge" lange vor dem Vorwurfsskandal entstand, lesen sich Teile des Textes wie eine Antwort auf die Ereignisse unmittelbar im Vorfeld der Veröffentlichung dieser Single: „Meine Zunge hat keinen Knochen, und so sag ich, was ich will. Ach, mein Herz, das ist gebrochen, doch es schlägt noch, steht nie still … Das feine Wort war stets mein Feind, so viele Worte nicht so gemeint, so viel Sprache, so gemein, so viele haben so viel geweint."

Anhang

DISKOGRAFIE

ALBEN

Herzeleid
Veröffentlichung: 24. 09. 1995
Erschienen bei: Motor Music
Katalognummer: 529160-2
Musik und Texte: Rammstein
Produziert von: Jacob Hellner und Carl-Michael Herloffson

Wollt ihr das Bett in Flammen sehen? • Der Meister • Weisses Fleisch
Asche zu Asche • Seemann • Du riechst so gut • Das alte Leid • Heirate mich
Herzeleid • Laichzeit • Rammstein

Sehnsucht
Veröffentlichung: 22. 08. 1997
Erschienen bei: Motor Music
Katalognummer: 537304-2
Texte: Rammstein
Musik: Rammstein
außer Sehnsucht: Musik von Rammstein/Orgasm Death Gimick
außer Tier: Musik von Rammstein/Jürgen Engler
Produziert von: Jacob Hellner mit Rammstein

Sehnsucht • Engel • Tier • Bestrafe mich • Du hast • Bück Dich • Spiel mit mir
Klavier • Alter Mann • Eifersucht • Küss mich (Fellfrosch)

Live aus Berlin
Veröffentlichung: 30. 08. 1999
Erschienen bei: Motor Music
Katalognummer: 547590-2
Texte: Rammstein
Musik: Rammstein
Außer Sehnsucht: Musik von Rammstein/Orgasm Death Gimicks
Produziert von: Jacob Hellner mit Rammstein

Spiel mit mir • Bestrafe mich • Weisses Fleisch • Sehnsucht • Asche zu Asche
Wilder Wein • Heirate mich • Du riechst so gut • Du hast • Bück dich • Engel
Rammstein • Laichzeit • Wollt ihr das Bett in Flammen sehen? • Seemann

Mutter
Veröffentlichung: 02. 04. 2001
Erschienen bei: Motor Music
Katalognummer: 549639-2
Musik und Texte: Rammstein
Produziert von: Jacob Hellner mit Rammstein

Mein Herz brennt • Links 2 3 4 • Sonne • Ich will • Feuer frei! • Mutter Spieluhr • Zwitter • Rein raus • Adios • Nebel

Reise, Reise
Veröffentlichung: 27. 09. 2004
Erschienen bei: Universal
Katalognummer: 529160-2
Musik und Texte: Rammstein
Produziert von: Jacob Hellner mit Rammstein

Reise, Reise • Mein Teil • Dalai Lama • Keine Lust • Los • Amerika • Moskau Morgenstern • Stein um Stein • Ohne dich • Amour

Rosenrot
Veröffentlichung: 28. 10. 2005
Erschienen bei: Motor Music
Katalognummer: 529160-2
Musik und Texte: Rammstein
Produziert von: Jacob Hellner mit Rammstein

Benzin • Mann gegen Mann • Rosenrot • Spring • Wo bist du • Stirb nicht vor mir (Don't Die Before I Do) • Zerstören • Hilf mir • Te quiero puta! • Feuer und Wasser • Ein Lied

Liebe ist für alle da
Veröffentlichung: 16. 10. 2009
Erschienen bei: Universal
Katalognummer: 0602527195117
Musik und Texte: Rammstein
Produziert von: Jacob Hellner mit Rammstein

Rammlied • Ich tu dir weh • Waidmanns Heil • Haifisch • B******** • Frühling in Paris • Wiener Blut • Pussy • Liebe ist für alle da • Mehr • Roter Sand

RAMMSTEIN: PARIS
Veröffentlichung: 19. 05. 2017
Erschienen bei: Universal
Aufnahmeort: Palais Omnisports de Paris-Bercy (Paris)
Produziert von: Jacob Hellner mit Rammstein

Intro • Sonne • Wollt ihr das Bett in Flammen sehen? • Keine Lust • Sehnsucht • Asche zu Asche • Feuer frei! • Mutter • Mein Teil • Du riechst so gut • Links 2-3-4 • Du hast • Haifisch • Bück dich • Mann gegen Mann • Ohne dich • Mein Herz brennt • Amerika • Ich will • Engel • Pussy • Frühling in Paris • Crowd-Symphony (nur Vinyl)

RAMMSTEIN (UNTITELED)
Veröffentlichung: 17. 05. 2019
Erschienen bei: Universal
Produziert von: Olsen Involtini mit Rammstein

Deutschland • Radio • Zeig dich • Ausländer • Sex • Puppe • Was ich liebe • Diamant • Weit weg • Tattoo • Hallomann

Zeit
Veröffentlichung: 29.04. 2022
Erschienen bei: Universal
Produziert von: Olsen Involtini mit Rammstein

Armee der Tristen • Zeit • Schwarz • Giftig • Zick Zack • OK (Ohne Kondom) • Meine Tränen • Angst • Dicke Titten • Lügen • Adieu

SINGLES

Du riechst so gut
Veröffentlichung: 24. 08. 1995
Du riechst so gut (Single Version) – 4:50
Wollt ihr das Bett in Flammen sehen? (Album Version) – 5:19
Du riechst so gut (Scal Remix) – 4:45

Seemann
Veröffentlichung: 08. 01. 1996
Seemann (Album Version) – 5:00
Der Meister (Album Version) – 4:10
Rammstein in the house (Timewriter-Remix) – 6:21

Engel
Veröffentlichung: 01. 04. 1997
Engel – 4:23
Sehnsucht – 4:02
Rammstein – (Eskimos & Egypt Radio Edit) – 3:41
Rammstein – (Eskimos & Egypt Instrumental Edit) – 3:27
Rammstein (Original) – 4:27

Du hast
Veröffentlichung: 18. 11. 1997
Du hast – 3:54
Bück dich – 3:21
Du hast (Jacob Hellner remix) – 6:44
Du hast (Clawfinger remix) – 5:23

Das Modell
Veröffentlichung: 23. 11. 1997
Das Modell – 4:46
Kokain – 3:09
Alter Mann – 3:09
Rammstein Computerspiel für Windows 95

Du riechst so gut '98
Veröffentlichung: 17. 04. 1998
Du riechst so gut '98 – 4:24
Du riechst so gut – 1:58 • Remix by Faith No More
Du riechst so gut – 4:17 • Remix by Günter Schulz (KMFDM) & Hiwatt Marshall
Du riechst so gut – 4:47 • Remix by Sascha Konietzko (KMFDM)
Du riechst so gut – 4:45 • Remix by Olav Bruhn (Bobo In White Wooden Houses)
Du riechst so gut – 3:53 • Remix by Sascha Moser (Bobo In White Wooden Houses)
Du riechst so gut – 4:34 • Remix by Jacob Hellner / Marc Stagg
Du riechst so gut – 5:18 • Migräne-remix by Günter Schulz (KMFDM)
Multimediatrack (Win & MAC)
Originalvideo Du riechst so gut '95

Stripped
Veröffentlichung: 27. 07. 1998
Stripped – 4:25
Stripped – (Psilonaut Mix) – 4:28 • Remix by Johan Edlund (Tiamat)
Stripped – (Heavy Mental Mix) – 5:12 • Remix by Charlie Clouser)
Stripped – (Tribute to Düsseldorf Mix) – 5:10 • Remix by Charlie Clouser

Stripped – (FKK Mix) – 4:35 • Remix by Günter Schulz (KMFDM)
Multimediatrack (Win & MAC)
Wollt ihr das Bett in Flammen sehen?
Live Arena, Berlin '95

Asche zu Asche
Veröffentlichung: 15. 01. 2001
(Studio Version)
Spiel mit mir (Live)
Laichzeit (Live)
Wollt ihr das Bett in Flammen sehen? (Live)
Engel (Live)
Asche zu Asche (Live)

Sonne
Veröffentlichung: 12. 02. 2001
Sonne – 4:32
Adios – 3:48
Sonne (Clawfinger K. O. Remix) – 4:10
Sonne (Clawfinger T. K. O. Remix) – 5:49
Sonne (Instrumental) – 4:31

Links 2 3 4
Veröffentlichung: 14. 05. 2001
Links 2 3 4 – 3:36
Hallelujah – 3:45
Links 2 3 4 (Clawfinger Geradeaus Mix) – 4:28
Links 2 3 4 (Technolectro Mix) – 5:57
Links 2 3 4 (Hard Rock Café Bonus Mix) – 03:42

Ich will
Veröffentlichung: 10. 09. 2001
Ich will – 3:37
Ich will (Live) – 4:17
Ich will (Westbam Mix) – 6:20
Ich will (Paul van Dyk Mix) – 6:13
Pet Sematary – 6:31
Ich will (Video) – 4:20

Mutter
Veröffentlichung: 25. 03. 2002
Mutter (Radio Edit) – 3:40
Mutter (Vocoder Mix) – 4:32
5/4 – 5:30
Mutter (Sono's Inkubator Mix) – 7:22

Feuer frei!

Veröffentlichung: 14. 10. 2002
Feuer frei! – 3:08
Feuer frei! (Rammstein Vs. Junkie XL remix) – 4:10
Feuer frei! (Rammstein remix 130) – 3:44
Feuer frei! (Rammstein remix 95) – 3:34
Du hast – 4:41 • Cover Version by Battery A Tribute to Rammstein
Bück dich – 3:39 • Cover Version by Battery A Tribute to Rammstein

Mein Teil

Veröffentlichung: 26. 07. 2004
Mein Teil – 4:23
Mein Teil (You Are What You Eat Edit) – 4:07 • Remix by Pet Shop Boys
Mein Teil (The Return To New York Buffet Mix) – 7:22 • Remix by Arthur Baker
Mein Teil (There Are No Guitars On This Mix) – 7:20 • Remix by Pet Shop Boys

Amerika

Veröffentlichung: 06. 09. 2004
Amerika – 3:41
Amerika (English Version) – 3:40
Amerika (Digital Hardcore Mix) – 3:49 • Remix by Alec Empire
Amerika (Western Remix) – 3:14 • Remix by Olson Involtini
Amerika (Andy Panthen & Mat Diaz's Clubmix) – 4:05
Amerika (Electro Ghetto Remix) – 4:32 • Remix by Bushido & Ilan
Amerika (Jam & Spoon So kann's gehen Mix) – 7:31
Mein Herz brennt (Orchesterlied V) – 5:37
Album Version

Ohne dich

Veröffentlichung: 22. 11. 2004
Ohne dich (Album edit) – 4:31
Ohne dich (Mina Harker's Version) – 4:09 • Remix by Laibach
Ohne dich (Sacred Mix) – 4:34 • Remix by Sven Helbig
Ohne dich (Schiller Mix) – 5:22
Ohne dich (Under Byen Remix) – 5:48
Ohne dich (Beta Version) – 4:25

Keine Lust

Veröffentlichung: 28. 02. 2005
Keine Lust – 3:44
Keine Lust (Remix No. 1) – 4:37 • Remix by Clawfinger
Keine Lust (The Psychosonic Remix) – 5:02 • Remix by DJ Drug
Keine Lust (Bozz Remix) – 3:52 • Remix by Azad

Keine Lust (Jazz Remix) – 4:11 • Remix by Clawfinger
Keine Lust (Black Strobe Remix) – 7:08
Keine Lust (Curve Remix) – 3:40 • Remix by Front 242
Keine Lust (Ich zähl die Fliegen Remix) – 3:30 • Remix by Krieger

Benzin
Veröffentlichung: 07. 10. 2005
Benzin
Benzin • Combustion Remix by Meshuggah
Benzin
Smallstars • Remix by Ad Rock
Benzin
Kerosinii • Remix by Apocalyptica

Rosenrot
Veröffentlichung: 16. 12. 2005
Rosenrot by Rammstein – 3:47
Rosenrot
The Tweaker Remix by Chris Vrenna – 4:34
Rosenrot
Northern Lite Remix by Northern Lite – 4:45
Rosenrot
3AM at Cosy Remix by Jagz Kooner – 4:50

Mann gegen Mann
Veröffentlichung: 03. 03. 2006
Mann gegen Mann – 3:52
Mann gegen Mann
Popular Music Mix by Vince Clarke – 4:06
Mann gegen Mann
Musensohn Remix by Sven Helbig – 3:14
Ich will
Live (Video) at Festival de Nimes – 4:07

Pussy
Veröffentlichung: 18. 09. 2009
Pussy (Radio Edit) – 3:48
Rammlied – 5:19
Pussy (Lick It Remix By Scooter) – 04:53

Ich tuh dir weh
Veröffentlichung: 04. 01. 2010
Ich tu dir weh (Smallboy Remix By Jochen Schmalbach) – 06:41

Haifisch
Veröffentlichung: 28. 05. 2010
Haifisch (Haiswing Remix By Olsen Involtini) – 03:40
Haifisch (Remix By Hurts) – 03:45
Haifisch (Remix By Schwefelgelb) – 04:24

Mein Herz brennt
Veröffentlichung: 01. 12. 2012 (Single)
Mein Herz brennt (Video Edit) – 04:18
Mein Herz brennt (Boys Noize RMX) – 05:00
Mein Herz brennt (Piano Instrumental Version) – 04:30

Mein Land
Veröffentlichung: 04. 11. 2011
Mein Land (Mogwai Mix) – 04:30

DVDs

Live aus Berlin
Veröffentlichung: 13. 09. 1999
Erschienen bei: Motor Music

A. Konzertfilm
Spiel mit mir – 6:20 • Herzeleid – 3:58 • Bestrafe mich – 3:51 • Weisses Fleisch – 4:34 • Sehnsucht – 4:25 • Asche zu Asche – 3:26 • Wilder Wein – 5:38 • Klavier – 4:49 • Heirate mich – 7:48 • Du riechst so gut – 5:24 • Du hast – 4:34 • Engel – 6:33 • Rammstein –5:43 • Tier – 3:42 • Laichzeit – 5:15 •Wollt ihr das Bett in Flammen sehen? – 6:23 • Seemann – 8:26
Inklusive deutscher Untertitel optional für alle Titel.

B. Multikameraeinstellungen (6 Einstellungen)
Tier – 23:06 Du hast – 27:18
Rammstein – 33:48 C. Interview – 14:30
Inklusive Untertitel optional in Englisch/Französisch/Spanisch.
D. Fancontest – für DVD-ROM Laufwerk Mac & Windows
E. Bonustrack – The hidden one
F. Sound – bei allen Songs
PCM Stereo – 5.1 Sound

Lichtspielhaus
Veröffentlichung: 01. 12. 2003
Erschienen bei: Universal

A. Videos

Du riechst so gut – 4:00 • Regie: Emanuel Fialik
Seemann – 4:15 • Regie: Laszlo Kadar
Rammstein – 4:28 • Regie: Emanuel Fialik
Engel – 4:24 • Regie: Hannes Rossacher und Norbert Heitker
Du hast – 3:54 • Regie: Philipp Stölzl
Du riechst so gut 98 – 4:23 • Regie: Philipp Stölzl
Stripped – 3:55 • Regie: Philipp Stölzl
Sonne – 3:58 • Regie: Jörn Heitmann
Links 2 3 4 – 3:34 • Regie: Zoran Bihac
Ich will – 4:05 • Regie: Jörn Heitmann
Mutter – 3:46 • Regie: Jörn Heitmann
Feuer frei! – 3:08 • Regie: Rob Cohen
B. In-Concert-Highlights
100 Jahre Rammstein – Arena, Berlin (27. 09. 1996)
Herzeleid – 4:02 • Seemann – 5:31
Philipshalle, Düsseldorf (23. 10. 1997)
Spiel mit mir – 4:29
Rock am Ring Festival (31. 05. 1998)
Heirate mich – 6:17 • Du hast – 4:39
Live aus Berlin – Wuhlheide (23. 08. 1998)
Sehnsucht (new edit) – 4:13)
Big Day Out Festival – Sydney (26. 01. 2001)
Weisses Fleisch – 4.37 • Asche zu Asche – 3:35
Velodrom, Berlin (18. 04. 2001)
Ich will – 3:56 • Links 2 3 4 – 4:47

C. Making of the-Videos

Du hast – 15:58 • Du riechst so gut 98 – 6:55 • Sonne – 22:56
Links 2 3 4 – 10:11 • Ich will – 19:54

D. TV-Trailer, inkl. Interviews

Achtung Blitzkrieg! – 9:13 • Du hast – 0:20 • Links 2 3 4 – 0:30 • Mutter – 0:30

Rosenrot (Limited Edition)

Veröffentlichung: 28. 10. 2005)
Erschienen bei: Universal

A. Livevideos von:

Reise, Reise (Arenes de Nîmes, Nîmes/Frankreich, 07. 2005)
Mein Teil (Club Citta, Kangawa/Japan, 06. 2005)
Sonne (Brixton Academy, London/UK, Februar 2005)
FSK 16

Völkerball

Veröffentlichung: 17. 11. 2006 Erschienen bei: Universal
FSK 16
Standard Edition: 2 Disc Set (1 DVD, 140 Minuten Live Video + 1 CD, 75 Minuten Live Audio).
Special Edition: 3 Disc Set (1 DVD, 140 Minuten Live Video + 1 DVD, 90 Minuten Dokumentationen, inkl.: ‚Anakonda im Netz' + ‚Reise, Reise: The Making Of The Album' + 1 CD, 75 Minuten Live Audio).
Limited Edition: 190-seitiges Tour-Fotobuch, inkl. aller 3 Disc Inhalte der Special Edition + die kompletten Live-Audio-Aufnahmen der Konzerte (140 Minuten) auf einer zusätzlichen 4. Disc!

Titel und Inhalte der Editionen:

A. DVD – Live-Konzerte

(Bestandteil aller Editionen)
Frankreich: Les Arenes de Nimes (23. 07. 2005)
Reise, Reise • Links 2 3 4 • Keine Lust • Feuer frei! • Asche zu Asche • Morgenstern • Mein Teil • Stein um Stein • Los • Du riechst so gut • Benzin • Du hast Sehnsucht • Amerika • Rammstein • Sonne • Ich will • Ohne dich • Stripped

England: Brixton Academy, London (03.–05. 02. 2005)
01. Sonne • 02. Rein raus • 03. Ohne dich • 04. Feuer frei!

Japan: Club Citta, Tokio (03. 06. 2005)
01. Mein Teil • 02. Du hast • 03. Ohne dich • 04. Los – Trailer

Russland: Sport Complex Olympiski, Moskau (28. 11. 2004)
01. Moskau (Spezial)

B. Audio CD – Live in Nimes

(Bestandteil aller Editionen)
01. Intro • 02. Reise, Reise • 03. Links 2 3 4 • 04. Keine Lust • 05. Feuer frei! 06. Asche zu Asche • 07. Morgenstern • 08. Mein Teil • 09. Los • 10. Du riechst so gut • 11. Benzin • 12. Du hast • 13. Sehnsucht • 14. Amerika • 15. Sonne 16. Ich will

C. Bonus DVD – Dokumentationen & Interviews

(nur Bestandteil der Special & Limited Edition)
Dokumentation Anakonda im Netz – 60:00
Making of des Albums Reise, Reise, 25:00

D. Audio CDs – Live

(nur Bestandteil der limitierten Edition)

Audio CD 1
01. Intro • 02. Reise, Reise • 03. Links 2 3 4 • 04. Keine Lust • 05. Feuer frei! 06. Asche zu Asche • 07. Morgenstern • 08. Mein Teil • 09. Stein um Stein • 10. Los
Audio CD 2
01. Du riechst so gut • 02. Benzin • 03. Du Hast • 04. Sehnsucht • 05. Amerika 06. Rammstein • 07. Sonne • 08. Ich will • 09. Ohne Dich • 10. Stripped • 11. Outro

E. Fotobuch
(nur in der limitierten Edition)
190 Seiten Tour-Fotobuch u. alle Inhalte der Special Edition u. zusätzliche Audio CD

DVD-Singles

Amerika (DVD-Maxi-Single)
Veröffentlichung: 4. 10. 2004, FSK o. A.(nur in Großbritannien erschienen)
Keine Lust (DVD-Single)
Veröffentlichung: 28. 02. 2005, FSK o. A.

CHART-PLATZIERUNGEN

(genannt sind jeweils die höchsten Platzierungen)

Legende:

A=Österreich	AUS=Australien	B=Belgien	BU=Bulgarien
CDN=Kanada	CH=Schweiz	CZ=Tschechien	D=Deutschland
DK=Dänemark	E=Spanien	EST=Estland	F=Frankreich
FIN=Finnland	GR=Griechenland	GB=Großbritannien	H=Ungarn
I=Italien	IRL=Irland	IS=Island	MEX=Mexiko
N=Norwegen	NL=Niederlande	NZ=Neuseeland	P=Portugal
PL=Polen	S=Schweden	SLO=Slowenien	

USA=Vereinigte Staaten von Amerika

Alben

Herzeleid (VÖ: 24. 09. 1995)
D: 6, A: 11, CH: 20, NL: 72, F: 85
Sehnsucht (VÖ: 22. 08. 1997)
D: 1, A: 1, CH: 3, NL: 40, F: 76, S: 17, NZ: 23, USA: 45, N: 47
Live aus Berlin (VÖ: 31. 08. 1999)
D: 1, A: 2, CH: 8, F: 97, S: 42, NZ: 46, USA: 179, N: 29, FIN: 35
Mutter (VÖ: 02. 04. 2001)
D: 1, A: 1, CH: 1, NL: 4, F: 23, S: 2, NZ: 12, USA: 77, N: 12, FIN: 7, PL: 4, B: 7, E: 9, CDN: 14, DK: 22, H: 33, I: 68

Reise, Reise (VÖ: 27. 09. 2004)
D: 1, A: 1, CH: 1, NL: 2, F: 3, S: 2, NZ: 17, USA: 61, N: 4, FIN: 1, PL: 4, B: 6, E: 4, DK: 3, H: 21, I: 35, EST: 1, IS: 1, MEX: 1, CZ: 3, P: 4, SLO: 4, AUS: 19, GB: 37, IRL: 54
Rosenrot (VÖ: 28. 10. 2005)
D: 1, A: 1, CH: 2 NL: 4, F: 5, S: 2, NZ: 38, USA: 47, N: 4, FIN: 1, PL: 7, B: 3, E: 9, DK: 2, H: 18, I: 11, EST: 1, IS: 1, MEX: 2, CZ: 3, AUS: 4, GB: 29
Völkerball (VÖ: 17. 11. 2006)D: 1, A: 3, CH: 7, NL: 7, F: 54, S: 11, USA: 147, N: 24, FIN: 1, B: 48, E: 22, DK: 9, I: 61, EST: 1, MEX: 1, CZ: 11
Liebe ist für alle da (VÖ: 16. 10. 2009)
D: 1, A: 1, F: 3, FIN: 1, E: 16, DK: 1, H: 17, USA: 13
RAMMSTEIN (UNTITELED) (VÖ: 17. 05. 2019)
D: 1, A: 1, CH: 1, GB: 3, USA: 9
Zeit (VÖ: 29. 04. 2022)
D: 1, A: 1, CH: 1, GB: 3, USA: 15

Singles

Du riechst so gut (Album: Herzeleid, VÖ: 24. 08. 1995) (keine Platzierung)
Seemann (Album: Herzeleid, VÖ: 08. 01. 1996) (keine Platzierung)
Engel (Album: Sehnsucht, VÖ: 01. 04. 1997)
D: 3, A: 4, CH: 17, S: 48
Du hast (Album: Sehnsucht, VÖ: 18. 07. 1997)
D: 5, A: 10, CH: 33, USA: 20 (Mainstream Rock Tracks)
Das Modell (nur Single, VÖ: 23. 11. 1997)
D: 5, A: 18, S: 41
Du riechst so gut '98 (Album: Herzeleid, VÖ: 17. 04. 1998)
D: 16
Stripped (nur Single, VÖ: 27. 07. 1998)
D: 14, A: 27, CH: 42, FIN: 3
Asche zu Asche (Album: Live aus Berlin, VÖ: 15. 2001) (keine Platzierung)
Sonne (Album: Mutter, VÖ: 12. 02. 2001)
D: 2, A: 5, CH: 18, S: 42, FIN: 9
Links 2 3 4 (Album: Mutter, VÖ: 14. 05. 2001)
D: 26, A: 33, CH: 65, FIN: 15
Ich will (Album: Mutter, VÖ: 10. 09. 2001)
D: 29, A: 59, F: 3, FIN: 19, GB: 30
Mutter (Album: Mutter, VÖ: 25. 03. 2002)
D: 47, F: 7
Feuer frei! (Album: Mutter, VÖ: 14. 10. 2002)
D: 33, A: 28, GB: 35:
Mein Teil (Album: Reise, Reise, VÖ: 26. 07. 2004)
D: 2, A: 6, CH: 11, F: 60, S: 8, N: 11, FIN: 2, DK: 6, GB: 61:

Amerika (Album: Reise, Reise, VÖ: 13. 09. 2004)
D: 2, A: 3, CH: 5, NL: 22, F: 89, S: 21, N: 13, FIN: 10, PL: 7, DK: 2, GB: 38
Ohne dich (Album: Reise, Reise, VÖ: 22. 11. 2004)
D: 12, A: 38, CH: 42, FIN: 13, DK: 17
Keine Lust (Album: Reise, Reise, VÖ: 28. 02. 2005)
D: 16, A: 25, CH: 30, NL: 33, S: 57, FIN: 14, DK: 4, GB: 35:
Benzin (Album: Rosenrot, VÖ: 07. 10. 2005)
D: 6, A: 11, CH: 15, F: 81, S: 16, USA: 35, N: 15, FIN: 1, DK: 3, GB: 58, BU: 59
Rosenrot (Album: Rosenrot, VÖ: 16. 12. 2005)
D: 28, A: 46, CH: 59, S: 53, DK: 8
Mann gegen Mann (Album: Rosenrot, VÖ: 03. 03. 2006)
D: 20, A: 42, CH: 66, S: 45, USA: 32, FIN: 17, PL: 46, DK: 5, GB: 54, BU: 99
Pussy (Album: Liebe ist für alle da, VÖ: 18. September 2009, Stand 26. 10. 2009)
D: 1, A: 4, CH: 12, F: 13, FIN: 1, S: 22, GB: 95

PREISE

Gold- und Platin-Auszeichnungen für Alben-Verkäufe

Deutschland
Platin-Schallplatte für Herzeleid
Doppel-Platin-Schallplatte für Sehnsucht
Goldene Schallplatte für Engel
Goldene Schallplatte für Live aus Berlin
Doppel-Platin-Schallplatte für Live aus Berlin (DVD)
Doppel-Platin-Schallplatte für Mutter
Doppel-Platin-Schallplatte für Lichtspielhaus
Doppel-Platin-Schallplatte für Reise, Reise
Doppel-Platin-Schallplatte für Rosenrot
Österreich
Platin-Schallplatte für Sehnsucht
Goldene Schallplatte für Mutter
Platin-Schallplatte für Reise, Reise
Schweiz
Doppel-Platin-Schallplatte für Sehnsucht
Goldene Schallplatte für Live aus Berlin
Platin-Schallplatte für Live aus Berlin (DVD)
Platin-Schallplatte für Mutter
Goldene Schallplatte für Lichtspielhaus
Platin-Schallplatte für Reise, Reise
Platin-Schallplatte für Rosenrot

1998

Echo 1998 in der Kategorie Bestes Video für Engel
Echo 1998 in der Kategorie Marketing für Motor Music/Rammstein
Comet 1998 in der Kategorie Beste Live Band
Goldene CD in den USA für die Verkäufe von Sehnsucht

1999

Echo 1999 in der Kategorie Erfolgreichste nationale Künstler im Ausland

2002

Echo 2002 in der Kategorie Best New Metal Act National
Hard Rock Award 2002 als Best Rock Act
Kerrang! Award 2002 als Best Live Act International

2004

Klassik-Echo 2004 für Mein Herz brennt

2005

Echo 2005 als Künstler/Künstlerin/Gruppe des Jahres national/international in der Kategorie New Rock/Metal/Alternative
Echo 2005 in der Kategorie Best Live Act national
WORLD MUSIC AWARD 2005 als Best Selling Artists Around The World – Germany
Comet 2005 in der Kategorie Bestes Video für Keine Lust
MTV Europe Music Award 2005 in der Kategorie Best German Act
Eins Live Krone 2005 in der Kategorie Bester Liveact
World Sales Award für über zehn Millionen verkaufte Tonträger

2006

EMMA Award (wichtigster finnischer Musikpreis) 2006 in der Kategorie Best Foreign Artist
Echo 2006 in der Kategorie Rock/Alternative
Edison Award (holländischer Musikpreis) für Rosenrot in der Kategorie Best Alternative Album
BRAVO Otto in Bronze 2006 in der Kategorie Superband Rock
Nominierung als Best German Act bei den MTV Awards am 02. 11. 2006 in Kopenhagen

2007

DVD Champion 2007 in der Kategorie Musik der Sparte Programm Awards für das Album Völkerball

SOLOWERKE

Richard Z. Kruspe

Album

Emigrate – Emigrate *(Standard Edition)*
Veröffentlichung: 31. 08. 2007
Erschienen bei: Motor Music, Texte und Musik: Richard Z. Kruspe
Produziert von: Emanuel Fialik

Emigrate • Wake Up • My World • Let Me Break • In My Tears • Babe • New York City • Resolution • Temptation • This Is What • You Can't Get Enough

Emigrate – Emigrate *(Limited Edition)*
Veröffentlichung: 31. 08. 2007
Erschienen bei: Motor Music

Emigrate • Wake Up • My World • Let Me Break • In My Tears • Babe • New York City • Resolution • Temptation • This Is What • You Can't Get Enough • Blood • Help Me

Emigrate – *Silent So Long*
Veröffentlichung: 14. 11. 2014
Erschienen bei: Vertigo, Universal

Eat You Alive (mit Frank Dellé) • Get Down (mit Peaches) • Rock City (mit Lemmy Kilmister) • Hypothetical (mit Marilyn Manson) • Rainbow • Born On My Own • Giving Up • My Pleasure • Happy Times • Faust • Silent So Long (mit Jonathan Davis)

Emigrate – *A Million Degrees*
Veröffentlichung: 30. 11. 2018
Erschienen bei: Vertigo, Universal

War • 1234 (mit Benjamin Kowalewicz) • A Million Degrees • Lead You On (mit Margaux Bossieux) • You Are So Beautiful • Hide And Seek • We Are Together • Let's Go (mit Till Lindemann) • I'm Not Afraid (mit Cardinal Copia) • Spitfire • Eyes Fade Away

Emigrate – *The Persistence of Memory*
Veröffentlichung: 12. 11. 2021
Erschienen bei: Sony

Rage • Always on My Mind (mit Till Lindemann) • Freeze My Mind • I'm Still Alive • Come Over • You Can't Run Away • Hypothetical • Blood Stained Wedding • I Will Let You Go

Singles
Temptation
Veröffentlichung: 07. 03. 2008
Temptation
Face Down
I Have A Dream
New York City
My World
My World (Resident Evil: Extinction Video Mix)
New York City (Video)

New York City/My World
Veröffentlichung: 29. 03. 2008
New York City
My World

New York City (Limited 7" Vinyl-Edition)
Veröffentlichung: 29. 03. 2008
Seite A:
New York City (Eat Your Heart Out Remix: von Alec Empire)
Seite B:
My World

Chart-Platzierungen Emigrate

Album

Emigrate (VÖ: 07. 03. 2008)
D: 8, A: 28, CH: 18, NL: 59, F: 41, S: 47, GB: 131, GB (Rock-Charts): 7, GB (Indie-Charts): 12, N: 59, FIN: 29

Silent So Long (VÖ: 14. 11. 2014)
D: 28, A: 55, CH: 30

A Million Degrees (VÖ: 30. 11. 2018)
D: 30, A: 70, CH: 38

The Persistence of Memory (VÖ: 12. 11. 2021)
D: 39

Single

New York City (VÖ: 29. 03. 2008)
GB (Indie-Charts): 14

Till Lindemann

Album

Lindemann – *Skills in Pills*
Veröffentlichung: 19. 06. 2015
Erschienen bei: Warner

Skills in Pills • Ladyboy • Fat • Fish On • Children of the Sun • Home Sweet Home • Cowboy • Golden Shower • Yukon • Praise Abort • That's My Heart

Lindemann – *F & M*
Veröffentlichung: 22. 11. 2019
Erschienen bei: Universal, Vertigo

Steh auf • Ich weiß es nicht • Allesfresser • Blut • Knebel • Frau und Mann • Ach so gern • Schlaf ein • Gummi • Platz eins • Wer weiß das schon • Mathematik • Ach so gern (Pain Version)

Till Lindemann – *Zunge*
Veröffentlichung: 03. 11. 2023
Erschienen bei: Eigenverlag

Chart-Platzierungen Lindemann

Album
Skills in Pills (VÖ: 19. 06. 2015)
D: 1, A: 3, CH: 2, GB: 35, US 144

F & M (VÖ: 22. 11. 2019)
D: 1, A: 3, CH: 3, GB: 85

Buch

Lindemann, Till – Ein Herr über Herren, in: Berg, Sibylle (Hg.): Das Unerfreuliche zuerst – Herrengeschichten, Kiepenheuer & Witsch (2001)
Lindemann, Till – Messer: Gedichte, Eichborn-Verlag (2002)
Lindemann, Till – In stillen Nächten, Kiepenheuer & Witsch (2013)
Lindemann, Till und Kelly, Joey Maria – Yukon: Mein gehasster Freund National Geographic Deutschland (2017)
Lindemann, Till – 100 Gedichte, Kiepenheuer & Witsch (2020)
Lindemann, Till und Kelly, Joey Maria – Amazonas – Reise zum Rio Javari, National Geographic Deutschland (2021)
Lindemann, Till und Kelly, Joey Maria – Der Rhein. Tiefe Wasser sind nicht still, Bucher Verlag (vorss. 2024)

FRÜHERE PROJEKTE (AUSWAHL)

Feeling B.

Alben
mit Paul Landers (Gitarre),Flake Lorenz (Keyboards), Christoph Schneider (Drums)

Hea Hoa Hoa Hoa Hea Hoa Hea
Veröffentlichung: 1989/90, Katalognummer: SPV 084-38102
Erschienen bei: Amiga, Pirat-Musik, Artig
Kim Wilde • Mix mir einen Drink • Am Horizont • Frusti, mach's gut • Geh zurück in dein Buch • Lied von der unruhevollen Jugend • Ohne Bewusstsein • Alles ist so unheimlich dufte • Du wirst den Gipfel nie erreichen
Tschaka • Ich weiß nicht, was soll es bedeuten •
Bonus-Tracks: Du findest keine Ruh' • Artik • Mix • Trance • Der Klavierspieler

Wir kriegen euch alle
Veröffentlichung: 1989/90
Erschienen bei: Pirat-Musik, Katalognummer: SPV 084-38112
Ich such die DDR Every Night • Dumdum-Geschoss • You Can't Beat

The Feeling
Slamersong • Izrael • Schlendrian • Soviel • Was ich sah • Hopla He
Schampuu-Schaum • II. Finale • Unter dem Pflaster • Du findest keine Ruh'
Revolution '89

Die Maske des roten Todes
Veröffentlichung: 1993, Katalognummer: SPV 084-38122
Erschienen bei: Pirat-Musik
Vorwort • Heiduckentanz • Rumba Rumba • Mystisches Mysterium • Rotta
Traubentritt • Hammersong • Tod des Florio • Die Pest • Cantigas • Veris Ducis
Rumba Rai • Ankunft der Gesandten • Stockkampf • Nachwort • Space Race

Grün und Blau (Standard CD)
Veröffentlichung: 11. 04. 2008
Erschienen bei: Motor Music
Graf Zahl, Langeweile, Dufte, Frosch im Brunnen, Herzschrittmacher, Keine Zeit, Häßlich, Gipfel, Schlendrian, Wieder keine Zeit, Spacerace, Veris Dulcis, Grün und Blau, Langeweile (Video)

Grün und Blau (Version mit CD und Buch)
Veröffentlichung: 16. 11. 2007
Erschienen bei: Motor Music
Graf Zahl, Langeweile, Dufte, Frosch im Brunnen, Herzschrittmacher, Keine Zeit, Hässlich, Gipfel, Schlendrian, Wieder keine Zeit, Spacerace, Veris Dulcis,

Grün und Blau
mit beigelegtem Buch (160 Seiten)

nur als Buch
Lorenz Flake: Feeling B: Grün und Blau. Moewig (2007)

First Arsch

Album

mit Till Lindemann (Drums, Gesang), Paul Landers (Gitarre, Gesang), Richard Z. Kruspe (Gitarre, Gesang)

Saddle up
Veröffentlichung: 1992
Train • Priest In Love • SKA(T) • In The Name Of Love • Crowded House
Preagnant • AHA-ha • Superstition • Saddle Up • O-cult • Moder Blues
Come Together • Hip Hop Flop • Chicken steps • Big Dong (für Saskia S.)

The Inchtabokatables

Alben

mit Oliver Riedel (Bass)

Inchtomanie

Veröffentlichung: 1992

Erschienen bei: Autogram (Broken Silence)

Intro • Paddy • L. A. • Tomatenfisch • Schlaflied • Hoywoi • Das Beil • Nasty song Underdrive • Extro • Poc vecem

White Sheep

Veröffentlichung: 1993

Erschienen bei: Autogram (Broken Silence)

Intro • To be • No more silence • Black miner • Father • Rosenrot • Johnny In die Raghandi • Water • Three Gipsies • After The Show • Extro (nor more silence, Waltz) • Can't You Sleep • White Sheep

Ultra

Veröffentlichung: 1994

Erschienen bei: Hansa K&P (Sony BMG)

Intro (Air) • Wars Only Wars • Rightful King • End Of The Night • Dangerous Kinderlied • Track 7 • Education • Sometimes • Old Indian • Paris • Extro (Air) Pause • Wars Only Wars (Long Version) • Fax

WEITERFÜHRENDE LITERATUR

- Galenza, Ronald/Havemeister, Heinz: Mix mir einen Drink. – Feeling B. Schwarzkopf & Schwarzkopf (2002)
- Hof, Gert: Rammstein. Die Gestalten Verlag (2001)
- Lindemann Gitta/Lindemann, Werner: Petermännchens Ausguck. Ein Lesebuch aus Mecklenburg, Kinderbuch Verlag GmbH (1990).
- Lindemann, Werner: Mike Oldfield im Schaukelstuhl. Notizen eines Vaters, Der Morgen (1988)
- Mühlmann, Wolf-Rüdiger: Letzte Ausfahrt: Germania. Ein Phänomen namens neue deutsche Härte. I. P. (Iron Pages) Verlag (1999)
- Raecke, Anika: Cultural Studies und Populärkulturanalyse: Die Rezeption von Rammstein, Magisterarbeit an der Universität Oldenburg, Fachbereich Angewandte Kulturwissenschaften (2003)
- Wicke, Peter: Rammstein. 100 Seiten (2019)
- Baßler, Moritz, Ernst; Thomas, Garrido; Lea Espinoza; Herbst, Jan-Peter; Jürgensen, Christoph; Nover, Immanuel; Schaffrick, Matthias; Schiller, Melanie; Seidel, Anna; Stubenrauch, Eva; Wilhelms, Kerstin: Rammsteins »Deutschland«. Pop – Politik – Provokation. (2022)
- Fuchs-Gamböck, Michael; Berndt, Jens-Uwe: 100 Fakten: Till Lindemann (2023)

INTERNET

Offizielle Seiten	www.rammstein.de
	www.rammstein.com
	www.emigrate.eu
Fan-Seiten (Auswahl)	www.rammstein-austria.com
	www.rammstein.ru
	www.rammsteinworld.com

Kurzbiografie

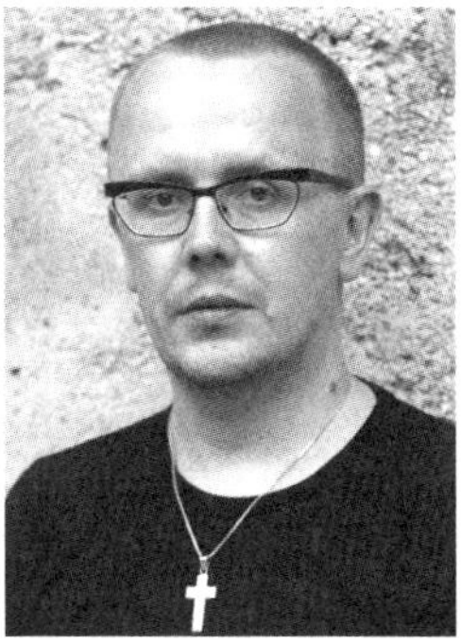

Michael Fuchs-Gamböck, geboren 1965 im bayerischen Friedberg, gewann 1985 den Literaturnachwuchspreis des Theaterfestivals München. Später hielt er sich in Japan und Italien auf, um von dort für Kultur-Pressebüros in Deutschland zu arbeiten. In Italien wurde er zudem Redaktionschef eines zweisprachigen Radiosenders. Zwischen Sommer '89 und Sommer '94 war Fuchs-Gamböck Redakteur sowie Ressortleiter Musik der deutschen Ausgabe des Zeitgeistmagazins Wiener. Seit Juli '94 ist er als Freier Autor tätig, u. a. für Playboy, Cosmopolitan, Focus, Musik Express, Marie Claire, dpa und viele andere.

Parallel dazu gibt es von ihm etliche Buchveröffentlichungen u. a. über das „Phänomen Techno", autorisierte Biografien über Xavier Naidoo und Shakira sowie den Bestseller über das Teeny-Pop-Phänomen Tokio Hotel in Zusammenarbeit mit seinem dauerhaften Co-Autoren Thorsten Schatz. Außerdem Interview-Sammlungen von Gesprächen etwa mit den Rolling Stones, Madonna, David Bowie und zahlreichen mehr sowie Beiträge in diversen Literatur-Anthologien.

Das Buch „Spiel mit dem Feuer – Das inoffizielle Rammstein-Buch" ist das 13. Buch von Michael Fuchs-Gamböck.

Danksagung

MICHAEL FUCHS-GAMBÖCK bedankt sich aus tiefstem Inneren bei seinen Kollegen und Kumpanen JENS-UWE BERNDT plus THORSTEN SCHATZ. Freunde: Ohne euch und eure tatkräftige Unterstützung wäre BIS DAS HERZ BRENNT niemals entstanden.

Widmen möchte MICHAEL FUCHS-GAMBÖCK dieses Werk seiner Frau, den Kindern sowie dem Rest der Familie. Danke für eure Geduld und euren Zuspruch auch in manch dunkler Stunde, Buddys!